Theodor von Bernhardi

Aus dem Leben Theodor von Bernhardis T.

Der Krieg 1866 gegen Österreich

Theodor von Bernhardi

Aus dem Leben Theodor von Bernhardis T.
Der Krieg 1866 gegen Österreich

ISBN/EAN: 9783743637290

Hergestellt in Europa, USA, Kanada, Australien, Japan

Cover: Foto ©ninafisch / pixelio.de

Weitere Bücher finden Sie auf **www.hansebooks.com**

Aus dem Leben

Theodor von Bernhardis.

Siebenter Theil:

Der Krieg 1866 gegen Oesterreich

und seine unmittelbaren Folgen.

Leipzig

Verlag von S. Hirzel

1897.

Th. Bernhardi

Der

Krieg 1866 gegen Oesterreich

und seine unmittelbaren Folgen.

— — · —

Tagebuchblätter

aus den Jahren 1866 und 1867.

Von

Theodor von Bernhardi.

Mit einem Bildnis Bernhardis.

——— ———

Leipzig
Verlag von S. Hirzel
1897.

Vorwort.

Es ist eine ereignißreiche Zeit — das Jahr vom Juni 1866 bis zum Mai 1867 — die der vorliegende umfangreiche Band des ... rbi'schen Memoirenwerkes an unserm geistigen Auge vorüber-... läßt. Nahezu jede Woche zeitigt Vorgänge von europäischer Bedeutung. Alte Ordnungen stürzen zusammen — neue Bildungen ringen sich aus den Trümmern hervor. — Der Kanonendonner von Königgrätz verkündet der erstaunten Welt das Wiedererwachen der deutschen Thatkraft nach langer Erstarrung; die preußischen Siege in Böhmen und am Main brechen die Bahn zu der langersehnten Einheit der deutschen Nation und sichern zugleich dem jungen Italien die Grundlagen politischer und nationaler Existenz. Ueber die schnee-gekrönten Häupter der Alpen wie über die Vorurtheile längst ent-schwundener Jahrhunderte hinweg reichen sich Preußen und Italien die Hand, um den alten historischen Gedanken auf neuer gesunderer Grundlage zu verkörpern: den Gedanken der Vereinigung Deutsch-lands und Italiens, um in dieser Zusammenfassung der mitteleuro-päischen Kräfte, in dieser Verbindung der Nordmeere mit dem mittel-ländischen Becken und aller Kraftadern, die aus ihren Wasserstraßen zuströmen, dem Willen und Streben zweier großer und freier Nationen Geltung zu verschaffen.

Diese Vereinigung beider Staaten in ihrem nationalen auf die politische Machtentfaltung Preußens gegründetem Aufschwung, kenn-zeichnet den Beginn einer neuen Phase der europäischen Geschichte, deren Nothwendigkeit und Bedeutung von dem tiefblickenden Erforscher politischen und historischen Werdens längst vorausgesehen war, wie das die Aufzeichnungen seines Tagebuches bezeugen.

Immer wieder hatte er betont, daß die Vereinigung der deutschen und italienischen Interessen eine naturgemäße, daß in dem Zusammenstehen Deutschlands mit Italien und England diejenige politische Constellation zu erblicken sei, die am meisten eine gesunde Entwickelung des europäischen Staatensystems — mit seinen sich so vielfach kreuzenden und widersprechenden Interessen und Bestrebungen — zu gewährleisten im Stande sei.

Im Jahre 1866 sehen wir den ersten Schritt gethan auf der Bahn dieser politischen Gedankenreihe, die später in der Dreibund-Politik ihren weiteren praktischen Ausdruck finden sollte und auch in Zukunft ihren auf historischer Nothwendigkeit beruhenden Werth schwerlich verlieren wird — so oft auch persönliche, politische oder commercielle Gegenströmungen zeitweilig in andere Bahnen lenken mögen. Bedeutsam mag deshalb für Jetztzeit und Zukunft die Festigkeit bleiben, mit der Bernhardi — trotz der excentrischen Bestrebungen und der kleinlichen und kurzsichtigen Interessen-Politik Englands — an dem Grundgedanken seines politischen Glaubensbekenntnisses festhielt, ohne deshalb zu theoretischer Ablehnung der Nothwendigkeiten und Forderungen des Augenblicks zu gelangen — eine Festigkeit der Anschauung auf dem Gebiete der äußeren wie der inneren Politik, die auch in den vorliegenden Blättern zum Ausdruck kommt und ihr ruhiges und klares Gleichgewicht auch da behält, wo innere und äußere Gefahren von allen Seiten gegen die junge Schöpfung des deutschen Genius anzustürmen scheinen.

Denn nicht nur in das Werden einer neuen Zeit und der sie bedingenden Kräfte lassen uns die Aufzeichnungen jener Tage tiefgehenden Einblick thun, sie zeigen uns zugleich, das Erwachen der feindlichen Gewalten, deren Ansturm die Erschütterung der folgenden Jahre mit der gewaltigen Krisis von 1870 bringen sollte — deren Weiterwirken noch heute das politische Leben Europa's in den entscheidendsten Beziehungen beherrscht.

Aus dem gekränkten Selbstgefühl des französischen Volks und der das Frankenland weithin beherrschenden Unzufriedenheit mit dem

napoleonischen System sehen wir den germanisch-fränkischen Gegensatz sich neu beleben. Jenseits unserer östlichen Grenzen sehen wir
einen Deutschenhaß emporwuchern, der seine Wurzeln in der Er-
kenntnis gründet, daß eine starke und freie deutsche Centralmacht
ein unüberwindliches Hindernis slavischer Aneignungsgelüste und der
Verallgemeinerung slavisch-materialistischer Geistesrichtung bilden
muß. Im Orient beobachten wir die ersten Anzeichen einer langsam aber mächtig heranschwellenden Krisis, deren wirkliche oder
angebliche Vorgänge heute längst vergessen sind, aber zum Verständnis der damaligen Signatura temporis nicht unwesentlich beitragen und deren bedingende Kräfte auch heute noch fortwirken, von
Zeit zu Zeit immer wieder zu lokalen Explosionen geführt haben,
schließlich aber doch — indem sie elementare Bedürfnisse des Völker-
lebens zu ihrem Gegenstande haben — mit naturwüchsiger Nothwendigkeit die endliche Lösung des verderbenschwangeren Orientpro-
blems zur Folge haben müssen.

In Deutschland selbst sehen wir das Walten und Wühlen feindlicher Gewalten; wir sehen die rheinbündlerischen Particulartendenzen,
das vaterlandslose Demokratenthum und den vaterlandsfeindlichen
Ultramontanismus an der Arbeit, und unmittelbar kommt uns in
diesem Wirbel von Wirkung und Gegenwirkung die Wahrheit der
Worte zum Bewußtsein, jener echt-preußischen Worte, die Bernhardi
mit seinem klaren, von idealster Anschauung geadeltem Realismus
der etwas fatalistischen Begründung Bismarck'scher Friedenstendenzen
entgegenstellt, und die für alle Zeiten der Leitstern deutschen Wollens
und Handelns bilden sollten: „Es kommt darauf an, daß man
die reale Macht in Händen hat und sie ohne Uebermuth
und ohne Schwäche braucht".

Von der Person des Berichterstatters ist in dem vorliegenden
Buche nicht mehr die Rede, als zur Verdeutlichung der denselben
umgebenden Verhältnisse erforderlich erschien.

Darin aber sucht die Veröffentlichung nur dem Geiste der Nieder-
schrift gerecht zu werden, die das persönliche überall nebensächlich
behandelt, und uns das ganze Sein und Denken des Verfassers
getragen und bedingt zeigt durch lediglich sachliche, von hochherzigem

Patriotismus eingegebene Motive. Er, der erst am Abende des
Lebens in die militärisch-diplomatische Thätigkeit treten durfte, dem
es erst als Sechziger vergönnt war nicht nur Zeuge, sondern endlich
auch Mitwirkender der großen Ereignisse seiner Zeit zu sein — er,
den die erste ihm zugefallene praktisch-politische Aufgabe sofort in den
Brennpunkt der Ereignisse stellte, und der diese Aufgabe löste, als
sei er nicht an der Peripherie, sondern im Mittelpunkte des Staats-
lebens emporgekommen: er erscheint in seinen Memoiren als sei
er sich der Bedeutung solcher Leistung kaum bewußt, sie stellt sich
ihm dar als das natürliche Ergebnis eines langen köstlichen Lebens
voller Mühe und Arbeit — und überall erwächst ihm sein treffen-
des politisches Urtheil als die natürliche Frucht reifer historischer Er-
kenntnis, der großen Lehrmeisterin aller wirklich genialen und lebens-
fähigen Politik.

Je mehr aber die Person in den Hintergrund tritt, desto ein-
gehender und objektiver werden die Verhältnisse selbst erörtert, nach
ihrem inneren Zusammenhang und ihren Wirkungen dargelegt.

Phasen und Zwischenspiele, die ohne äußere Folgen geblieben
sind, aber für Land und Leute charakteristisch waren, kommen dabei
ebenso zu ihrem Rechte, wie Ereignisse, deren Folgen erst später zu
Tage getreten sind. Vielfach wird dabei das Gedächtniß von Verhältnissen und Menschen erneuert, deren Namen längst verklungen
sind, die auf das Thun und Lassen ihrer Zeitgenossen aber nichts
destoweniger genugsam einwirkten, um denkwürdig zu erscheinen.

Helle Schlaglichter fallen auf die Beziehungen der italienischen
Politik zu dem inner-österreichischen Wirren — auf ihre Beeinflussung
durch englische und französische Einwirkung. Vielfach werden Mittheilungen gebracht, die die bisher gangbaren Vorstellungen ergänzen
und berichtigen.

Es gilt das insbesondere von dem österreichisch-italienischen Feld-
zuge und gewissen Thatsachen, die im 6. Bande des Sybel'schen
Werkes berichtet werden und durch das vorliegende ein nicht uner-
heblich verändertes Gesicht erhalten. So erfahren wir unter Anderem,
daß die a. a. O. (S. 78) erwähnte zweite Berathung des italienischen
Feldzugsplanes in Wirklichkeit gar nicht stattgefunden hat; daß

Usedom's Zurückstellung einer Bernhardi'schen Denkschrift über das preußische Kriegs-Programm von peinlichem Einfluß auf die späteren Beziehungen zwischen beiden Verbündeten gewesen, und daß die stattgehabte Unterlassung von La Marmora in weitgehender Weise gegen die Berliner Regierung ausgebeutet worden ist.

Von noch ungleich höherem Werthe dürften indessen die Schilderungen sein, welche der Verfasser von den Mißverständnissen und Irrungen entwirft, die auf das Bekanntwerden des französischen Waffenstillstandsvorschlages folgten, und deren volle Last Bernhardi während der Tage vom 5. bis 30. Juli zu tragen hatte.

Unter dem unmittelbaren Eindruck fast stündlich wechselnder Meldungen geschrieben, nehmen diese Schilderungen ein Interesse in Anspruch, das sich von Seite zu Seite steigert, und das durch die wortgetreue Wiedergabe der mit dem Könige, dem Prinzen Napoleon und den italienischen Staatsmännern geführten Unterredungen einen geradezu dramatischen Charakter annimmt — um so mehr, als die charakteristischen Eigenthümlichkeiten der handelnden Personen, des „rè galantuomo", des unfähigen und intriguanten La Marmora — des ernsten, zielbewußten Ricasoli, des leidenschaftlichen Visconti-Venosta, des schöngeistigen Usedom und so mancher Anderer sich in scharfen Conturen und schlagender Beleuchtung von dem Hintergrunde der Ereignisse abheben.

Neben den wechselvollen Scenen in Florenz und im italienischen Hauptquartier, deren Schilderung den Hauptinhalt des vorliegenden Bandes bildet, treten die auf den Winter 1866/67 und das folgende Frühjahr bezüglichen Aufzeichnungen in die zweite Reihe.

An und für sich betrachtet, verdienen jedoch diese Blätter den nämlichen Antheil wie die Ausführungen über den Kriegssommer. Enthalten sie doch ungezählte charakteristische Einzelheiten aus jener Uebergangszeit, ausführliche Berichte über Unterredungen mit den leitenden Staatsmännern Preußens und endlich Erwägungen und Urtheile, die uns heute natürlich und einfach erscheinen mögen, weil uns der Verlauf der Ereignisse bekannt ist — die aber vom Standpunkt der damaligen Zeit und ihrer verwirrenden Erscheinungen aus betrachtet immer wieder von der unbeirrbaren Sicherheit des poli-

tischen und militärischen Urtheils Zeugniß ablegen, die der Verfasser
der Memoiren so oft bewährt hat.

Besonders merkwürdig dürfte den militärisch gebildeten Leser das
Gespräch berühren, in dem der weitblickende Historiker mit dem siegreichen Feldherrn Gedanken austauscht über den kommenden Feldzug
mit Frankreich, dessen Unvermeidlichkeit beiden Männern vor der
Seele stand.

Schon im Jahre 1859 war dasselbe Thema zwischen ihnen erörtert worden, und schon in jener Zeit hatte Bernhardi auf die
großen allgemeinen Gesichtspunkte hingewiesen, nach denen der Krieg
später wirklich geführt worden ist, während General von Moltke die
Grenzen des militärisch zu Erstrebenden damals enger gezogen hatte
(Bd. III, S. X, 215, 237 u. ff.).

Jetzt — wo mit der Klärung der deutschen Verhältnisse eine be-
stimmtere Grundlage für einen Krieg gegen Frankreich gewonnen —
wo die überlegene Kraft des preußischen Heeres in überraschender
Weise zu Tage getreten war — wo seine Führer aus dem glänzenden
Siege berechtigtes Selbstbewußtsein geschöpft hatten: jetzt trat auch
der vorsichtig wägende Feldherr dem kühnen Gedankenfluge nicht mehr
entgegen, mit dem Jener den kommenden Kampf gegen Frankreich
überschaute.

Mit der ihm eigenthümlichen Klarheit entwickelt Bernhardi den
Verlauf der kommenden Ereignisse. Er erkennt den durch die Verhältnisse gegebenen deutschen Aufmarsch und dem gegenüber für Frankreich die Nothwendigkeit, in der Gegend von Metz seine Hauptkräfte
zu concentriren und hier die Entscheidung anzunehmen; er sieht die
Cernirung dieser Festung, den Vormarsch der Deutschen gegen die
Südfront von Paris, die Trennung der Hauptstadt von dem südlichen Hinterlande ahnend voraus.

Mit Recht freilich betont Moltke, daß sich so weit die Dinge
nicht Voraus berechnen und bestimmen lassen — den Grund-
anschauungen Bernhardi's aber stimmt er bei und die Gedanken, die
der Nicht-Soldat dem Feldherrn entwickelt, sind die leitenden Gesichtspunkte eines glorreichen Siegeskampfes geworden; das, was sich dem
geistigen Blicke des Denkers offenbarte, hat die Ruhmesgöttin mit

ehernem Griffel als Thaten des Feldherrn in die Tafeln der Weltgeschichte eingegraben.

Das Gespräch ist im übrigen ein ebenso schönes Denkmal für
den großen Strategen, dessen hochsinnige Bescheidenheit auch der glänzende Erfolg nicht zu erschüttern vermocht hatte, wie für den, der
— weniger vom Schicksal begünstigt — die Größe der Andern neidlos
anerkannte, während sich ihm selbst aus der tiefen Erkenntniß der
bedingenden Nothwendigkeiten die werdenden Dinge in ihrer Vollendung offenbarten.

Es ist oft auf die merkwürdige Erscheinung hingewiesen worden,
daß Bernhardi, ohne selbst jemals Soldat gewesen zu sein die Wissenschaft vom Kriege in solcher Weise beherrschte, daß ihn der zweitgrößte
Feldherr des Jahrhunderts seines Vertrauens würdigte und die höchsten
Fragen der Strategie mit ihm zu erörtern nicht verschmähte. Die größte
natürliche Begabung reicht nicht aus, um diese Erscheinung zu erklären. Ein Anderes mußte sie ergänzen. Es ist das liebevolle
Versenken eines militairisch hochbegabten Geistes in alle Einzelheiten des militairischen Studiums wie in die höchste Philosophie des
Krieges, und zwar eines Geistes, der aus der Universalität seiner
Bildung die Fähigkeit schöpfte, auch die ferner liegenden Dinge in
ihrem Zusammenhange zu erfassen. Es war das Privilegium des
Geschlechts, dem Bernhardi angehörte, daß es im Besitz einer Bildung
war, die mit dem „nihil humani a me alienum puto" vollen Ernst
machte und darum die Richtung auf das Ganze der Culturentwicke-
lung unentwegt im Auge hielt.

So mag es denn andrerseits auch Manchem unserer „Aller-
neuesten" eigenthümlich anmuthen, daß der zweiundsechzig-jährige
preußische Militair-Bevollmächtigte inmitten des Ganges wichtiger
Kriegs- und politischer Ereignisse Zeit und Neigung übrig behalten
hat seine Mußestunden der Versenkung in die italienische Kunst
zu widmen und aus dem Sturm des Tages in die Welt derjenigen
Dinge zu flüchten, die nie veralten, weil sie sich nie und nimmer
begeben haben. Wie viel mehr aber würden sie staunen, wenn sie
die ganze Fülle kunsthistorischer und kunstkritischer Studien überblicken
könnten, die dem Tagebuch anvertraut wurden, und die in der Ver-

öffentlichung aufzunehmen nur der Raum verbot! Wenn sie sehen könnten, wie liebevoll und eingehend derselbe Verfasser sich zugleich in das Wesen des Volkes und seiner Lebensbedingungen, der Gesellschaft und ihrer leitenden Interessen vertiefte.

Universelle umfassende Geistesrichtung liegt unserer Zeit im Allgemeinen fern, und nicht zum wenigsten hierin liegt ihre Schwäche. An Stelle des ästhetischen und des politischen Ideals, das Kraft und Schwäche jüngst vergangener Perioden bildete, ist das materielle Interesse getreten, das die Einzelnen und die Klassen beherrscht, die Parteien begründet und die Gesellschaft zerreißt. Hand in Hand mit ihm entwickelt sich ein ödes Specialistenthum, das überall von dem Zusammenhange der Dinge absieht, weil es ihn nicht mehr begreift.

In solcher Zeit aber ist es doppelt geboten, den Blick zu Geistern zu erheben, die, ohne das Verständniß für die realen Bedürfnisse der Einzelerscheinung zu verlieren, diese doch immer nur in ihrem Zusammenhange mit der Summe der Gesammterscheinungen aufzufassen und zu beurtheilen bestrebt sind: denn aus solch universaler Erkenntniß sprudelt ein unversiegbarer Quell, aus dem die Kinder einer materialistischen Zeit die Kraft der Selbstlosigkeit und thatkräftigen Hingebung an ideale Interessen schöpfen können, wie sie die Männer der dahingeschwundenen Tage gekennzeichnet hat — deren Epigonen wir sind.

Metz, im November 1897.

Friedrich von Bernhardi,
Oberst und Chef des Generalstabs 16. Armee-Korps.

Inhaltsverzeichniß.

Sendung nach Italien

im

Frühjahr 1866.

———————

Reise nach Florenz und erste Eindrücke in der Arnostadt.

Am Abend des 23. Mai 1866 hatte Bernhardi die preußische Hauptstadt verlassen, um sich als militärischer Bevollmächtigter nach Italien zu begeben und sich demnächst dem italienischen Hauptquartier anzuschließen.

26. Mai. Fahrt allein im Coupé; am Lac de Bourget entlang — jenseits die hohe Alpenkette, die unmittelbar aus dem Wasserspiegel aufsteigt. — Ich erstaunte über die großartige Schönheit dieser Gegenden. Es giebt keine schöneren Alpenlandschaften als in Savoyen — und doch kümmert sich kein Reisender darum, während in der Schweiz alles von Touristen wimmelt. Das ist die Herrschaft der Mode, die stets entweder gar keinen oder einen rein zufälligen Grund hat in ihren Entscheidungen.

Aix-les-Bains — Chambéry; über der Stadt ein gar stattliches Schloß — würdig das Stammhaus eines alten und mächtigen Fürstengeschlechts zu sein. — Die Maurienne, die Stammherrschaft des Hauses Savoyen, ist eines der großartigsten Alpenthäler, die es überhaupt giebt — und der trübe Himmel, die Schneestreifen bis ziemlich tief herab an den Bergen, der halb winterliche Anstrich des Ganzen, steigerten heute den Eindruck.

Von S. Michel aufwärts wird die Maurienne öder und ärmer, wie hochliegende Alpenthäler zu sein pflegen. — Alle Häuser sind natürlich von Stein erbaut, die Wände geweißt — die Dächer grau — und da der Schmuck der Gärten, einer mehr oder weniger bunten

1*

Pflanzenwelt, durchaus fehlt, haben die Dörfer ein ungemein kaltes, eintöniges Colorit. Die steinigen Felder umher zeigen einen geringen Grad von Fruchtbarkeit. — Schneegekrönte Felsen beschränken den überhaupt benutzbaren Boden.

Etwas vor Modane zeigt sich an der Bergwand rechts der Eingang zu dem großen Tunnel, der die Eisenbahn in das obere Thal der Dora führen soll — und gar Manches macht aufmerksam darauf, welche Anstrengungen ein so riesenhaftes Werk erfordert. Massive Gebäude, die einen geräumigen rechteckigen Hof einschließen und von großer Ausdehnung, sind doch Nichts als die tempo-rären Werkstätten, die erforderlich sind die Maschinen zur Durch-bohrung des Berges zu liefern und im Stand zu halten. Wie weit liegt die Zeit hinter uns, wo das „Urnerloch" ein Weltwunder war! Daß die Galerieen des Simplon dafür galten, habe ich ja noch selbst erlebt.

Auf der Höhe des Passes über den Mont Cénis führt der Weg eine bedeutende Strecke ziemlich eben durch einen von mächtigen Felsen eingeschlossenen Kessel dahin. Der Abend dunkelte schon, als wir an dem massiven Hospiz und an dem kleinen See vorüber kamen. Hier lag Schnee dicht an der Heerstraße — Schnee in den Falten der Berge bis zu der Straße herab, in phantastischen Streifen, und ein Saum von Schnee um den dunkeln, wie in tiefem Schlaf ruhenden See: — es war eine Landschaft, die den Begriff der Kälte dem Auge verständ-lich machte — an sich, und durch ihr eigenes Wesen — ohne daß eine Folgerung, eine Abstraction hinzu zu treten brauchte — unmittelbar.

27. Mai. Turin, früh Morgens. Schönes Wetter — mildes, duftiges italienisches Klima. Der Saum der Stadt, den ich sah, Piazza Carlo Felice — röthlich von der Morgensonne beleuchtet, unter einem wolkenlos blauen Himmel — hinterläßt den Eindruck, daß die Stadt eine großartig, ja imposant angelegte, in ihrer Art sehr schöne moderne königliche Hauptstadt ist.

Moncaliere, mächtiges altes Schloß auf der Anhöhe über der Stadt. — Schönes Land, besonders gegen Asti hin, wo südwärts die Apeninnen, nordwärts die Berge im Montferrat den Rahmen bilden — und dazwischen die reiche Ebene, herrlich angebaut und von einer mächtigen Cultur überwuchert. Die Bäume und Reben in den Feldern verleihen namentlich dem Ganzen den Charakter des Reichthums und der Fülle.

Florenz, 28. Mai. Durch das reichste Culturland an Parma, Reggio, Modena vorüber. — Allen diesen Städten sieht man es an, daß sie ehemals und zum Theil noch bis auf die neueste Zeit herab, fürstliche Residenzen waren — man gewahrt, über den Ringmauern die Dächer großer Paläste und die Dome großer Kirchen — und alle sind von einem vernachlässigten Mantel moderner Festungswerke umgeben — d. h. von Wällen und Bastionen, die aus dem Ende des 16. Jahrhunderts herrühren.

Ja es ist überraschend auch sonst noch kleine Festungen zu finden, die aus derselben Zeit herrühren — auf dieser Linie z. B. außer den genannten noch Rubiera und Castelfranco — und das sind nicht freie Städte, die sich etwa gegen die Angriffe benachbarter kleiner Herren sicher zu stellen suchten — solche Städte gab es hier im 16. Jahrhundert nicht mehr — wir sehen vielmehr in diesen Mauern und Wällen die ohnmächtigen Ansprüche der Kleinstaaterei auf Selbständigkeit gleichsam verkörpert; — wir sehen sie fortgesetzt bis in die Zeit, in der die mittelalterliche Ohnmacht der größeren Reiche aufgehört hatte — in die sie also gar nicht mehr, und von Tag zu Tage weniger gehörten. — Die Erscheinung setzt zunächst in Verwunderung; wenn man sich dann aber besinnt, muß man sich wohl erinnern, daß es in Deutschland im 16. Jahrhundert und im 17. eben auch nicht anders aussah; daß auch dort jeder Souverain eines Kleinstaates seine Residenz in eine Festung verwandelte und womöglich auch noch eine andere kleine Festung in seinem Ländchen hatte; daß — um nur an eine Gruppe zu erinnern — Hannover, Braunschweig, Wolfenbüttel und Göttingen solche Festungen waren. Der Unterschied ist der, daß in Deutschland, sobald die Wunden des Dreißigjährigen Krieges heilten, die Städte meist über diese neueren Festungswerke gleichwie über die alten Ringmauern hinaus wuchsen; daß durch das Anwachsen der Bevölkerung die Nothwendigkeit herbeigeführt wurde, die Wälle und Gräben einzuebnen, so daß nur hin und wieder

— z. B. in Hannover im Schloßgarten — einzelne Spuren davon
übrig geblieben sind. — Die Fürstenstädte in Italien dagegen haben
seit dem 16. Jahrhundert keine Fortschritte gemacht; im Gegentheil,
sie sind meist zurückgegangen; der Festungsmantel ist ihnen nicht zu
eng geworden; sie füllen ihn nicht mehr ganz aus. Da hat sich
keine Nothwendigkeit ergeben, die Wälle einzuebnen; sie sind stehen
geblieben — der Zeit und der Natur überlassen.

Bologna, schöne Gegend; die Apeninnen, die bald näher bald
ferner neben der Eisenbahn herlaufen, treten hier nahe heran; auf
der nächsten Bergkuppe die Wallfahrtskirche S. Luca — ein Rund-
bau von einer Kuppel bedeckt. Zur Linken die reiche Ebene der
Aemilia — dicht an der Eisenbahn neu erbaute Schanzen. — Ich
erkenne die bekannten, gegeneinander geneigten Thürme, Asino und
Asinello, die aus der Häusermasse der Stadt in die Luft ragen.

Florenz bei beginnender Dunkelheit. — Da bin ich nun, ein
sehnsuchtsvoller Traum ist mir zur Wirklichkeit geworden! — Ein
Wunsch, der mich 40 Jahre lang mehr oder weniger beschäftigt hat —
und die schönste Lebenszeit über hoffnungslos schien, ist mir erfüllt. —

Nach dem Hôtel de la ville an der Piazza ognissanti gefahren; bekomme ein kleines Zimmer — erfahre, daß Usedom
— unser Gesandter — vor der Stadt wohnt, in der Villa Caponi,
eine viertel Meile vom Thor, auf dem Wege nach Fiesole. — Hinaus-
gefahren. Von Usedom und dessen Frau außerordentlich freundlich
aufgenommen und begrüßt, obgleich in keiner Weise angekündet; ich
finde den Legationsrath Karl von Bunsen, den Attaché Graf Ra-
dolinski*) und den Militair-Attaché Lucadou vor.

Usedom zeigte sich mit dem Inhalt der von mir überbrachten
Depeschen unzufrieden und klagte darüber, daß die Geschäfte im
Ministerium nicht mit der gehörigen Ordnung und Regelmäßigkeit
geführt würden. Die Gesandtschaften erhielten wohl von Zeit zu
Zeit Schreiben aus dem Ministerium, aber keine Antworten auf die
eingesendeten Berichte. Ueber den Gang der preußischen Politik im
Allgemeinen werde nicht der gehörige Aufschluß gegeben. Er, Usedom,

---

*) Später Fürst Radolin.

sei durchaus nicht orientirt und wisse nicht einmal, ob wir wirklich Krieg führen werden oder nicht.

Ich suche ihn zu orientiren. Die Unregelmäßigkeit der Geschäftsführung rühre daher, daß der Unterstaatssecretair Thile nicht das gehörige Verhältniß zu Bismarck habe, und daß alle wichtigen Dinge durch Keudell und Abeken gehen. — Krieg werden wir führen, wenigstens liegt die Möglichkeit ihn zu vermeiden lediglich in Wien. Nur dadurch, daß Oesterreich unbedingt und ohne alle Modificationen in unsere Forderungen willigt, könnte der Krieg vermieden werden — das aber ist nicht wahrscheinlich. — Preußen wird von seinen Forderungen Nichts nachlassen, denn die Regierung weiß sehr gut, daß Nachgiebigkeit diesen Feinden gegenüber der moralische Untergang Preußens wäre — daß dessen Untergang ausdrücklich beabsichtigt wird. Man wird von unserer Seite demnach nicht etwa bloß Krieg führen, wenn er und weil er unvermeidlich ist, sondern unsere Regierung wünscht den Krieg, der früher oder später doch geführt werden muß und schwerlich zu einer anderen Zeit unter günstigeren oder eben so günstigen Bedingungen geführt werden könnte als jetzt. Wenn par impossible Oesterreich in unsere Forderungen willigen und dadurch der Krieg vermieden werden sollte, so wäre das, glaube ich, unserer Regierung gar nicht erwünscht. Uebrigens bin ich überzeugt, daß wir dem Krieg mit Zuversicht entgegen sehen und das Beste erwarten dürfen. Der Geist, der in der Armee herrscht, ist der allerbeste. —

Durch diese Bemerkung schien Usedom überrascht; er glaubt wohl der Fortschrittspartei und ihren Zeitungen etwas mehr als billig. — Er sagt mir auch Einiges über die hiesigen Kriegspläne. Sie scheinen im Allgemeinen so zu sein, wie wir sie wünschen müssen. —

29. Mai. Allein, mit dem Plan in der Hand, durch einen Theil der Stadt gewandert, und zwar durch einen der ältesten, geschichtlich merkwürdigen Theile. — Da Vielerlei zu thun sein wird, und Niemand wissen kann, wie lange mein Aufenthalt hier währt — muß ich jeden Augenblick und jede Gelegenheit, die sich bieten, als Tourist benutzen.

Palazzo del Podestà, il Bargello genannt; die Piazza della Signoria mit dem Palazzo vecchio, dem alten Palast der Republik und der Mediceer, der mit seiner hohen Warte und dem Zinnenkranz mehr feste Burg ist als Palast; mit der offenen Loggia dei Lanzi, die den Landsknechten der Mediceer, diesem mächtigen Regierungs-Werkzeug, als Hauptwache diente. Die merkwürdigen Sculpturen in der Halle und vor dem Palast betrachtete ich nur als Theile des Ganzen — doch verfehlte der scheußliche colossale David des Michel Angelo nicht einen widerlich-verwunderlichen Eindruck zu machen. Welch ein Wahnsinn, der Gestalt eines Knaben, und zwar der alleinstehenden Gestalt eines Knaben, colossale Verhältnisse zu geben! — so allein, außer aller Gruppirung hingestellt, wo jeder Maaßstab für die relative Bedeutung der Verhältnisse fehlt. Hier ist Nichts in der Nähe um die Gestalt des Hirtenknaben damit zu messen, als der Hercules des Baccio Bandinelli, und der ist kleiner als der Hirtenknabe.

Der Perseus des Benvenuto Cellini — Erz — der Raub der Sabinerinnen, Hercules und Centaur — Marmor — von Giovanni da Bologna: — alle diese berühmten Sculpturen der Renaissance-Periode haben unverkennbar etwas Barockes, in dem eigentlich das Characteristische, ihnen Eigenthümliche liegt. Es ist ein dem Styl der gleichzeitigen Architektur analoger Styl — nur nicht so glücklich, denn während er in der Architektur eine eigenthümliche Grazie entfaltet, behält er in der Sculptur etwas Unschönes und Störendes.

An allen Bildhauern des cinque cento und sei cento, an Michel Angelo, Benvenuto Cellini, Baccio Bandinelli, den Zeitgenossen der größten Kunstperiode Italiens, bewährt sich so gut wie an Giovanni da Bologna, daß die Sculptur sich in Italien niemals zu gleicher Höhe mit der Malerei erhoben hat. Auch Giovanni da Bologna, der schon einer etwas späteren Zeit angehört und ein Zeitgenosse der Carracci war, steht gewiß nicht auf gleicher Höhe mit der Bologneser Malerschule. — Die Sculptur hat sich auch im 16. Jahrhundert nicht frei von Manier zu machen gewußt — und der Verfall ist dann viel früher und viel vollständiger eingetreten als in der Malerei.

Durch die Via dei Calzajoli und dichtes Menschengewimmel zum Dom — S. Maria del Fiore. Ein mächtiger Bau! — er nimmt den ganzen Platz in solcher Weise ein, daß die Langseiten entlang und um den Chor nur eine ziemlich schmale oder mäßig breite Straße übrig bleibt — und vor der Stirnseite auch nur ein mäßiger Platz, auf dem sich das wohlbekannte achteckige Baptisterium erhebt. — Ein sehr durchdachter Bau, wie sich bei genauerer Betrachtung ergiebt; ein Bau, dem ein sehr genau erwogener und berechneter, folgerichtig durchgeführter Plan zu Grunde liegt — und dennoch ein Beweis — ein schlagender Beweis, daß die Italiener nie zu einem wirklichen Verständniß des Spitzbogen-Styls gelangt sind. — Dieser Beweis liegt schon darin, daß die Italiener niemals verstanden haben, den Glockenthurm organisch mit dem übrigen Bau zu verbinden; — selbst nicht bei dem größten und schönsten aller Spitzbogen-Bauten südlich der Alpen, bei dem Mailänder Dom. Auch hier steht der Campanile gesondert neben der Kirche und unabhängig von ihr. — Dann aber zeigt sich dieser Mangel an Verständniß auch darin, daß die Ornamentik nicht organisch aus der Construction hervorgeht, sondern ganz unabhängig von ihr, und vollkommen willkürlich ist. —

Ich betrat auch das Innere — und seltsam! von Außen ermißt das Auge wohl, daß es einen mächtigen Bau vor sich hat — das Innere aber, mit seinen unverhältnißmäßig schmalen Seitenschiffen macht nicht einen Eindruck von Größe, der den wirklichen Dimensionen irgend entspräche. — Die großen, hohen, ganz leeren und schmucklosen Seitenwände geben dem Ganzen etwas Ödes und Lebloses. —

Usedom belehrte mich, daß die deutschen Bauhütten — von Deutschland her gestiftet — in Italien nur bis Mailand reichen; tiefer in Italien hinein hören sie auf. Daraus erklärt sich, daß die Traditionen des Spitzbogen-Styls sich hier nicht einbürgern konnten.— In dieser Erklärung aber liegt das Geständniß, daß er hier überhaupt nicht einheimisch werden, nicht mit wirklichem Verständniß reproducirt, nicht organisch weiter entwickelt werden konnte — und von den Einheimischen stets mißverstanden werden mußte. —

Das Baptisterium. Was für seltsame Gegensätze die Geschäftigkeit der Menschen im Laufe der Jahrhunderte mit einer gewissen Naivität neben einander stellt! — Dieser Bau trägt im Allgemeinen den Stempel eines Anfänglichen, wenn man es so ausdrücken darf, der Urzeit einer von unten auf neu beginnenden Cultur-Periode; — die Kuppel ist mit Mosaiken geziert, mit colossalen biblischen Gestalten, die den unglücklichsten Zeiten der Kunst entsprechen — und die Altäre unten sind mit je zwei korinthischen Säulen geschmückt — die acht eingehenden Winkel durch je zwei korinthische Pilaster. Das Alles ist Palladio-Architektur von eben auch sehr zweifelhaftem Kunstwerth. Die Thüren des Lorenzo Ghiberti genau betrachtet. Die sind sehr schön; — man erkennt darin die Traditionen der Pisaner Schule, die Kenntniß der Antike. Die Schöpfung des Weibes namentlich ist von einer Grazie, die man nicht leicht übertroffen sehen wird.

Campanile; nach den Zeichnungen Giotto's. Es liegt in diesem Bau unstreitig ohne Vergleich Mehr, was absolut und für alle Zeiten gültig und von Kunstwerth ist, als in irgend einem Bilde des Meisters. Die Architektur der Zeit ist um so viel mehr entwickelt als die Malerei, daß die Architektur-Werke des Mannes, dessen Bilder für uns nur als Illustrationen der Kunstgeschichte Werth haben, in nicht geringem Maaße auch uns genügen und unseren Forderungen an die Kunst entsprechen. Und das liegt, wie gesagt, nicht in der Persönlichkeit des Mannes, sondern ganz entschieden in dem Zustande, in welchem er beide Künste vorfand. Seine Zeit stellte ihn als Maler höher, denn als Architekten, und hatte Recht, welchen Eindruck uns auch seine Werke in der einen und in der anderen Kunst machen mögen. Denn in der Architektur verwendete er nur mit Einsicht und Geschick bereits vorhandene Mittel und Formen: — in der Malerei war er Schöpfer! — Schöpfer einer freieren Richtung, die sich mehr und mehr von der byzantinischen Tradition los machte. —

Ich ergehe mich in alten Städten, die eine Geschichte haben, gern in den ältesten Stadttheilen, wo ihre Geschichte vorzugsweise spielt. — So wendete ich mich auch jetzt von Or. S. Michele in das

Gewirr von kleinen engen Gäßchen hinein, um über die schmalen Gemüsemärkte u. dgl. meinen Weg nach dem Palazzo Strozzi zu finden. — Nur in wenigen alten Städten finden sich solche Stadttheile, wie dieser hier; er erinnert an die eigenthümlichsten und ältesten Straßen Frankfurts, nur daß hier die kleinen und nachlässig unterhaltenen Häuser nicht von Fachwerk, sondern in der Weise des Südens von Stein erbaut sind. Es ist als ob ein heutiges Volk gar nicht in diese Gäßchen und Winkel gehörte; als ob man da den grotesken Gestalten des Mittelalters begegnen müßte.

Nach dem Ponte vecchio. Hier lernt man das älteste Florenz kennen, das Florenz der unruhigen Republik, die Stadt, in der die Kämpfe der Guelfen und Ghibellinen — der Schwarzen und Weißen tobten. — Das ist ein ander Ding als die neueren Theile der Stadt; — ein unverändertes Gewirr enger winkliger Gäßchen, in denen zum Theil für den kleinsten Karren nicht Raum ist — jetzt wie zu den Zeiten Macchiavelli's und Dante's. — An einer Ecke der Straße, die zum Ponte vecchio führt, steht noch im Aeußeren unverändert eines jener abligen Kastelle, die so oft Mittelpunkt der Straßenkämpfe — so oft belagert und erstürmt wurden; eines jener festen Häuser, die hier, wo für weitläufige Paläste kein Raum war, nicht etwa einen jener vielbesprochenen hohen Thürme hatten — sondern lediglich aus einem massiven, viereckigen Thurm bestanden, eine solche torro waren. Das Wappen der Besitzer prangt noch an dem Bau. Eine moderne Phantasie hat Mühe sich das rege Volksleben — alle die leidenschaftlichen Kämpfe, von denen wir wissen, in diesen Gäßchen und Winkeln zu denken.

Der Charakter der Stadt in den neueren oder erneuerten Theilen ist ein wesentlich anderer. Da erheben sich die wirklichen Paläste — nicht feste Thürme — die sich die reichen und vornehmen Florentiner des sechzehnten und siebzehnten Jahrhunderts bauten — Familien in deren Reihen kaum hin und wieder einmal wie halb verloren der Name eines jener früher mächtigen Abels-Geschlechter erscheint. Die Paläste sind stattlich genug und haben einen eigenthümlichen Styl, den die Medici auch nach Frankreich mitbrachten. Das Erdgeschoß ist bei allen aus tüchtigen Quadersteinen aufge-

mauert und die Fenster der höheren Stockwerke sind in Bogen geschlossen und im Renaissance-Styl verziert — oder, wenn rechtwinklig,
von gewichtigen Palladio-Gesimsen wie gedrückt.

Einen eigentlich großstädtischen Eindruck machen aber auch diese
neueren Theile nicht — ja zum Verwundern wenig — am wenigsten
den einer königlichen Haupt- und Residenzstadt. Florenz ist eben
ganz eine mittelalterliche Cultur-Stadt und hat etwas Reichsstädtisches
wie Augsburg oder Nürnberg — natürlich mit dem Unterschied der
durch das Klima und durch eine leidenschaftlicher bewegte, großartigere
Geschichte bedingt wird. —

Accademia delle Belle Arti. Viele Giotto's, unter anderen
zehn Bilder aus dem Leben des heiligen Franz. Es ist immer merkwürdig, wie oft im Sinn eines herrschenden Systems, in welchem
die Zeit eben befangen ist, die Erscheinungen der Kunst und des
Lebens ganz willkürlich gedeutet werden, wie man einen Sinn hinein-
legt, den sie nicht haben, und ihnen eine conventionelle Bedeutung
beilegt. — Was haben nicht die Romantiker auch von Giotto gefabelt,
von der kindlichen Begeisterung und der seraphischen Frömmigkeit,
die in seinen Werken sich offenbare! — Daß er ein sehr weltlich
gesinnter Sohn einer im ganzen ungläubigen Zeit war, blieb von
ihnen unbeachtet, weil es ihnen unbekannt blieb — aber dem un-
befangenen Sinn wird es immerdar unbegreiflich sein, wie man
dergleichen hat in seinen Bildern sehen oder hat hinein sehen können! —
Merkwürdig ist, wenn man sich erinnert, daß Giotto ein Zeitgenosse
Dante's war. Da muß man sich wohl gestehen, daß die Bildung
einer jeden Periode nicht nothwendiger Weise eine harmonische ist.
Giotto's Werke sind wahrhaftig den Dichtungen Dante's nicht eben-
bürtig — ja sie stehen weit — weit unter den gleichzeitigen Werken
der Architektur und stehen selbst den Sculpturen der Pisaner und
Sieneser Schulen um so viel nach, daß man sie kaum für Schöpfungen
derselben Periode halten kann. Und so steht auch Ghiberti höher —
ja auf einem ganz anderen Boden als der gleichzeitige Maler Fiesole.

Ein Paar Bildnisse von Perugino bezeugen, daß die Kunst in
Italien unmittelbar vor der Zeit ihrer höchsten Blüthe noch in einer
Kindheitsperiode befangen war. Die Italiener dieser Zeit stehen weit

hinter den gleichzeitigen Niederländern zurück. — Die Brüder van
Eyck bezeichnen und gründen in der Kunstgeschichte eine Epoche von
so tiefgreifender Bedeutung, daß man sie eine cultur-geschichtliche
nennen muß. — Seltsam, daß auch in Beziehung auf die Entwickelung
der Musik der Anstoß von Flandern ausgehen mußte. Die frühere
Cultur-Entwickelung der deutschen Niederlande ist von großer, weit
reichender Bedeutung.

Unter den Bronzen ragt vor Allen der bekannte Mercur des
Giovanni da Bologna hervor. Er ist ungemein schön — leicht
das schönste Sculptur-Werk der gesammten Renaissance-Periode; —
man erwartet fast ihn in die Lüfte schweben zu sehen. Wenigstens
mußte ich an das Wort jenes geistreichen französischen Reisenden denken:
„Que ceux qui veulent voir le Mercure de Jean de Boulogne se
dépêchent; le voilà qui s'envole!"

Später führte mich Usedom in die Sitzung des italienischen
Unterhauses, die in der Sala dei Cinque-Centi in dem alten Rathssaal der Stadt-Republik tagt. Der Saal ist groß und hoch — die
Wände hat Vasari mit colossalen Fresco-Bildern verunstaltet. Sie
stellen die Thaten des toscanischen Tibers, Cosmo III. dar — des
Helden würdig! — Man erstaunt, wenn man sie betrachtet und
sollte dergleichen kaum für möglich halten, unmittelbar nach der
größten Periode italienischer Kunst. Man begreift nicht recht, wie
ein solcher Mann im sechzehnten Jahrhundert nicht nur geduldet werden,
sondern eine gewisse Geltung haben konnte — und es scheint seltsam,
daß er sich zutrauen durfte die Geschichte der italienischen Kunst zu
schreiben. Diesen Erscheinungen gegenüber begreift man, daß nach
solcher Entartung der mittel-italischen Schulen in der bologneser Schule
ein neuer Aufschwung der Kunst lag.

Abend in der Villa Caponi. Die Aussicht von der Terrasse hat
auch noch im tiefen Abenddunkel etwas eigentümlich Schönes, das sich
wohl kaum anderswo wiederholt. Toscana ist bekanntlich ein dicht-
bevölkertes Land — es ist so dicht bevölkert wie England, aber in ganz
anderer Weise. — Dort in England ist die Bevölkerung im Allgemeinen
in große Fabrik- und Handelsstädte zusammen gedrängt — das flache
Land ist in der That weniger dicht bevölkert als z. B. Schlesien.

Man sieht außerhalb der Städte weit weniger menschliche Wohnungen
als in den bewohntesten Theilen Deutschlands.

Anders hier in Toscana, wo das Klima eine viel größere In-
tensität der Boden-Benützung zuläßt als in England — der kleinste
Meierhof hinreicht, eine Familie auch als Pächter zu ernähren und
das Grund-Eigenthum sehr getheilt ist. Die Bevölkerung ist über
das ganze Land zerstreut — die Städte erscheinen nur wie compac-
tere Häuser-Massen in der fast nirgends unterbrochenen Kette von
Wohnstätten und am Abend, wenn alle Paläste, Villen und Hütten
erleuchtet sind, ziehen sich endlose Reihen von Lichtern in allen Richtungen bis hoch an die Abhänge des Gebirges hinan durch die dunkle
Landschaft, während die schönen Umrisse der begrenzenden Bergketten
sich scharf gegen den klaren nächtlichen Himmel abheben.

Orientirung über die politische Lage.

30. Mai. Um 5 Uhr meldete sich mein neuer Diener Giuseppe
Pappi bei mir im Hôtel; — mit ihm und sämmtlichem Gepäck als
Gast Usedom's zur Villa Caponi, wo mir ein großes, schönes Zimmer
eingeräumt war.

Abend im Saal tête à tête mit Usedom, der mir seinen ganzen
Briefwechsel mit Bismarck während der letzten Monate vorliest. Der
ist sehr interessant. Es geht daraus hervor, daß zwischen Preußen
und Italien am 27. April ein wirkliches Bündniß geschlossen worden ist. Das hatte man uns in Berlin nicht
gesagt. —

Usedom ist überzeugt, daß die Verhältnisse in Ungarn von der
allergrößten Wichtigkeit für uns sind. Ein Aufstand in Ungarn, sagt
er, sei sogar das einzige Mittel sich der Mitwirkung Italiens in dem
bevorstehenden Kriege bis auf das Aeußerste zu versichern; gewiß zu
sein, daß die Italiener nicht etwa an der alten Grenze ihres Landes
— etwa am Isonzo — stehen bleiben, als ginge sie der Krieg weiter
Nichts an, wenn ihnen Oesterreich Venetien nach einer geringen Vertheidigung überläßt. Nur die moralische Verpflichtung, einen in

Ungarn angefachten Aufstand bis zur befriedigenden Lösung auch
der dortigen Verhältnisse zu unterstützen, führt — wenn sie einmal
übernommen ist — die Italiener gewiß über jene Grenzen hinaus,
und gewährt uns — nach Usedom's Ansicht — die nöthige Sicherheit.

Zum Aufstand aber sind nicht nur die Magyaren,
sondern auch die Kroaten, überhaupt die südslavischen
Grenzvölker bereit, wenn sie auf Unterstützung rechnen
können. — Daß man Ungarn zum Aufstand bringen kann, das
weiß die italienische Regierung schon seit lange.

Im Jahre 1860 war zwischen der österreichischen Regierung —
dem König von Neapel — und den Leitern der päpstlichen Curie,
Cardinal Antonelli, Monsignor Merode ꝛc. ein großer Restaurations-
und Reactions-Plan verabredet. — Lamoricière trat in die Dienste des
Papstes. Natürlich kommt ein General wie Lamoricière nicht bloß
um „einige päpstliche Bummler" zu kommandiren. Er war berufen,
die „Südarmee" zu organisiren und zu befehligen, die aus Neapolitanern, päpstlichen Truppen und französischen Legitimisten gebildet
werden und von Rom aus operiren sollte, während Oesterreich in
das obere Italien einfiel.

Der Zweck war zunächst eine Restauration in Italien nach dem
Wortlaut des Züricher Friedens; Wiedereinsetzung der vertriebenen
Fürsten in Modena und Parma, Wiederherstellung der päpst-
lichen Autorität in den Legationen. Das entferntere Ziel, das man
im Auge hatte, war der Sturz Napoleon's und, da mit Henry V.
Nichts anzufangen ist, die Erhebung der Orléans auf den Thron
Frankreichs. (NB. Also mit geringen Modificationen dieselben Pläne,
die Oesterreich 1859 verfolgte! — Daß Lamoricière nur für die
Orléans auftreten konnte, ist natürlich —: aber waren auch die französischen Legitimisten damit einverstanden?!)

Cavour war so glücklich, diesen ganzen Plan zu entdecken —
und kam der Ausführung durch einen Gegenstoß zuvor, indem er
Garibaldi auf Neapel los ließ. — Da Garibaldi „keinen Kopf hat",
gab ihm Cavour einen leitenden Mentor mit in der Person des
Generals Türr, des ungarischen Abenteurers, der zur Zeit italienischer General und Adjutant des Königs war und seinen Abschied

aus italienischen Diensten nehmen mußte, um die officiell von Seiten
Italiens nicht anerkannte Expedition mitmachen zu können.

Napoleon III. sah diesen Angriff auf das südliche Italien nicht
gern; er war entschieden dagegen und ging sogar mit dem Gedanken um, den Uebergang Garibaldi's von Sicilien nach Neapel
zu verhindern; als ihm aber Cavour die Pläne Oesterreichs ent-
hüllte und deren Dasein in überzeugender Weise nachwies, er-
mächtigte er die italienische Regierung sogar, unmittelbar einzuschreiten.
„Faites! — mais faites vite!" sagte Napoleon zu Cavour, wenn
auch nicht in der besten Laune — und es folgte das Treffen bei
Castel=Fidardo.

Damals wurde auch gegen die möglichen Unternehmungen Oesterreichs von Cavour ein geheimer Vertrag mit Kossuth abgeschlossen. — Die Verbindungen mit Ungarn, welche die italienische Regierung auf diese Weise anknüpfte, gewannen bald eine solche
Ausdehnung, daß sie auch die südslavische Bevölkerung dieses Reichs
umfaßte, die sich nicht weniger unzufrieden zeigte als die magyarische.

Im Jahre 1864 — vor zwei Jahren also — erhielt die italienische Regierung ein ausführliches Memoire über die Organisation
eines Aufstandes in der österreichischen Militär-Grenze, für den man
von Italien Geld und Waffen verlangte. Der Verfasser dieser Denkschrift war Niemand anderes als Stratimirović!! — Derselbe Stratimirović, der 1848 den Aufstand der Serben im Banat für Oesterreich gegen Ungarn in Bewegung brachte und als einer der Helden
der Legitimität gefeiert wurde! — Auf den ist aber nicht weiter zu
rechnen, denn die österreichische Regierung hat ihn seither wieder zu
gewinnen gewußt, so daß er in diesem Augenblick bemüht ist ein
serbisches Freicorps für Oesterreich zu errichten.

(NB. Soviel ich sehen kann, sind die Verbindungen, welche die
Serben und Kroaten mit der italienischen Regierung anzuknüpfen
suchen, ganz unabhängig von denen, welche die Magyaren hier
unterhalten; — die Bewegung unter ihnen ist eine selbstständige
für sich.)

Usedom: Seitdem hat sich die Lage der Dinge in Ungarn durchaus geändert. — Kossuth hat durchaus keinen Einfluß mehr im Lande

— und die ungarische Emigration im Allgemeinen natürlich ebenso wenig. — Der im Lande selbst weilende, Oesterreich feindlich gesinnte Theil der Aristokratie hat sich an die Spitze der nationalen Bewegung gestellt und der Leitung bemächtigt. Diese Aristokratie führt jetzt das Ruder; sie hat in Ungarn ein sehr vollständiges „gouvernement occulte" einzurichten gewußt, das neben der officiellen kaiserlichen Regierung steht. — An der Spitze dieser im verborgenen ihre Mittel vorbereitenden Regierung steht ein geheimes Comité, aus angesehenen Edelleuten gebildet, und die alte Comitats-Verfassung bildet die Basis der Organisation. In jedem Comitat steht ein Honved-Offizier der Armee von 1848 als „Präfect" an der Spitze — und er hat in jedem Bezirk, in jeder Gemeinde seine Unterbeamten und seine Vertrauten. So ist ein Netz über das ganze Land gebreitet. — Von allen diesen Verschworenen kennt ein jeder nur seinen unmittelbaren Vorgesetzten (NB. eine Vorsicht, die in solchem Fall so ziemlich überall beobachtet wird) — Deák mit seinem Anhang ist der Sache fremd, so gut wie Kossuth mit dem seinigen.

Die Verbindungen Ungarns mit Italien aber sind niemals abgebrochen worden; Cavour's Tod hat darin Nichts geändert; ein jedes der verschiedenen Ministerien, die seither in Italien aufeinander gefolgt sind, hat diese Verbindungen unterhalten — bis General La Marmora an die Spitze der Regierung trat. Der hat in mancher Beziehung beschränkte Ansichten — will von diesen Dingen Nichts wissen und hält sich fern davon.

Dessenungeachtet sind aber die Verbindungen mit Ungarn auch jetzt nicht aufgegeben; sie liegen in der Hand des Königs selbst — und des Commandeurs Cerrutti — der einer der höheren Beamten des Ministeriums ist — der allein unter Allen hier in Italien die Dinge in staatsmännischer Weise aufzufassen weiß — und der sich immer erhält unter allen Ministerien, weil er sich stets „vollständig" effacirt.

In diesem Augenblick sind zwei Agenten Ungarns hier: General Türr, dessen Verbindungen in Serbien und der Militär-Grenze liegen — und Graf Th. Csaky, der das eigentliche Ungarn vertritt. — Usedom hielt es für nothwendig, daß man sich auch von Seiten Preußens mit ihnen in Verbindung setzt — und wie er es in solchen

Fällen, nämlich wenn er nach eigenem Ermessen Politik treiben will, immer thut — hat er schon vor einiger Zeit in diesem Sinn an Bismarck geschrieben. Er hat darauf jedoch gar keine Antwort erhalten.

Auf einen Aufstand in Ungarn könnte man wohl mit Sicherheit rechnen, wenn Garibaldi nach Dalmatien und in die ungarischen Grenzländer geschickt würde, und wenn die Ungarn der Unterstützung durch Preußen und Italien versichert wären.

Ich: Man nimmt wohl auch bei uns in Berlin etwas Aehnliches an. Man glaubt, daß Garibaldi in Dalmatien landen und auf Triest losgehen wird, um zu seiner Rechten den Aufstand in Ungarn anzufachen, zu seiner Linken den Feldzug der Italiener zu erleichtern und zu beflügeln.

Usedom: „Man sollte aber auch etwas dafür thun, nicht blos darauf rechnen!" — Damit der Aufstand in Ungarn zu rechter Zeit, nicht verspätet, in den Gang der Dinge eingreift, muß man ihn vorbereiten, und dazu gehören Geld und Waffen. — In Berlin will man aber auf die Sache nicht eingehen, traut ihr nicht, hält das Ganze für einen Schwindel und fürchtet geprellt zu werden, weil von Seiten Ungarns keine Namen genannt werden! — Wie sollen, wie können denn aber Namen genannt werden! — Sollen etwa die Mitglieder des geheimen Comité's, die innerhalb des Bereichs der österreichischen Polizei leben, sich nennen, auf die Gefahr hin der österreichischen Regierung bekannt zu werden und an den Galgen zu kommen? — Jede Indiscretion bringt sie ja sofort an den Galgen! Noch dazu weiß man in Berlin nicht, daß Kossuth ganz aus dem Spiele ist, d. h. in Ungarn Nichts mehr gilt und Nichts mehr vermag; man denkt ihn sich im Gegentheil noch immer als den nothwendigen Leiter einer jeden nationalen Bewegung in Ungarn. Nun weilt augenblicklich ein Freund und Agent Kossuth's, ein Oberst Kiß, in Berlin; der sagt dort: Die Partei der Versöhnung mit Oesterreich habe für jetzt die Oberhand in Ungarn, und es sei da Nichts zu machen. — Und auf dieses Zeugniß hin ist man in unseren Regierungskreisen doppelt mißtrauisch geworden gegen die Eröffnungen der Ungarn. — Hier in Florenz vollends will sich La Marmora in keiner Weise auf die Sache einlassen.

Zuletzt hat Usedom vorgeschlagen, Preußen sowohl als Italien sollen den Ungarn — d. h dem geheimen Comité in Pesth — je eine halbe Million Franken geben — zusammen eine Million. Wenn man einwillige, werde sich ein ungarischer Agent in Berlin einfinden, um das Geld in Empfang zu nehmen. — Giebt man in Berlin die verlangte Summe, dann giebt man sie auch hier. —

Die Antwort auf diesen Vorschlag — (NB. die ich überbracht habe) besagt: man könne sich nicht auf das Ungewisse einlassen.

Usedom ist sehr böse; das, meint er, nach Allem, was er geschrieben hatte!

Der Inhalt der Depeschen, die ich überbracht habe, sei auch sonst nicht gut. Frankreich, England und Rußland scheinen den vorgeschlagenen Congreß sehr ernsthaft zu nehmen, „und was drei Mächte ernsthaft nehmen, das muß man eben ernsthaft nehmen, auch wenn es die Quadratur des Cirkels wäre oder das perpetuum mobile.“ —

Kossuth ist übrigens mit zwei Söhnen in Florenz anwesend. Usedom sagte noch, daß Napoleon die kleinen Staaten gegen Preußen aufzurühren suche. Ferner: Die Nationaleinheit ist in Deutschland wie in Italien unbedingt ein Bedürfniß; Oesterreich ist dort wie hier als „bloßer Condottierebesitzer“, was es seinem Wesen nach ist, der „hindernde Mephisto“. Das ist, was uns mit Italien verbindet. Die Einheit Italiens ist nicht ohne die Einheit Deutschlands, besonders nicht ohne die Lahmlegung Oesterreichs, gesichert; es kommt vor Allem darauf an Oesterreich unschädlich zu machen, es in solcher Weise zu beschränken in seiner Macht, daß es die Pläne seiner Herrschsucht in Italien sowohl als in Deutschland aufgeben muß. Darum ist der Aufstand in Ungarn uns nöthig. Aber hier in Italien sieht das nur Cerrutti ein.

La Marmora dagegen, der beschränkt und mißtrauisch ist, wie die Italiener sind — „und besonders die Piemontesen“ — dem geht das Alles viel zu weit; er hat kein Verständniß dafür, daß die Einheit Italiens nur durch die Einheit Deutschlands sicher gestellt werden kann; er denkt: wir Italiener brauchen nur Venetien, weiter wollen und bedürfen wir Nichts; und in welcher Weise das gewonnen wird, ist

2*

am Ende ziemlich einerlei, wenn man es nur schließlich hat; je wohl-
feiler, desto besser, je weniger man dabei wagt, desto erwünschter. Er
wäre gar nicht abgeneigt es durch „Schacher" zu erwerben — den
Oesterreichern abzulaufen; jedenfalls, denkt er, verhilft Napoleon in
einer oder anderen Weise den Italienern zu dem Besitz des Landes.
Was das Uebrige anbetrifft: „abbiamo gli Alpi!" — die sichere
Grenzmauer Italiens; was da jenseits der Berge vorgeht, das geht
Italien Nichts an; es ist weder nöthig noch selbst rathsam sich da
hinein zu mischen, denn es ist ganz unberechenbar, wohin das führen
könnte, und zu gewinnen ist Nichts dabei — man hält sich besser fern
von diesen Dingen u. s. w.

Wenn man nur mit Napoleon ganz im Reinen wäre! — Der
König Victor Emanuel gesteht, daß er in allen Verhandlungen „den
letzten Gedanken Napoleon's nicht hat heraus bringen können". Aber
er ist, was Italien betrifft und Napoleon's Absichten in Beziehung
auf Italien, vollkommen beruhigt.

Die Italiener haben bis jetzt 16 Infanteriedivisionen im Felde
am Po, in 4 Armeecorps eingetheilt. Diese stehen: das erste, Cialbini,
6 Divisionen, bei Bologna, die Avantgarde bei Ferrara und noch
weiter vor gegen den Po (NB. da ist nicht mehr viel Platz); das zweite,
General Della Rocca, 4 Divisionen, bei Piacenza, Codogno und in
der Umgegend; das dritte, General Giov. Durando, 3 Divisionen,
vor dem zweiten bei Cremona, Codogno und in der Umgegend; eine
Reserve-Cavallerie-Division von 4 Regimentern, von denen aber erst
2 zur Stelle sind, bei Lodi (NB. die beiden anderen Reiterregimenter
sind noch im Süden) — endlich das vierte Armeecorps, General Cuchiari, 3 Divisionen, bei Bergamo und Brescia. — Garibaldi's Freiwillige in rothen Flanellhemden sammeln sich zur Hälfte bei Varese,
am Fuße der Alpen, zur Hälfte bei Bari am Adriatischen Meere. —
Ein Belagerungspark wird bei Piacenza gebildet.

Jede Infanteriedivision besteht aus 2 Brigaden zu je 2 Linien-
Infanterieregimentern von je 4 Bataillonen und führt 3 Batterien
Achtpfünder mit sich. Die Batterien bestanden bisher aus je 4 Stücken
und sind jetzt auf 6 gebracht (NB. 18 Geschütze auf 16 Bataillone,
das ist etwas wenig).

Die Linien-Infanteriebataillone sind im Durchschnitt 700 Mann stark; die Bataillone der Bersaglieri 500. — Die Reiterregimenter rücken mit je 5 Schwadronen ins Feld; die sechsten Schwadronen sind aufgelöst worden, um als Depots neu gebildet zu werden. Sie haben ihre Mannschaften abgeben müssen, um die 5 Feldschwadronen zu verstärken — dennoch sollen die Regimenter im Durchschnitt nicht volle 600 Pferde stark sein.

Bei jedem Infanterieregiment sind bei Anbeginn der Rüstungen zwei Depotscompagnien neu gebildet; also vier bei jeder Brigade.

Mir geben diese unvollständigen Mittheilungen sehr viel zu denken. Die ganze Aufstellung paßt nicht zu dem, was mir Usedom von den Kriegsplänen der Italiener gesagt hat — daß sie nämlich bei Ferrara über den Po zu gehen beabsichtigten und auf diesem Wege in das Venetianische, wie wir das wünschen müssen. Ganz besonders mißfällt mir die Bildung des Belagerungsparks bei Piacenza! — Sie deutet darauf, daß La Marmora wohl beabsichtigen könnte, von Westen her über den Mincio in das Festungsviereck einzudringen und irgend eine unselige Belagerung vorzunehmen. — La Marmora ist seines Zeichens Artillerist, und Artilleristen und Ingenieure pflegen nicht selten eine unselige Vorliebe für den Belagerungskrieg zu haben — und schon im Jahre 1848 verrieth die piemontesische Armee, in der, wie es scheint, die Artillerie tonangebend war, eine Neigung sich auch da, wo das nicht unbedingt zweckmäßig war, mit Verschanzungen und Belagerungen zu beschäftigen.

Usedom kommt, wir machen zusammen die nöthigen Besuche im Palazzo vecchio — der alten Zwingburg der Mediceer! — noch älter als Sitz der republikanischen Regierung. — Da La Marmora nicht gleich zu sehen war, gingen wir zunächst zu Albert Blanc, dem Generalsecretär des Ministeriums. Der ist ein Savoyarde, der aus Wahl Italiener geblieben ist und für seine Stellung ein auffallend junger Mann.

Der erzählte uns als neueste Neuigkeit, daß die Pesther Municipalität eine Loyalitätsadresse an den Kaiser Franz Josefgerichtet hat. Man scheint hier einigermaßen alarmirt dadurch — wenigstens war es Albert Blanc zu meiner Verwunderung! — Weiß denn nicht alle

Welt, wie leicht Adressen zu haben sind, und wie wenig sie bedeuten?

Zu dem Commandeur Cerrutti; der ist ein ältlicher Mann, dessen
schöne, breite, gedankenvolle Stirn und ruhiges Wesen Achtung einflößen und Vertrauen erwecken. — Usedom stellt mich ihm nicht als
Untergebenen, sondern als Freund vor. — Cerrutti sagte uns: diese
Loyalitätsadresse habe gar Nichts zu bedeuten; vor einem Monat habe
man ganz Ungarn haben können — halb Ungarn könne man jetzt
noch haben — „Je vous en réponds!"

Zusammenkunft mit Don Alfonso Ferrero, Marchese della Marmora — in einem düsteren Gemach, das eine schwerfällige, überreiche
Palladio-Architektur und Gobelintapeten zieren.   Der Mann sieht
wunderlich aus!   Er ist sehr groß von Wuchs und hat einen sehr
langen, schmalen, spitzen Kopf, der besonders auch im Profil sehr spitz
und schmal erscheint. Ueber den Augen liegt ein starker Knochenwulst
und ebenso tritt der obere Theil der Stirn stark hervor, genau als
ob eine dreipfündige Kanonenkugel darin steckte. Zwischen beiden Er-
höhungen liegt ein tiefes Thal. Dazu kommt eine gewaltige Nase
zwischen zwei mächtigen blauen Brillengläsern und ein starker Stutz-
und Knebelbart.

Usedom theilte ihm mit — nach einem erhaltenen Telegramm —
daß Preußen den von Frankreich, England und Rußland
vorgeschlagenen Congreß angenommen hat — aber unter
der Bedingung „qu'on se dépêche!"

Usedom, der ein wahrhaft und vielseitig gebildeter und unter-
richteter Mann ist, spielt auch gern den Cicerone, und so führte er
mich jetzt in den Hof, in den Cortile des Palazzo vecchio, in den
man von dem Platz der Signoria her gelangt. Es kann im Bereich
der Renaissancearchitektur wohl kaum etwas Anmuthigeres und Zier-
licheres geben als diesen kleinen, viereckigen Hof mit dem dorischen
Porticus rundum und dem niedlichen Brunnen in der Mitte. Dann
führte mich Usedom in die Sitzung des italienischen Unterhauses, das
in der Sala dei Cinque Centi — dem alten Rathssaal der Stadtre-
publik — tagt. Wir begaben uns auf die Diplomatentribüne.

Abends Gespräche mit Usedom; er erzählt mir von dem Gang

der Unterhandlungen, die zu dem Bündniß mit Italien geführt haben. Sie waren sehr schwierig.

Die Italiener sind immerdar von Mißtrauen beherrscht, das ein Grundzug ihres Charakters ist, und dabei ist es ihr point d'honneur, sich nie überlisten zu lassen (NB. sehr wahr!); ihr Mißtrauen war um so größer Preußen gegenüber, weil sie Preußens Politik für eine ihrem Wesen nach durchaus einheitliche, in sich consequente hielten, und weil sie weder wußten noch glaubten, daß es in unseren Regierungskreisen eben auch verschiedene Ansichten, verschiedene Strömungen und Einflüsse gebe, die sich gelegentlich gegenseitig neutralisiren oder doch modificiren. Und sie halten diese einheitliche, gleichsam compacte Politik Preußens für schlau und selbstsüchtig.

Die Unterhandlungen über den Handelsvertrag wurden das Mittel der Annäherung. Als aber Usedom davon zuerst zu sprechen begann, wurde es von den italienischen Staatsmännern mit einem ungläubigen Lächeln aufgenommen. Die Herren gingen wohl später darauf ein, aber so wie auf Etwas, das vielleicht nicht ernsthaft gemeint war — vorsichtig! — Sie fürchteten immer, daß man sie nur brauchen wolle, um Oesterreich durch eine vorgespiegelte Verbindung mit ihnen in Concessionen hinein zu schrecken.

Nun kam Gastein, wo sich Preußen mit Oesterreich zu versöhnen schien, und da Bismarck zu gleicher Zeit die Unterhandlungen über den Handelstractat ruhen ließ, glaubten sich die Italiener „joués" — betrogen! — Als man dann von unserer Seite wieder anknüpfen wollte, gingen sie nur mit gesteigertem Mißtrauen und verdoppelter Vorsicht auf die Sache ein.

Usedom hat große Mühe gehabt die Leute zu überzeugen, daß die preußische Politik „complex" ist (NB. was wohl eigentlich heißt: Das Forum, von dem sie ausgeht, ist complex).

Ich konnte meine Verwunderung darüber nicht verbergen, daß erfahrene Männer — und nun vollends Italiener! — bei uns eine in dem Sinne compact einheitliche Regierung ohne alle innere Friction voraussetzen. Als ob es so einfache Zustände überhaupt gäbe in dieser Welt

31. Mai. Heute war als Gast General Türr da, der Ungar — ein schöner Mann, der noch nicht vierzig Jahre alt sein kann, mit einem sehr schönen und überaus sorgfältig gepflegten hellbraunen, glänzenden Schnurr- und Knebelbart.

Den Feldzug 1848 hat Türr in Italien in österreichischen Diensten mitgemacht, dann ist er zu den Piemontesen übergegangen, hat sich 1849 Miroslawski in Baden angeschlossen, dann ist er verschiedentlich in italienischen Diensten und bei Garibaldi'schen Expeditionen gewesen. Jetzt ist er mit dem Hause Bonaparte verwandt, denn er hat eine Miß Bonaparte-Wyse geheirathet, eine Enkelin Lucian's. Uebrigens lebt er vor der Hand als verabschiedeter italienischer General in Italien.

Ich hatte jetzt ein längeres Gespräch mit ihm.

Türr spricht den Gedanken aus, man müsse bei der preußischen Armee eine ungarische und eine italienische Legion errichten.

Ich: Das würde wohl nicht gehen. In der preußischen Armee sind gewisse Ideen von redlicher, ritterlicher Kriegführung herrschend, mit denen die Bildung solcher Legionen in einem entschiedenen Widerspruch stehen würde. Wie ich den Geist unserer Armee kenne, würden diese Legionen in unmittelbarer Berührung mit der preußischen Armee und in gemeinschaftlicher Verwendung mit ihr eine sehr schwierige, ja eine geradezu unhaltbare Stellung haben.

Türr berichtet weiter. Graf Csaky und die Herren von dem Pesther National-Comité haben einen sehr entschiedenen Widerwillen gegen Kossuth — sie wollen gar Nichts mit ihm zu thun haben, ihn von jeder Betheiligung an der bevorstehenden Bewegung fern halten, ja ihn ausdrücklich davon ausschließen, ihm keinerlei Einfluß auf die Leitung gestatten. Das, erklärt Türr, gehe zu weit.

Gespräch mit Usedom. Er hat mit Csaky gesprochen. Die Herren vom Pesther National-Comité wollen sich nunmehr mit Kossuth verständigen und seinen Namen und Einfluß brauchen so weit als möglich, aber ohne ihm einen wirklichen Einfluß auf die Leitung und den Gang der Dinge einzuräumen. Sie meinen, seine Eitelkeit, seine Herrschsucht und seine radicalen Gelüste könnten Alles nur verderben.

Ich (vollkommen überzeugt, daß sie recht haben): Kossuth muß, wenn man ihn auch zu Hülfe nimmt, die gegenwärtige Organisation Ungarns gar nicht erfahren; er muß von dem leitenden Comité in Pesth gar Nichts wissen, die Persönlichkeiten nicht kennen, die Namen der Agenten nicht wissen, damit er keine Handhabe findet, um störend einzugreifen.

1. Juni. General Türr frühmorgens bei mir in meinem Zimmer; langes Gespräch.

Er hat mit Csaky verhandelt. Dieser wollte ihn bewegen einen Revers zu unterschreiben, durch den er, Türr, das Pesther dirigirende Comité als alleinige competente Behörde in den ungarischen An-gelegenheiten anerkannt hätte — d. h. Türr sollte sich von Kossuth und von allen Beziehungen zu ihm losjagen — und wenn alle, die sich bei der bevorstehenden Bewegung betheiligen wollen, denselben Revers unterschrieben, wäre Kossuth von jeder Theilnahme daran und von jeglichem Einfluß darauf ausgeschlossen. Darauf ist es natürlich abgesehen.

Türr hat sich dessen geweigert. Man kann, sagt er, Kossuth ja doch nicht hindern mit seinem Anhang auch thätig zu sein, und wenn man ihn ausschließen will und ihn sich dadurch zum Feinde macht, riskirt man, daß er den Einfluß, den man ihm doch nicht nehmen kann, aufwendet, um der Sache zu schaden. Man „riskirt", daß er z. B. nach der Schweiz geht und von dort aus in den Zeitungen erklärt: „Ich habe mit der Sache Nichts zu thun" — und alle Ungarn vor jedem Antheil daran warnt. Das würde großen Schaden thun, denn Kossuth's Name ist der einzige, den die Bauern in Ungarn kennen und auf den sie hören. Sie wissen nur von Kossuth als Führer der nationalen Partei. Und warum will man sich der Gefahr aussetzen, daß, im Fall die Bewegung mißlingen sollte, ge-sagt werden kann: hätte man nur Kossuth zu Hülfe genommen, dann wäre es wohl besser gegangen! —

Csaky hat am Ende nachgegeben und sich entschlossen einen anderen Revers zu entwerfen.

Demnächst theilt mir Türr eine Denkschrift über die Mittel, einen Aufstand in der österreichischen Militärgrenze hervorzurufen, als sein eigenes Werk mit. Er will sie vor Jahren eingereicht haben, — und es mag wohl sein, daß die italienische Regierung sie aus seinen Händen empfangen hat. Ich müßte mich aber sehr irren, wenn es nicht die von Stratimirović verfaßte wäre.

Ich: Nun erklären Sie mir aber, wie man es angefangen hat, auf die Grenzer zu wirken. Ich habe eine hohe Meinung von den Süd-Slaven und halte sie, besonders die Serben, für die einzigen slavischen Stämme, die eine Zukunft haben, und zwar weil die Anfänge einer werdenden Cultur, die sich bei den Serben zeigen, selbständig sind und durchaus auf einer nationalen Grundlage ruhen. Bei alledem aber können wir uns doch nicht verbergen, daß die Civilisation nicht weit vorgeschritten, und die Bildung in diesen Ländern, namentlich in der österreichischen Militärgrenze, eine nur geringe ist, so daß es in der Masse gar kein Verständniß für nationale Selbständigkeit geben kann. Die Menge kann man wohl kaum für dergleichen Ideen in Bewegung setzen. — Die Offiziere der österreichischen Armee aber bilden, wie ich sie kenne, eine von allen den verschiedenen Nationalitäten losgelöste, allen gleich fremde Körperschaft für sich; gleichsam eine eigene Nation im Reich.

Türr: Ja! im Allgemeinen ist das so. Diejenigen Kroaten, die in andere Linien-Regimenter der österreichischen Armee kommen, die „werden noch Oesterreicher"; nicht aber diejenigen, die, in der Militär-Grenze geboren, auch in den Grenz-Regimentern dienen und ihr ganzes Leben dort zubringen. Die bleiben immer national — und die fremden Offiziere, anderer Nationalität, die in die Grenz-Regimenter eingeschoben werden, denen geht es da sehr schlecht; sie werden schlimmer als wie Eindringlinge angesehen und behandelt. — Schon von 1849 an hat sich Unzufriedenheit in den Grenzer Regimentern geregt; sie hatte zur Folge, daß die Kroaten sich 1859 sehr schlecht schlugen, wie allgemein bemerkt worden ist. — Die österreichische Regierung scheint um diese Unzufriedenheit zu wissen und sucht ihre Maßregeln dagegen zu nehmen. Die national gesinnten Kroaten-Offiziere werden sehr häufig aus den Grenzer Regimentern fort in andere Regimenter der Armee versetzt. Viele von diesen Offizieren — ihrer vierzig — haben lieber ihren Abschied genommen, als daß sie sich diese Versetzung hätten gefallen lassen. Diese verabschiedeten Offiziere sind nach Serbien gegangen, unterhalten von dort aus Verbindungen mit ihren ehemaligen Regimentern und wirken auf Geist und Stimmung der Grenze. Eben deshalb, eben weil die Verbindungen von dort aus unterhalten werden, und die Auswanderer dort zu vereinigen sind, ist Belgrad der Punkt, von dem die Bewegung ausgehen muß.

Schon einmal war, im Jahr 1862, eine Bewegung dort beabsichtigt; Cavour hatte sie eingeleitet. Garibaldi wurde wieder veranlaßt eine Freischaar anzuwerben — und wieder wurde Türr von Seiten Cavour's ihm beigegeben. Damals wie jetzt sollte die Expedition nach Dalmatien gehen; die ungarische Legion, die man in Italien hatte, sollte den Garibaldianern dorthin nachgesendet werden; man hatte sich mit dem König Otto von Griechenland — mit dem Fürsten von Serbien — und mit dem Fürsten Cusa verständigt, der damals in den Donau-Fürstenthümern herrschte, und war ihres Beistandes gewiß. — Aber England widersetzte sich damals dem Zug, damit die orientalische Frage nicht in Anregung kam, und der lieben Türkei Nichts geschah. England veranlaßte Garibaldi anstatt dessen, „auf Rom zu rennen"; — da mußte denn die italienische Regierung, die ihn zuerst in Bewegung gesetzt hatte, gegen ihn einschreiten, und die Sache fand ihr Ende bei Aspromonte. (NB. Das ist ein höchst seltsamer Zusammenhang dieser Ereignisse!)

Seit Cavour's Tode hat nun die italienische Regierung diese Verbindungen fallen lassen (NB. der König Victor Emanuel und Cerrutti doch nicht) — aber jene Gegenden, besonders die österreichische Militärgrenze, sind dennoch, auch jetzt noch, in Bewegung zu setzen. Die Oesterreicher haben, was früher nie geschehen ist, in jedem Regiment der Militärgrenze 4 Bataillone ausgehoben und aus dem Lande gezogen nach Italien und Deutschland — (NB. vielleicht gerade um das Land an streitbarer Mannschaft, der sie nicht trauen können, zu erschöpfen) — jetzt wollen sie in der Militärgrenze auch noch 5. und 6. Bataillone bilden — wie es scheint, zum unmittelbaren Landesschutz —: sie werden aber aus Kindern und Greisen bestehen und sehr schlechte Offiziere haben. Mit denen ist also jedenfalls leicht fertig zu werden. Kriegerische Elemente werden in Menge aus Serbien und Bosnien herbeiströmen, wenn man von Belgrad aus in die Militärgrenze vordringt. — An die 30 000 Kroaten in Italien seien bereits massenhaft Proclamationen vertheilt, — behufs einer Erhebung in der Militärgrenze sei aber noch Geld nöthig — am Besten wäre es, wenn ein preußischer Agent nach Belgrad käme.

Nun soll Türr mir aber die Aufstellung der italienischen Armee erklären und den Plan, der dabei maßgebend gewesen ist. Unsere Idee — nämlich die Idee des preußischen Generalstabes — war, die Italiener müßten sich auf Bologna basiren, in der Gegend von Ferrara über den unteren Po gehen, nach Vicenza vordringen, die österreichische Armee, wenn es möglich war, und Alles nach Wunsch ging, auf diesem Vormarsch in das Festungsviereck oder bestimmter unter die Mauern von Verona zurückwerfen, und dann, wenn diese österreichische Armee sich gezwungen sehe, den Rückweg in das Innere der österreichischen Monarchie durch das Pusterthal anzutreten, auf Triest zugehen, um dort mit Hülfe der Flotte eine neue Basis für Operationen gegen die Donau zu gewinnen.

Usedom hoffe, man werde wirklich hier in diesem Sinne handeln; die strategische Aufstellung der italienischen Armee entspricht nun aber ganz und gar nicht einem solchen Plane. Von 16 Divisionen, die sie bis jetzt im Felde hat, sind nur sechs um Bologna und Ferrara, zehn um Piacenza und Cremona concentrirt. Was hat man sich dabei gedacht?

Türr: Cialdini theilt unsere Ansicht, La Marmora nicht; der erwartet eine Offensive der Oesterreicher, einen Angriff ihrerseits auf Bologna, und will ihnen dann von Piacenza aus in die Flanke kommen. Die Oesterreicher „werden aber nicht in diese Mausefalle gehen!"

(NB. Gewiß nicht! Wenn sie überhaupt in der Lage wären, die Offensive ergreifen zu können, würden sie wohl eher die bei Piacenza concentrirte Hauptarmee der Italiener von Florenz abzuschneiden und mit dem Rücken an die Alpenwand zu klemmen suchen.)

Ich: Wenn nun aber die Oesterreicher nicht angreifen, was geschieht dann? — Darüber weiß Türr nicht Auskunft zu geben.

Ich: Die Bildung eines Belagerungsparkes bei Piacenza läßt

mich befürchten, daß La Marmora von Westen her über den Mincio in das Festungsviereck eindringen und irgend eine unselige Belagerung vornehmen will.

Türr: Wenn Garibaldi nach Dalmatien übersetzt und auf Fiume geht, dann geht auch La Marmora nach Triest. — Er zeigt mir einen Brief, den er von Cialdini erhalten hat. Dieser sagt darin, die Pläne, mit denen La Marmora umgehe, seien allerdings nicht die besten, aber dabei sei nun einmal Nichts zu machen — man müsse mittelmäßigen Menschen nicht mehr zumuthen, als sie vermögen, sie nicht zu Unternehmungen treiben, denen sie doch nicht gewachsen sein würden.

Darin ist viel Wahres. Ich sehe wohl, Cialdini ist der Mann, von dem wir das Beste erwarten und an den wir uns vorzugsweise halten müssen. Ich sehe aber auch vor Allem, daß Garibaldi's Expedition das einzige Mittel ist, die italienische Armee in die rechte Richtung zu bringen, und aus armseligen Combinationen, die sich auf engem Raum herum drehen, heraus in eine großartige Kriegführung, wie Zeit und Umstände sie verlangen.

Nachmittags. Bei dem Diner ein Gast, Sir James Lacaïta, ein Neapolitaner, der zugleich — ich weiß nicht wie — englischer Baronet ist. Ein Mann in mittleren Jahren, dessen Haar grau zu werden beginnt.

Usedom hatte ihn offenbar eingeladen, um sich über Manches zu orientiren. — Sir James erzählte den Abend auf der Terrasse vielerlei sehr ausführlich. Im Wesentlichen ist daraus zu entnehmen, daß die Piemontesen — d. h. die piemontesischen Staatsmänner und Generale — seit der Bildung des Königreichs Italien eine eng geschlossene Coterie bilden, die fest zusammenhält und sich im Besitz der Macht zu behaupten sucht. Das Streben dieser Gesellschaft scheint, wenn man sich das auch vielleicht nicht mit bewußter Klarheit sagt, die Idee zur Grundlage zu haben, daß nicht der sardinische Staat in Italien aufgehen, vielmehr umgekehrt Italien als ein bloßer Anhang zu Piemont behandelt und regiert werden müsse.

(NB. Daß die Macht dieser Coterie eine sehr große sein muß, ist einleuchtend; es liegt gewissermaßen in der Natur der Sache. Sind doch im Wesentlichen, und bis auf Ausnahmen, die Piemontesen die

einzigen geschulten Staatsmänner und Diplomaten, die Italien
für jetzt hat. Besonders aber bilden die Generale der alten piemontesischen Armee, in weit überwiegender Anzahl, die Generalität der
heutigen italienischen. Außerdem sind die Piemontesen die Leute, die
der König von seiner Jugend an kennt, und es liegt wenigstens nahe,
wenn er in ihnen die Leute sieht, auf die er sich allein unbedingt
verlassen kann, weil sie nicht allein dem Lande, sondern auch ihm und
seinem Hause ergeben sind, wie man das bei den anderen Italienern
wenigstens nicht in derselben Weise voraussetzen kann.)

Sir James erzählt, wie nach dem Tode Cavour's das Ministerium
Ricasoli eintrat und dann vermöge einer Hofintrigue, die von den
Piemontesen geleitet war, „gestürzt" wurde. Der König wurde bewogen
seinen Ministern eines schönen Morgens einfach zu eröffnen, sie müßten
ihren Abschied nehmen. Die Minister, die eine sichere, compacte bedeutende Majorität im Parlament hatten, mußten, um den König,
wie recht und billig, zu decken, vor dem versammelten Parlament die
seltsame Erklärung abgeben: sie träten zurück, weil sie im Parlament
nicht die Unterstützung fänden, auf die sie gerechnet hätten. — (Ich erinnere mich, das mit Verwunderung in den Zeitungen gelesen zu haben.)
Nun folgte das Ministerium Minghetti — das brachte den finanziellen Ruin.

Den General La Marmora schilderte Sir James
als einen vollkommen unfähigen Mann, dessen Geist
nicht über kleinliche Combinationen hinaus kommt, der seiner Aufgabe in keiner Weise gewachsen ist. Auch das Parlament sei ein
unfähiges, aus lauter unbedeutenden Menschen zusammengesetzt. So
sei denn die Lage schwierig und die Regierung ihr nicht gewachsen,
aber dennoch werde Alles getragen und getrieben durch den in der
Nation herrschenden Geist, der auf die nothwendigen Ziele der nationalen
Politik hindrängt und bereitwillig die nöthigen Opfer bringt.

Aber freilich das prestige, das die Regierung zu Anfang, als
das Reich gegründet wurde, in hohem Grade hatte, das gehe nach
und nach verloren.

Das wurde mit Bedauern besprochen — es schienen sich Besorgnisse daran zu knüpfen. Da sprach ich zum Trost einen Ge-

danken aus, der mir sehr geläufig geworden ist: „all human things are imperfect, but luckily they can bear a great deal of imperfection!"

2. Juni. An Bismarck und an Moltke geschrieben, beiden zu sagen, wie die Dinge hier stehen, und beiden die militärische Wichtigkeit der Expedition Garibaldi's als einzigen Mittels, die Kriegführung in das Große zu führen, eindringlich nahe zu legen.

Mit Usedom zur Stadt gefahren. In der Gesandtschaft erwartet uns Türr. Telegramm aus Berlin, in welchem Bismarck uns den Inhalt eines Telegramms mittheilt, das er von Werther, dem preußischen Gesandten in Wien, erhalten hat: Oesterreich nimmt die Conferenz an, unter der Bedingung, daß da von Venetien nicht die Rede sein darf.

Ich spreche augenblicklich meine Ueberzeugung aus, die sofort fest steht: Die Conferenz kommt nun gar nicht zu Stande. Die Versuche einer diplomatischen Vermittlung sind überhaupt zu Ende: Wir stehen unmittelbar vor dem Krieg.

Abends auf der Terrasse; Telegramm von Bismarck: Er hat durch den Telegraphen in London, Paris und Petersburg angefragt, ob die beabsichtigte Conferenz nun noch, in den Augen der vermittelnden Mächte, „un objet sérieux" habe.

Die Dinge kommen jetzt gewaltig in Fluß!

3. Juni. Usedom schickt mir ein neues Telegramm von Bismarck, das den Inhalt der telegraphisch aus Wien erhaltenen Nachrichten mittheilt: Frankreich und England haben durch den Telegraphen in Wien erklärt, die österreichische Antwort in Beziehung auf die Conferenz sei l'équivalent d'un refus.

Ich war gestern schon überzeugt, daß Oesterreich seine Antwort darauf eingerichtet habe, daß sie so verstanden werde.

Usedom kommt mit dem Grafen Csaky in mein Zimmer. Dieser ist ein untersetzter sehr brünetter Mann von einigen 30 Jahren, die Wahrheit zu sagen, ziemlich häßlich. Er ist eine kurze Zeit österreichischer Offizier gewesen; übrigens, als reicher Magnat von alt-

aristokratischer Abstammung, ein anderer Mann als die politischen
Abenteurer, die um Kossuth und Mazzini kreisen.

Vor der ausgebreiteten Karte von Ungarn, auf die er seine
Zeichen und Kreise eingezeichnet hatte, erklärte er mir nun ausführlich
und bis in alle Einzelheiten die heutige Organisation des antiöster-
reichischen Ungarns.

Das Land ist militärisch in 8 Bezirke getheilt, an deren Spitze
ebenso viele Divisions-Generale stehen. Jeder von diesen hat 2—3,
selbst bis 4 Brigaden und Brigade-Commandeure unter sich, deren
Jeder in seinem Bezirk residirt. Weiter herab sind alle untergeordneten
Führer, bis zu den Compagnie-Commandeurs herab, designirt. — Die
Letzteren sind die Behörde einzelner Ortschaften, und haben da ein
Jeder seine angeworbenen, vertrauten, der Befehle harrenden Leute.
Jeder von ihnen kennt aber nur seinen unmittelbaren Vorgesetzten;
unter einander kennen sie sich nicht.

Durch diesen Organismus geht jeder Befehl des dirigirenden
Comité's, und das Ganze erhebt sich, — doch hat das Comité nicht
gerade in jedem Ort in Ungarn einen solchen Compagnie-Comman-
deur angestellt — es giebt Orte und selbst ganze Landstriche, in denen
es keine Organe hat.

Um uns aber klar zu machen, wie gewiß diese Nationalver-
brüderung ihrer Vertrauten ist, und was diese unter den Augen der
österreichischen Behörden vermögen, erzählte uns Csaky, daß einer
dieser Compagnie-Commandeure in Nieder-Ungarn, in der Theiß-
Gegend, gewettet hat, er wolle einen österreichischen Artillerie-Train,
der einstweilen in einer Scheune im Ort untergebracht war, während
der Nacht eine Meile weit in die Pußta hinausfahren lassen, und
daß er diese Wette gewonnen hat. Die österreichischen Behörden haben
nie ermitteln können, wer die Thäter waren.

Mit Waffen sind die Ungarn zunächst nicht allzu reichlich ver-
sorgt. Sie können für den ersten Augenblick auf 18000 Gewehre,
fast nur Jagdgewehre, rechnen. Diese müssen aber in kleinen
Quantitäten aus ziemlicher Entfernung zusammengebracht werden,
aus den einzelnen Edelhöfen und Schlössern des Adels nämlich.
Csaky selbst hat davon eine ziemliche Menge daheim auf seinem Schloß.

Mit dieser Bewaffnung wollen dann die Ungarn die Regiments-
Depots der österreichischen Regimenter überfallen, die ihren Werbe-
Bezirk in Ungarn haben, und sich der dort aufbewahrten Waffen
und Ausrüstungsgegenstände bemächtigen. Das ist der Anfang; dann
hoffen sie aus Serbien und aus Rumänien Sendungen von Ge-
wehren zu erhalten, sowie etwas Artillerie.

In Beziehung auf die Operationen, die vorgenommen werden
sollen, sobald die Bewegung in Gang gekommen ist, wird das Land
in drei „Rayons" eingetheilt:

Der erste Rayon wird ganz frei gelassen, weil man nicht genü-
gende Anhaltspunkte hat um sich darin festzusetzen. Diesen Rayon
bilden die Umgegend von Komorn (in weitem Umkreise) — die Umgegend von Ofen und Pesth — und ganz Siebenbürgen. —
Aus diesem Lande will man alle Streitkräfte der Szekler und Magyaren heraus ziehen nach Ungarn, das Land aber will man sich
selbst überlassen — d. h. man will Nichts darin unternehmen, um
nicht einen Racenkrieg zu entzünden (NB. sehr verständig). — In
diesem ganzen Rayon wird man sich überhaupt auf gelegentliche In-
cursionen beschränken. — Den zweiten Rayon bildet die Guerilla-Region;
in diesen Rayon gehören einerseits die Karpathen, das Gebirgsland
an der Nordgrenze Ungarns, andererseits im Süden der Landstrich
längs der kroatischen Grenze — und drittens, als isolirtes Gebiet, gleichsam wie eine Insel in Feindesland, der Bakony-Wald. — Diesen
Rayon wird man suchen durch Guerillas, die sich fortwährend darin
bewegen und behaupten, in Besitz zu behalten. — Die Hütten- und
Bergwerke sind da in den Karpathen von besonderer Wichtigkeit und
es kommt darauf an, sich dieser Hülfsquellen zu versichern.

Der dritte Rayon ist der Armee-Rayon, das ächte Magyaren-Land,
das Land an der Theiß. Hier soll vor Allem die Nationalfahne erhoben und die Armee für Operationen in größerem Styl gebildet
werden. — Man hofft, sowie bekannt wird, daß die Nationalfahne
an der Theiß erhoben ist, auf starken Zulauf aus den ungarischen
Regimentern der österreichischen Armee. — Alle Wachtmeister und
Feldwebel dieser Regimenter gehören der Nationalsache an, und da
man in den Regimentern bekannt machen wird, daß Jeder, der eine

Compagnie herüberführt, ihr Hauptmann wird, Jeder der einen Zug
bringt, Lieutenant u. s. w. — glaubt man auf Ueberläufer in großer
Anzahl rechnen zu dürfen.

(NB. Das ganze Schema ist etwas gebrechlich. Die ganze Erhebung kann sehr leicht im ersten Augenblick zu Boden geschlagen
werden und mißlingen. — Die beabsichtigten Unternehmungen nach
der Militär-Grenze haben bessere Aussichten; die Sendung Garibaldi's
mit einem bereits organisirten Heereskörper nach Dalmatien giebt
dem Plane einen festen Kern sowie selbst schon der Umstand, daß
ein kroatischer Truppenkörper sich jenseits der Grenze, in Serbien,
organisiren kann außer dem Bereich der österreichischen Behörden,
die mithin die Bildung dieser Truppen nicht zu hindern vermögen.
— Ich mache später Usedom auf die Schwächen des ungarischen
Projects aufmerksam — gegen Csaky äußere ich natürlich darüber
Nichts.)

Csaky: Der Dampfboote auf der Donau und Theiß sind die
Ungarn gewiß. Die Commandeurs dieser Fahrzeuge sind meist gewonnen; man wird sich der Schiffe bemächtigen, sowie das Zeichen
zur Erhebung gegeben ist. — Zum Kriegs-Minister ist General
Vetter bestimmt; die ungarische Armee soll Klapka befehligen; in
der Militärgrenze und dem sonstigen Kroatenlande Türr, in Siebenbürgen Graf Bethlen, in Rumänien Eber (!). — Zum König von
Ungarn denkt man den jungen Herzog von Leuchtenberg
zu erwählen, um der ungarischen Sache die Sympathien der
russischen Regierung zu gewinnen.

Was Kossuth anbetrifft, den muß man fern halten, denn er ist
in jeder Beziehung unbrauchbar — denn er gilt als persönlich
feige in Ungarn; er ist eitel und herrschsüchtig; er würde, einmal eingeweiht, die Dictatur an sich reißen und die Bewegung in
eine extreme demokratische Richtung zu bringen suchen. — Auch ist
der Mann nicht wirklich wichtig, man braucht ihn nicht. Türr täuscht
sich über Kossuth's Bedeutung; in Ungarn hat er in Folge seiner
achtzehnjährigen Emigration jeden wirklichen Einfluß verloren, und
für die Slaven in Ungarn ist er geradezu ein Feind.
Uebrigens will Csaky, da es von mancher Seite gewünscht wird, der

Einigkeit wegen, gerne thun, was nöthig ist, um dem Schein zu genügen und einen offenen Bruch zu vermeiden. — Unmittelbar vor dem Ausbruch will er gerne Kossuth bitten, dem Comité zu befehlen, was bereits geschehen ist. (NB. In Allem, was er über Kossuth sagt, athmet ein sehr entschiedener Haß, der aber nicht eigentlich ein persönlicher scheint, sondern die herrschende Stimmung der ganzen Partei des Pesther Comités. Uebrigens ist mir sehr wahrscheinlich, daß Kossuth wirklich keinen Einfluß hat in Ungarn. Während einer Abwesenheit von achtzehn Jahren verlöscht jeder populäre Einfluß, — und zwar unwiderruflich. Eine jede neue revolutionäre Bewegung, zumal wenn sie eine radicale ist, schafft sich neue Götzen —: die alten, einmal schiffbrüchigen Helden kommen nie wieder empor.)

Csaky: Bedächtiger ist das Verhältniß zu Deák zu erwägen. Klapka schreibt aus Paris, man habe dort kein Vertrauen zu der ungarischen Sache, weil Deák nicht dabei ist; der, meint man in Paris, habe jetzt ganz Ungarn in der Hand. Da ist nun die Frage: kann man Deák bestimmen, sich der vom Pesther Comité organisirten Bewegung ausdrücklich anzuschließen?

Ich: Es würde wahrscheinlich nicht gelingen. Deák ist Advokat; diese Herren meinen immer, daß durch Reden halten, Resolutionen und Bestimmungen Alles gemacht werden kann, und scheuen zurück vor jedem Entschluß, der die Entscheidung auf ein anderes Feld versetzt, wo sie nicht einheimisch sind. — „Uebrigens brauchen Sie Deák für den ersten Augenblick nicht; ist aber die Sache erst im Gange, dann geschieht von zwei Dingen eines: entweder Deák schließt sich Ihnen an, oder man überzeugt sich in Paris, daß es auch ohne ihn geht.“ ... Uebrigens — fährt Csaky nun fort — wolle er uns im Vertrauen sagen, Deák wisse um die Sache, billige die Pläne und die Thätigkeit des Pesther Comités, und das Comité thue Nichts Wichtiges, ohne daß er unter der Hand davon wisse.

General Türr auf der Gesandtschaft. Ich frage, wie man dazu kommt, dem sogenannten General Eber das Commando über die Rumänen zu bestimmen; ich kenne ihn als einen ziemlich unbedeutenden Gesellen, der nichts weniger als Soldat ist und von militärischen Dingen Nichts versteht.

3 *

Türr giebt die Unfähigkeit des Mannes zu — der habe vor Capua nichts wie Dummheiten gemacht — „aber er steht gut mit den Rumänen".

Ich frage auch nach Rüstow und erfahre, daß der in der Garibaldi'schen Armee als bekannter Poltron verachtet gewesen sein soll. Er beging auch vor dem Feinde arge Thorheiten — hauptsächlich weil er sich mit Hülfe der Branntwein-Flasche Muth zu machen suchte und dann einem Zustand der Unzurechnungsfähigkeit verfiel.

Wie Usedom dazu kam, wurde wieder das Project besprochen in Preußen eine italienische Legion zu bilden, die, wo sie unter den Vortruppen erschiene, mehr und mehr Ueberläufer aus den italienischen Regimentern Oesterreichs anlocken würde. — Usedom ist sehr zugänglich für solche Projecte — ich sprach mich wieder und wieder sehr entschieden dagegen aus.

Die Stellung einer solchen Legion in Mitten einer preußischen Armee wäre eine geradezu unmögliche. — Natürlich sage ich in Türr's Gegenwart nicht, daß die Legionäre von unseren Soldaten als Eidbrüchige und Pflichtvergessene, ehrlose Gesellen, ohne Zweifel mit der äußersten Verachtung behandelt werden würden: aber ich komme immer wieder darauf zurück, daß bei den ritterlichen Ideen, die in unserer Armee herrschen, eine Kriegführung, die solche Mittel gebrauchte, als eine unritterliche, unredliche alle Gemüther verletzen würde. — (NB. Im Stillen setze ich hinzu, daß es nichts weniger als wünschenswerth wäre, wenn die Gesinnung der Armee sich in dieser Beziehung ändern sollte. — Die Regierung muß vielmehr Alles vermeiden, was dieses Zartgefühl abstumpfen könnte.)

Nachrichten aus Berlin: Bodelschwingh ist ausgeschieden aus dem Ministerium, und — iterum Crispinus — v. d. Heydt ist an seiner Stelle Finanzminister geworden.

4. Juni. Eine Denkschrift Csaky's gelesen, die er mir dagelassen hat. Sie enthält, was er mir mündlich gesagt hat, und außerdem nur noch, daß der ungarische Reichstag sich sofort, so wie die Erhebung erfolgt ist, in Debreczin versammeln und die déchéance des Hauses Habsburg proklamiren soll.

Usedom kommt früh Morgens zu mir mit einem neuen Tele-

gramm von Bismarck. Dieser theilt mit, wie es scheint nach Meldungen des Grafen Robert Goltz, preußischen Gesandten in Paris,
Frankreich und England haben in Wien erklärt, que la réponse
de l'Autriche équivalait à un refus; England hat dabei ausdrücklich bemerken lassen, daß Frankreich die Antwort Oesterreichs sehr übel nehmen werde. (NB. Heißt wohl „wahrscheinlich übel genommen habe.")

5. Juni. Usedom kommt Morgens mit den aus Berlin ein-
getroffenen Telegrammen zu mir: Rußland, England, Frankreich erklären die Verhandlungen über die Conferenz in Folge der österreichischen Erklärung für beendet und geben uns, Preußen und
Italien, die Freiheit unserer Entschließungen zurück.

Das hat sich ungemein glücklich gefügt! Wir entgehen den
leidigen Conferenzen und den mancherlei Gefahren, die sie herbeiführen könnten, entgehen dem Zeitverlust und dem verlorenen Aufwand an Mitteln, den sie jedenfalls herbeiführen müßten, und das
Odium des Scheiterns fällt jetzt auf Oesterreich ganz allein.

Usedom liest mir nun auch den Theil seiner Correspondenz mit
Bismarck vor, der sich auf die allgemeine Lage der Dinge, namentlich auf das Verhältniß zu Frankreich, bezieht; um so interessanter,
als Bismarck seinen Antworten mehrfach die Depeschen beilegt, die
er von dem Gesandten in Paris, Grafen Robert Goltz, erhalten hat.

Usedom berichtet: La Marmora bringt, in seiner Eigenschaft als
leitender Premierminister Italiens, auf zweierlei: Preußen solle sich
vor allen Dingen mit Napoleon abfinden, der eine Compensation
verlangen werde für die Vergrößerung Preußens und Italiens, die
bei dem Kriege in Aussicht stehe, und zweitens, man solle suchen,
den inneren Conflict in Preußen beizulegen, weil sich die preußische
Armee sonst vielleicht nicht sehr gut schlagen möchte.

Weiter berichtet Usedom: Er hat mehrfache Gespräche mit dem
König Victor Emanuel gehabt, den er sehr häufig sieht, ohne daß
La Marmora etwas davon weiß. Der Flügeladjutant und Günstling
des Königs, Graf Castiglione, vermittelt diese Zusammenkünfte. —
(NB. Das heißt, Usedom sucht hinter La Marmora's Rücken, an
diesem vorbei, manche Dinge unmittelbar bei dem König zu betreiben.

Das ist nothwendig, wie hier die Sachen stehen, da La Marmora in seiner Beschränktheit von manchen Dingen Nichts wissen will.) — Victor Emanuel sagt, daß Napoleon mehr zu Preußen als zu Oester- reich neigt — er sei nicht feindlich gegen Preußen gesinnt —: „mais il veut manger!" (und dabei macht der König die charakteristische Bewegung der Italiener mit dem Daumen an den Zähnen) — in- dessen: „il s'est fait vieux, il est devenu peureux", er wolle nicht mehr Viel wagen — und wenn wir entschlossen vorwärts gehen und siegreich sind, „il ne fera rien!" (NB. Victor Emanuel scheint einen tüchtigen bon sens zu haben; ich bin überzeugt, so ist es; er hat damit das Richtige getroffen.)

Bismarck's Antwort. In Beziehung auf den ersten Punkt, auf den La Marmora bringt, übersendet er einen Bericht von Goltz vom 2. Mai. Goltz hat auf erhaltenen Befehl Napoleon persönlich son- dirt in Beziehung auf die eventuelle Compensation, aber Nichts heraus- bringen können, als daß im Lande — d. h. in Frankreich — die tendences vers le Rhin seien. (NB. Ohne Weiteres das linke Rheinufer von uns zu verlangen, daran kann Napoleon nicht denken, so lange er nicht glänzende Siege erfochten hat. Man muß dabei wohl im Sinne behalten, was Napoleon „le petit Rhin" zu nennen pflegt: die 1814 abgetretenen Gebiete, von denen Albert Pourtalès und Usedom selbst meinten, man könne sie ohne Schaden ab- treten.)

Ich (unterbrechend): Soll ich Ihnen sagen, welchen Eindruck mir das Alles macht? Ich bin danach überzeugt, wenn der Krieg für uns schlecht geht, dann fordert Napoleon Viel; geht der Krieg gut, dann wird er sehr zahm und begnügt sich mit sehr Wenigem.

Graf Goltz scheint nun durch diese mysteriöse Haltung sehr er- schreckt, schildert die Gefahren, die von Frankreich her drohen könnten, in den schwärzesten Farben und ermahnt in dieser angeblich „precären" Lage Preußens nicht nur zur Conferenz, sondern zum Frieden. Er ermahnt den König, an den seine Relation gerichtet ist, auf der Con- ferenz, auf die man unbedingt eingehen müsse, nicht etwa die Inter- essen Preußens, deren dieser Bericht gar nicht erwähnt, sondern den Frieden anzustreben.

Es ist ein unerträgliches Gewäsch, das mich aufs Tiefste empört!

Bismarck schreibt in eigener Person dazu: Diese reservirte Haltung Napoleon's lege auch uns die Verpflichtung einer großen Reserve auf.

Usedom (zu mir): Im Gegentheil! Um so mehr müsse man durch die Italiener, durch Nigra, durch den Prinzen Napoleon, wenn es nöthig ist, auf Umwegen zu erfahren suchen, was Napoleon eigentlich haben will.

Das ist meine Meinung ganz und gar nicht, doch schweige ich für jetzt noch dazu.

Bismarck's Antwort auf La Marmora's zweite Forderung ist sehr verständig und wahrhaft: Die politische Agitation herrsche bei uns nur im Mittelstande und übe gar keinen Einfluß auf den Geist der Armee, der sehr gut sei. Uebrigens werde man das Mögliche thun, den gewünschten Compromiß herbeizuführen.

Abends langes Gespräch mit Usedom. — Der Bruch der Unterhandlungen über die Conferenzen hat unverkennbar auch hier in Italien einen merklichen Abschnitt gemacht. La Marmora hat wohl — wie wenigstens Usedom vermuthet, und wie das allerdings sehr wahrscheinlich ist — bis zum letzten Augenblick im Stillen gehofft, Venetien ohne Kampf, auf friedlichem Wege, durch Unterhandlungen zu gewinnen, eben durch die Vermittelung der Conferenzmächte, namentlich Frankreichs. Jetzt sind alle solche Vorstellungen in Nichts aufgelöst, er sieht den Krieg unvermeidlich vor sich und da meint er, man müsse daran denken, die Operationen beider Armeen, der preußischen und italienischen, zu combiniren. Diese Aeußerung hat Usedom benutzt, eine Conferenz zwischen mir und ihm für morgen zu verabreden.

Albert Blanc, der Generalsecretär des Ministeriums, hat heute zu Usedom gesagt: „Oui! nous avons été bons alliés pour vous; il y a eu un moment très-critique" — deutet an, daß man Italien verführerische Anerbietungen gemacht habe — „et si tout autre que le général La Marmora avait été à la tête des affaires, je ne sais, ce qui serait arrivé!"

Usedom meint nun, es scheine, daß Oesterreich vor Kurzem große

Anstrengungen und große Anerbietungen gemacht habe, um sich in dem Bündniß zwischen Frankreich und Italien als Dritter an Preußens Stelle „zu substituiren". Nach der Art und Weise, wie Oesterreich die Conferenzen abgelehnt hat, ist mir das nicht ohne Einschränkung wahrscheinlich, obgleich es an sich und abgesehen von der entschiedenen Weigerung über Venetien zu unterhandeln, wohl denkbar wäre, daß Oesterreich das Venetianische angeboten hätte, um Italien, das dann kein Interesse mehr an dem Kriege hätte, von Preußen zu trennen und zur Neutralität zu bestimmen; um auf diese Weise freie Hand gegen Preußen zu gewinnen und die Möglichkeit, die eigene Gesammtmacht in Deutschland gegen Preußen zu verwenden; um endlich sogar ein Bündniß mit Frankreich möglich zu machen, an das nicht zu denken ist, so lange Oesterreich in einen Krieg mit Italien verwickelt ist. — Worauf Albert Blanc's geheimnißvolle Worte insbesondere zu deuten sind, ist schwer zu errathen; klar aber ist, daß hier im Lauf der letzten Wochen sehr wichtige Dinge agitirt worden sind, um die wir nicht wissen.

Ich nehme das Gespräch von heute Morgen wieder auf — die Compensationen, die Napoleon im Sinne haben könnte:

Ich glaube, wir thun besser, wenn wir die Sache auf sich beruhen lassen und gar nicht heraus zu bringen suchen, was Napoleon eigentlich haben will, und zwar schon deshalb nicht, weil wir es doch nicht heraus bringen werden. Das ist unmöglich, und zwar aus einem sehr einfachen Grunde: nämlich weil Napoleon das gewiß zur Zeit selber nicht weiß; weil es für jetzt in seinem eigenen Geiste wahrscheinlich noch eine ganz formlose Vorstellung ist. Seine Pläne haben höchst wahrscheinlich einen eventuellen Charakter und sollen erst durch den Gang der Ereignisse näher bestimmt werden. Er wird viel oder wenig fordern, je nach den Umständen. Geht der Krieg unglücklich für uns und namentlich so, daß er Veranlassung hätte, zu unseren Gunsten vermittelnd einzuschreiten und uns zu „retten" — oder so, daß wir genöthigt wären seine Vermittlung in Anspruch zu nehmen, dann verlangt er ohne Zweifel sehr Viel. Geht der Krieg glänzend für uns, so daß wir ihm imponiren, dann beruhigt er sich auch dabei, daß wir „bloß bedauern" und erklären, selbst mit dem besten Willen sei es nicht möglich, ihm Etwas abzutreten; davon bin ich überzeugt.

Usedom nimmt diesen Gedanken an.

Ich: Eben darum ist es vielleicht auch in unserem Interesse besser, wenn auch wir diese Forderungen auf sich beruhen lassen, nicht suchen ihnen eine bestimmte Form zu geben und uns nicht zu etwas Bestimmtem verpflichten. Denn im ungünstigen Falle würde es uns gar Nichts helfen, wenn das etwas Mäßiges wäre. Napoleon geht dann ohne Frage mit neuen Forderungen über alles etwa Verabredete hinaus, er wird sich dann nicht gebunden erachten und kann sehr leicht erklären: als Preis der einfachen Neutralität war das Versprechen genügend; aber unter veränderten Umständen und wenn ich zu Preußens Gunsten vermitteln soll, muß ich im Interesse Frankreichs mehr verlangen. Wir dagegen wären selbst für den günstigen Fall gebunden und hätten uns im günstigen Fall zu unnöthigen Opfern verpflichtet.

Zusammenkunft mit La Marmora und Vorstellung beim König.

6. Juni. Zur Gesandtschaft; militärisches Telegramm eingetroffen, welches besagt, daß die Oesterreicher 232000 Mann gegen uns in Böhmen versammelt haben. — Nachdem das 3. Armeecorps, das bisher, gleichsam als eine Reserve für beide Kriegstheater, zwischen beiden bei Laibach stand, nach Böhmen abgerückt ist und die dortige Armee auf die angegebene Zahl verstärkt hat, haben dagegen die Oesterreicher in Italien im freien Felde nur eine Armee von 87000 Mann, wie auch der italienische General Govone zugibt, der zur Zeit in Berlin ist. Außerdem haben sie in den Festungen in Italien, wie Govone sagt, 60000 Mann, wie unser Generalstab berechnet, nur 51000 Mann.

Eben traf wieder ein neues Telegramm aus Berlin ein: General Manteuffel hat heute den Befehl erhalten, in Holstein einzurücken, um die Rechte Preußens zu wahren. Das ist der Krieg! Ein großer Moment, eine große Entscheidung ist ein-

getreten. Es gehören ein starker Charakter und feste Nerven dazu,
um einer großen Entscheidung festen Schrittes, ohne Zweifel und
Schwanken entgegen zu gehen. Das fühlt man in solchem Augenblick!
— Was mir die schlimmsten Sorgen macht, das ist unser Haus der
Abgeordneten.

Um drei Uhr in einem düsteren Gemach des Palazzo vecohio
Conferenz mit La Marmora.

Der Eindruck, den mir La Marmora im Ganzen, nach einem
fast zweistündigen Gespräch hinterläßt, ist kein befriedigender; im Gegentheil, es werden gar manche Zweifel rege, und es bleibt zuletzt das
unbehagliche, peinliche Gefühl, daß er seiner Aufgabe nicht gewachsen
ist, ja sich von dem eigentlichen Wesen der Aufgabe, die er lösen soll,
nicht Rechenschaft zu geben weiß.

La Marmora ist ein von Natur ziemlich beschränkter Mann, und
er ist aufgewachsen in den engen Verhältnissen eines Staates dritten
Ranges; in solchen Verhältnissen ist er empor gekommen, an solche
Verhältnisse ist sein Geist gewöhnt — in einem weiteren Horizont
scheint er sich fremd zu fühlen und es wird ihm unheimlich zu Muthe,
sowie der Horizont in einer ihm ungewohnten Weise gezogen wird.
So ist er durchaus in kleinlichen Plänen befangen, die sich auf einem
engen Raum herum drehen. Er will Nichts, als den Gewinn Venetiens für Italien. Was sonst in der Welt vorgeht, kümmert ihn nicht.
Was für eine Weltlage aus der gegenwärtigen Krisis im Allgemeinen
hervorgeht, das ist ihm gleichgültig — ja der Gedanke, daß Italien
dabei ein Interesse haben könnte und eine Veranlassung, sich hinein
zu mischen, würde ihm wahrscheinlich abenteuerlich vorkommen, und
wer diesen Gedanken anregen wollte, würde ihm vielleicht verdächtig.
Die Eroberung Venetiens faßt er denn auch in diesem Geist und
Sinn durchaus mechanisch auf. Sie würde ihm durch eine vollständige
Besiegung Oesterreichs nicht gegeben scheinen, wenn etwa noch hin
und wieder verlorene österreichische Besatzungen in den oberitalienischen
Festungen weilten. Dagegen würde er sie für vollendet, ja für gesichert halten, wenn er die Schlüssel dieser Festungen in der Tasche
hätte und wenn auch Oesterreich, übrigens unbesiegt, ja seinethalben
gegen Preußen siegreich, mit ungebrochener, unzerrütteter Macht bastünde.

Garibaldi's beabsichtigte Expedition ist ihm zuwider, schon weil er als zünftiger Soldat dergleichen überhaupt nicht liebt, und dann besonders, weil er fürchtet, sie könnte ihn weiter führen, als er gehen will, und den Krieg über die engen Grenzen hinaus, innerhalb deren er ihn halten möchte. Aus beiden Gründen würde er diese Expedition gerne scheitern sehen, und wenn es von ihm abhängt, wird er sie ohne Zweifel hintertreiben.

Da er überhaupt, gleich vielen seiner Landsleute, Piemont noch immer als das eigentliche Reich betrachtet und das übrige Italien als einen bloßen Anhang dazu, geht auch sein Streben durchaus dahin den Krieg nicht eigentlich als Italiener, sondern als Piemontese, von Piemont aus zu führen. Piemont ist das Land, auf das es schließlich ankommt und das unter allen Bedingungen gedeckt und geschützt werden muß, das unter keiner Bedingung preisgegeben werden darf. Auf Piemont muß man sich im Wesentlichen basiren, und daraus folgt mit einer gewissen Nothwendigkeit, daß man sich im unglücklichen Fall dorthin zurückziehen muß. Ausgesprochen wurde das freilich nicht, weil eben der unglückliche Fall in unseren Verhandlungen gar nicht vorausgesetzt und besprochen wurde; aber wohin könnte der Rückzug gehen, als eben gerade rückwärts auf die Basis, wo man die Mittel vorbereitet hat eine geschlagene Armee wieder herzustellen?

Zu dem Allen kommt nun noch, daß La Marmora mit der Art von Eigensinn behaftet ist, der bei beschränkten Menschen wohl vorzukommen pflegt. Er ist vollkommen unzugänglich für fremde Ideen, ja für jeden Gedanken, der ihm neu ist, den er nicht ganz fertig schon als Lieutenant von der Militärschule zu Turin mitgebracht hat.

Ich wurde sehr bald gewahr, daß er nicht geneigt sei, sich eingehend auszusprechen und daß ich die Initiative ergreifen müsse, wenn es überhaupt zu Mittheilungen kommen sollte. Ich fing damit an, daß ich ihm genau und mit einer Offenheit, die ich absichtlich als eine ganz rückhaltlose erscheinen ließ, über die Streitkräfte Preußens Auskunft gab. Er hatte seine Freude daran, und wie ich das Bild unserer neun Armeecorps vor ihm entrollte, die man nach Abrechnung

aller Kranken und Commandirten mit voller Zuversicht 30 000 Mann
stark ein jedes rechnen darf; dann der 232 Landwehrbataillone, die
eine Hälfte zu 600, die andere, das zweite Aufgebot, zu 400 Mann;
der 81 Ersatzbataillone, die bereits vollzählig, ein jedes 1000 Mann
stark, unter den Waffen stehen: da steigern sich bei ihm Erstaunen
und Befriedigung zu höherem und höherem Grade.

„C'est une puissance énorme!" ruft er in freudiger Verwunderung aus. Die Gewißheit, daß Preußen eine gewaltige Kriegsmacht
in das Feld stellt, die weitaus überwiegende Hauptmacht Oesterreichs
in Anspruch nehmen und vollständig, tüchtig beschäftigen wird, so
daß Italien nur eine verhältnißmäßig geringe österreichische Macht
gegen sich haben kann: diese Gewißheit war ihm sehr erfreulich, und
er gewann sie auf das Vollständigste, wie ich ihm nun auch ent-
wickelte, welche Operationen wir mit unserer Heeresmacht ausführen
könnten und würden.

Ich legte in meiner Darstellung zum Grunde, was ich von der
Aufstellung unserer Armee und von den im Allgemeinen bei uns
herrschenden Ansichten wirklich weiß; da ich aber unseren Operationsplan als ein bereits feststehendes und vollendetes Ganze darstellen
mußte, war ich genöthigt nach eigener Einsicht zu ergänzen, was
mir fehlte, was ich nicht weiß. So demonstrirte ich ihm auf der
Karte einen folgerichtig und vollständig ausgearbeiteten Operationsplan, wie er zu der in unserem Hauptquartier angenommenen Grund-
idee und der strategischen Aufstellung unserer Armee paßt — wie
er hoffentlich in unserem Hauptquartier festgestellt werden wird, aber
in solcher Ausführlichkeit und Bestimmtheit zur Zeit meiner Abreise
noch nicht festgestellt war.

Ich zeigte ihm also die Armee des Prinzen Friedrich Carl in
der Oberlausitz, die des Kronprinzen bei Waldenburg und Landeshut
und setzte ihm auseinander, daß, wenn die Oesterreicher, deren Hauptquartier nach unseren letzten Nachrichten in Pardubitz war, die Offensive gegen die Lausitz ergreifen oder auch nur bis Gitschin vorrücken,
unsere schlesische Armee sie in der rechten Flanke fassen könne und
werde, daß, wie für unseren strategischen Aufmarsch, so auch für die
ganze weitere Leitung des Feldzuges grundsätzlich festgestellt bleibt,

wir mit unserer Offensive durchaus auf dem rechten Ufer der Elbe und Moldau bleiben, und zwar, weil uns die sämmtlichen österreichischen Festungen in keiner Weise hinderlich sind, wenn wir unsere Operationslinien von der Oberlausitz aus auf die Donau, auf Wien ziehen. Wien bezeichne ich als das strategische Object unserer Operationen (und das ist es auch! Darüber kann in unserem Hauptquartier kein Zweifel sein, und man war auch darüber einig). — Nun fügte ich nach eigenem Ermessen hinzu: Wenn es einmal gelungen sei, der österreichischen Armee die rechte Flanke abzugewinnen, werde man suchen, sie fort und fort in ihrer Rechten zu umgehen, den wichtigen Punkt Pardubitz vor ihr zu erreichen, sich dessen zu bemächtigen, ihr die Eisenbahnverbindung mit Wien zu nehmen, den Rückzug dorthin abzuschneiden und sie auf Prag und auf das linke Ufer der Moldau zurück zu werfen. Im glücklichen Falle werde es dann gelingen, die österreichische Armee zum Rückzug von Prag auf Linz zu zwingen, während die preußische die Donau, z. B. bei Mautern, erreichen und dort übergehen könnte.

La Marmora folgte mit der größten Aufmerksamkeit und war, wie gesagt, sehr erfreut, als er zu sehen glaubte, daß wir unsere gewaltigen Streitkräfte auch mit voller Energie verwenden würden. Für ihn ergab sich daraus die Ueberzeugung, daß den Oesterreichern keine Möglichkeit bleiben werde, ihre Armee in Italien zu verstärken oder überhaupt eine bedeutende Macht auf dem südlichen Kriegsschauplatz zu verwenden. Weiter aber folgerte er Nichts daraus. Es kommt ihm eben darauf allein an. Was in Beziehung auf das mögliche letzte Ergebniß des Krieges im Ganzen und auf die möglichen Modificationen der europäischen Verhältnisse im Allgemeinen etwa daraus gefolgert werden könnte, diese Frage hat er sich offenbar gar nicht vorgelegt; er will sie sich auch gar nicht vorlegen.

Auch wäre er gerne hier bei diesem Punkte stehen geblieben in unserer Conferenz. Er war keineswegs geneigt, nun auch seinerseits entsprechende Mittheilungen zu machen, und that es gewiß nicht, wenn ich ihn nicht dazu zwang.

Ich: Da ich nun mit vollständigem Vertrauen und ohne Rückhalt, wie es sich unter Verbündeten gebührt, über die Streitkräfte

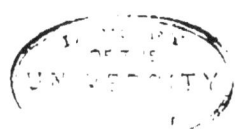

Preußens und die Pläne unseres Hauptquartiers Auskunft gegeben habe, müsse ich bitten, mich auch seinerseits von den Mitteln, über die er zu verfügen habe, und von seinen Plänen in Kenntniß zu setzen.

La Marmora fragt etwas mißtrauisch, ob ich darüber nach Berlin berichten werde?

Ich: Es ist mein Auftrag, meinem König darüber zu berichten, ich werde es aber nur mit der gehörigen Discretion thun, nur „autant que j'y serai autorisé par Vous, et jamais autrement que par courrier, cela s'entend."

La Marmora: Die italienische Armee ist in Divisionen zu 18 Bataillonen eingetheilt (in 2 Brigaden, deren jede 2 Infanterieregimenter zu 4 Bataillonen und 1 Bataillon Bersaglieri, zusammen 9 Bataillone, zählt); die Linienbataillone sind im Durchschnitt 600, die Bersaglieribataillone 500 Mann stark. Außerdem gehören 3 Batterien zu 6 Geschützen zu jeder Division (die mithin 10 bis 11000 Combattanten und 18 Stück Geschütz zählt). Ferner hat jedes Armeecorps eine Brigade leichter Reiterei von 2 Regimentern und die Armee im Ganzen noch 2 Reserve-Cavalleriedivisionen zu 4 Regimentern (NB. wovon vermuthlich eine bei der Hauptarmee, eine bei Cialdini ist). Die Freiwilligen unter Garibaldi versammeln sich bei Como und Varese (sic!).

Im Ganzen werde die Armee 20 Infanteriedivisionen zählen. 16 Infanteriedivisionen stehen bereits am Po; nämlich 5 unter Cialdini bei Bologna, 11 in drei Armeecorps (NB. die Hauptarmee unter La Marmora's unmittelbaren Befehlen) jenseits des Flusses auf der Linie von Piacenza nach Brescia. Die 17. Division, die Cialdini auf 6 Divisionen verstärken, und die 18., welche die Hauptarmee auf 12 Divisionen bringen soll, werden in diesem Augenblick gebildet.

Die 19. und 20. Division sollen gebildet werden, sobald die Formation der neuen 40 Bataillone vollendet ist, die als fünfte Bataillone, wie früher bei den Regimentern ungerader Zahl — 1, 3, 5 bis 79 — so jetzt bei den Regimentern gerader Zahl — 2, 4, 6 bis 80 — gebildet werden, wodurch die Zahl der fünften Bataillone bis auf 80 vermehrt wird.

(Hier wollte nun La Marmora wieder stehen bleiben in seinen Mittheilungen; — kein Wort von seinen Plänen; es bedurfte eines neuen Anstoßes, um ihn weiter zu bringen.)

Ich: Der Kriegsplan der Oesterreicher im Großen und Ganzen ist leicht zu errathen, und daraus ergibt sich dann von selbst, was Preußen von seinen Verbündeten verlangen und erwarten muß. Oesterreich will zunächst seine Hauptmacht — einen möglichst großen Theil seiner Gesammtmacht — offensiv gegen Preußen verwenden, und um das zu können, sich in Italien auf der Defensive halten. Später, wenn Preußens Macht, wie man in Wien hofft, gebrochen wäre, würde dann Oesterreich seine gesammte Macht nach Italien zurückwenden. Damit das nicht geschehe, damit Oesterreich nicht einen ganz unverhältnißmäßigen Theil seiner Gesammtmacht im Norden verwenden, nicht mit einer großen Uebermacht gegen Preußen in das Feld rücken könne, müssen die Italiener einen bedeutenden Theil der österreichischen Streitkräfte in der Lombardei festhalten und beschäftigen. Das ist im Wesentlichen ihre Aufgabe in diesem gemeinschaftlichen Kampfe — das ist, was wir von unseren Verbündeten erwarten. Es muß also den Operationen der italienischen Armee eine Richtung gegeben werden, die es den Oesterreichern unmöglich macht, die Italiener bloß durch das Festungsviereck und eine geringe Heeresmacht im freien Felde aufzuhalten.

La Marmora: „Oh non! Cela ne sera pas! Nous sauterons dans le quadrilatère! Nous sauterons dedans! Vous verrez!“

(Als ob wir fürchteten, er könne vor dem Festungsviereck schon auf dem rechten Mincio-Ufer stehen bleiben! Er glaubt unseren Besorgnissen zuvor zu kommen und unseren Wünschen zu entsprechen, indem er mich versichert, daß er genau das thun will, was die Oesterreicher wünschen müssen! — Dieser Anfang war gleich nichts weniger als ermuthigend!)

Ich: Wir glaubten in Berlin, Sie könnten das Festungsviereck ganz umgehen, wenn Sie sich zu diesem Ende nicht auf Piacenza, Alessandria und Genua, sondern auf Bologna, Ferrara und Ancona und die italienische Flotte basiren, ungefähr in der Gegend

von Ferrara über den unteren Po, und dann auf Padua und Vicenza vorgehen.

La Marmora: Das ist nicht möglich; sich auf Bologna zu
basiren, geht nicht, denn wir haben dort keine Vorräthe.

Ich: Wo sind denn Ihre Vorräthe?

La Marmora: In Piacenza — in Alessandria — „il y a
quelque chose à Pavie" — in Turin — „il y a un peu partout!"
— (NB. Warum alle Vorräthe auf diesen Punkten aufgehäuft sind
und nicht in Bologna, das wird gar nicht erklärt, es versteht sich für
La Marmora ganz von selbst, ist eine gar nicht aufzuwerfende Frage,
versteht sich in dem Grade von selbst, daß ihm gar nicht einfällt,
daß es nöthig sein könnte, dafür Gründe zu haben.) — Ueber den
unteren Po vorzugehen, sei nicht möglich. Die sehr großen örtlichen
Schwierigkeiten, die vielen bedeutenden cours d'eau, die in parallelen
Richtungen das Land durchschneiden, das tiefe, sumpfige, in jeder
Weise durchschnittene Gelände machen es unmöglich. — „Et puis!
— c'est là, que les Autrichiens nous attendent!"

(NB. Den Widerspruch, in den er verfällt, indem er den Uebergang über den unbedeutenden Po an sich unmöglich darstellt und
dann hinzufügt, daß die Oesterreicher gerade diese Operation erwarten,
diesen Widerspruch wird er gar nicht gewahr.)

La Marmora erklärt mir nun endlich seinen Plan: Cialdini
mit dem vierten, um Bologna concentrirten Armeecorps soll versuchen, über den unteren Po zu gehen. „Il me demande pour
cela huit divisions; mais cela me semble exagéré; je ne sais si je
lui en donnerai autant!"

(NB. Ich sehe den Zwiespalt, der hier waltet; Cialdini will
wirklich über den Po gehen und verlangt die Mittel, deren er bedarf, um dem Feinde jenseits des Flusses begegnen zu können; La
Marmora dagegen betrachtet und behandelt dieses Unternehmen als
eine bloße Demonstration, die keinen anderen Zweck haben soll als
den, die Aufmerksamkeit und die Streitkräfte der Oesterreicher auf
jene Gegend abzulenken und ihm selbst den saut dans le quadrilatère, d. h. in alltägliche Prosa übersetzt, den Uebergang über den
Mincio zu erleichtern. Wenn er ganz seinen Willen hat, wird er

dem Cialdini wohl nicht mehr geben als die 6 Divisionen, die er bereits hat — nur daß er ihn vielleicht, um der Form zu genügen, auf die 19. und 20. Division vertrösten wird, die noch gebildet werden sollen.)

Die Hauptarmee, unmittelbar unter La Marmora's (nominal unter des Königs) Befehlen, zwischen dem Po und den Alpen (zwischen Piacenza und Brescia) versammelt, besteht aus drei Armeecorps zu je vier Divisionen, unter den Generalen Durando, Cuchiari und Della Rocca. Die Freiwilligen stehen unter Garibaldi bei Como und Varese. (NB. Das wird wiederholt. La Marmora spricht, als wären sie Alle dort vereinigt; er ignorirt geflissentlich die Abtheilungen, die bei Bari und Brindisi stehen: ein Beweis, wenn es dessen noch be= dürfte, daß er von der Expedition nach Dalmatien Nichts wissen will und sie hintertreiben wird, wenn er kann.)

Der strategische Aufmarsch der italienischen Armee soll demnächst am Chiese und Oglio stattfinden. Durando soll seinen Heerestheil bei Lonato und Castiglione (delle Stiviere) versammeln; Cuchiari bei Castel=Goffredo; Della Rocca bei Marcaria; das Hauptquartier kommt nach Cremona.

Dann werden vor Allem Garibaldi's Freiwillige um den Garda= see herum nach Welschtirol geworfen, um das Land zu insurgiren und den Oesterreichern die Rückzugslinie durch Tirol abzuschneiden. (NB. Nach unserer Meinung müßte man sich bemühen, den Oesterreichern den Weg durch die venetianische Ebene nach Friaul zu verlegen, sie zunächst auf das Festungsviereck zu beschränken und nach Tirol hineinzuwerfen. La Marmora will sie gerade umgekehrt von Tirol abschneiden und im besten Fall aus dem Festungsviereck hinaus, gerade rückwärts, in die venetianische Ebene treiben, wo sie an jedem Torrente eine neue Stellung finden und ihre Rückzugs= linie immer ganz ungefährdet gerade hinter sich haben würden! Und die Freiwilligen will er nicht nach Dalmatien schicken, wo sie ein Königreich unter Waffen bringen können, sondern nach Tirol, wo sie sehr bald auf die deutsche Bevölkerung und einen hartnäckigen Widerstand stoßen werden; wo sie die Landesschützen in Bewegung bringen, d. h. Streitkräfte in Thätigkeit setzen werden, die als solche gar nicht wirksam werden können, ja gar nicht da sind, wenn man sie nicht unnützer und thörichter Weise in ihrer unmittelbaren Heimath aufsucht und aufstört, die aber, einmal in solcher Weise aufgestört, Garibaldi und seine Freischaren für den ganzen übrigen Krieg neutralisiren können und werden.)

Vom Chiese soll dann an den Mincio vorgerückt werden, Durando soll auf Valeggio vorgehen; Cuchiari nach Goito, Della Rocca nach La Grazia (vor Mantua); damit ist der Feldzug eröffnet.

Wie er über den Mincio kommen will, das weiß La Marmora vor der Hand noch nicht: „quant aux détails, on ne peut les fixer d'avance, il faut voir etc." — Die starke Stellung, welche die Oesterreicher bei Valeggio nehmen können, macht ihm große Sorge, wie er so ziemlich eingesteht.

Wenn Cialdini nicht über den Po kann — und La Marmora nimmt stillschweigend aber sehr entschieden an, daß er nicht können wird — dann will er, d. h. La Marmora, den auch noch über Cremona an sich heranziehen!

La Marmora hat ein jedes Armeecorps vier Divisionen stark gemacht, obgleich er die Eintheilung in Armeecorps zu drei Divisionen für die normale und zweckmäßigste hält —, „parce qu'il faudra bien laisser une division devant chacune de ces places. Devant Vérone par exemple il faudra bien laisser tout un corps d'armée." (NB. Er ist sehr geneigt und vollkommen darauf vorbereitet, gleich zu Anfang die Hälfte seiner Armee als Beobachtungscorps vor den Festungen zu verzetteln. Ja, er hat eigentlich, wie sich sogleich ergab, nicht mehr und nicht weniger im Sinn, als sich sofort auf eine unselige Belagerung von Peschiera einzulassen!) — „Si l'on pouvait prendre une des places, par exemple Peschiera, cela faciliterait beaucoup les communications." La Marmora glaubt eigentlich bis in die Stellung von Somma-Campagna vorrücken zu können, ohne auf Widerstand zu stoßen. Dort will er dann Cialdini unter allen Bedingungen an sich heranziehen. Kommt dieser par impossible über den Po, dann über Isola della Scala — sonst wie gesagt über Cremona. In der Stellung von Somma-Campagna will er dann die Belagerung von Peschiera decken und den Erfolg abwarten.

Ich (denke im Stillen: Da es nun einmal so und nicht zu
ändern ist, so mag er denn nach seiner Weise über den Mincio gehen
— wenn er nur dann auch weiter und über die Etsch geht! Mag
er nach Padua kommen, auf welchem Wege er will: wenn er nur
hinkommt, und dann von dort aus, mit Cialdini vereinigt, richtig
operirt!): „Il me semble, qu'une fois arrivé à Padoue rien ne
pourra vous empêcher, d'établir vos communications en arrière
sur Bologne.“

La Marmora: „Mais certainement, une fois à Padoue,
nous construirons le chemin de fer de Padoue à Bologne.“

Ich (in einer Verwunderung, die ich nicht sogleich ganz bemeistern
konnte): „Vous voulez construire un chemin de fer durant la
campagne?“

La Marmora: „Mais certainement, en deux mois ce sera
fini.“ Nur die Brücke über den Po könne nicht in so kurzer Zeit
fertig werden; das sei allerdings unangenehm, aber man müsse sich
darein finden und darnach einrichten.

(NB. Wie denkt sich denn der Mann den Gang des Feldzugs?
Wo glaubt er denn zu sein im dritten Monat nach Eröffnung des
Feldzugs — in diesem Kriege, der doch den Charakter eines Inva-
sionskrieges haben und in diesem Geist geführt werden müßte? —
Aber daß der Krieg in diesem Geist geführt werden müßte, das ist
eben, was er nicht begreifen kann und eben so wenig begreifen will.
— Daß es sich darum handelt, die Entscheidung, und zwar die im
Kriege überhaupt mögliche höchste Entscheidung an der Donau zu
suchen, dafür hat er keinen Sinn. Er will sich mit seinen Operationen auf dem engsten möglichen Raum herum drehen und nach dem
allernächsten handgreiflichen Vortheil haschen. Läßt man ihn gewähren,
so thut er Punkt für Punkt Alles, was Oesterreich wünschen muß —
à commencer par le siége de Peschiera!)

Ich: Der preußische Generalstab zu Berlin glaubt, die italienische Armee werde nach Triest vorgehen, sich mit Hülfe der Flotte
dieser Stadt und der Eisenbahn von dort bemächtigen, um so eine
neue Basis für neue Operationen zu gewinnen und uns an der
Donau die Hand bieten zu können.

4*

La Marmora lehnt den Gedanken, nach Triest zu gehen, durchaus und auf das Entschiedenste ab: „nous n'avons pas besoin d'aller à Trieste!"

Ich: Ich hätte geglaubt, der wichtige Punkt sei immerhin des Habens werth, auch wenn es nicht unbedingt nöthig sein sollte, hinzugehen. Der Besitz des Ortes, die Verbindung von dort zur See nach Ancona müsse doch für die Italiener einen gewissen Werth haben.

La Marmora: Man braucht Triest nicht und wird nicht hingehen; auch könnte der deutsche Bund die Besetzung von Triest übelnehmen; on a toujours été très-soupçonneux sur ce point!

Ich: (NB. Der deutsche Bund — die arme Creatur! — kann also noch Besorgnisse einflößen! Aber auch hier fehlt wieder das Verständniß der Lage, in der ein Angriff auf Triest gar keinen Unterschied macht. Nimmt der deutsche Bund Antheil an diesem Kriege, so thut er es, um Preußen zu zertrümmern, und thut es dann ganz unabhängig davon, ob Triest angegriffen wird oder nicht. Fehlt ihm aber der Muth dazu, können ihn so große Interessen, wie die Aussicht auf eine Zertrümmerung Preußens, nicht zum Kriege bestimmen, dann fängt er wahrhaftig um Triest auch keine Händel an.) „Mais une occupation militaire n'est pas une prise de possession. Il est vrai, qu'il faudrait éviter tout ce qui pourrait lui donner l'apparence d'une prise de possession, mais cela peut se faire!"

La Marmora bleibt aber mit größter Bestimmtheit dabei, daß man Triest nicht braucht und nicht hingehen wird.

Ich (um ganz übersehen zu können, was er eigentlich vor hat): Wenn Sie nun mit Ihrer Armee bis Udine gekommen sind, was wollen Sie dann weiter unternehmen? Wo wollen Sie dann weiter hin?

La Marmora: Nous irons dans les Alpes.

Ich: Auf welchem Wege?

La Marmora: Mais il y a plusieurs chemins; il y en a un au-dessus de Bellune, un autre qui conduit à Pontebba.

(NB. Diese Wege führen nach meiner Meinung nirgend hin, d. h. auf kein strategisches Object; namentlich der nicht, der von Belluno in das Pusterthal führt. Um aber zu sehen, wo er eigentlich, oder ob er eigentlich irgend wo hinaus will, fahre ich fort:)

Ich: Au fait, peu importe le chemin; l'essentiel est, que vous soyez le plus tôt possible au-delà des Alpes!

La Marmora: Ah! au delà des Alpes! (Er machte dabei eine Bewegung mit dem Kopfe und der Hand, als ob das über jedes billige und vernünftige Maß hinaus ginge, in das Abenteuerliche.) Cela dépend! — il faut voir! — mais dans les Alpes!

(NB. Bei Udine, vorausgesetzt, daß er dahin gelangt, kommt seine Kriegführung zum vollkommensten Still- stand, das ist klar. — Er will nicht über diesen Punkt hinaus in unheimliche Weiten, und wenn man ihn gewähren läßt, würde er sich so einrichten, daß er nicht weiter kann. — Müßte er dem Feinde dorthin folgen, ehe Peschiera und Verona erobert sind, so würde er einen großen Theil seiner Armee vor den Festungen ver- zetteln, dann vor Venedig, dessen in unserem Gespräch gar nicht ge- dacht wurde, abermals ein Armeecorps stehen lassen und schließlich mit einer ganz unverhältnißmäßig geringen Macht bei Udine ein- treffen. Ueber Udine hinaus ist gar Nichts von ihm zu erwarten, als ganz wesenlose, nichtige Scheinoperationen!)

Ich entwarf ein glänzendes Bild der Erfolge, die zu erreichen seien, der gebietenden Stellung, die wir gewonnen hätten, wenn wir Preußen siegreich an der Donau ständen, La Marmora und die ita- lienische Armee jenseits der Alpen, und die Oesterreicher, im glück- lichsten Fall auf Linz zurückgeworfen, von der Hauptmasse ihres Ge- bietes und ihren reichsten Hilfsquellen abgeschnitten wären. Dann könnten wir den Frieden dictiren.

La Marmora: „Il n'en faut pas tant pour réduire l'Au- triche à la paix" — einmal geschlagen, werde die österreichische Armee sich auflösen — die 40 000 (?!) Italiener, die sich bei der Armee in Böhmen befänden, würden namentlich zu uns übergehen, und Oesterreich werde bereit sein Frieden zu schließen.

(NB. Deutlicher und bestimmter konnte das Verlangen nicht ausgesprochen werden, die Kriegführung innerhalb enger Grenzen zu halten und ihr ein bescheidenes Ziel zu setzen.) Ich hatte zuerst nur ganz im Allgemeinen vom Vordringen der Preußen bis an die Donau gesprochen, ohne einen bestimmten Punkt an diesem Fluß zu nennen.

Gegen das Ende des Gespräches fragte La Marmora, wo wir die Donau zu erreichen hofften. Ich antwortete, das lasse sich nicht zum Voraus bestimmen, da man nicht wissen könne, wie der Feind operiren werde. Doch nannte ich dann Mautern als einen der Punkte, die möglicher Weise in Aussicht genommen werden könnten.

Wir trennten uns im besten Vernehmen, wiewohl ich von dieser Conferenz keineswegs sehr erbaut, vielmehr tief innerlich verstimmt war.

Ich erklärte sofort gegen Usedom, daß ich mehr als je überzeugt sei, die Expedition Garibaldi's nach Dalmatien sei unerläßlich und das einzige Mittel die Dinge in die richtige Bahn zu leiten. Ueber La Marmora werden wir nie etwas vermögen, er ist nicht umzustimmen, da müssen alle Kräfte daran gesetzt werden jene Expedition in Gang zu bringen. Außerdem muß ich noch vor dem Ausbruch der Feindseligkeiten nach Bologna reisen und mich mit Cialdini in Verbindung setzen.

Usedom war damit einverstanden.

7. Juni. Wir wurden früh nach Hof beschieden, ich soll dem Ré galantuomo vorgestellt werden.

Fahrt zur Gesandtschaft, wo wir einen Augenblick anhalten, über den Ponte vecchio, an ein paar alten Thürmen toscanischer Barone vorbei, zu dem mächtigen Palast des Bürgers Pitti, in die Gärten, von denen mir aus früher Kindheit ein schwankendes Bild im Gedächtniß schwebt, alla Meridiana, d. h. zu einem südlichen Anbau des Palastes, in welchem der König ein Erdgeschoß bewohnt.

Im ersten Vorzimmer Palastgarden in reicher Uniform auf Wache, an allen Thüren Kammerdiener in Schuhen und durchaus untadeligem Costüme, im letzten Vorzimmer mehrere Personen, die auf Audienz warteten.

Usedom wurde zuerst in das Cabinet des Königs beschieden. Er hatte einen eigenhändigen Brief unseres Königs zu überreichen und auch wohl sonst noch Mancherlei mit ihm zu verhandeln.

Nun wurde ich in das Cabinet gerufen und dem etwas nachlässig gekleideten Ré galantuomo durch Usedom vorgestellt.

Victor Emanuel ist eine wunderbare Erscheinung, darüber kann es verschiedene Meinungen nicht geben. Er ist eher klein, als von mittlerer Größe zu nennen, breit gebaut — trapu — und in den letzten Jahren auch zu einer ziemlich ansehnlichen Corpulenz gekommen. Er scheint Energie zu haben und einen schlichten, tüchtigen, gesunden Menschenverstand. Man sollte meinen, er weiß, was er will, und er will dann auch wirklich, was er will. Er scheint, wie man zu sagen pflegt, aus dem Ganzen geschnitten!

Er gab mir die Hand und fragte nach einigen gleichgültigen Worten — Grüße des Königs von Preußen u. dergl. — Usedom in meiner Gegenwart: ob ich für die Expedition Garibaldi's sei? — Allerdings! — „Ah! c'est bien!" — Nach noch einigen gewechselten Reden wurde ich mit einem abermaligen Händedruck entlassen.

La Marmora muß nun zur Armee abgehen, um das Commando zu übernehmen. Das Ministerium, das er hier zurück läßt, besteht aber aus lauter unbedeutenden Leuten, die in geringem Ansehen stehen und sich wohl nicht halten können. — Ziemlich allgemein erwartet man, daß dies Ministerium sich auflösen, und daß Ricasoli an die Spitze eines neuen und der Geschäfte treten werde. Die große Mehrheit, die nationale Partei, die den Gegensatz bildet zu der mehr oder weniger französisch gesinnten piemontesischen Coterie erwartet das mit Sehnsucht und Schmerzen. La Marmora aber widersetzt sich; er will nur eine Modification des Ministeriums und möchte zwar von Ricasoli unterstützt sein, selbst aber das Heft in Händen behalten. Er will demnach wohl, daß Ricasoli als Minister des Innern und selbst als (einstweiliger?) Ministerpräsident eintritt, will aber selbst Minister der auswärtigen Angelegenheiten bleiben. — Mit klammernden Organen hält er sein Portefeuille fest und bildet sich ein, zu gleicher Zeit commandirender General und dirigirender Minister sein zu können.

Das geht natürlich nicht, selbst abgesehen davon, daß ein mittelmäßiger Sohn dieser Erde jedenfalls hinreichend beschäftigt ist als commandirender General. — Welche Einheit, welcher Zusammenhang sollte wohl in der Regierung walten, wenn zum Theil von Florenz und zum Theil vom Lager aus — und zwar im Sinne verschiedener entgegengesetzter Parteien — regiert würde? Natürlich will Ricasoli auf diese Combination nicht eingehen, schon weil sie eine absurde wäre, vor Allem aber eben, weil er weit anderen Sinnes ist als La Mar-

mora. Wir, die wir La Marmora kennen und nun zur Genüge
wissen, wie wenig wir von ihm zu erwarten haben, wir müssen den
entschiedensten Sieg Ricasoli's sehr bestimmt wünschen. Ja, unsere
Hoffnungen beruhen großentheils darauf.

8. Juni. Der König ist für Garibaldi's Expedition; sie könnte
aber dennoch hintertrieben werden, da La Marmora dagegen ist. Da
setzt denn Usedom allerhand untergeordnete Persönlichkeiten, die Einfluß haben, in Bewegung, dafür zu wirken. So namentlich Dr.
Piantaleone und Sir James Lacaïta.

Zum Diner Lacaïta da. Wir setzen ihm die Verkehrtheit der
Pläne La Marmora's auseinander. Sir James ging sehr entschieden
auf die Sache ein und verwies uns an Cialdini, an den wir uns
halten müßten. Aufgefordert, uns eine Charakteristik des Mannes
zu geben, drehte und wendete er sich in eigenthümlicher Weise:
Cialdini sei ein tüchtiger Mann und guter Soldat, von der besten
Gesinnung, guter Patriot, aber nicht immer leicht zu behandeln; er
sei oder werde leicht mißtrauisch, fühle sich leicht verletzt, glaube leicht,
man wolle ihn zurücksetzen, nicht gelten lassen, mit Mißachtung behandeln, und dann sei er schwer wieder zu versöhnen, um so mehr,
weil der eigentliche Grund seiner Verstimmung nie zur Sprache komme.

Ich schlug dem Faß den Boden ein, indem ich sagte: „It appears,
there is a little of the parvenu about him!" — Ein stummer
Händedruck war Sir James' Antwort.

9. Juni. Schreibe einen langen Bericht an Moltke; Charakteristik der hiesigen Verhältnisse, Charakteristik La Marmora's im Al-
gemeinen, dann eine genaue Erzählung meines Gespräches mit ihm.
Zum Schluß sage ich, es kann kein Zweifel bleiben, daß La Marmora's Kriegführung selbst im besten Fall bei Udine vollständig zum
Stillstand kommt, wenn man ihn gewähren läßt. Das einzige Mittel,
die Kriegführung der Italiener aus diesem engen Schema hinaus in
eine großartigere Bahn zu führen, liegt in Garibaldi's Expedition
nach Dalmatien, die mit allen Mitteln betrieben werden muß. Ist
sie erst im Gange, dann müssen wir uns vorzugsweise an den König
selbst halten, um die Italiener dahin zu bringen, daß sie Garibaldi
nicht seinem Schicksal überlassen, daß sie nicht vor den Festungen ver-

zettelt und mit geringer Macht bei Udine stehen bleiben; daß sie die Oesterreicher nicht in das Innere der österreichischen Monarchie abziehen lassen, ohne ihnen auf der Spur zu folgen; daß sie vorwärts gehen nach Friaul und Steiermark.

Moltke möge mir daher, wenn es Zeit sei, d. h. wenn Garibaldi's Expedition im Gange ist, Aufträge unmittelbar an den König geben, die mich berechtigen, Audienzen zu verlangen und die Sache wieder und wieder sowohl mit ihm als mit den Generalen zu besprechen. Bei dem König will ich dann schon durchbringen.

Usedom hat mit mehreren Leuten gesprochen, die im Allgemeinen unsere Ansichten theilen und der Ueberzeugung sind, daß die italienische Armee der feindlichen bis in das Herz der österreichischen Monarchie folgen müsse, aber auch diese sind damit einverstanden, daß man nicht nach Triest und von dort längs der Eisenbahn vorgehen müsse. Das Terrain sei dort zu schwierig. Sie meinen, man müsse über Pontebba nach Steiermark vordringen.

Mir unbegreiflich, daß die Leute keinen Werth auf die Verbindung zur See mit Ancona legen und auf die ununterbrochene Eisenbahnverbindung von Padua bis zur Armee. Glauben sie etwa, die Oesterreicher werden die Eisenbahn zerstören und das Material nach Wien zurücksenden?

Man könnte versuchen, dem vorzubeugen, z. B. dadurch, daß man Garibaldi auf Triest vorgehen läßt, während die Oesterreicher noch in Italien weilen, und daß man sich bemüht, die österreichische Armee nach Tirol zurückzuwerfen, indem man ihr bei Padua zuvorkommt. — Wenn die Italiener Alles, was eine Armee von hunderttausend Mann und mehr bedarf, über den Einen Alpenpaß von Pontebba nachführen wollen, werden sie finden, daß das große Schwierigkeiten hat und sehr langsam geht. Wie die Kriegsoperationen im Großen stets an die großen Verkehrsstraßen gebunden sind, werden sie sich fortan soviel als möglich den Eisenbahnlinien anschließen müssen.

La Marmora läßt mir sagen, Cialdini sei etwas launenhaft, zuweilen sehr liebenswürdig, zuweilen sehr unzugänglich, geradezu ein Bär. Dadurch müsse man sich aber alsdann nicht irre machen lassen, es bleibe nicht dabei. Besonders aber läßt mich La Marmora bitten, gegen Cialdini Nichts von dem zu erwähnen, was ich mit ihm besprochen habe.

Ausflug nach Bologna und Piacenza. Letzte Vorbereitungen für den Feldzug.

10. Juni. Abends 10 Uhr 30 Abreise nach Bologna, um Cialdini zu sehen.

11. Juni, Bologna. Gang durch die Stadt. Der Eindruck ist im Ganzen ein solcher, daß man versucht ist das Ansehn des Orts ärmlich zu nennen. Man erkennt leicht, daß Bologna im Mittelalter mehr als einmal einen Anlauf genommen hat eine große Stadt zu werden wie Florenz und Mailand, aber daß es niemals gelungen ist. Große öffentliche Bauten sind angefangen, aber sie sind liegen geblieben, unvollendeter als anderswo — so auch die Kirche San Petronio. Sie macht, soweit sie auch von der Vollendung geblieben ist, den Eindruck einer wahrhaft großartigen Anlage, und es zeigt sich darin ein tieferes Verständniß des Spitzbogenstyls, als sich sonst wohl in Italien findet. Dem ursprünglichen Plan zu Folge sollte der Kirche auch den Maaßen nach eine der größten der Welt werden. Zur Piazza maggiore, da steht der Palazzo pubblico, eine mächtige mittelalterliche Zwingburg, seiner Zeit auch als solche benutzt. Ich ging dann auch in die Gemälde-Gallerie, die eine in jeder Beziehung bemerkenswerthe Sammlung aufweist; vor allem Rafael's heilige Cäcilie. Im Uebrigen besteht sie meist aus Werken der Bologneser Schule — und man verläßt die weiten Räume mit einem entschiedenen Gefühl der Ehrfurcht vor derselben — zur Zeit der Aufklärung und Nüchternheit wurde sie allerdings überschätzt — dann aber zur Zeit der Romantiker auch wieder zu gering geschätzt, von Leuten, die sehr weit davon entfernt waren in ihren eigenen Werken diese Schule erreichen zu können. Diese mächtigen Altarbilder sind schön.

Um 12 Uhr zu Cialdini, in den Palazzo Albergati, den er bewohnt (Via Saragozza). Ich fand da eine gar seltsame Aufnahme, wie sie ein Vertreter Preußens zu dieser Zeit in Italien eigentlich nicht erwarten konnte. Ein Adjutant in Husarenuniform lief einige Male hin und her, dann wurde ich in einen Saal des Erdgeschosses geführt, in dessen sonstigen Räumen die Büreaus eingerichtet waren. Es herrschte da eine gewisse Thätigkeit; Cialbini war also im Dienst beschäftigt, wie das auch wenige Tage vor der Eröffnung des Feld-zugs nicht anders sein konnte; dennoch fand ich ihn in Civil! nicht mit der Uniform bekleidet! Das mag gleichgültig scheinen; aber Nie-mand, der die Bedeutung der Disciplin kennt, wird es dafür halten. Mir gefiel es ganz und gar nicht; es ist schwer, an eine festgeschlossene Disciplin zu glauben in einer Armee, wo dergleichen herkömmlich ist. Die Uniform der italienischen Armee ist allerdings zu sehr denen anderer Armeen nachgebildet, zu wenig dem Klima angepaßt, sie mag in der Sommerhitze sehr unbequem sein. Das mag ein Grund sein sie zu ändern, nicht aber, sich solche Freiheiten zu nehmen oder sie zu gestatten.

Cialbini, ein breitschultrig gebauter Mann, eher unter als über mittlerer Größe, sieht übrigens recht gescheidt und bestimmt aus. Er war für diesmal weder so liebenswürdig noch in so bärenhafter Laune, wie er angeblich sein kann, bewahrte aber mir gegenüber eine sehr abgemessene, reservirte Haltung, die jede Annäherung unmöglich machte. Es schien, als sei ein Empfehlungsbrief von La Marmora nicht gerade die vortheilhafteste Weise, bei ihm eingeführt zu werden.

Er hielt den Brief, den ich überbracht hatte, in der Hand, als ich eintrat, und sagte: La Marmora fordere ihn auf, mir in Allem behülflich zu sein, was ich zu sehen wünsche — was wünsche ich nun zu sehen?

Das Verlangen mich fern zu halten, sich für seine Person von mir los zu machen, mich gleichviel welchen Subalternen zu über-weisen und gleichviel wohin zu schicken, um — einerlei was anzusehen: dies Verlangen war in einer solchen Einleitung des Gesprächs schon ziemlich deutlich ausgesprochen und trat bald noch bestimmter hervor.

Ich antwortete nämlich, ich sei hergekommen hauptsächlich, um mich ihm bekannt zu machen, da mein Auftrag sei dem Feldzug im Hauptquartier beizuwohnen, und ich demnach hoffen könne, öfter mit ihm zusammen zu treffen.

Darauf erfolgte von seiner Seite keine andere Antwort, als eine
kaum merkliche steife kleine Verbeugung, und da er dabei blieb nach
seinem Chef des Generalstabs, dem General Poggio zu schicken, um
mit dem zu verabreden, was man mir wohl zeigen könne, ließ ich die
Sachen natürlich auf diesem Fuß gelten, ohne den mindesten weiteren
Versuch einer Annäherung. (La confiance est la chose du monde,
qu'on peut le moins brusquer. Das muß von selbst kommen!)

General Poggio, noch ein jüngerer Mann, erschien — auch in
Civil; es ergab sich, daß gar keine Truppen mehr hier sind; Alles
ist bereits abmarschirt nach Ferrara und an den Po — selbst die
Artillerie — bis auf eine Reserveabtheilung. Es wurde verabredet,
daß ich morgen das hier um Bologna her angelegte verschanzte Lager
sehen solle. Cialdini rieth mir auch dazu mich so früh als möglich
auf den Weg zu machen, um nicht in die heißesten Tagesstunden
hinein zu gerathen. Er fragte bei dieser Gelegenheit beiläufig:
„Êtes-vous matinal?" Und die sehr markirte Ironie im Ton der
Stimme sagte zur Genüge, daß man dergleichen von einem Diplomaten nicht erwarte. Ich antwortete gutmüthig und lächelnd in dem
Ton, der ihn überzeugen mußte, daß ich die Ironie verstand und als
Scherz gelten ließ (qu'enfin j'acceptai la plaisanterie): „au besoin
je le suis."

Cialdini klagte darüber, daß man den Krieg während der
heißesten Jahreszeit werde führen müssen. Ich bemerkte: „mais il
faut espérer, qu'à l'époque des grandes chaleurs nous serons
dans les Alpes ou même au-delà, quelque part enfin, où il fait
moins chaud que dans les plaines de la Lombardie!"
Darauf erfolgte aber gar keine Antwort.

Ich empfahl mich, da nun vor der Hand Nichts weiter zu besprechen war, und bekam noch eine Einladung zum Diner morgen
mit auf den Weg. So muß ich also in jedem Falle einen Tag
länger hier verweilen.

12. Juni. Um ¹/₂5 Uhr früh aufgestanden, reiste ich mit dem
Ingenieur-Oberst Gianotti in einem leichten Wagen mit zwei Pferden
ab, und wir fuhren auf diesem leichten Karren in angenehmer
Morgenluft hinaus ins Freie, durch Porta Saragozza dem Gebirge zu.

Das verschanzte Lager, dessen Linien die Stadt in der Ebene umgeben, muß natürlich auch die Vorhöhen der Apenninen umfassen, an deren Fuß Bologna liegt, und hat auf diese Weise einen solchen Umfang gewonnen, daß die „Feuerlinie" — d. h. die Brustwehrenlänge sämmtlicher Verschanzungen — nicht weniger als fünfundbreißig Kilometer beträgt, etwas über fünf deutsche Meilen, obgleich das Ganze, im Gebirge namentlich, aus einzelnen Schanzen besteht, die, durch Schluchten und dergleichen getrennt, ziemlich weit auseinander liegen. In der Ebene ist die Linie natürlich geschlossener.

Die Schanzen in der Ebene können wohl ohne Weiteres sturmfrei geachtet werden, denn sie haben einen starken Aufzug und, was wohl die Hauptsache ist, mit Ausnahme derjenigen, die auf noch einigermaßen erhöhtem Boden nahe am Fuße des Gebirges liegen, nasse Gräben. — Ich habe Einiges davon von der Eisenbahn aus gesehen.

Wir zogen dem Gebirge zu. Mich interessirte die Sache wenig. Denn daß man sich hier einen stark befestigten Stützpunkt geschaffen hat, das ist ganz in der Ordnung — es wäre unverzeihlich, wenn man es unterlassen hätte. Wie aber dieser Stützpunkt beschaffen ist, das war mir einigermaßen gleichgültig, weil die allgemeine Lage von der Art ist, daß es zu Angriff und Vertheidigung dieser Schanzen sehr gewiß nicht kommen wird. So lange Preußen nicht vollständig besiegt ist, können und werden die Oesterreicher in der Lombardei nicht die Mittel haben zur Offensive überzugehen. Preußen wird aber nicht unterliegen, und wenn es ja geschehen sollte, würde auch wohl ein gemeinschaftlicher Waffenstillstand und ein gemeinschaftlicher Friede geschlossen werden, ohne daß Oesterreich seine Hauptmacht erst noch gegen Italien zurückzuwenden brauchte, und ehe eine österreichische Offensive Bologna erreicht haben könnte.

Zunächst aber nahmen nicht diese Schanzen meine Aufmerksamkeit in Anspruch, sondern das, was leicht wichtiger werden könnte. Wir fuhren nach San Luca hinauf, zu der Wallfahrtskirche. Dort oben wird ein wunderthätiges Marienbild bewahrt, das der Apostel und Evangelist Lucas gemalt hat, wie Niemand bezweifelt.

Der Train der Armee Cialdini's ist hier untergebracht.

Ich lernte hier eine der schwachen Seiten der italienischen Armee kennen. Sie hat im Frieden keinen genügenden Cadre für den Train, dessen sie im Felde bedarf, so daß der treno militare nur den bei Weitem kleineren Theil der nöthigen Fuhrwerke stellen kann. Die Hauptmasse soll der treno borghese stellen, zu dem man seine Zuflucht genommen hat. Nämlich das Kriegsministerium hat Contracte geschlossen mit Entrepreneurs, die sich verpflichtet haben, eine bestimmte Anzahl Wagen, Gespanne und Fuhrknechte für die Dauer des Feldzugs miethweise zu stellen.

Die Pferde des so gewonnenen treno borghese stehen nun in diesen Hallen, Fuhrwerke standen ziemlich unregelmäßig zusammengefahren davor — die Fuhrknechte warteten ihre Thiere, oder faulenzten in der Nähe, schliefen auch zum Theil auf Stroh und Decken.

Die Pferde waren aber eine solche Sammlung von elenden Remonten, wie ich sie nie zuvor im Leben in solcher Zahl und solcher Auswahl zusammen gesehen hatte. Kaum daß hin und wieder ein leibliches Thier darunter war. Im Allgemeinen läßt sich voraussehen, daß diese elenden Gäule nicht viel leisten und aushalten werden. Sollten zwei oder drei Gewaltmärsche hintereinander gemacht werden, so könnte der treno borghese wohl schon auf dem zweiten stecken bleiben.

Gianotti konnte die Pferde nicht für besser ausgeben, als sie waren, meinte aber, bessere seien eben in Italien nicht zu haben.

Warum hat man nicht lieber Maulthiere angeschafft für den Train? Die passen besser für das hiesige Klima, halten mehr Strapazen aus als Pferde und sind weniger Krankheiten ausgesetzt. Gianotti erwiderte: der Train der Hauptarmee bei Piacenza sei mit Maulthieren bespannt. Aber auch die seien nicht in solcher Anzahl aufzutreiben, daß man beide Armeen damit versorgen könnte. Da habe man denn für Cialdini's Train seine Zuflucht zu Pferden nehmen müssen.

Der Weg nach San Luca geht steil hinan. Es war noch früh am Tage, als wir oben anlangten, und doch wurde die Hitze schon drückend.

Die Anlage des großen verschanzten Lagers ist im Großen und Ganzen leicht zu fassen. Hier oben im Gebirge umschreibt die Kette

der einzelnen gesonderten Schanzen den Gebirgsriegel, der sich zwischen
dem Reno und einem anderen Flüßchen Savena von den Apenninen
herabsenkt. Auf diesem Gebirgsriegel steigen die Verschanzungen
hinan, bis wo ein paar Schluchten, die sich zu den Flüßen herab-
senken, gegen das höhere Gebirge hin einen natürlichen Bodenab-
schnitt bilden.

Die Linien, die vorgeschobenen Werke, die sich in der Ebene im
Halbkreis von dem Reno zur Savena um die Stadt ziehen, lassen
sich in der Nähe, d. h. innerhalb der Region, in die der Blick von
oben herab ziemlich senkrecht fällt, genau verfolgen; weiterhin verlieren sie sich in der üppigen Cultur und sind schwer heraus zu
finden.

Von den Verschanzungen war ich sehr wenig erbaut. Sie sind
schon vor einem Jahr, wie es scheint, sehr eilig und nachlässig erbaut
und bereits gar sehr in Verfall.

Eine Schwierigkeit scheint mir dann aber beinahe unbesiegbar.
Die Vertheidigung dieser Schanzen hier oben erfordert eine Be-
satzung von 18—20000 Mann, wie will man die auf die
Länge mit Wasser versorgen, hier auf diesen sonnverbrannten
Höhen, wo keine Quelle ist — kein Brunnen, — kein Strauch!
Gianotti zuckte die Achseln und meinte, man werde Wasserfässer auf
zweirädrigen Karren, mit Maulthieren bespannt, anwenden, um Wasser
aus der Ebene herauf zu schaffen.

Man muß in jeder Beziehung hoffen, daß dieses verschanzte
Lager nicht auf eine ernste Probe gestellt wird! —

Wir sprachen von den allgemeinen und gesellschaftlichen Verhältnissen Bologna's, und Gianotti versicherte, daß es da im Winter
sehr lebhaft und gastfrei zugeht. Außer dem alten Bologneser Abel,
der seit Jahrhunderten seine Paläste in der Stadt hat, leben da noch
zwei Sorten von Menschen, die an dem gesellschaftlichen Treiben
Antheil nehmen. Erstens Engländer in bedeutender Anzahl — wohl
solche, denke ich, denen die englische Gesellschaft in Florenz zu vor-
nehm ist — und dann eine große Anzahl von Sängern, Sängerinnen
und Musikern, die sich vom Theater zurückgezogen haben und auf
ihren Lorbeern ruhen.

Wir besuchten nun auch das Arsenal unmittelbar vor dem Thor der Stadt.

Wir besprachen hier die Schwierigkeiten des Uebergangs über den Po. Selbst die Ueberbrückung des Stroms ist nichts weniger als leicht zu bewerkstelligen; die Geschiebe, die Sandbänke in seinem Bett werden oft in ganz unerwarteter Weise hin und her gewälzt, das Fahrwasser ist oft über Nacht ein anderes geworden. Gianotti, der diese Schwierigkeiten zur Sprache brachte, meinte indessen zum Schluß, Cialdini werde dennoch hinüber kommen. Er sei ein Mann von großer Energie.

Dann besichtigten wir auch noch einen Artilleriepark, der unmittelbar hinter dem Arsenal auf dem Felde am Fuß des Gebirges aufgefahren ist. Wir fanden da einen Artillerieofficier mit einem Commando dienstlich beschäftigt, und auch der war, nach der bequemen Weise dieser Armee — in Civil! — im leichten Sommerüberröckchen, leinenen Beinkleidern und loser Halsbinde!

Diner bei Cialdini, zu dem ich etwas spät kam, weil meine Uhr stehen geblieben war.

Ich wurde seiner Frau vorgestellt, die eine Spanierin ist und nicht geläufig französisch spricht, so daß die Conversation meist italienisch geführt werden mußte.

Ich fand General Poggio da, den Obersten Gianotti, den Adjutanten d'Ancieux und noch einen Officier — sämmtlich, gleich dem Hausherrn, in Civil und leichten Sommerkleidern.

Ein solcher italienischer Palazzo ist gar schön! Man wohnt anders hier als bei uns im Norden! Die Hausfrau nahm meinen Arm und wir hatten eine Reise zurückzulegen durch eine lange Reihe schöner großer Säle, ehe wir in den Speisesaal gelangten.

Cialdini aber fand ich durchaus verwandelt; er suchte sich ungemein höflich und entgegenkommend zu erweisen. Dabei zeigte sich, daß er nicht mit allen hiesigen Vorbereitungen zum Krieg einverstanden und zufrieden ist. Er fragte, wie stark unsere Armeecorps sind? Da von jedem einige Bataillone detachirt sind, kann man sie nach Abzug der Kranken zu 30000 Mann ausrückenden Standes ein jedes annehmen. — Und wie viel Geschütze führt ein jedes mit sich? — 90 Stück.

„Voilà!" brach Cialdini sehr unzufrieden gegen seine Officiere
los: das mache 3 Geschütze auf 1000 Mann und sogar etwas mehr
— „et nous, c'est à peine, si nous avons deux pièces
par mille hommes!"

(NB. Die Division von 18 Bataillonen hat allerdings nur 18
Stück Geschütze in 3 Batterien — und diese Worte verriethen mir,
daß die italienische Armee, auch die Reserveartillerie mitgerechnet,
gewiß nicht viel über 400 Stück im Ganzen mit in das Feld führt.
— Das ist allerdings nicht sehr viel, aber mir scheint, daß hier im
Lande, wo die Wirkung der Artillerie sich vielfach in der Cultur verlieren muß, eine so zahlreiche Artillerie, wie man sie auf unseren
deutschen Schlachtfeldern brauchen kann, kaum zweckmäßig zu verwenden wäre.)

Daneben wiederholte er aber auch ernsthafte Klagen, daß der
Ausbruch des Krieges so lange hingehalten, und daß dadurch die
Nothwendigkeit herbeigeführt würde den Feldzug in der allerheißesten
Jahreszeit zu führen. Dieser Gedanke scheint ihn sehr zu be-
schäftigen.

Nach Tisch, da ich Türr's erwähnte, ergriff er mit einem
gewissen empressement diese Gelegenheit mir zu sagen, daß er
„aucune confiance dans les projets des Hongrois"
habe. — Türr und die anderen ungarischen Emigranten machten
sich Illusionen; sie hätten sämmtlich gar keinen Einfluß mehr in
Ungarn; Ungarn werde sich fest an Oesterreich anschließen. Er, Cialdini, werde sich gar nicht wundern, wenn es große freiwillige Anstrengungen für Oesterreich mache.

Piacenza, 13. Juni. Auf um 5 Uhr; um 6³/₄ abgereist. —
Piacenza; sende Visitenkarten und La Marmora's Brief zu dem
General Petitti. — General Petitti, ein hübscher Mann auf der
Neige der mittleren Jahre und von seinem Wesen, empfängt mich
sehr zuvorkommend — man ist bei ihm durch ein Schreiben La Mar-
mora's offenbar viel besser empfohlen, als bei dem General Cialdini.
Er war sehr bereit, mir „le peu de troupes que nous avons encore
ici" zu zeigen. Der Umstand, daß auch von hier aus so ziemlich
Alles bereits vorwärts gegangen ist, läßt mir keinen Zweifel darüber,

daß die Armee ihre strategische Rendezvous-Stellung am Oglio bereits
eingenommen hat oder eben im Begriff ist sie einzunehmen.

Im Uebrigen war unser kurzes Gespräch für diesmal ziemlich
unbedeutend; es wurde nur ein Ausflug für morgen verabredet, um
die hiesigen Befestigungen zu sehen, und eine Zusammenkunft für
heute Abend.

Gegen 9 Uhr, wie verabredet, zu Petitti. Langes Gespräch mit
ihm unter vier Augen; ich lernte einen vorsichtigen Mann von geschmeidigem Charakter an ihm kennen.

Ich trage meine alten Thesen auch hier wieder vor — daß der
Plan der Oesterreicher offenbar ist, ihre Hauptmacht zuerst gegen
Preußen und erst, wenn sie den entscheidenden Kampf gegen Preußen
siegreich durchgefochten haben, gegen Italien zu verwenden; daß
mithin die Entscheidung des ganzen Krieges in Böhmen und an der
Donau liegt. — Erläutere beiläufig, auf welche Weise wir an die
Donau vordringen können. — Die Entscheidung in Böhmen zu erleichtern ist die Aufgabe der Italiener, die sie nur dadurch erfüllen
können, daß sie sich nicht durch eine geringe österreichische Macht und
wesentlich durch das Festungsviereck aufhalten lassen, sondern einen
erheblichen Theil der österreichischen Streitkräfte hier in Italien festhalten und diesen feindlichen Streitkräften, wenn sie etwa durch italienische Siege aus der lombardischen Ebene vertrieben werden, oder in
Folge preußischer Siege an die Donau eilen, um das Herz des Reichs
zu vertheidigen, auf der Spur über die Alpen folgen, um uns an
der Donau die Hand zu bieten.

Petitti ist ganz und ohne Einschränkung damit einverstanden.
Ich komme auf die Aufstellung der italienischen Armee und die ersten
projectirten Unternehmungen. Mir scheint, Cialdini beabsichtigt wirklich und im Ernst über den Po zu gehen, während La Marmora
dessen Unternehmungen am unteren Po mehr als eine Demonstration
aufzufassen scheint, die den Feind dort beschäftigen und ihm selbst
den Uebergang über den Mincio erleichtern soll.

Petitti spricht seine Ueberzeugung aus, Cialdini werde über den
Po kommen; er sei ein sehr entschlossener Mann.

Ich: Wenn aber nun La Marmora über den Mincio und Cialbini über den Po geht, dann liegt das Feſtungsviereck zwiſchen beiden. Giebt eine ſolche Theilung der italieniſchen Armee nicht der öſterreichiſchen die Möglichkeit, die beiden Hälften derſelben nacheinander getrennt anzugreifen und zu ſchlagen?

Petitti: Nein! das iſt nicht zu befürchten! Denn Cialdini iſt mit ſeinen 8 Diviſionen allein ſtärker als die ganze Macht, welche die Oeſterreicher überhaupt in Italien haben. La Marmora hat 12 Diviſionen, jede der beiden Hälften iſt ſtärker als die Oeſterreicher im Ganzen. (NB. Dagegen iſt Nichts einzuwenden, es iſt ſo.) Iſt Cialdini über den Po gekommen und La Marmora über den Mincio gegangen, dann müſſen die Oeſterreicher ſich wohl auf den Monte Berico bei Vicenza zurückziehen und dort concentriren.

Ich: Bei Vicenza würde es alsdann zur entſcheidenden Schlacht kommen, und wenn Sie die gewinnen, wenn es Ihnen gelingt, die Oeſterreicher nach Tirol hineinzuwerfen und auf den Rückzug durch das Puſterthal zu beſchränken, dann können Sie, durch die venetianiſche Ebene marſchirend, früher in Laibach ſein als der Feind.

Petitti iſt damit ganz einverſtanden.

Ich: Jedenfalls bleibt die Hauptſache, den Feind im freien Felde nicht aus den Augen zu verlieren und ſich nicht vorzeitig auf Belagerungen einzulaſſen. Beſonders könnte ich es nicht für zweckmäßig halten, wenn man die Belagerung von Peschiera unternehmen wollte, das in dieſem Krieg ſo gut wie gar keine Bedeutung hat. Will man ja eine Belagerung vornehmen, ſo müßte es jedenfalls die von Verona ſein. Denn Verona allein giebt den Oeſterreichern, ſo lange es in ihrem Beſitz iſt, die Möglichkeit bei wechſelndem Kriegsglück offenſiv in das Herz Oberitaliens zurückzukehren. Sie verlieren dieſe Möglichkeit mit Verona. Auch halte ich Verona gar nicht für ſo feſt, als allgemein geglaubt wird. Namentlich ſind die vorgeſchobenen Forts viel zu klein, um der heutigen Artillerie gegenüber einen nachhaltigen Widerſtand leiſten zu können.

Petitti ſtimmt dem bei; meint auch, daß Verona nicht ſo ſtark iſt, wie vorgegeben wird; man müſſe die kleine Seite — Veronetta — angreifen, und zwar vom Gebirge her. (NB. Die Herren haben ſchon das Techniſche dieſer Belagerungen berathen und beſprochen; läßt man

La Marmora gewähren, so belagert er zuerst Peschiera und dann Verona.)

Ich bringe das Gespräch auf Garibaldi; daß Petitti, ein Anhänger La Marmora's, gegen die Expedition nach Dalmatien ist, schimmert sehr deutlich durch, obgleich diese Expedition gar nicht ausdrücklich erwähnt wird.

Petitti sagt: wenn man Garibaldi sich selbst überläßt, könne er vielleicht extravagante Dinge thun; im Partisankriege aber habe er einen trefflichen Instinct. Man habe ihn um seine Pläne befragt, da habe er geantwortet: wenn man ihn frage, werde er natürlich sagen, was er vor habe; es sei ihm aber lieber, wenn man ihn gar nicht darum befrage; denn dann werde er einfach thun, was man ihm befehlen werde. (NB. Garibaldi scheint sich bei dieser Gelegenheit sehr schlau benommen zu haben.)

Die Freischaren hätten übrigens die Regierung in Verlegenheit gesetzt, weil ihrer bei Weitem mehr gekommen sind, als man erwartet hatte. Die Regierung glaubte, aus ihnen 12 Bataillone bilden zu können und hatte ihre Berechnung nach diesem Maßstab gemacht. Gegen alle Erwartung aber haben sich gleich in den ersten drei Tagen 38 000 Freiwillige gemeldet. Unter dieser großen Zahl sei freilich auch viel schlechtes Gesindel, das wieder ausgemerzt werden muß.

Im Uebrigen sucht mir Petitti eine sehr hohe Meinung von dem trefflichen Geist beizubringen, der die Armee beseelt.

Dazwischen werden von Ordonnanzen Briefe hereingebracht, die Petitti mit der gespanntesten Aufmerksamkeit liest. Er sagt mir, die Ministerkrisis in Florenz sei in der Schwebe. Ricasoli tritt ein als Minister des Innern und Ministerpräsident. La Marmora giebt auch das Portefeuille der auswärtigen Angelegenheiten ab. — Es handelt sich nun darum, ob er ganz ausscheiden oder als Minister ohne Portefeuille im Ministerium bleiben soll.

Noch ein Gang durch die Straßen; vielerlei überlegt. — Daß die Oesterreicher sich jenseits der Etsch auf dem Monte Berico concentriren werden, das scheint in den maßgebenden Kreisen die herrschende Meinung zu sein — ja geradezu die Voraussetzung, die bei den eigenen Plänen der Italiener eigentlich zu Grunde gelegt

wird. Gestern bei Tisch war von San Luca und dessen Lage die
Rede. Ich erwähnte, daß auch bei Vicenza auf dem Monte Berico
eine durch einen Zellengang mit der Stadt verbundene Kirche liegt:
Ah, le Monte Bérico!" rief Cialdini aus, „je m'en souviens" —
er sei im Jahre 1848 dort verwundet worden und in österreichische
Gefangenschaft gefallen — „mais cette fois j'espère y prendre ma
revanche!"

Mir scheint es aber keineswegs ausgemacht, daß die Oesterreicher
gleich bis dahin zurückgehen werden. Auf die Vertheidigung sind sie
freilich angewiesen, aber sie könnten sich gar wohl unter den Kanonen
von Verona in den festen Stellungen bei Pastrengo und im Etsch-
thal concentriren und abwarten, ob die Italiener sie da angreifen
wollen, ob sie den Muth haben, an ihnen vorbeizugehen (was schwerlich geschehen würde), oder was die Italiener thun können und werden,
um sie da heraus zu manövriren.

Daß der General Graf Petitti Manches besser begreift und
richtiger ansieht als La Marmora, wird wohl wenig helfen. Er
scheint ein liebenswürdiger Mann von geschmeidigem Charakter, der
schwerlich die Initiative ergreifen oder mit seiner Meinung energisch
hervortreten wird.

14. Juni. Früh am Morgen kamen einige Ingenieuroffiziere,
mich zu dem verabredeten Ausflug abzuholen.

Man hat seitens der italienischen Regierung eigentlich die Absicht Piacenza permanent zu befestigen; aus Sparsamkeitsrücksichten —
mit anderen Worten aus Rücksicht auf den zerrütteten Zustand der
Finanzen — ist es aber dazu während der Friedensjahre nicht gekommen. Da hat man denn nun im letzten Augenblicke beschlossen,
zu einer temporären Befestigung seine Zuflucht zu nehmen und den
Ort mit Erdwerken von starkem Profil zu umgeben.

Zweck unseres Morgenausflugs war, den Brückenkopf jenseits
des Po's kennen zu lernen, d. h. auf dem linken Ufer des Stroms,
der hier schon eine sehr ansehnliche Breite und gewaltige Wasser-
massen hat. — Schiffbrücke.

Der Brückenkopf ist in einem eingehenden Bogen angelegt, welchen der Po hier Piacenza gegenüber bildet. Unser Weg — die Heer-

straße von Piacenza nach Lodi — führte uns zunächst zwischen vier
Lünetten hindurch, die zusammen, sich gegenseitig flankirend, das
innerste Reduit des Brückenkopfes bilden. Davor liegt der eigentliche Brückenkopf, den man allenfalls auch den engeren nennen
könnte: eine zusammenhängende bastionirte Verschanzung, die sich zu
beiden Seiten an den Po lehnt; von den Oesterreichern erbaut. Und
darüber hinaus liegen nun die neuen, vorgeschobenen Werke, durch
welche die Italiener im Laufe der letzten Wochen das Ganze nach
dieser Seite hin verstärkt haben.

Dieser vorgeschobenen Werke sind im Ganzen vier. Eines davon
liegt links der Heerstraße, lehnt sich an den Po und hat die vollkommen
unwegsame, mit Wald bewachsene sumpfige Isola Foricinia vor sich —
einen unzugänglichen Landstrich, der wohl eine Insel gewesen sein
mag, als noch der Po hier herum in mehrere Arme getheilt war.
Die drei anderen Werke liegen, ein Dorf — wenn ich nicht irre S a n
R o c c o — mit umfassend, rechts der Heerstraße bis wieder zum Po.

Das bedeutendste dieser Werke ist eine nach rückwärts offene
bastionirte Linie von drei Fronten (vier Bastionen) rechts von San
Rocco. Die Profile sind für Feldverschanzungen sehr stark; jede
Verstärkung des Profils durch Pallisaden und dergleichen hat man
für durchaus entbehrlich gehalten, und mit vollem Recht, d e n n b i e
b r e i t e n G r ä b e n s i n d m i t W a s s e r g e f ü l l t, das 8—12 Fuß
T i e f e h a t — und außerdem ist die Grabensohle weich und sumpfig
zum Versinken. Vor die Courtinen sind Ravelins gelegt, die wieder
eben so tiefe Wassergräben vor sich haben. Doch stehen die Gräben
der Ravelins nicht mit dem Hauptgraben in Verbindung. Man hat
vielmehr zwischen den Gräben der Außenwerke und dem Hauptgraben
absichtlich einen Damm stehen lassen, um die Ausfälle zu erleichtern.

Rechnet man hinzu, daß vor dem Ganzen in geringer Entfernung, in wirksamer Schußweite selbst für das Kleingewehr, das alte
Bett des Po liegt — ein tiefes sumpfiges, von stehenden Gewässern
durchschnittenes, von niedrigem Gesträuch überwachsenes Gelände —
so ist einleuchtend, daß diese Werke durchaus sturmfrei und gegen den
gewaltsamen Angriff gesichert sind.

Die große Wassertiefe, die den besten Schutz bildet, ist hier sehr

leicht zu haben, weil der Boden, der Bauhorizont, sich nur um ein
sehr Geringes über dem Spiegel des Stroms erhebt. Der Boden
ist in der Weise von den Gewässern des Po durchsickert und ge-
schwängert, daß jede Grube, die man gräbt, sich in ganz kurzer Zeit
mit Wasser füllt. Ich konnte das selbst an mehreren Stellen sehen, wo
Gruben, je nachdem sie seit längerer oder kürzerer Zeit gegraben
waren, mehr oder weniger mit Wasser angefüllt waren. Auch steigt
oder fällt das Wasser in den Gräben, je nachdem es im Fluß steigt
oder fällt.

General Pesciotti, ein geistreicher und liebenswürdiger Mann,
sprach mir unterwegs sehr viel von dem trefflichen Geist, der in der
italienischen Armee herrsche. Es sei eine ernste Begeisterung, wie
nie zuvor; die früheren Male „c'éra della poesia — questa volta
nò!" — Es herrsche im Lande und in der Armee eine feste, ge-
sammelte, ernste Stimmung. — Pesciotti rühmt besonders den
„slancio" des italienischen Soldaten, in dem er jedem anderen
Krieger überlegen sei, außer etwa dem französischen! Und doch eigentlich auch diesem, vermöge der Nachhaltigkeit seines slancio. Der
Franzose greife allerdings mit großer Lebhaftigkeit an, aber einmal
zurückgeschlagen, komme er wohl noch ein zweites Mal wieder zu einem
erneuten Sturm, indessen doch nur mit einem weit geringeren élan,
als das erste Mal — und ein drittes Mal komme er nicht wieder;
zu einem dritten Angriff sei er nicht zu bewegen. Die Italiener
hätten dagegen bei Solferino die Stellungen der Oesterreicher e l f
Mal nach einander angegriffen und immer wieder mit derselben
Energie. So nachhaltig sei der slancio des italienischen Soldaten.

(NB. Daß im Lande eine große allgemeine Begeisterung herrscht
und eine schöne Opferfreudigkeit, das sehe ich, und es kann darüber
kein Zweifel sein. Daß die herrschende Stimmung eine ernste und
entschlossene ist, bei Weitem mehr als zur Zeit der beiden früheren
Kriege gegen Oesterreich, das scheint wahr zu sein. Aber die Begeisterung allein thut es nicht. Die kriegerische Tüchtigkeit kann sich
ein geistreiches und liebenswürdiges Volk, das Jahrhunderte lang absichtlich und systematisch zur Schlaffheit und Untüchtigkeit erzogen
worden ist, nicht über Nacht wieder geben.)

Bei meinem Hôtel abgestiegen. — Die neuesten Zeitungen — italienische — gelesen; die Nachrichten aus Deutschland sind spannenden Inhalts; es geht jetzt mit Riesenschritten auf die Entscheidung los.

Petitti bei mir; erzählt, daß die Pferde des Königs Victor Emanuel bereits hier durchtransportirt worden sind, nach Cremona, wohin zunächst das Hauptquartier kommt. — Die Ereignisse drängen heran; ich muß eilig nach Florenz, das ist klar.

Diner in meinem Hôtel; dann kommen Nicoli, Mussini und ein dritter Ingenieurhauptmann, mich zur zweiten Ausfahrt zu holen.

Wir fahren zunächst gegen Sant' Antonio hinaus nach dem dortigen Kronwerk.

Die Italiener wollen Piacenza durch eine starke bastionirte Enceinte von modernem Zuschnitt in eine wirkliche Festung verwandeln und vor der Stadt ein befestigtes Lager einrichten, das durch eine Reihe detachirter Forts vertheidigt wird. Die Enceinte ist und bleibt für jetzt Project. Die Reihe detachirter Forts, zu denen man auch die drei österreichischen Lunetten benutzt hat, wird soeben vollendet. Es bleibt nur sehr wenig daran zu thun. Die Kette besteht aus acht fortini, darunter sind vier größere, nämlich drei Kronwerke und ein Hornwerk, das stromabwärts der Stadt am Strom liegt. Zwischen diesen liegen, um überall die Flankenvertheidigung zu vermitteln, die vier kleineren, von denen das eine ein unregelmäßiges Sechseck ist; die andern sind Lünetten.

In jedem der drei Kronwerke bildet eine schon von den Oesterreichern angelegte Lünette das mittlere Bastion. Dieses hat einen revetirten Graben, und die Vertheidigung des, so lange das Werk als Lünette isolirt war, unflankirten Grabens hatten die österreichischen Ingenieure dadurch bewirkt, daß die Bekleidungsmauer der Contreescarpe vor der Bastionsspitze zu beiden Seiten casemattirt und mit Schießscharten versehen ist. Der neue Anbau zu beiden Seiten hat keine Bekleidungsmauern (auch das österreichische Revetement ist nur ein halbes von der Grabensohle bis zum Bauhorizont herauf). Das Profil ist von sehr bedeutender Höhe und Stärke, doch ohne Pallisaden oder dergleichen.

In dem zweiten Hornwerk (das bei Sant' Antonio errichtete für das erste gerechnet) liegen in dem mittleren Bastion — der österreichischen Lünette — die Reste eines steinernen Thurms, der ringförmig casemattirt war und im Innern einen runden Hof hatte, gleich den Thürmen um die Citadelle zu Warschau. Er sollte, als die Oesterreicher abzogen, 1859 gesprengt werden; der Eigenthümer einer nahe gelegenen Meierei will ihn „gerettet" haben und hat deshalb sogar eine Nationalbelohnung verlangt. Er behauptet nämlich, den österreichischen Artillerieunterofficier, der mit der Sprengung beauftragt war, bestochen und auf diese Weise bewirkt zu haben, daß die Minen zu schwach geladen wurden. Er hätte dann doch jedenfalls in seinem eigenen Interesse gehandelt; denn eine starke Explosion hätte ihm Haus und Hof gefährden können. Thatsache ist, daß die Sprengung sehr unvollständig ausgeführt ist; es sind eben nur die Gewölbe der Casematten abgehoben; die Ringmauern sind vollständig stehen geblieben.

In diesem zweiten Kronwerk ist das Pulvermagazin noch nicht erbaut; die Arbeit daran soll eben begonnen werden. Es wird auf den Bauhorizont eine Kammer von starken Bohlen und Balken zusammen gezimmert und über diese dann und um dieselbe ein starkes Epaulement von Erde aufgeschüttet. Es scheint mir etwas spät für solche Arbeit; das Epaulement wird wohl etwas locker bleiben.

In der Kehle des dritten Hornwerks wird ein ziemlich starkes Blockhaus angelegt. Der Bau ist auch noch nicht vollendet. Das Hornwerk besuchten wir nicht mehr, weil es inzwischen dunkel geworden war.

Zur Stadt zurück. Ich nahm da Abschied von dem General Pesciotti und sprach dabei die Hoffnung aus, ihm bei der Belagerung von Verona wieder zu begegnen.

„O, allo spianomento di Verona" — antwortete er: „allo spianomento!" — Wenn die Italiener Verona schleifen, begehen sie nach meiner Meinung eine Thorheit.

15. Juni. Daß die Italiener Piacenza befestigen wollen, läßt sich übrigens auch nur auf eine Weise erklären; — sie wollen sich, wenn sie am Mincio zurückgeschlagen werden, auf Piacenza zurückziehn,

wahrscheinlich in der Idee, daß sie von hier aus die Verbindung sowohl mit Alessandria und Turin als mit Bologna und der Hauptmasse des italienischen Reichs bewahren. Das wäre eine piemontesische
Idee, die sich unfehlbar als ein Irrthum erweisen würde, wenn die
Oesterreicher in der Lage wären die Offensive zu ergreifen. Da sie
einen Brückenkopf bei Borgoforte haben, würden sie alsdann bald bei
Parma sein, die schmale Ebene zwischen den Apeninen und dem Po
sperren, die italienische Armee von dem eigentlichen Italien abschneiden
und auf die Hülfsquellen Piemonts beschränken. Die Piemontesen
müssen sich gewöhnen in einem solchen Fall, d. h. wenn sie sich gegen
einen österreichischen Angriff zu vertheidigen haben, Piemont seinem
Schicksal zu überlassen und ihre Basis in dem eigentlichen Italien zu
suchen, wo sie Raum zum Ausweichen haben. Aber für jetzt liegt
dieser Gedanke ihnen unendlich fern.

Gang durch die Stadt. Was in Italien vielleicht am meisten
auffällt und überrascht, das sind die vielen großartig angelegten Paläste,
die selbst in den Städten dritten Ranges zu finden sind und von alten
Zeiten her berühmte Namen abliger Familien tragen. Der italienische
Adel ist eben von früher Zeit an ein Municipal-Adel geworden, und
jetzt scheint das Dasein dieser Paläste die betreffenden Familien in
den verödeten Provinzstädten festzuhalten, die längst kein Hof mehr
bewegt, die jede Bedeutung verloren haben. Auch hier giebt es sehr
stattliche Paläste, deren gleichen man in Berlin und Wien vergeblich
suchen würde, und einen Adel, der dieselben in einem ohne Zweifel sehr
langweiligen Müssiggang bewohnt. Interessant war mir auch der
bischöfliche Palast — ein mächtiger Backsteinbau aus dem 12. Jahrhundert, Rundbogenstyl natürlich. Es zeigt sich darin, daß jenes
eigenthümliche Unwesen des mittelalterlichen Kirchenbaus in Italien —
daß nehmlich die Façade ein ganz willkürlich angelebtes Etwas und
von der wirklichen Construction unabhängig ist — schon vor der Ein-
führung des Spitzbogenstyls in den Rundbogenbauten hervortritt.
Zwar in diesem Backsteinbau ist natürlich von einer fremdartigen Be-
kleidung nicht die Rede — dafür aber tritt die gerügte Willkürlichkeit
in höherer Potenz in der Anlage im Ganzen hervor.

Italienische Armee. Ich bin, wie gesagt, nicht ganz ruhig in Be-

ziehung auf das, was wir von ihr zu erwarten haben. Die piemontesische Armee war gut, und doch konnte man sagen, daß ihre Infanterie
nicht solide genug war. Nun vollends hat sie aufgelöst werden müssen,
um die neue italienische Armee aus zum Theil ziemlich schlechtem
Material zu bilden. Sie ist aufgelöst worden, um die Cadres für das
Ganze zu liefern. Die neue Armee aber ist eben neu, hat keine alt-
hergebrachte Disciplin, keine Traditionen, und es ist die Frage, ob das
eilig zusammengestoppelte Offiziercorps der schwierigen Aufgabe gewachsen ist, eine solche Truppe in den gehörigen Zug zu bringen.

In Piemont war, wie bei uns, das Cantonalsystem angenommen;
seit der Vereinigung Italiens hat man es aufgegeben; man ist zu dem
französischen System übergegangen, dem zu Folge in jedem Regiment
Leute aus allen Provinzen des Reiches durch einander gemischt sind.

Petitti sagte mir, als wir vorgestern auch davon sprachen, das
sei hier nothwendig, um das Bewußtsein der Nationaleinheit Italiens zu kräftigen und in das Leben einzu-
führen. Das läßt sich hören. Aber vielleicht hat man dafür auch
noch einen zweiten Grund, den man verschweigt. Man sagt sich vielleicht, daß ein Regiment, ganz aus Neapolitanern oder aus Toscanern
bestehend, wohl nicht viel werth sein würde.

Aber ein jedes Ding hat zwei Seiten. Wäre man bei dem Cantonalsystem geblieben, so hätte man allerdings aus dem Süden eine Anzahl ganz schlechter Regimenter, dagegen aber auch aus Piemont, dem
lombardischen Gebirge und der Romagna eine Anzahl wirklich zuverlässiger. Jetzt hat die italienische Armee vielleicht kein einziges durchaus solides Infanterieregiment, da ein jedes zu einem Drittheil aus
Neapolitanern und Toscanern besteht.

Abreise. In Modena einen Augenblick ausgestiegen.

Von hier aus fahre ich mit zwei Brüdern, vornehmen Herren
aus Genua. Sie sind Senatoren — d. h. Pairs — und reisen zum
Parlament nach Florenz. Der Eine ist alt, der Andere ältlich.

Der alte Herr theilt mir mit, daß gestern zu Frankfurt am Main
mit 9 Stimmen gegen 6 der Beschluß gefaßt worden ist,
die Bundesarmee mobil zu machen gegen Preußen — und,
da er meine fast ungläubige Verwunderung sieht, zeigt er mir den

betreffenden Paragraphen in den heutigen Zeitungen, die er bei sich hat.

Der ältere der beiden Senatoren hat den Feldzug 1848 in der piemontesischen Armee mitgemacht und erzählt Viel davon. Die Italiener gefallen sich gar sehr in der Vorstellung, daß sie den Oesterreichern an Tapferkeit überlegen sind, wozu die Geschichte der früheren Kämpfe sie doch eigentlich nicht berechtigt.

Unsere Fahrt geht langsam, weil wir überall Militärtransporte abwarten müssen. — Kommen erst im Abendgrauen nach Pistoja, wo wieder ein langer Aufenthalt eintritt. Spät Abends Ankunft in Florenz; zu Usedom, den ich treffe.

Usedom: Der gestern zu Frankfurt gefaßte Bundesbeschluß war in Berlin bestimmt vorher gesehen und hat daher Niemanden erschreckt. Man erwartete nichts Anderes.

Dazwischen ist hier die längst erwartete Ministerkrisis eingetreten. Mit Ricasoli würde die Sache wohl besser gehen, wenn er nämlich freie Hand gewinnt! — Aber La Marmora will durchaus als Minister ohne Portefeuille Mitglied des Ministeriums bleiben! Da er alsdann im Lager den Vortrag beim König hätte, bliebe die Politik und deren Leitung in seiner Hand, ungeachtet er das Portefeuille der auswärtigen Angelegenheiten abgegeben hätte, und Ricasoli wäre betrogen. Das wiederholt Usedom diesem Letzteren beständig mit warnender Stimme.

Der Hauptgrund, warum La Marmora durchaus Minister bleiben will, ist natürlich, daß er selbst und die piemontesische Coterie die Macht nicht aus den Händen lassen wollen. Er will nach beendigtem Krieg wieder hier sein in Florenz, nicht etwa irgendwo anders als commandirender General.

Ich: Ricasoli muß den König begleiten, muß mit ins Feld; das ist das einzige Mittel La Marmora's Intriguen und seinem Einfluß vorzubeugen.

Usedom: Das geht nicht! Der Oheim des Königs, der Prinz von Carignan, wird zum alter ego des Königs ernannt und bleibt hier in Florenz; der Sitz der Regierung, die fremden Gesandten, Alles bleibt hier.

Ich: Nun, dann muß Ricasoli wenigstens häufige Besuche im Hauptquartier machen und namentlich in den entscheidenden Augenblicken immer da sein.

16. Juni. Zum Frühstück kommt Usah, und wir haben zu Dreien eine lange Unterredung.

Usedom sagt: England unterstützt die piemontesische Coterie und deren Pläne, weil es den Krieg, den es nicht verhindern kann, auf den engsten möglichen Raum, überhaupt auf die kleinsten möglichen Dimensionen zu beschränken wünscht. Mögen die Italiener sich des Venetianischen bemächtigen, dagegen wird England Nichts haben, im Gegentheil, der Gedanke ist in England populär —: wenn sich nur die Italiener darüber hinaus auf Nichts einlassen! Sie sollen nicht in die deutschen Provinzen Oesterreichs vorgehen, Garibaldi soll nicht nach Dalmatien, damit die Sache nicht in das Große geht. Wenn Oesterreich sich gegen Preußen in Deutschland behauptet, so wird das den Engländern ganz recht sein.

Ich: John Bull, der englische Durchschnittsphilister, und auch der heutige englische Staatsmann, weiß und begreift eben gar Nichts von den Verhältnissen und Interessen des europäischen Continents; er hat gar kein Urtheil darüber. Dagegen hat er gewisse fixe Ideen, die er schon aus der Kinderstube mitbringt, und die sich hergebrachter Weise in solchem Grade für ihn von selbst verstehen, daß sie gar nicht discutirt werden, gar keines Beweises bedürfen. Es fällt dem Engländer gar nicht ein, daß es darüber verschiedene Meinungen geben kann, und daß es nöthig sein könnte, Gründe dafür zu haben. Zu diesen Axiomen, die ein für alle Mal feststehen und keines Beweises bedürfen, gehört unter Anderem der Satz: daß die Türkei ein nothwendiges Glied im europäischen Gleichgewicht ist und nicht angetastet werden darf — vielmehr unter allen Bedingungen erhalten werden muß. Und ebenso steht fest, daß Oesterreich an der Stelle in Europa als Großmacht nothwendig ist und nicht wesentlich erschüttert werden darf. Venetien kann es verlieren, ja, denn dadurch wird es nicht wesentlich schwächer — nicht zu schwach, um seine Bestimmung an der Donau zu erfüllen, und die Sympathie für Italien ist auch eine schöne Sache, eine süße Gewohnheit John Bull's —:

aber im Uebrigen darf Oesterreich nicht angetastet werden. Es wäre
ganz vergeblich mit Gründen gegen diese fixe Idee ankämpfen zu
wollen oder den Engländern begreiflich zu machen, was ein Sieg
Oesterreichs wirklich für Deutschland, für Europa und die übrige
Civilisation bedeuten würde. Oesterreich und die Türkei dürfen nicht
in ihrer Existenz bedroht, die orientalische Frage darf nicht in Anregung gebracht werden; an diesen Vorstellungen vermögen wir Nichts
zu ändern; wir müssen uns darauf gefaßt machen, daß sie für die
englische Diplomatie maßgebend sind und bleiben.

Usedom: Gewiß! so ist es; wenn aber die Italiener nur bis
Udine vorgehen und dann anhalten, so ist das schlimmer, als wenn
sie gar Nichts thäten und an dem Krieg gar keinen Antheil nähmen.
Thun sie gar Nichts, so ist Oesterreich durch die Gewalt der Umstände, durch das bloße Dasein einer italienischen Macht an seiner
Grenze und die Gefahren im Innern seiner italienischen Provinzen
gezwungen, eine Armee am Po zu haben. Treiben sie aber die österreichische Armee aus der Lombardei hinaus und bleiben dann stehen,
dann treiben sie Verstärkungen nach Böhmen, und die ganze Macht
Oesterreichs fällt auf uns. Das darf nicht geschehen; der Krieg darf
nicht nach dem Sinn der piemontesischen Coterie und der Engländer
geführt werden. Garibaldi muß nach Dalmatien, um den Krieg aus
dem kleinen Schema in das große hinüber zu führen.

Csaky: Sobald der Ministerwechsel stattgefunden hat und vollendet
ist, werden die Operationen in einem ausschließlich von Generälen
gebildeten Kriegsrath ohne Ricasoli festgestellt werden, und da
wird Garibaldi's Expedition nach Dalmatien ohne Zweifel abgelehnt;
denn was der König Victor Emanuel auch sagen, und wie er sich auch
aussprechen mag —: „er beugt sich doch vor La Marmora."

(NB. Csaky ist hier sehr gut orientirt, sieht sehr klar, und spricht
ohne Rückhalt aus, was er weiß, und wie die Dinge hier stehen, weil
ihn keine Sympathien für Italien beirren, und er nicht besorgt durch
eine allzu treue Darstellung der Lage ein für Italien ungünstiges
Vorurtheil hervorzurufen.)

Usedom (macht dazu ein höchst eigenthümliches Gesicht) bestätigt,
daß Victor Emanuel doch am Ende dem Einfluß La Marmora's unter-

liegt. (NB. Er will nun, noch ehe dieser Kriegsrath zusammentritt, ein Mémoire an La Marmora und an Ricasoli richten.)

Vortrefflich! ich forderte ihn in jeder Weise dazu auf.

Zum Diner kommt Usedom mit der Nachricht heim, daß das neue Ministerium noch immer nicht fertig ist. La Marmora hat noch gestern Abend darum gekämpft, das Ministerium der auswärtigen Angelegenheiten neben dem Commando der Armee zu behalten.

17. Juni. Frühstück um 10 Uhr. Dabei erscheint Csaky und ein anderer Ungar, den er vorstellt — Komaromy. Er hatte ihn schon öfter genannt. — Komaromy ist nun eben angekommen, ein stiller, anspruchsloser, ältlicher Mann; er gehört dem kleinen, sehr kleinen ungarischen Landadel an, ist in seiner Jugend Subalternofficier in einem österreichischen Cavallerieregiment gewesen, und ist jetzt — Präsident des Pesther Comités, der geheimen ungarischen Nationalregierung.

Mir scheint, man hat ihn gewählt eben seines wenig bekannten Namens und seiner bescheidenen gesellschaftlichen Stellung wegen; wahrscheinlich hat kein Magnat gerathen gefunden, diese gefährliche Stellung anzunehmen, zum Theil wohl, weil man sich sagen mußte, daß ein Magnat bei Weitem mehr beobachtet wird als ein solcher Mann.

Die gestrigen Dinge noch einmal durchgesprochen; die Herren sollen noch heute eine Conferenz mit Kossuth haben. Csaky zeigt mir einen Revers, den er dem Kossuth zur Unterschrift vorlegen wird. Kossuth würde dadurch die Thätigkeit und Autorität des Pesther Comités als eine berechtigte anerkennen und sich verpflichten, gewissermaßen coordinirt gemeinschaftliche Sache mit ihm zu machen. — Csaky zweifelt aber, daß Kossuth unterschreiben wird.

Usedom stellt die Vermuthung auf: Die piemontesische Coterie sucht immerdar ihre Stütze, ihre Anhaltspunkte in Frankreich, macht sich stets gern von Frankreich abhängig, weil sie schon aus alter Gewohnheit, von der piemontesischen Zeit her, in Frankreich den eigentlichen natürlichen und wahren Verbündeten Italiens sieht —: da könnte Napoleon ihren maßgebenden Mitgliedern vorgeschrieben haben, daß sie mit der italienischen Armee nicht weiter vorrücken, den weichenben Oesterreichern nicht weiter folgen als nach Udine, und zwar damit es den Preußen schlecht gehe und er eine Gelegenheit finde einzugreifen.

Ich: Napoleon wünscht ohne Zweifel, daß es uns schlecht gehe, denn darin liegt für ihn die einzige Möglichkeit sich in den Conflict zu mischen und Vortheil daraus zu ziehen. Er kann nicht für Oesterreich gegen uns zum Schwerte greifen, weil er dann auch gegen Italien zu Felde zöge. Er muß also wünschen, daß wir seiner Hülfe oder seiner Vermittlung bedürfen, die wir dann natürlich bezahlen müßten. — Die vorausgesetzte Combination scheint mir aber doch zu complicirt. La Marmora's Beschränktheit kommt wohl an sich über beschränkte Pläne nicht hinaus.

Wie wir wieder allein sind, liest mir Usedom den Entwurf zu seinem neulich verabredeten Mémoire an La Marmora und Ricasoli vor. Er fordert mich auf, meinerseits und in meinem eigenen Namen eine Denkschrift hinzuzufügen, in welcher der militärische Theil unserer Forderungen weitergeführt und technisch begründet wäre. Ich fange sogleich an.

Usedom sagt in seinem Mémoire, daß die Italiener, wenn sie ihren Plänen gemäß und etwa nur bis Udine vorgehen, uns weniger nützen, als wenn sie gar Nichts thäten. — Ich beschränke mich darauf zu beweisen, daß durch die Eroberung der einen oder der anderen italienischen Festung für die Entscheidung des Krieges, die in Böhmen und an der Donau liegt, gar Nichts gewonnen ist, daß die Italiener, um uns wirklich zu fördern und namhaft zu der Entscheidung beizutragen, entweder die österreichische Armee bei Verona festhalten oder ihr auf der Spur bis an die Donau folgen müssen. Das Erstere können sie nur bewirken, wenn sie der Armee des Erzherzogs Albrecht den Rückweg in die deutschen Provinzen Oesterreichs in der Stellung bei Calbiero verlegen und ihr, falls sie den Rückzug durch das Puster-thal antritt, wieder bei Laibach den Weg vertreten. Gelingt es ihnen aber nicht, sie von der Donau abzusperren, so müssen sie wenigstens zugleich mit ihr dort eintreffen.*)

*) Da General La Marmora später behauptet hat, weder rechtzeitig noch in sachlicher Weise über den von Preußen gewünschten Operationsplan Nachricht erhalten zu haben, so sei es gestattet, zur Klarlegung der Verhältnisse einige Auszüge

18. Juni. Es kommen deutsche Zeitungen. Ich sehe nun im Einzelnen, wie der Neid, der Haß gegen Preußen, und vor Allem das

aus späteren Tagebuchblättern schon an dieser Stelle zusammenzustellen, welche diese Angelegenheit und zugleich die Persönlichkeit La Marmora's eigenthümlich beleuchten. Sie stammen aus dem Jahre 1868, in welchem Bernhardi abermals in Florenz war.

11. Juli 1868. Usedom bei mir. La Marmora hat in der Deputirtenkammer eine Interpellation angekündigt; nach seiner Meinung ist die Geschichte des Feldzuges 1866 — von unserem Generalstab redigirt — beleidigend für die italienische Nation. Usedom will von mir wissen, auf welchen Theil des Buches sich diese Anklage beziehen kann.

Ich: Eigentlich giebt keine Stelle in dem Buch zu solcher Meinung Veranlassung. Das Schlimmste, was von der italienischen Kriegführung gesagt ist, läuft am Ende nur auf die sehr richtige Bemerkung hinaus: den Tag nach der Schlacht von Königgrätz habe Niemand voraussehen können, daß die Art der Kriegführung in Italien den Oesterreichern gestatten werde, ihre italienische Armee zur Vertheidigung von Wien an die Donau heranzuziehen. Uebrigens ist es seltsam genug, daß La Marmora sich zum Vertheidiger des Rufs der italienischen Armee aufwirft, da wir doch Alle wissen, daß er unmittelbar nach der Schlacht von Custozza in allen Briefen an seine Frau und an seine Freunde der schlechten Haltung der italienischen Armee die Schuld der Niederlage beimaß, und seine Frau und seine Freunde das laut genug verkündeten.

Usedom: Frau v. La Marmora sagte damals von den italienischen Kriegern: „they ran away, as Alfonso (La Marmora) always said they would."

15. Juli 1868. Die Stellen der Geschichte des Feldzugs 1866, in denen La Marmora eine Beleidigung der italienischen Armee und Nation finden will, sind in den Zeitungen der Consorteria (das ist der piemontesischen Partei) abgedruckt. Im deutschen Original sind sie sehr zart und schonend gehalten: die französische Uebersetzung, von einem französischen Generalstabs-Capitän herrührend, giebt diesen Stellen ohne Zweifel in böswilliger Absicht einen allerdings etwas schneidenden Ton — der aber immer noch weit entfernt ist, beleidigend zu sein; in La Marmora's italienischer Uebersetzung ist dann vollends der schneidende Ton der französischen, in offenbar unredlicher Weise und Absicht, bis zur Uebertreibung gesteigert.

Nun wird im Cabinet eine correcte Uebersetzung angefertigt.

20. Juli 1868. Zeitungen. Darin Auszüge aus der La Marmora-Broschüre, die seine Interpellation einleiten soll. La Marmora streut sich selbst Weihrauch — erzählt von Custozza nichtssagende Dinge — und da er die dreizehn am Oglio versäumten Tage gar nicht zu rechtfertigen, auch nicht einmal eine schlechte Entschuldigung dafür vorzubringen weiß, legt er diese Versäumniß in sehr verständlicher Weise — dem König zur Last. Dieser ritterliche Krieger häuft Beschuldigungen auf seinen König, die an sich unwahr sind! Der Zweck dieses Manövers ist aber sehr leicht zu durchschauen.

Verlangen die Einheit Deutschlands einmal und für immer unmöglich zu machen, sich mächtiger erwiesen haben als die Furcht. Der Krieg mit

---

21. Juli 1866. Zur Gesandtschaft. Da kommt Guastalla aus der Deputirtenkammer und erzählt von La Marmora's Quasi-Interpellation, die soeben stattgefunden hat. Es hat einen gewaltigen Lärm gegeben, und wenn man dem Bericht Guastalla's glauben dürfte, ist der Eindruck ein für La Marmora sehr ungünstiger gewesen.

Zu Haus, Zeitungen: L'Italie. Ich finde da einen kurzen Bericht über die Sitzung, der aber genügt, um mich sehr bedenklich zu machen. La Marmora hat ein Actenstück vorgelesen, das er am 19. Juni 1866 erhalten hat, und behauptet durch dieses Actenstück wenige Tage vor dem Ausbruch des Krieges die allererste Kunde von dem sogenannten preußischen, d. h. von Seiten Preußens vorgelegten Operationsplan erhalten zu haben. Was hat er nun vorgelesen? Usedom's Note vom 17. oder das militärische Mémoire, das ich hinzugefügt hatte?

22. Juli 1866. Usedom gesehen. Ich hatte mittlerweile erfahren, daß es Usedom's Note ist, die vorgelesen worden ist. Ich bemerke: La Marmora scheint es nicht gerathen gefunden zu haben mein militärisches Mémoire vorzulesen, das dabei war. — Usedom: Das konnte er nicht vorlesen, denn er hat es gar nicht bekommen! — Wie? Ich erfahre nun zu meiner nicht geringen Ueberraschung, daß Usedom einen großen Fehler begangen hat. Er hat am 18. Juni 1866 bloß seine Note vom 17. an La Marmora abgefertigt, mein Mémoire aber zurückbehalten. Warum? Nach seiner Meinung enthielt seine Note die allgemeinen großen Züge unseres Feldzugsplanes, die allgemeinen politischen und militärischen Gründe, die bestimmen mußten ihn anzunehmen. Mein Mémoire enthielt dann das technische Detail im Einzelnen.

Erst später hat er von demselben Gebrauch gemacht, nämlich als der Prinz Napoléon verlangte, die Feindseligkeiten sollten eingestellt werden, die italienische Armee am Po Halt machen. Da protestirte Usedom und übersendete nun am 10. Juli, als die Umstände durchaus verändert waren, dem hiesigen Ministerium mein Mémoire mit etwas nach den Umständen veränderter Einleitung. Es sollte nun die Nothwendigkeit darthun nicht stehen zu bleiben. Miséricorde! unglücklicher konnte man gewiß nicht operiren. Daß unser Plan angenommen werden könnte, dazu war an und für sich am 17. Juni 1866 wenig Aussicht. Unter diesen Bedingungen war es ein arger Fehler Usedom's Note so zu redigiren, wie geschehen ist, ein beinahe noch ärgerer, sie ohne mein Mémoire abzufertigen. Die unzusammenhängende Argumentation und dilettantenhafte Weise, in der die militärischen Operationen darin besprochen sind, konnten für sich allein wahrhaftig keinen Feldherrn bestimmen einen fremden Feldzugsplan anzunehmen — und der gebieterische Ton der Note mußte beinahe unvermeidlicher Weise einen Bruch in den persönlichen Beziehungen, eine gründliche Entzweiung hervorbringen. Mein Mémoire war darauf berechnet, alle Fehler der Note zu decken und gut zu machen. — Es enthielt die wirklichen technischen Argumente, die La Marmora's Entschluß bestimmen mußten.

Wurde dieses Mémoire gleichzeitig mit der Note abgegeben, so stand die Sache

dem ganzen übrigen Deutschland ist da — die Situation ist sehr groß, sehr ernst geworden; — jedes Mißlingen ist der Untergang Preußens, mit dem jede Möglichkeit einer vernünftigen Entwicklung der deutschen Zustände überhaupt untergeht.

19. Juni. Zum Frühstück kommt Csaky; der Accord mit Kossuth ist geschlossen und ganz nach Wunsch. Kossuth hat den bewußten Revers unterschrieben.

---

anders. Zwar hätte auch dieses den General La Marmora schwerlich bestimmt, auf unsere Ideen einzugehen — der heutige Zwist fand dann aber höchst wahrscheinlich nicht statt. La Marmora hätte sich dann wohl gehütet die Sache zur Sprache zu bringen, und that er es dennoch, so konnte er wenigstens nicht mit Geringschätzung von dem preußischen Operationsplan als von einem unsinnigen sprechen; er konnte nicht behaupten, daß ihm dieser Plan überhaupt nur durch die unzusammenhängende Darstellung eines Dilettanten bekannt geworden sei, durch ein Schriftstück, das keine Berücksichtigung verdiene. Wie die Sachen jetzt stehen, sehe ich nur zu gut, daß die Veröffentlichung der Note Usedom's keinen anderen als einen für uns in hohem Grade ungünstigen Eindruck machen kann. — Man wird finden, La Marmora habe als commandirender General Recht zu klagen — daß man so zu ihm spricht, und das Alles um so mehr, da La Marmora die dreiste Unwahrheit hinzufügt, er habe durch diese Note die allerersten Mittheilungen über den preußischen Operationsplan erhalten, bis dahin gar Nichts davon gewußt.

29. Juli 1868. An diese Interpellation La Marmora's knüpfte sich eine längere Zeitungspolemik. La Marmora behauptet mit dreister Stirn (Opinione vom 28./7. 68), es sei während des Feldzuges 1866 überhaupt kein preußischer Militär-Bevollmächtigter bei der italienischen Armee gewesen, Niemand, mit dem er einen gemeinsamen Operationsplan habe besprechen können. Was die angebliche Conferenz vom 6. Juni (auf die in der Presse hingewiesen worden war) betrifft, so erinnere er sich nur, daß ihm Usedom — er wisse nicht, ob im Mai oder Juni — ein Individuum vorgestellt habe „non militare, molto meno generale", ein Individuum, das auf Empfehlung der preußischen Regierung die Erlaubniß erhalten habe, die italienische Armee als Historiograph zu begleiten. Von diesem habe er sich den Operationsplan der preußischen Armee in Böhmen auseinandersetzen lassen — von den möglichen Operationen in Italien sei gar nicht die Rede gewesen, eine Discussion habe nicht stattgefunden und habe mit einem so subalternen Mann gar nicht stattfinden können. Das Wunderbare, daß ein solcher Mensch, der gar keine officielle Stelle hatte, im Stande war ihm den preußischen Operationsplan in Böhmen und die Stellung der preußischen Armee mitzutheilen, dies zu erklären, giebt er sich nicht die Mühe.

Eine vorläufige Antwort dictire ich Maraini (vom Diritto); sie besteht einfach in der Bemerkung, daß das bezeichnete Individuum dem König Victor Emanuel officiell als preußischer Militär-Bevollmächtigter vorgestellt worden war. Die endgültige Antwort muß natürlich die preußische Regierung geben.

6*

Das Ministerium Ricasoli ist nun endlich fertig. — Visconti Venosta, bisher italienischer Gesandter in Constantinopel und in diesem Augenblick noch dort oder unterwegs, übernimmt das Ministerium der auswärtigen Angelegenheiten. — La Marmora ist ganz ausgeschieden und bereits zur Armee abgereist — in der allerübelsten Laune, die sich schon darin verräth, daß er ganz plötzlich abgereist ist, ohne von dem diplomatischen Corps Abschied zu nehmen.

Nun werden die Dinge besser gehen. Ricasoli ist für die Expedition nach Dalmatien — giebt das Geld her, das für Ungarn und die Militärgrenze nöthig ist u. s. w.

Fast den ganzen Tag an dem Mémoire für La Marmora und Ricasoli gearbeitet; werde damit fertig.

Ich werde mit Usedom zusammen auf morgen früh 9 Uhr zum König bestellt. Soll ihm unseren Operationsplan und die möglichen Operationen auseinandersetzen. — Usedom hat hierzu die Veranlassung gegeben, um mich dem König näher zu bringen — damit ich dann fortwährend in Verbindung mit ihm bleibe.

20. Juni. Pünktlich sind wir im Palast Pitti und hatten dann eine lange Conferenz zu Dreien — oder vielmehr, da Usedom sich ganz schweigend verhält, zu Zweien mit Victor Emanuel, der uns im leichten Sommerröckchen ohne Halstuch empfing. — Ich setzte vor den ausgebreiteten Karten unsern Operationsplan auseinander oder vielmehr unsere möglichen Operationen, bis zur Donau, wie ich sie neulich La Marmora vorgetragen habe.

Victor Emanuel folgte aufmerksam und sagte dann, indem er die Karte noch einmal überblickte: „c'est un beau plan!" — An der Donau werde er uns dann die Hand bieten.

Ich: „C'est tout ce que nous désirons!"

Victor Emanuel erzählte mir dann auch allerhand andere interessante Dinge, die nicht eigentlich in unser gegenwärtiges Geschäft gehörten oder wenigstens nur in einem sehr losen Zusammenhang damit standen.

Er habe die Eroberung von Venetien und was damit zusammenhängt, die Expedition nach Dalmatien, die Insurgirung Ungarns, den Heereszug nach Wien — Alles schon vor zwei Jahren ganz allein ohne fremde Hülfe unternehmen wollen, aber seine sämmtlichen Generale seien dagegen gewesen.

Benedek sei ein ganz tüchtiger Mann, er, der König, stehe mannigfach in freundschaftlichen Beziehungen mit ihm; noch vor Kurzem habe Benedek ihn durch eine Dame grüßen und ihm sagen lassen: „qu'il prévoyait de grands malheurs pour l'Autriche."

Die Kriegserklärung wird heute abgefertigt und er, Victor Emanuel, werde noch vor dem 24. angreifen. Er erwarte eine Schlacht innerhalb des Festungsvierecks oder, wenn die Oesterreicher sich auf beiden Seiten vom Mincio und vom Po zurückziehen, bei Vicenza.

Endlich entließ mich Victor Emanuel mit der als Frage gestellten Bemerkung: ich werde den Feldzug mitmachen? C'est bien! — da werde er mich oft sehen.

Bericht an Moltke geschrieben. Meine Wahrnehmungen über die Festungswerke bei Bologna und Piacenza, sowie in Beziehung auf die italienische Armee und die Minister-Veränderung. Zufolge derselben stehen die Dinge hier im Ganzen gut, da Ricasoli für die Expedition nach Dalmatien ist. Doch müssen wir uns gegen neue Störungen vorsehen, die La Marmora versuchen wird herbeizuführen. Victor Emanuel erwartet entweder eine Schlacht im Festungsviereck — da die Italiener nun einmal über den Mincio gehen wollen, und das nicht zu ändern ist — oder daß die Oesterreicher über die Etsch zurückgehen und sich auf dem Monte Berico concentriren. Die italienischen Generale erwarten sehr bestimmt, daß das Letztere geschehen wird.

Mir scheint nicht unbedingt ausgemacht, daß das Eine oder das Andere geschehen muß, ich bin im Gegentheil geneigt zu glauben, daß die Oesterreicher sich auf Verona zurückziehen werden. Dann wird es darauf ankommen La Marmora dahin zu bringen, daß er nicht rathlos ihnen gegenüber auf den Höhen von Somma Campagna und Sina stehen bleibt und etwa die Belagerung von Peschiera unternimmt (wozu er sehr geneigt sein wird), sondern daß er z. B. bei Albaredo über die Etsch geht, sich mit Cialdini jenseit dieses Flusses vereinigt und mit ihm bis in die bekannte Stellung von Caldiero vorrückt.

Victor Emanuel erwartet Mittheilungen durch mich zu erhalten; ich bitte mir dergleichen aufzutragen, damit ich Gelegenheit haben kann den König oft zu sehen und die Dinge immer wieder von Neuem durchzusprechen.

23. Juni. Furchtbare Hitze; zum Frühstück Commandeur Cerrutti und Marchese Guerrieri, Uebersetzer von Faust; interessantes Gespräch. — Cerrutti fragt mich u. a. nach meiner Meinung über Napoleon's Marschälle.

Ich: Die meisten waren nur tüchtige Werkzeuge in Napoleon's Hand, sich selbst überlassen unfähig eine Armee auf eigenem Kriegstheater als Feldherren zu leiten. So namentlich Ney. Als selbstständiger Feldherr bedeutend waren wohl nur Soult, Massena und vielleicht Davoust. Suchet und Gouvion St. Cyr, denen man auch in dieser Beziehung etwas zutrauen konnte, haben nie an der Spitze großer Heere gestanden.

Von dem Kriegsminister Petinengo erfahre ich, daß Victor Emanuel heute über den Mincio zu gehen beabsichtigt (und ich kann nicht fort!). — Spät Abends wie ich im Bette liege, kommt Usedom in mein Zimmer mit einem neuen Telegramm Bismarck's: „die Preußen sind in Böhmen eingerückt, einige Radetzki-Husaren bei Böhmisch-Friedland sind zu Gefangenen gemacht."

24. Juni. Sehr heiß. Usedom stellt mir einen Quidam vor, der mich zur Armee begleiten,. dort nach Neuigkeiten für mich herumspähen und mit meinen Depeschen nach Florenz eilen soll. Er heißt William Cooper, seine Mutter war eine Deutsche, sein Vater Schotte; er selbst hat ein Abenteurer-Leben hinter sich. Er ist bei der Expedition nach Neapel Garibaldischer Offizier gewesen und mit den Freischaren in die italienische Armee übernommen worden, hat sich da aber, wie es scheint, nicht halten können und ist ohne militärischen Rang verabschiedet. Dann ist er in Diensten des Nationalvereins in Schleswig-Holstein gewesen und endlich hat Usedom ihn in allerlei Aufträgen verwendet.

Während wir beim Frühstücke sind kommt ein preußischer Feldjäger an mit Depeschen aus Berlin; er bringt einen Brief von Moltke an mich.

„Aus dem sehr interessanten Schreiben vom 9. dieses Monats habe ich mit Bedauern ersehen, daß wir von einer italienischen Co-operation wenig zu erwarten haben. Es ist auffallend, daß man sich in Florenz darüber täuschen sollte, wie das Quadrilatère gewiß leichter zu gewinnen ist, indem man die Oesterreicher im freien Felde schlägt, als indem man die Festungen belagert. Das letztere Unternehmen kann Monate, ja Jahre dauern ohne zum Ziele zu führen. Das Vorrücken auf Padua schneidet dem Gegner die Lebensader durch. Er ist genöthigt herauszutreten, schon weil er Nichts zu leben hat; aber um das zu thun ist Cialdini viel zu schwach.

Allein auch ganz abgesehen von diesen naheliegenden Betrachtungen und vorausgesetzt, daß das Riesenwerk einer Belagerung von Mantua oder Verona mit dem kaum glaublichen Erfolg gekrönt wird; hat man denn ganz vergessen, daß Oesterreich zur Zeit des ersten französischen Kaiserreichs viel weiter zurückgedrängt war, als dies der Fall sein würde, wenn es jetzt Venetien verliert, und daß dieses selbe Oesterreich dennoch Italien unter sein Joch zu beugen wußte? Sieht man am Arno nicht ein, daß nur eine wesentliche Schwächung des Kaiserstaats die Möglichkeit gewährt, eine Eroberung, selbst wenn sie gemacht wird, dann auch zu behaupten?...... Meine Hoffnung ist, daß König Victor Emanuel, welcher selbst Staatsmann und Sol-dat ist, die Dinge anders auffaßt und noch im letzten entscheidenden Augenblick sein schönes, zahlreiches Heer durch die Polesina vorführt, die wichtigste Verbindung des Festungsvierecks durchschneidet, Venedig von der Land- und Seeseite umfaßt und gegen das Herz des öster-reichischen Staats vorrückt." (Der Brief ist vom 15. dies. Monats.)

An Usedom schreibt Bismarck, „man ersehe aus meinen Depeschen, daß es mit der Kriegführung in Italien sehr schlecht stehe, und daß von der italienischen Armee unter einem ungenügenden Armeebefehl wenig zu erwarten sei."

Nachrichten vom hiesigen Kriegsschauplatz. Victor Emanuel ist gestern über den Mincio gegangen, wie es scheint, ohne Widerstand zu finden; Cialdini dagegen kann nicht über den Po; er hat nicht

Pontons genug, seine Brücke reicht nicht an das jenseitige Ufer; ich bin geneigt das für einen Streich La Marmora's zu halten.

Ich sehe, daß ich auch heute nicht fortkomme, weil ich mit meiner Pferde-Ausrüstung noch nicht fertig bin und auch die nöthigen Pässe noch nicht habe.

Diner en trois. Abends kommt Elliot mit seiner Frau; ich muß ihm die Stellung und Stärke der preußischen Armee auseinandersetzen, da er eine sehr erhabene Vorstellung von Oesterreichs Macht hat und nicht wenig verwundert war, wie ich ihm von unserem Einrücken in Böhmen sagte. Er fragte sehr verwundert: „but may not he (nämlich Benedek) go to Berlin?" Ich versicherte, dazu habe Benedek schwerlich die Mittel, wir seien ihm wahrscheinlich an Zahl überlegen und in jeder Weise im Stande die Initiative zu ergreifen und zu behaupten.

Abreise zur Armee.   Custozza und Königgrätz.

25. Juni. Nachrichten vom Kriegsschauplatz. Die Italiener haben gestern jenseits des Mincio eine Schlacht verloren. — Durando's Corps ist geschlagen. — Das Telegramm an Ricasoli besagt deutlich genug, daß die Niederlage eine schwere ist. Das Schlimmste dabei ist, nach meiner Meinung, daß La Marmora in dieser Niederlage den erwünschten Vorwand finden wird, Cialdini über Cremona an sich heran an den Mincio zu ziehen.

Der Eindruck, den diese Niederlage gemacht hat, ist ein ganz gewaltiger; „a fatto un gran senso!" sagt auch mein Diener Giuseppe, der mich begleitet. Darauf waren die Leute nicht gefaßt. Sie dachten sich, bei der schönen Begeisterung verstehe sich der glänzendste, mühelose Sieg von selbst; die Oesterreicher würden fliehen, ohne Widerstand zu leisten oder nur zu versuchen. Nun da es anders und ernsthaft kommt, sind sie ganz aus der Fassung! Die italienische Begeisterung ohne militärische Zucht, ohne die Erziehung zu militärischer Thätigkeit thut es eben nicht.

Der Kanzler der Gesandtschaft zeigt mir ein Telegramm, das eben aus Berlin eingetroffen ist. Es gewährt die besten Aussichten in Beziehung auf die hannöverschen Truppen, die, wie es scheint, zu unterhandeln suchen.

Usedom kommt; er ist bei Ricasoli gewesen und hat das Neueste erfahren. Durando's Corps ist „enfoncé"; die italienische Armee ist über den Mincio und in das Festungsviereck hinein gegangen, ohne irgend eine Ahnung von der Stellung und dem Vorhaben der Oesterreicher zu haben, und ohne die Vorsicht, die üblich ist, wenn man sich in der Nähe des Feindes glaubt, ohne zu recognosciren u. s. w.

(La Marmora und die Generale waren von der Vorstellung beherrscht, die Oesterreicher müßten und würden sich ohne Weiteres über die Etsch zurückziehen und werden wohl diesem Glauben gemäß gehandelt haben!)

Bei diesem Vorgehen ist Durando's Corps vereinzelt von der Gesammtmacht der Oesterreicher angegriffen und geschlagen worden. — Heute ist übrigens Nichts geschehen oder vorgefallen. Die Oesterreicher haben Nichts weiter unternommen. Das ist sehr glücklich. Da nun endlich alle meine Vorbereitungen für den Feldzug beendet sind: Sofortige Abreise mit Cooper zur Armee.

Bologna, 26. Juni. Im Bahnhof ein Zug, der freiwillige Garibaldiner von Bari herbeigebracht hat und sie, wie ich erfahre, nach Salò am Gardasee im Brescianer Gebirge weiter transportiren soll.

Das gefällt mir ganz und gar nicht — es fällt mir im Gegentheil recht schwer auf das Herz! — In Bari waren die Leute grade am rechten Ort, um nach Dalmatien übergesetzt zu werden. — Was sollen sie in den Alpen, wo ohnehin schon ein Theil der Freiwilligen versammelt ist? La Marmora hat sich bei seinem Ausscheiden aus dem Ministerium die Leitung der militärischen Dinge unbedingt vorbehalten: läßt er nun etwa die Freiwilligen von Bari wegbringen, um die Expedition nach Dalmatien zu hintertreiben? — Und wird ihm Ricasoli das hingehen lassen?

Verzögert und erschwert ist die Expedition jedenfalls durch diesen unseligen Transport in das Gebirge.

Uebrigens konnte ich mich überzeugen, daß die Garibaldischen Freischaaren aus ganz gutem Material gebildet sind. Die Leute sind

meist breitschulterig und derb genug. Vielfach bemerkt man junge
Leute in der Schaar, denen man es ansieht, daß sie den besseren
Ständen angehören.

Unverkennbar aber sind die Garibaldiner die Lieblinge des
Publikums. Um die vorüberfahren zu sehen, versammeln sich große
Menschenmassen auf den Bahnhöfen — die werden lebhaft applau-
dirt. — Die Linientruppen erregen bei Weitem nicht den gleichen
Grad von Theilnahme.

Parma. Zu dem General-Lieutenant Seißmit-Doda, der die
hiesige territoriale Division commandirt, um mich zu orientiren und
zu erfragen, wo ich das Hauptquartier aufzusuchen und welchen Weg
ich dahin zu nehmen habe.

Er wußte mich aber auch nicht genau zu orientiren und mir nicht
mit Bestimmtheit zu sagen, wo ich das Hauptquartier finden werde;
er rieth mir zunächst, nach Casalmaggiore und von dort nach Piadena
zu gehen, dort werde ich von dem Etappen-Commandanten wohl erfahren, wohin ich meine Schritte weiter zu lenken habe.

Wir wußten in Florenz nicht, wo die verlorene Schlacht eigentlich geschlagen worden ist, und da die italienische Armee schon am
23. über den Mincio gegangen war, dachte ich mir das Schlachtfeld
ziemlich weit jenseits des Flusses; kurz, ich sprach in der Voraussetzung, daß das Hauptquartier sich jenseits des Mincio befinde. Da
erfuhr ich denn, was man uns in Florenz nicht gesagt hat — daß
die ganze Armee noch am Abend des 24. über den Mincio
zurückgegangen ist und das jenseitige Ufer vollständig aufgegeben
hat. Ich hätte mir das eigentlich denken können, aber ich hatte es
mir nicht gedacht.

La Marmora fürchtet oder fürchtete wenigstens im ersten Augenblick, die Oesterreicher würden aus Mantua zur Verfolgung vorbrechen, und hat deshalb beschlossen die Armee auf den Höhen von Volta
zu concentriren — die Avantgarde bei Goito — Front gegen Mantua!
— Das erscheint vor dem Richterstuhl des gesunden Menschen-
verstandes als barer Unsinn, als das Unsinnigste, was unter den
gegebenen Umständen überhaupt geschehen könnte. Denn gerade, wenn
die Oesterreicher aus Mantua vorbrachen, war es für die italienische

Armee von entscheidender Wichtigkeit, sich nicht von Cremona und Placenza, nicht vom Po und der Hauptmasse der italienischen Halb- insel abschneiden zu lassen. — Aus der Stellung bei Volta bleibt, falls er nöthig werden sollte, kein anderer Rückzug als der auf Brescia und Mailand, und selbst der wäre nicht ohne Schwierigkeiten und Gefahren auszuführen. Wenigstens würde Eile und Glück dazu ge- hören, den Oesterreichern, falls sie wirklich die Mittel hätten eine nachhaltige Offensive anzutreten, am unteren Ticino zuvor zu kommen.

In diesen Anordnungen La Marmora's zeigt sich wieder der beschränkte Piemontese, der das ganze übrige Italien bloß als einen Ballast betrachtet, als einen Anhang, der in mancher Beziehung viel Beschwerliches hat, in dessen Augen Piemont das eigentliche Reich ist, das man sicher stellen müsse, sowie die unmittelbare Ver- bindung mit Frankreich — den eigentlichen Rettungsanker.

Uebrigens geht aus diesen Anordnungen und aus der Haltung der Offiziere, die ich hier sah, des Generals und seines Adjutanten zur Genüge hervor, daß die Consternation in der Armee eine sehr große ist. Der Schlag ist ihnen gar zu unerwartet gekommen.

General Seismit-Doda und sein Adjutant schimpfen alle Beide um die Wette über die „alte Dummheit", in das Quadrilatère hinein zu laufen. Ob sie sich am 23. Juni ebenso ausgesprochen hätten, ist die Frage. Jetzt freilich sieht ein jeder die Verkehrtheit. Ich telegraphirte an Usedom:

„Durando's Niederlage ist sehr schwer; die ganze Armee über den Mincio zurück, Stellung am Gebirge. Linie Volta-Cavriana, Avantgarde bei Goito; diese Stellung ist eingenommen, weil man glaubte der Feind würde aus Mantua vorbrechen zur Verfolgung."

Später Frühstück mit Seismit-Doda; der ergeht sich dabei in einem sehr strengen Tadel der bisherigen Operationen. Doch hat er soeben bessere Nachrichten erhalten. Das Hauptquartier sollte nach Piadena kommen, bleibt aber in Cerlungo, wo es eben ist. (NB. Schon die Bestimmung nach Piadena beweist, daß der Plan, die Stellung bei Volta zu nehmen, wieder aufgegeben worden ist, weil die Oesterreicher gestern nicht in die erwartete Offensive über-

gegangen sind und überhaupt Nichts unternommen haben.) Die
Haltung der Armee soll gut sein, sie ist weniger erschreckt als die
Bevölkerung. (NB. Das mag wahr sein; ohne Zweifel aber hat die
Armee auch wohl ihre Fassung wieder gewonnen und das Haupt-
quartier desgleichen, und zwar in Folge dessen, daß die Oesterreicher
ihren Sieg nicht verfolgt und gestern gar Nichts unternommen haben.
— Wären sie wirklich gestern über den Mincio vorgegangen, so wäre
es auch wohl in dieser Beziehung anders gekommen; sie hätten den
Schrecken, der im ersten Augenblick herrschte, ohne Zweifel gewaltig
gesteigert!)

Die Neapolitaner haben sich sehr schlecht gehalten.
(NB. Das war zu erwarten, und jedes Regiment ohne Ausnahme
zählt fast ein Drittel Neapolitaner in seinen Reihen.)

Der gemiethete Train, der treno borghese, hat
die größte Unordnung veranlaßt und das Unheil sehr vermehrt. Theils sind die Troßknechte in der größten Unordnung geflohen, theils haben sie die Stränge abgeschnitten, sind mit den
Pferden auf und davon geritten, haben die Wagen in einander gefahren als Hinderniß, ohne Gespanne auf der Straße stehen lassen
u. s. w. u. s. w. (Auch in Beziehung auf diesen Punkt also habe
ich mich nicht getäuscht.)

Seismit=Doda nahm ohne Weiteres als selbstverständlich an,
daß ich auch Touristen-Interesse mitbringe und fordert mich auf die
Merkwürdigkeiten von Parma wenigstens „di volo“ zu sehen.

Er führt mich zunächst in den Dom — ein schöner Backsteinbau — Rundbogenstyl. Das Gebäude hat Styl und Zusammenhang, wenn auch im Laufe der Zeiten Manches daran mag geändert
sein, namentlich das ursprüngliche Gewölbe etwa am Ende des 13. Jahrhunderts — das Baptisterium viel schöner, viel merkwürdiger als das
zu Florenz, als Denkmal einer werdenden Zeit, einer aus den
Anfängen aufstrebenden neuen Cultur-Periode — dann der Palast
Farnese, nicht zur Hälfte fertig. Dieser Palast der Herzoge steht
außer allem Verhältniß zu dem Herzogthum; man sagt sich, daß in
dem kleinen Lande eigentlich für ihn gar nicht Platz ist. Ueberhaupt
findet man erst in Italien, was die Kleinstaaterei in ihrer aller-

schlechtesten Form, der der Signoria, zu bedeuten hat. Die Kleinstaaterei hat eben in Italien eine andere Grundlage als in Deutschland. Dort war es der Gaugraf, der seine Amtsmacht erblich zu
machen, zur Landeshoheit und zuletzt zur Souveränität zu steigern
wußte — oder ein reichbegüterter Herr, der für seine weiten Besitzungen die Immunität, die Befreiung von der Gewalt der öffentlichen Behörden verlangte und die gutsherrliche Autorität unabhängig
übte. In beiden Fällen war es eine hergebrachte, gewohnte Autorität, die nach und nach selbständig wurde. In Italien ist sie aus
dem demokratischen Chaos hervorgegangen, in die alle früheren Zustände sich formlos aufgelöst hatten, durch vollkommen unberechtigte
Gewalt und List ehemaliger Volksführer und Condottieri gegründet.
Charakteristisch sind die Citadellen, die in den italienischen Haupt-
städten nirgends fehlen — während in Deutschland doch eigentlich
nur die geistlichen Herren zur Zeit der Reformation nöthig gefunden
haben dergleichen anzulegen. Kein Wunder, daß die Signori kaiser-
liche Briefe und Siegel haben, Reichs-Vicarien und Reichs-Gon-
falonieri sein — kurz für ihre usurpirte Macht irgend einen scheinbaren Rechtstitel besitzen wollten, auf den sie sich dem Volk gegenüber berufen konnten — denn auf das Volk konnten sie sich wahrlich nicht stützen! Man hatte sich hier zu einer Höhe der Thrannei
verstiegen, zu der man in Deutschland nie gekommen ist, so schlimm
es auch da in einzelnen Staaten ausgesehen hat.

Es ist hier mit einer gewissen frechen Selbstgefälligkeit zur Schau
getragen, daß von einem Staat, einem Gemeinwesen garnicht die Rede
ist — daß das Land von den Farnese ab bis auf Marie Luise
herab, ewiglich als ein Landbesitz, als die nothwendige Grundlage
einer fürstlichen Existenz behandelt wurde.

Abreise um 3½ Uhr.

Das Wetter hat sich wieder aufgeklärt, wie wir den Po, Casalmaggiore, erreichen. Ein mächtiger Strom, dessen weißlich trübe
Gewässer schnell dahin schießen. — Wie gewaltig muß er den Römern
vorgekommen sein, als sie zum ersten Male seine Ufer erreichten, da
sie bis dahin gewöhnt waren, den Tiber und die sonstigen Gewässer
Latiums für bedeutende Flüsse zu halten!

Jenseits lag das Städtchen vor uns auf dem, wie ich später
sah, künstlich erhöhten Ufer, das unmittelbar aus den Fluthen aufsteigt; diesseits ist dem Strom Raum gelassen für Hochwasser. Die
Dämme begleiten ihn in einiger Entfernung; ein zerrissenes Gelände,
mit Pappeln und Weiden überwachsen, zieht sich zwischen Strom
und Damm entlang. Die Schiffbrücke aber war zu meiner Verwunderung abgetragen. Warum? — Etwa im ersten Schrecken
nach der verlorenen Schlacht? Was traut man denn den Oesterreichern
Alles zu?

Durch Rufen und Winken brachten wir es dahin, daß jenseits
ein Boot und eine Fähre vom Ufer gelöst wurden. Ich fuhr mit
Cooper hinüber zur Stadt, und da warteten wir dann am Ufer,
bis die Fähre auch Leute und Pferde herüber brachte.

Aus Florenz hatte ich ein an Lucadou überschriebenes, mit
„militaria" bezeichnetes, aus Berlin vom Generalstab eingesendetes
Packet mit bekommen. Da Lucadou krank liegt, mußte ich es natürlich aufbrechen, um zu wissen, was ich morgen damit zu thun habe.

Ich erstaunte über den Inhalt. Es fand sich nämlich darin
die Ordre de bataille der österreichischen Armee (in drei Exemplaren), und ebenfalls in drei Exemplaren ein Croquis der Stellung
der österreichischen Armee in Böhmen und Mähren am 11. Juni
(Datums der Ordre de bataille).

Diese Stellung setzte mich sehr in Verwunderung, denn sie
ist eine durchaus defensive! Das hatte ich nicht erwartet. —
Nur das erste Armeecorps, Clam Gallas, und sechs Regimenter
leichte Reiterei sind in das nördliche Böhmen entsendet — wohl um
die Sachsen aufzunehmen und zu einer Art von Scheinvertheidigung,
bestimmt, langsam beobachtend und unter günstigen Bedingungen
fechtend, vor dem eindringenden Feinde zurückzuweichen. — Die ganze
übrige Armee, das II., III., IV., VI., VIII. und X. Armeecorps,
eine leichte Reiter- und drei Reserve-Reiterei-Divisionen sind längs
der beiden Eisenbahnen aufmarschirt, die von Pardubitz und von Ober-
berg nach Wien führen. — (Hauptquartiere: II. Armeecorps G. Thun-
Hohenstein in Hohenmauth; — III. und X. Armeecorps Erzherzog
Ernst und Gablenz in Brünn; — IV. und VI. Armeecorps Feste-

ties und Ramming in Olmütz; — VIII. Armeecorps Erzherzog
Leopold in Auspitz; leichte Reiterei in Freudenthal; Reservereiterei in
Prosnitz, Kremsier und Wischau.)

Ich sehe den Ereignissen, die sich da ergeben werden, mit großer
Spannung entgegen!

Spät am Abend ließ mir der Sindaco sagen, Victor Emanuel's
Hauptquartier sei heute gegen Abend nach Piadena gekommen. So
mußte ich denn endlich, wohin ich zu gehen habe. Die Nacht blieb
ich in Casalmaggiore.

27. Juni. Um 5 Uhr Aufbruch nach Piadena. Hier setzte mich
gar mancherlei in nicht geringe Verwunderung; vor Allem, daß am
Eingang des Orts keine Wache aufgestellt war; es scheint in
der italienischen Armee gar keine Stabswache zu geben! Niemand
fragte, wer man sei und was man wolle, man fuhr in das Städtchen
hinein, wie im tiefsten Frieden, und jeder österreichische Spion
konnte so gut wie ich bei einem Caffeehause oder dem Quartier des
Königs vorfahren.

Auf dem Marktplatze sahen wir uns ganz urplötzlich von der
tiefen Stille einer öden Landstraße in das allerbunteste Treiben des
Krieges versetzt. Da standen die Equipagen des Königs — zahlreich
genug für einen solchen rauhen Krieger — in eine Art von Wagenburg zusammen gefahren, ein paar hundert Reiter, die in der
Schlacht ihre Pferde verloren hatten — meist von den Novara-
Lancieri, mit weißen Aufschlägen und Käppis — gingen auf großen,
hoch mit Heu bepackten Wagen gegen Cremona zurück, und waren,
sowie ein paar hundert gefangener Oesterreicher mit den sie bewachen-
den Reitern, eben im Begriff, aufzubrechen. Dazwischen bewegte
sich mancherlei militärisches Fuhrwerk in entgegengesetzter Richtung: es war ein Gewirr, in dem man sich nicht leicht Gehör verschaffen konnte.

Der dienstthuende Ordonnanzoffizier des Königs, Graf Zignami,
geleitete mich, nach einigen Wechselreden der Orientirung, zur Wohnung des Königs in einer Seitenstraße.

Unterwegs sagte er mir, daß Victor Emanuel Niemanden sehen
wolle und fügte französisch hinzu: „Le roi est furieux!" — Von

den Unfällen der Armee sprach er in ziemlich alarmirter Weise. Dann erfuhr ich, daß der König noch heute, und zwar schon in den nächsten Stunden, nach Monticelli (in Ripa d' Oglio) aufbrechen wird.

Unter diesen Bedingungen trug ich gar kein Verlangen den König für jetzt zu sehen, und sprach vor seiner Thüre gar nicht davon ihm gemeldet zu werden. Ich traf da seinen ersten Ordonnanzofficier, den Obersten Nasi, stellte mich ihm vor, gab ihm ein Exemplar der österreichischen Ordre de bataille nebst dem Croquis und bat, Beides dem König einzuhändigen und zu melden, daß ich nunmehr im Hauptquartier eingetroffen sei.

Nasi sagte mir, La Marmora's Hauptquartier sei in Redondesco, jenseits des Oglio; dorthin müßte ich also nun zunächst meine Schritte wenden.

Und seltsam genug! Sowie ich aus Piadena hinaus war, fand ich mich wieder in den Frieden, in ländliche Stille versetzt, jede Spur des Krieges war verschwunden! Und überall blieb die Aussicht von der Heerstraße in das Land hinein durch die üppige Cultur und Vegetation beschränkt.

Ich kam über den Oglio und den Chiese nach Acqua negra. Der Wirth des Gasthauses erzählte mir, General Della Rocca werde heute mit seinem Armeecorps hier in der Gegend erwartet. — Und während ich da so weilte, zog ein Pontontrain vorüber, nach rückwärts an den Po! Ein sicheres Zeichen, daß der Uebergang über den Mincio ganz entschieden aufgegeben ist nach einem doch eigentlich so unbedeutenden Unfall! Freilich, führt dieser Unfall in solcher Weise dahin, daß der bisherige Operationsplan aufgegeben wird, daß man auf diejenigen Operationen eingeht, die wir von Anfang an vorgeschlagen haben — dann können wir ihn als ein Glück preisen. Aber dieser schnelle Wechsel ist mir doch etwas unheimlich, denn er zeugt von wenig Energie und Ausdauer.

In Redondesco, einem Dorf, das auch mehr wie ein Städtchen gebaut ist, wimmelt es von Offizieren, Ordonnanzreitern, Estafetten und Fuhrwerken. Ich fragte mich nach dem kleinen Hause durch, in dem La Marmora sich selbst und die Kanzlei des Hauptquartiers eingerichtet hatte — es war durch eine große Fahne in den italieniſchen Farben kenntlich gemacht. Der Hausflur, und ich glaube auch jeder anderweitige Raum im Erdgeſchoß, war von ſchreibenden Offizieren und Unteroffizieren in Beſitz genommen, ſo viele deren irgend Platz hatten.

La Marmora konnte mich in dem Augenblick nicht ſehen; Petitti empfängt mich in dem kleinen Zimmer, zu dem eine ſteile Treppe führt. Dem gebe ich denn auch die öſterreichiſche Ordre de bataille und das Croquis, in das ich noch die Stellung der preußiſchen Armee hineinzeichne, wie ich denn überhaupt die nöthigen Erläuterungen hinzufügen muß.

Petitti geſteht die verlorene Schlacht ein, verſichert aber, die italieniſche Armee habe ſich vortrefflich geſchlagen und ſei durchaus nicht bemoraliſirt.

Die Wahrheit iſt, wie ich deutlich ſehe, daß der Schrecken im erſten Augenblick ſehr groß war, daß nun aber, da die Oeſterreicher gar nicht verfolgt, überhaupt zwei Tage gar Nichts unternommen oder gethan haben, Alles die gehörige Faſſung wiedergewonnen hat. Die Stellung bei Volta und Cavriana iſt wohl aufgegeben worden, als nicht durch die Umſtände geboten. Ich glaube, das Heer hat dieſe Stellung gar nicht wirklich eingenommen. Sie war nur den geſtrigen Tag über projectirt. Della Rocca, der vorvorgeſtern (24.) Abend bei Goito über den Mincio zurück gekommen iſt und heute in die Gegend von Acquanegra marſchirt, iſt ſchwerlich geſtern auf den Höhen von Volta geweſen, und Cuchiari, während der Schlacht vor Mantua, wohl noch weniger.

Das Unheil iſt ein ſehr mäßiges geblieben, weil die Oeſterreicher ihren Sieg nicht verfolgt haben, und eben deßhalb hat ſich auch der erſte augenblickliche Schrecken wieder gelegt: — dennoch aber hat die verlorene Schlacht einen bleibenden nachhaltigen Eindruck von bedeutender Tragweite auf die italieniſche Armee und ihre Generale gemacht. Die maßgebende Anſicht von dem Weſen dieſes Krieges und der Aufgabe, die gelöſt werden ſoll, iſt eine ganz andere geworden. Die Leute träumen jetzt keine leichten, ja ſpielenden und dabei glänzenden Siege mehr — ſie wiſſen im

Gegentheil, daß sie in einen sehr ernsten und schwierigen Kampf
verwickelt sind und haben einen sehr gewaltigen Respect vor der
österreichischen Armee bekommen, und selbst vor ihren Führern.
Petitti sagt, die österreichischen Generale hätten vortrefflich operirt.
Das mag bis zu einem gewissen Grade wahr sein — aber die
Italiener überschätzen die Führung auf österreichischer Seite, weil
sie die eigenen Fehler nicht gehörig in Rechnung bringen.

Petitti übergiebt die Papiere, die ich mitgebracht habe, dem
Obersten Driquet, Chef des Nachrichtenwesens. Der soll auch für
mein Unterkommen sorgen, während der Stunden, die ich hier zubringen muß. Driquet, ein blonder Savoyarde, der sehr gut deutsch
spricht, räumt mir seine eigene Wohnung im Hause des Pfarrers
ein, da er selbst im Begriff ist aufzubrechen. Das Hauptquartier
geht nämlich heute noch nach Piadena zurück, und Driquet eilt voraus.

Nach einigem Hin- und Herschicken und Fragen erhalte ich auch
Fourage für meine drei Pferde, das gemiethete mitgerechnet, und
Driquet sagt mir, für den ganzen Feldzug, wenn ich sonst keine
Mahlzeit zu finden weiß, solle ich mich stets bei der Cantinière
melden, die dem Hauptquartier folgt; da werde immer etwas zu
haben sein. —

Das Pfarrhaus, in dem ich dem Cooper Einiges dictire, war
ein sehr wunderliches Gebäude — die Wohnung eines a r m e n
Pfarrers von echt italienischem Gepräge und in echt italienischer
Weise vernachlässigt. Ein weiter, hoher, immerdar offener Thorweg
führt in einen kleinen Hof, wo Dünger und Kehricht unordentlich
durcheinander zerstreut herum liegen; offene Ställe; die Trümmer
der Thüren hängen in verrosteten und schadhaften Angeln, eine steile
Treppe führt in die Wohnung oben — das heißt, in trostlose, leere
Räume mit geweißten und bestaubten Wänden, wo jeder Schritt
widerhallt. In dem größten dieser Räume steht ein Gerüst für
Seidenwürmer, auf dem sich wohl nur wenige Pfunde Seide jähr-
lich gewinnen lassen, und daneben an der Wand die Bibliothek des
Hausherrn, etwa dreißig Bände — darunter die vollständigen Werke
des heiligen Augustin — das Uebrige werthloser Plunder. Sonst
waren in diesem Raume keine Möbel, aber auch sonst im Hause nur

ein paar wacklige Tiſche von weichem Holz, ein paar ſchabhafte Stroh-
ſtühle und ein paar ärmliche Betten. In ſolcher Umgebung und
auf dem Wege von hier zur nahen Kirche bewegt ſich ein ganzes,
einſames, freudloſes Menſchenleben, bis es auf dem nahen Kirchhof
ſeinen Abſchluß findet! —

La Marmora ließ mich durch einen Adjutanten zu dem Diner
einladen, das er in einer Schenke des Orts veranſtaltet hatte, denn
eine Einrichtung hat er nicht mit in das Feld genommen; er iſt mit
ſeinem ganzen Stabe auf ſolche örtliche Schenken und den Marketender
des Hauptquartiers angewieſen.

Ich begegnete dem Commandirenden in der Straße — er fragte,
während wir zuſammen der Schenke zuwanderten, welchen Eindruck
die Nachricht von der Schlacht in Florenz gemacht habe? — Ich
konnte ihm nicht verſchweigen, daß der Eindruck ein ſehr großer und
ſehr peinlicher geweſen ſei, „en raison des espérances."

Es waren wohl an dreißig Offiziere, die ſich zuſammen zu Tiſch
ſetzten. Mir war mein Platz zwiſchen La Marmora und Petitti angewieſen.

Ich glaubte dem commandirenden General auch Uſedom's
Empfehlungen überbringen zu müſſen. — La Marmora ging aber
darauf nicht ein und bezeichnete vielmehr ſeine Stellung zu Uſedom
ziemlich unverhohlen als eine feindliche. Es ergab ſich, daß er Uſedom's
letztes Mémoire gewaltig übel genommen, daß er aber ſonſt — leider! —
gar Nichts daraus entnommen hat.

„A l'avenir, quand toutes les circonstances seront connues,
on verra, si j'ai mérité les soupçons, dont je suis l'objet!"

Ich: Von Argwohn und Mißtrauen ſei nie die Rede geweſen;
Uſedom habe die größte Achtung vor ſeinem perſönlichen Charakter.

La Marmora (überhört das gefliſſentlich) giebt zu verſtehen,
Uſedom miſche ſich in Dinge, die ihn Nichts angehen; „il va jusqu'à
me dire", daß es auf dieſe Weiſe beſſer wäre für Preußen, daß die
Italiener überhaupt nicht Krieg führen (NB. weiß ich Alles). General
Govone habe ſich, während er in Berlin war, nur einmal eine Bemerkung erlaubt über die Pläne der Preußen, und er ſei ſogleich in
ſeine Grenzen zurückgewieſen worden. Was ſie, die Italiener, hier auf

7 *

diesem Kriegstheater zu thun hätten, das sei ihre Sache, und man müsse es ihnen überlassen. — „Enfin, je n'y répondrai pas, voilà tout!" (NB. auf den Brief Usedom's nämlich. Diese etwas hochfahrende Art die Sache abzulehnen würde sich unstreitig besser ausnehmen, wenn er eben eine Schlacht gewonnen hätte.)

Um sich zu rechtfertigen, spricht La Marmora, theils zu der Gesellschaft im Allgemeinen, theils zu mir, sehr viel von der Schwierigkeit aller Kriegführung hier, in diesem überaus durchschnittenen Gelände.

Ich (gehe sehr lebhaft und überzeugt darauf ein): „aussitôt qu'une troupe est bien engagée, elle est absolument hors de la main du général en chef."

La Marmora citirt den alten Walmoden, erzählt, wie er einst den Manövern der Oesterreicher in Oberitalien beigewohnt; da habe ihn, als einmal alle Truppen in der Cultur verschwunden waren und nirgends eine Uebersicht gewonnen werden konnte, Walmoden gefragt: „dites-moi, que fait ici un général en chef?"

Um die Schwierigkeiten des Geländes in der Kriegführung zu illustriren, erzählt La Marmora viel von dem Hergang der Schlacht: mehrere der anwesenden Offiziere helfen nach — berichten Einzelheiten — und ich erhalte nach und nach, aus Einzelheiten zusammengesetzt, die nicht in chronologischer Folge vorgetragen wurden, ein ziemlich zusammenhängendes Bild von den Ereignissen des Tages, die kaum wunderlicher gedacht werden könnten.

Vor Allem bestätigt sich, daß die Italiener, in der fixen Idee befangen, daß die Oesterreicher sich über die Etsch zurückgezogen hätten, über den Mincio und in das Festungswerk vorgegangen sind, ohne eine Ahnung davon zu haben, daß die österreichische Armee in ihrer unmittelbaren Nähe am Tione, zwischen Castelnuovo und der Berrettara, massirt stand, während die österreichische Reiterei die Ebene bei Villafranca hielt.

Da ich keine Ordre de bataille der italienischen Armee habe und nicht die Namen aller Divisionsgenerale weiß, wird mir nicht klar, ob La Marmora 11 oder 12 Divisionen zur Stelle hatte. Mit Bestimmtheit trat hervor, daß er von seiner Gesammtmacht nicht weniger als 5 Divisionen vor den Festungen zurückgelassen hat (eine unter Pianelli vor Peschiera und vier unter Cuchiari vor Mantua), und daß er mit nicht mehr als 6 oder 7 Divisionen in das Festungsviereck vorgegangen ist. — Da er weit entfernt war irgend welchen Widerstand und ein ernsthaftes Gefecht zu erwarten, hatte er auch nur eine Disposition zu einem einfachen Marsche ausgefertigt, der die Armee auf die Höhen von Verona bringen sollte.

Drei — oder vielleicht zwei — Divisionen gingen in dem Hügellande am Gardasee vor — drei oder möglicher Weise vier in der Ebene auf Villafranca.

Auf dem äußersten linken Flügel marschirte Cerale mit seiner Division auf Castelnuovo — er sollte die Stellung bei Pastrengo besetzen!!! — Dann in der Mitte Sirtori auf Santa Lucia (am Tione) und Brignone am Rande der Hügel über Custozza auf den Monte Croce (doch bin ich nicht ganz gewiß, ob Petitti, der mir von diesem Theile der Schlacht noch besonders sprach, nicht irrthümlich Brignone anstatt Sirtori nannte).

In der Ebene marschirte die Reiterei an der Spitze; ich weiß nicht, ob der Prinz Humbert diese befehligte oder eine Infanteriedivision; war das Letztere der Fall, dann folgte seine Division unmittelbar der Reiterei, und dann im Wesentlichen eine hinter der anderen, wenn auch wohl theilweise auf verschiedenen Wegen, die Divisionen Cugia, Govone und Bixio.

So zog man sorglos vorwärts. Die schwachen österreichischen Patrouillen, denen man begegnete und die man mit Leichtigkeit vor sich hertrieb, änderten Nichts an der herrschenden Ansicht, denn man hielt sie für eine zur Beobachtung zurückgelassene Postenkette, die gar Nichts hinter sich habe. Die italienischen Generale versichern, die Oesterreicher hätten ihre Anstalten so vorzüglich getroffen, die Uebergänge über den Tione so genau bewacht, daß kein Kundschafter, kein befreundeter Patriot aus dem Lande herüber konnte, den Italienern Nachricht zu bringen. Man wurde demnach auf das Vollständigste überrascht, als die Oesterreicher plötzlich aus ungeahnter Nähe in einen energischen Angriff übergingen.

Cerale scheint von Allen am unvorsichtigsten vorgegangen und

demgemäß auch am vollständigsten überrascht worden zu sein. Er
marschirte ohne Avantgarde in das Land hinein, und
seine Division wurde in Marschcolonne von dem Angriff der Oesterreicher überrascht. Da kann wohl von Widerstand nicht viel die
Rede gewesen sein; die Spitze der Colonne wurde in die folgenden
Züge, eine Staffel in die andere, und das Ganze in den Wagentroß
hinein geworfen, der hinterher zog. Die arge Verwirrung wurde
dann durch die Fuhrknechte des Treno borghese auf das Höchste gesteigert; die schnitten die Stränge ab, jagten mit den Pferden
davon u. s. w. — kurz, die Niederlage dieser Division ist ohne Zweifel
eine sehr vollständige gewesen. Cerale selbst ist geblieben.

Unterdessen hatte die Division Brignone (oder Sirtori) den
Monte Croce erstiegen — erhielt da plötzlich unerwartet das Feuer
der starken Batterien, welche die Oesterreicher auf den dominirenden
Höhen von La Berrettara und Casa del Sole aufgefahren hatten, und
rollte erschreckt und in Unordnung rückwärts den Abhang herunter. —
Petitti sagt mir, die Oesterreicher hätten da gewiß fünfzig Stück in
Batterie gehabt, zum Theil sehr schwere Caliber — Festungsgeschütze.
Das ist nicht unmöglich.

La Marmora erzählt mir, da habe er sich — da erst! — gesagt:
„Hm! qui c' è resistenza!" — und nun schilderte er, in welcher
Verlegenheit sich in solcher Lage und solchem Gelände — er wollte
sagen ein General en chef — befindet; da fiel ihm der König ein,
er hielt einen Augenblick inne, corrigirte sich und sagte: „presque
général en chef!" (er sprach bald französisch, bald italienisch). La
Marmora sah sich nach Verstärkungen, nach Reserven um, schaute
in die Ebene zu seiner Rechten hinab — und konnte da Nichts unter-
scheiden.

Das ist begreiflich. Wenn man aus der Höhe in die lombardische
Ebene hinab sieht, wo alle Felder mit Bäumen bepflanzt sind, scheint
das Ganze ein Wald, aus dem die einzelnen Ortschaften und Höfe
hervorragen. In diesem Walde war Nichts zu sehen als lange Staubwollen, und je nachdem diese sich nach Osten oder Westen, gegen die
Etsch oder den Mincio hin verlängerten, ließ sich vermuthen, daß es
italienische oder österreichische marschirende Colonnen seien. — Eine

lange Staubwolke, die sich um den rechten Flügel der Italiener herum, gegen den Mincio hin zu ziehen schien, beunruhigte La Marmora sehr. Er besorgte, es könne eine österreichische Umgehungscolonne sein — es war aber der Wagentroß der Italiener, der zurück ging.

La Marmora ritt in die Ebene hinab, um die Divisionen Cugia und Govone herauf zu holen zur Vertheidigung der Höhen — und unten angelangt, wußte er nicht, ob Villafranca vom Feinde oder Freunde besetzt sei, ob er die beiden Divisionen vor sich oder hinter sich habe.

(NB. Warum Sirtori nicht über Santa Lucia hinaus gekommen ist, warum Brignone nicht wieder den Monte Croce erstiegen hat, wird gar nicht erklärt. Wahrscheinlich wurden sie beide von Ogliosi oder Guastalla her angegriffen. — Der Angriff der Oesterreicher ist wohl als eine Schwenkung links vorwärts aufzufassen, deren Pivot die starken Batterien auf La Berrettara und bei Casa del Sole waren, während der schwenkende Flügel sein Ziel bei Valeggio finden mußte.)

La Marmora brachte dann die beiden Divisionen auf die Höhen hinauf, die sie bis vier Uhr, wie man mir sagt, mit Erfolg vertheidigten; dann mußten sie sich zurückziehen, weil keine Reserven da waren.

Während dessen fanden in der Ebene jenseits Villafranca, d. h. zwischen diesem Ort und Verona lebhafte Reitergefechte statt, in denen die italienische Reiterei sich in der That rühmlich gegen die an Zahl überlegene österreichische behauptet zu haben scheint. Es ergiebt sich sogar aus den Thatsachen, daß sie das Uebergewicht gewann. (NB. Die italienische Reiterei hat eben — gleich der Artillerie — ein vorzügliches Offiziercorps, das unbedingt über dem der Infanterie steht. Es ist im Wesentlichen aus dem alten piemontesischen Adel gebildet; darin ist von alten Zeiten her Zug und ritterlicher Sinn. Auch 1848 und 1849 haben sich Reiterei und Artillerie viel besser geschlagen als die Infanterie.) Doch fielen auch Reiterangriffe auf die Infanterie des Prinzen Humbert und Bixio's, der spät heran kam und den Rückzug deckte. — Einzelne österreichische Ulanen vom Regiment Trani sind sogar in die italienischen Carrés eingedrungen, wo sie dann aber ihren Tod fanden. Die Angriffe wurden von der italienischen Armee ohne Ausnahme glücklich abgeschlagen. Petitti erzählt mir von einer italienischen Schwadron, die nicht weniger als sechzehnmal chargirt haben soll.

Bei alledem ist auch in der Ebene eine Batterie verloren ge= gangen, weil die Fahrkanoniere „avaient perdu la tête", wie La Marmora sagt — d. h. weil sie mit den Protzen davon gefahren waren. (NB. Und, wie Cooper in seinem Kreise erfährt: weil die specielle Bedeckung der Batterie — zwei Compagnien Bersaglieri, Neapolitaner — spurlos verschwunden war.)

Dagegen ist eine Schwadron Guiden einen Augenblick im Besitz einer österreichischen Batterie gewesen, hat sie aber wieder aufgeben müssen und ist ziemlich zu Grunde gerichtet worden durch einen Gegenangriff der Oesterreicher, der sie ungeordnet in der Batterie überraschte.

La Marmora scheint die Schlacht sehr früh verloren gegeben zu haben, und das läßt sich begreifen, wenn er die Streitkräfte, die ihm zu Gebote standen, nur eben zur passiven Vertheidigung für eine be= stimmte Zeit ausreichend glaubte. Eine große Spannkraft des Geistes verräth sich darin freilich nicht.

Daß sich die Ansicht der Dinge im Allgemeinen gar sehr geändert hat, zeigt sich in allen Dingen immer von Neuem.

Petitti sagt mir, die Oesterreicher schienen viel stärker zu sein als man geglaubt habe; es schiene, sie seien mit der Bildung der fünften Bataillone ihrer Infanterieregimenter bereits fertig — hätten diese in die festen Plätze verlegt und die bisherige Besatzung dieser Plätze, die 4 Bataillone, herausgezogen, um die Feldarmee zu ver= stärken. Denn am 24. seien auf österreichischer Seite vierte Bataillone im Gefecht gewesen. (NB. Auch diese Vorstellung scheint schwere Sorgen zu erwecken.)

Ich tröste: „Cette conclusion ne me semble pas nécessaire. Les Autrichiens se sont battu dans le voisinage immédiat de leurs places — ils en auront tiré ces quatrièmes bataillons pour la journée sauf à les renvoyer le lendemain."

Es wurden auch viel seltsame Erlebnisse und Rencontres erzählt

und besprochen, wie sie in einem durchschnittenen Gelände vorkommen und nur da vorkommen können. Der Prinz Humbert hat
mehrere Male in den Carrés eine Zuflucht suchen müssen. Zwei
Ordonnanzoffiziere, die er zum Recognosciren vorgesendet hatte,
fanden sich plötzlich, überraschend, inmitten eines österreichischen Ca-
vallerieangriffes, der sich eben in Bewegung setzte. Der Eine von
ihnen wurde überritten — Mann und Pferd — doch aber nicht bedeutend verletzt, und fand sich später, auf Umwegen, wieder zu den
Seinigen. Der Andere wußte sich nicht anders zu retten, als dadurch, daß er den Angriff der Oesterreicher mitmachte.

Ein österreichischer Oberstlieutenant von den Ulanen, der auch
vorgeritten war, um sich zu orientiren, fand sich ebenso unerwartet
zu seiner Ueberraschung inmitten der Division Bixio und suchte sich
dadurch aus der Verlegenheit zu ziehen, daß er sich für einen Par-
lamentär ausgab und Bixio aufforderte, die Waffen zu strecken.
Bixio antwortete: er sehe sehr wohl, daß der Oesterreicher kein Par-
lamentär sei, daß er das volle Recht habe ihn als Gefangenen
zurück zu behalten; aber eben weil der Oesterreicher jene vermessene
Aufforderung ausgesprochen habe, lasse er ihn frei gehen; er solle zu
den Seinigen zurückkehren und ihnen sagen, die Italiener ständen
hier und erwarteten den Angriff.

Diese Antwort Bixio's freute die Italiener ungemein und mehr
noch der Umstand, daß derselbe österreichische Oberstlieutenant später ge-
fangen wurde. Ueberhaupt, ich sehe, wie sie sich aufrichten an den einzelnen Heldenthaten und Zügen von Kühnheit, die hier erzählt wurden.

Dazwischen kamen Meldungen aus entfernteren Gegenden, unter
Anderen ein sonnenverbrannter Bersagliereoffizier, der aus der Gegend
von Lonato eintraf und auf Befragen mündlich berichtete, daß
sich in den Hügeln am Gardasee kein Oesterreicher gezeigt habe.
Die Italiener thun alle solche Dinge in etwas theatralischer Weise.
Der Bersagliere trat dem General an der anderen Seite des Tisches
mit heroischem Anstand gegenüber; und es war charakteristisch zu sehen,
wie malerisch er den Arm durch die Luft schwang, um die Hand an
den Hut zu legen! — La Marmora forderte den jungen Mann sehr
höflich auf, an der Tafel Platz zu nehmen.

Auch ein Telegramm aus Florenz wurde gebracht. La Marmora las es durch und gab es dann mir, indem er sagte: „Comme c'est intéressant dans ce moment, d'apprendre ce qu'on fait dans les chambres à Madrid!"

„Certainement," versetzte ich, „même une Sultane, à Constantinople par exemple, aurait grand tort d'accoucher dans ce moment; cela ferait peut d'effet!"

Ich fragte Petitti, ob man nicht die beiden Divisionen, die am meisten gelitten haben — Cerale und Brignone — oder überhaupt vielleicht das Corps Durando's reorganisiren, d. h. ob man nicht die Regimenter, die vorzugsweise von schwerem Verlust betroffen worden sind, herausnehmen, in andere Corps vertheilen und bei Durando's Divisionen durch intacte Regimenter ersetzen werde?

Petitti meint, das sei nicht nöthig, die Truppen seien durchaus nicht erschüttert.

Gegen das Ende der Mahlzeit führe ich La Marmora — ohne eigentlich zu fragen — darauf, was zunächst weiter geschehen soll.

„Nous mettrons l'armée un peu derrière le Po, et puis on verra!" sagte La Marmora.

(NB. un peu!!! — Uebrigens, ich weiß genug und sehe, wie die Dinge zusammenhängen. Im ersten Augenblick fürchteten die Herren, die Oesterreicher würden aus Mantua vorbrechen, und jetzt ist ihnen um Cialdini bange, von dem sie nicht mehr glauben, daß er allein der ganzen österreichischen Armee gewachsen sei. Da die Oesterreicher nicht über den Mincio verfolgt haben — da sogar am Mincio so gut wie gar kein Feind zu sehen ist, liegt allerdings der Gedanke nahe, daß die Oesterreicher unmittelbar nach der gegen La Marmora gewonnenen Schlacht ihre gesammte Macht gegen Cialdini zurückgewandt haben könnten. Die Italiener fürchten nun auch ihn geschlagen zu sehen; sie fürchten, scheint es sogar, die Oesterreicher könnten ihn gegen Bologna hin verfolgen, und wollen über den Po zurückgehen, um Cialdini beistehen und einer solchen Offensive des Feindes wehren zu können. — Was aber dann weiter werden soll, wenn dieser Gefahr glücklich vorgebeugt ist, wie sich der Feldzug ferner gestalten soll, das wissen sie vor der Hand ganz entschieden noch nicht.)

Das Hauptquartier geht heute nach Piadena zurück, morgen nach Cremona. La Marmora sagte mir, er habe die übrigen Militärbevollmächtigten gebeten, einige Zeit in Piacenza zu verweilen — ich würde am besten thun von hier gerade nach Cremona zu gehen.

(NB. La Marmora hatte, wie er über den Mincio ging, die sämmtlichen im Hauptquartier beglaubigten fremden Offiziere auf dem rechten Ufer zurückgelassen, Lucadou nicht ausgenommen. Sein Streben geht sehr sichtbar dahin, alle fremden Zuschauer fern zu halten — das italienische Mißtrauen bestimmt ihn wohl dazu. Auf dem Rückzug, der nun kommt, will er natürlich vollends keine Zuschauer haben.)

Sein Vorschlag gefiel mir aber nicht; ich antwortete, daß ich meinen ermüdeten Pferden einen so weiten Weg heute nicht mehr zumuthen könne.

Wir hatten unterdessen von Offizieren gehört, man fürchte eine Offensive der Oesterreicher auf Bologna, die in der Absicht unternommen sein könnte der Reaction im Süden, den Briganten, die Hand zu bieten. — Das könnte sein — doch kommt die Nachricht aus zu unbedeutender Quelle, um für ganz sicher zu gelten. —

Cerale, der ohne Avantgarde in die Schlacht marschirte, soll buchstäblich die Musik an der Spitze seiner Colonne gehabt haben.

Vor dem Aufbruch sehe ich auch noch meinen Hausherrn, einen schlichten, alten Priester in grobem Rock und Bauernschuhen. Er bedauert, daß er nicht die Mittel habe mich besser aufzunehmen, und zeigt sich sehr besorgt des Rückzugs wegen, den Jeder mit Augen sieht. Er meint, sie blieben nun hier schutzlos dem Feinde preisgegeben. Ich suche ihn zu beruhigen durch die Vorstellung, daß die Oesterreicher sicher nicht stark genug seien über den Mincio zu gehen. Um 4 Uhr fuhr ich dann nach Piadena, wo ich noch bei Tageslicht eintraf und die Nacht verblieb.*)

---

*) Der Vollständigkeit halber sei es gestattet, hier noch einige Angaben über die Schlacht aus späteren Tagebuchblättern zusammenzustellen. Aus einem Gespräch mit Graf Dubsky, Secretär der österreichischen Gesandtschaft:

„Ich sagte: Wenn Erzherzog Albrecht den Tag nach Custozza über den Mincio vorgegangen wäre, hätte er bei den Italienern eine gewaltige Verwirrung

28. Juni. Früh auf. Ich näherte mich Cremona, einer Stadt, die mich interessirt! Die Erinnerungen der Jugend hasten wunderbar.

---

veranlaßt, da, wenn auch nicht die Armee, so doch das Hauptquartier der Italiener vollkommen den Kopf verloren hatte.

Dubsky übereilte sich und antwortete: Die österreichische Armee habe von Paris aus die Weisung gehabt — es sei ihr die Verpflichtung auferlegt gewesen, unter keiner Bedingung über den Mincio vorzugehen, d. h. wohl Napoleon hatte für diesen Fall mit einer Kriegserklärung gedroht. Er konnte nicht verbergen, wie überaus peinlich ihm diese Erinnerung war. Dann wollte er seine Uebereilung dadurch verbessern, daß er hinzufügte, noch am Tage unmittelbar nach der Schlacht sei aus Paris die dringende Bitte eingetroffen, nicht über den Mincio zu gehen."

Aus einem Gespräch mit Espanna, Vertrautem des Ministers Ratazzi:

„Anekdoten über La Marmora's Unfähigkeit. Er hat das Schlachtfeld von Custozza um 12 Uhr verlassen und ist nach Goito zurück geritten. Das ist richtig. Als ihm dort Cuchiari auseinandersetzte, daß er sein Armeecorps unmöglich noch an demselben Tage auf das Schlachtfeld bringen könne, legte er sich nicht zu Bett — wie Einige behaupten. Er war viel zu aufgeregt, um schlafen zu können. Er sperrte sich da in ein Zimmer ein, ging wie ein Wahnsinniger darin auf und ab und rief einmal über das andere im schönsten piemontesischen Patois: Ah! povoro mi! nicht etwa povera Italia!

Die Offiziere, die im Zimmer nebenan geblieben waren, hörten das ganz deutlich."

Aus einem Gespräch mit General Cuchiari, der zur Zeit desselben bereits verabschiedet war:

„Er klagt: Die Berichte der Generale wurden im großen Hauptquartier garnicht beachtet. Er selbst hatte berichtet   nachdem er persönlich sich den Forts bei Montanara und Curtatone in bürgerlicher Kleidung genähert und einen Spion hineingeschickt hatte — diese Forts, bloße Erdwerke, seien durchaus vernachlässigt, ganz verfallen und gar keiner Vertheidigung fähig; deshalb hätten die Oesterreicher auch keine Besatzung darin; in Montanara stehe nur ein Beobachtungsposten von fünf Mann. Dennoch ertheilte ihm La Marmora mündlich, und indem er dabei auf der Karte demonstrirte, den Befehl, diese beiden Forts par un coup de main — mit Sturm — zu nehmen. Cuchiari war sehr verwundert, und La Marmora war es nicht minder, als er nun von Cuchiari's Bericht hörte. Die österreichischen Beobachtungsposten verließen natürlich die Forts, sobald der Feind herannahte.

Dann erhielt Cuchiari auch den vollkommen unausführbaren Auftrag, die drei kleinen Forts, die zwischen Mantua und Borgoforte liegen, durch einen coup de main zu nehmen; er sollte sie in der Kehle angreifen. Dabei hätte er Mantua und seine Besatzung im Rücken gehabt. Die Forts aber sind in der Kehle geschlossen und haben nasse Gräben und außerdem führte von Cuchiari's Stellung gar kein Weg in ihren Rücken. Er protestirte, und selbst der Versuch unterblieb.

Am 24. Juni, dem Tage, an welchem sich — dem General La Marmora sehr unerwartet — die Schlacht von Custozza ergab, mußte Cuchiari nur sehr

Die Stadt fand ich in Vertheidigungszuſtand geſetzt; dazu gehörte
eigentlich nicht viel, denn die alten Wälle ſtehen noch, und fließendes

unvollſtändig, was vorging. Die Dispoſition wurde nämlich ſelbſt den Armeecorps befehligenden Generalen nicht vollſtändig mitgetheilt; ein Jeder erfuhr nur
das, was ihn beſonders anging; Cuchiari's Heertheil wurde auf einer Ausdehnung
von 30 Kilometern um Mantua herum ausgedehnt, von Marmirolo an bis über
Curtatone, von wo er ſich nach den erhaltenen Befehlen ſoweit als möglich gegen
den Po hin ausdehnen ſollte; warum? war nicht geſagt! (NB. wäre auch ſchwer
zu ſagen.) — Von Roverbella aus ſollte ſeine Reiterei die Verbindung mit der
übrigen Armee erhalten. Cuchiari für ſeine Perſon war in Goito. La Marmora
war ſo weit entfernt für dieſen Tag an eine Schlacht zu denken, daß das Hauptquartier auf dem rechten Mincio-Ufer in Cerlungo blieb, wo es den ganzen Tag
über Nichts erfuhr von dem, was jenſeits des Fluſſes vorging.

Nur La Marmora allein für ſeine Perſon ſah zu, wie bei Goito zwei Diviſionen — mit ihrer Bagage — auf einer einzigen Brücke übergingen und
folgte dann der Truppe nach Villafranca, von wo er ſich auf den Monte Croce
begab — aber gleichſam nur, weil er gerade nichts Anderes zu thun hatte — als
flaneur, ohne ſich eigentlich etwas dabei zu denken. Petitti, Bariola und die
ſämmtlichen faiseurs des Hauptquartieres waren in Cerlungo zurückgeblieben. Als
ſich dann La Marmora zu ſeiner unſäglichen Ueberraſchung in eine Schlacht verwickelt ſah, verlor er vollſtändig den Kopf. Schon etwas vor 12 Uhr verließ er
das Schlachtfeld und ritt nach Goito zurück. Hier begab er ſich — was Cuchiari
bitter tadelt — nicht auf den höheren Thalrand auf dem rechten Ufer, von wo
aus er nach der Bewegung der Staubwollen und des Pulverdampfes den Gang
der Schlacht hätte einigermaßen beurtheilen können — ſondern in ein kleines
Haus, das ganz tief unten am Fluß liegt, und in deſſen Erdgeſchoß Fuhrleute
und dergleichen Menſchen in großer Aufregung einen gewaltigen Lärm machten.
(NB. nach der Beſchreibung muß es eine Schenke geweſen ſein.) — In ein kleines
Zimmer dieſes Hauſes beſchied er Cuchiari zu ſich, erklärte dann — indem er auf der
Karte mit dem Finger von Goito nach Roverbella fuhr — in dieſer Stellung
wolle er eine Schlacht annehmen. (NB. als ob die Schlacht nicht ſchon
ſeit 6 Stunden im Gange geweſen wäre. Dieſe Aeußerung beweiſt wohl, daß ihm
Faſſung und Gleichgewicht des Geiſtes für den Augenblick ganz abhanden gekommen waren.) Cuchiari führte als Erwiderung darauf den Beweis, daß es
ihm ganz unmöglich ſei die zerſtreuten Truppen ſeines Corps irgend rechtzeitig
in der Stellung zu vereinigen. Später noch erhielt Cuchiari aus Cerlungo eine
um 2 Uhr von Petitti ausgefertigte Depeſche des Inhalts: Die Armee ſcheine bei
Villafranca auf Widerſtand geſtoßen zu ſein, er möge gegen Villafranca hin auf-
klären laſſen. So gar Nichts wußte man im Hauptquartier von dem, was vorging.

La Marmora iſt wohl, nachdem ihn Cuchiari wieder verlaſſen hatte, in den
Zuſtand verfallen, in dem er wie ein Wahnſinniger im Zimmer auf und ab lief.
Die Schlacht commandirte inzwiſchen Niemand — die ging, wie ſie konnte! —

Für den Tag nach der Schlacht erhielt dann Cuchiari den Befehl, bis Caſtelluccio
zurückzugehen und dort Stellung zu nehmen. Er fühlte ſich dort zu nahe bei

Wasser strömt durch den Graben davor; werden die stehenden Brücken an den Thoren aufgenommen, so ist der Ort unbedingt sturmfrei. Aber auch vor der ehemaligen Porta Mantovana, die jetzt seit einigen Jahren Porta Venezia heißt, um überall die Ansprüche Italiens laut anzukündigen, hat man noch ein paar Erdwerke aufgeworfen, um die Heerstraße zu bestreichen.

Sofort einen langen Bericht an Moltke theils dictirt, theils geschrieben. — Erzählung der bisherigen Operationen Cooper in die Feder dictirt; eigenhändig füge ich dann hinzu, was für Besorgnisse man wegen Cialdini's hegt, und daß man durch diese Besorgnisse bestimmt wird sich über den Po zurückzuziehen.

Ferner: Hier Einfluß auf den Gang der Operationen zu gewinnen, ist ganz unmöglich. Auf den König ist nicht zu rechnen. Es hilft zu gar Nichts, daß er im Ganzen und Großen unstreitig die richtigen Ansichten hat; davon habe ich mich überzeugt, seitdem ich gesehen habe, wie hier die Dinge betrieben werden. Denn der König hat sich so eingerichtet, in eine solche Lage versetzt, daß er gar nicht durchgreifen kann. — Er kennt die Bedingungen nicht, unter denen ein wirklicher Heerbefehl sich allein führen läßt. Namentlich hat er für seine Person kein wirkliches Hauptquartier. Zwar hat er ein sehr zahlreiches und glänzendes militärisches Gefolge, aber ein organisirtes, arbeitendes Hauptquartier, mit dem sich operiren ließe,

---

Mantua, stellte vor, daß er dort sehr exponirt sei um so mehr, da sich bei Castelluccio keine passende Stellung finde, und daraufhin erhielt er die Erlaubniß, seine Bewegung noch am Abend desselben Tages bis Macaria fortzusetzen. Er that das, wurde dann aber beschuldigt, durch diesen Rückzug die rechte Flanke der Armee preisgegeben zu haben.

Der eigentliche Grund aber, warum man ihn beseitigt habe, meint Cuchiari, sei, daß er sich gegen den Artillerie-General Valfré einige bittere Bemerkungen über die gelehrten Artilleristen erlaubt habe, die sich des Armee-Commandos bemächtigt hätten. Da sehe man nun die Früchte dieser abstracten Wissenschaftlichkeit! La Marmora, Petitti, Bariola u. s. w. sind sämmtlich Artilleristen. In den früheren piemontesischen, jetzt italienischen Artilleristen bestehe eine „Camorra", die hielten zusammen und unterstützten sich gegenseitig unter allen Bedingungen. Uebrigens mag Cuchiari ein tüchtiger Divisions-General sein — was er aber von seinen Grundsätzen und allgemeinen Ideen verlauten ließ, machte mir den Eindruck, daß auch er nicht der Mann sei ein Kriegstheater zu befehligen."

ist das nicht. Die Herren seiner Umgebung haben alle Nichts zu thun, weil gar Nichts vorliegt, was da gethan werden könnte.

Der König sagt sich nicht, daß La Marmora's Hauptquartier eben das seinige und La Marmora selbst nur ein Element darin sein müsse, wenn sein königlicher Oberbefehl eine Realität sein solle. Er sagt sich nicht, daß alle höheren Offiziere des Hauptquartiers, der Generalquartiermeister, der Generalintendant, der Chef des Nachrichtenbureaus unmittelbar mit ihm selbst arbeiten müssen. Das geschieht nicht. La Marmora ist das einzige Verbindungsglied zwischen dem König und der Armee. Der König hat sowohl von seiner eigenen Armee als vom Feinde keine anderen Nachrichten als diejenigen, die ihm La Marmora zukommen läßt. — So hat der König denn gar keine Handhabe, um unmittelbar einzugreifen in den Gang der Operationen, und die Leitung der militärischen Dinge liegt ganz in La Marmora's Hand, der allein ein wirkliches Hauptquartier hat, wo alle Fäden zusammenlaufen; der ist durchaus unzugänglich für fremden Rath und fremde Ideen. — Das Beste ist, daß Garibaldi's Expedition nicht mehr von ihm, sondern von Ricasoli abhängt.

Wie ich in meinem Zimmer im Gasthof bin, kommt mein Diener Giuseppe eilig gelaufen: Lucabou gehe eben unten in der Straße vorbei. Ich rief ihn durch das Fenster herauf. Er brachte Otto Dönhoff mit, der, zu mir hergesendet, Florenz gestern Abend verlassen hat.

Auf dem Casino in Florenz war gestern eine telegraphische Nachricht von einem siegreichen Gefecht unserer Truppen bei Turnau in Böhmen angeschlagen. Sie hat in Florenz, wo die Stimmung schon seit der Schlacht vom 24. sehr feindselig gegen La Marmora gerichtet war, wieder einen neuen Sturm von Indignation gegen diesen unglücklichen Feldherrn hervorgerufen.

Ein hiesiger Präfecturrath, der von einem anderen Tischchen herüber unser Gespräch hörte, benachrichtigte uns, daß das Hauptquartier nicht hierher nach Cremona kommt, wie bestimmt angekündigt war. Es sei dem Hauptquartier vor Kurzem — (d. h. wohl vor wenigen Stunden) — von hier aus ein Telegramm entgegen gesendet worden, das eine Aenderung in den Dispositionen veranlaßt habe.

(NB. Nun fragt es sich: kommt das Hauptquartier nur heute nicht her, oder kommt es überhaupt nicht her? — In diesem letzteren Fall wäre es wohl La Marmora's Pflicht uns zu benachrichtigen.)

Von Tisch gingen wir in ein Café in der Contraba Colonna, meinem Hôtel gegenüber. Da fanden wir unter vielerlei Leuten den englischen Commissär im italienischen Hauptquartier, General Cadogan. Dieser klagt noch viel mehr als Lucadou über die schlechte Aufnahme, welche die fremden Offiziere in La Marmora's Hauptquartier gefunden haben. Man hat überall sehr schlecht für sie gesorgt — wie die Armee am 24. über den Mincio ging, hat man sie absichtlich in Cerlungo zurückgelassen, und sie waren auch da nicht etwa ordentlich und einigermaßen anständig einquartiert, sondern geradezu ihrem Schicksal überlassen, so daß sie die Nacht im Wagen oder unter freiem Himmel zugebracht haben.

La Marmora sieht die fremden Offiziere — Zuschauer — Beobachter — nicht gern in seinem Hauptquartier, das ist nicht eben schwer zu sehen; er möchte sie gerne los sein, und um sie los zu werden, greift er zu dem allerschlechtesten Mittel: anstatt diplomatische Schritte zu thun bei den Höfen und Gesandtschaften, sucht er den Offizieren selbst die Sache dadurch zu verleiden, daß er sie vernachlässigt und schlecht behandelt. Was die dann in ihrer üblen Laune für Berichte nach Haus schreiben werden, daran scheint er nicht zu denken.

Hierher hat er sie aus Cerlungo gesendet, weil er natürlich bei dem Rückzug nach einer verlorenen Schlacht noch weniger Zuschauer zu haben wünschte als sonst. Er hätte sie eigentlich gern bewogen, gleich nach Piacenza zurück zu gehen. Unverzeihlich aber ist, daß La Marmora uns Preußen, die Gesandten des Verbündeten, die wir nicht bloße Zuschauer sind, die wir wirkliche Geschäfte haben in seinem Hauptquartier, eben so behandeln will wie die Uebrigen. Das muß anders werden.

29. Juni. Max Duncker ist als Civilcommissär nach Hessen geschickt worden. Das ist mir sehr erfreulich. Einen kurzen Brief an Usedom geschrieben; Lucadou aufgesucht in dem Hause des Marchese Araldi, einem weitläufigen Palast, in dem die

sämmtlichen Militärbevollmächtigten einquartiert sind. Ich treffe ihn nicht, besuche aber bei der Gelegenheit Cadogan.

Lucadou in der Straße. — Mit ihm zum Stadtcommando, um uns Anweisungen auf Fourage für unsere Pferde geben zu lassen. Wir erfahren, daß das Hauptquartier in Capella Picenardo ist und wahrscheinlich überhaupt gar nicht herkommt.

Davon bin ich bald vollständig überzeugt, denn mehrere Batterien Reserveartillerie, die bereits über den Po zurückgegangen waren, sehe ich jetzt wieder vorwärts gehen durch die Stadt, nach dem Oglio, und alle Versprengten aus der Schlacht vom 24., die sich hier zusammengefunden hatten, sind wieder nach Piadena in Bewegung gesetzt worden.

Und man benachrichtigt uns nicht! — Nicht einmal uns Preußen! — Das ist verdrießlich und kein gutes procédé! Lucadou schreibt für mich und sich an La Marmora; da seine Verhaltungsbefehle ihm vorschrieben dem Hauptquartier sich anzuschließen, so frage er an, wo wir beide das Hauptquartier aufzusuchen haben.

Hilft das nicht, so werde ich officielle Schritte thun müssen, um die Sache in Ordnung zu bringen.

Thee bei Cadogan in Casa Araldi. Ich muß den Leuten die Befestigung von Piacenza beschreiben, und das ist schwierig, denn zu meiner nicht geringen Verwunderung weiß der englische General nicht, was ein Kronwerk ist.

Die Herren sind auch nicht wenig verwundert über alle Details von der Schlacht am 24., die ich erfahren habe. Cadogan erzählt vom Krimkrieg.

Ziemlich spät kommen der französische Commissär, Oberst Schmitz, und der spanische Oberst Pombo wieder an, und ich lerne sie kennen. Sie waren nach Mailand gereist, um sich zu bessennutiren. — Mir sind sie nicht sehr willkommen, denn je zahlreicher die Gesellschaft, desto weniger wird La Marmora geneigt sein sie im Hauptquartier aufzunehmen, desto nothwendiger wird es werden ihm begreiflich zu machen, daß er zwischen uns und den Andern einen Unterschied machen müsse, und das wird möglicher Weise so ganz leicht nicht sein.

30. Juni. Die beruhigende Nachricht, die vorgestern von hier

aus dem Hauptquartier entgegen gesendet worden ist, und die La
Marmora bewogen hat nicht seine ganze Armee über den Po zurück-
zuführen, sondern vorläufig am Oglio stehen zu bleiben, wird wohl
gewesen sein, daß Cialdini die beiden Divisionen, die er bei Ferrara
— d. h. in der dortigen Gegend — über den Po vorgesendet hatte,
glücklich wieder über den Strom zurückgebracht hat, und daß die
Oesterreicher nicht folgen.   Das glaube ich nach einigem Nachdenken
zu errathen. — Officiell wird vorgegeben, daß Cialdini überhaupt
noch gar keine Truppe jenseit des Po gehabt hat, ich glaube aber
doch, daß diesmal das Gerücht wahrer berichtet, und daß zwei Divisionen bereits übergegangen waren.

Cooper hat von einem italienischen Generalstabsoffizier gehört,
Cialdini habe den Befehl gehabt nach dem Uebergang über den Strom
nach Sanguinetto und Isola della Scala vorzurücken, also sich dem
rechten Flügel La Marmora's vor Verona anzuschließen.   Das klingt
wie Aberwitz; nach Allem, was mir La Marmora selbst über das
„sauter dans le quadrilatère" gesagt hat, ist es aber dennoch möglich und sogar wahrscheinlich. — Wollte L. M. doch Cialdini, falls er
nicht über den Po käme, da unten, über Cremona, an sich heranziehen, um ihn vor Verona mit der Hauptarmee zu vereinigen!   Der
Marsch durch die Valli Veronesi setzt freilich voraus, daß Cialdini
nicht Gefahr liefe, am Ausgang aus diesem langen Défilé auf den
Feind zu stoßen; aber La Marmora dachte sich ja auch die Oesterreicher über die Etsch zurückgegangen und zwar mit solcher Ueberzeugung, daß erst das Feuer der österreichischen Geschütze auf La
Berrettara ihn aus dem Banne dieser fixen Idee erlösen konnte.

Berichte an Moltke geschrieben und abgefertigt.   (Ergänzungen
des Berichts von der Schlacht; die Armee geht nicht über den Po
zurück; Ursache wie oben.)

Mein Diener bringt mir ein gedrucktes fliegendes Blatt mit dem
telegraphischen Bericht von unserem Siege in der Gegend von Trautenau;
glänzend!   Nun ist mir um den Erfolg des ganzen Feldzuges, des
ganzen Krieges nicht mehr bange!   Auf den Ausgang des ersten ernst-
lichen Zusammentreffens kam sehr viel an; es hätte das moralische
Uebergewicht, die größere Aussicht auf Erfolg, die wir vor dem Feinde

allerdings voraus hatten, theilweise oder selbst ganz aufheben können, wenn es unglücklich ausfiel, wenn es die Zuversicht unserer Truppen schmälerte und ihnen einen hohen Begriff von der Kriegserfahrung der Oesterreicher beibrachte. Jetzt ist der Stein im Rollen, und er wird fortrollen von Sieg zu Sieg.

Zu Lucabou; da finden wir Schmitz und Pombo, sammt und sonders fast erliegend unter der Last unermeßlicher Langweile. Schmitz ist nicht gerade ein eleganter Offizier; er ist etwas Troupier und gegen mich sehr zurückhaltend; ich bin ihm vom ersten Augenblick an etwas antipathisch, das ist nicht schwer zu sehen. — Pombo, der Spanier, ist hellblond, mit ganz hellblauen wässerigen Augen. Er sieht ungewöhnlich gutmüthig aus, aber auch sehr beschränkt. Alle klagen über Vernachlässigung. Ich bemerkte, La Marmora's Benehmen sei unverzeihlich, ganz besonders aber in Beziehung auf uns Preußen, die wir nicht bloße Zuschauer seien, sondern wirkliche Geschäfte hätten im Hauptquartier. Das wurde eingeräumt, von Schmitz aber doch nur mit der Einschränkung: „ma position frise un peu la vôtre!"

1. Juli. Nähere Nachrichten von unseren Siegen bei Trautenau und Nachod; sie sind glänzend über alle Erwartung.

La Marmora's Adjutant, Graf Arese, der Sohn meines ehemaligen Bekannten, ist hier gewesen; der General entschuldigt, daß man uns, die Militärbevollmächtigten, nicht von den veränderten Dispositionen in Kenntniß gesetzt hat. In dem gegenwärtigen Hauptquartier sei nicht Platz für uns alle; wir würden ihm aber stets willkommen sein, wenn wir zum Diner hinaus kommen wollten.

Ein Kellner berichtet, ein höherer französischer Offizier sei angekommen und wolle wissen, wo das Hauptquartier sei, das er aufsuchen müsse; ob wir ihm nicht Auskunft geben könnten.

Wir gehen hin; eigenthümliche Unterredung, wie sie nur in einem italienischen Gasthof möglich ist. — Es läuft eine offene Galerie um den Hof. Viele Zimmer haben ihre Fenster auf diese Galerie. Der französische Offizier, ein Mann von wenig mehr als dreißig Jahren, steht mit dem Commandeurkreuz des Mauritius- und Lazarusordens in Hemdärmeln an seinem Fenster, wir auf der Galerie, und natürlich nennen wir uns gegenseitig bald.

5*

Er ist der Oberst Ferri-Pisani (von Abstammung natürlich ein Corse), Adjutant des Prinzen Napoleon (Plonpon's). Er spricht mit Bewunderung von unseren Erfolgen in Böhmen und mit beinahe noch größerer von den Operationen im nordwestlichen Deutschland (von denen wir sehr wenig wissen), in Hannover und Hessen — „tout ceci est admirable" — indem er mit der Hand über die neben ihm liegende Karte hinfährt bis an den Main. Er spricht von Bismarck als von einem großen Staatsmann: „On rougira de l'avoir méconnu."

D. Dönhoff fragt, was man denn in Frankreich, wo man feindlich gegen Preußen gesinnt sei, zu unseren Siegen sage?

Ferri-Pisani: „Non, non! l'esprit en France n'est pas hostile à la Prusse!" — l'Empereur hat den préfet de police, Pietri gefragt: „est-ce vrai qu'on vous a demandé, s'il serait permis de fêter les victoires des Autrichiens?" Pietri antwortete, man habe nicht eigentlich angefragt; er habe aber erfahren, daß man allerdings im Faubourg St. Germain mit dergleichen umgehe. Da habe er den Legitimisten sagen lassen, sie könnten seinethalben Fahnen aushängen und illuminiren — er könne ihnen aber nicht dafür stehen, daß das Volk nicht auf diese Veranlassung ihre Paläste zerstöre, „que ce serait à leur risque et péril!"

„Ce qu'on appelle les classes supérieures" habe in Frankreich allen Einfluß verloren; wenn sie „une direction" nehmen, „on peut être sûr que le gouvernement et la masse démocratique du peuple prendront la direction opposée."

Zu Lucabou; der hat einen Brief vom Obersten Bariola, einem jungen Mann, den ich in Rebondesco gesehen habe — sous-chef d'état-major —: man wird Lucabou im Hauptquartier unterzubringen suchen.

Es heißt, daß demnächst der Brückenkopf bei Borgoforte angegriffen werden soll. Das wäre jedenfalls eine sehr unbedeutende Operation, die keinen rechten Sinn hätte. Die Oesterreicher sind nicht in der Lage den Brückenkopf zu einer Offensive von dort aus auf das rechte Ufer des Po zu benutzen.

Mir scheint diese Operation ein bloßer Lückenbüßer, eine Ausgeburt der Rathlosigkeit; man weiß keine wirklichen Entschlüsse zu fassen und auszuführen und greift dazu, pour avoir l'air de faire quelque chose.

Ein heute gedrucktes Bulletin verkündet, daß eine Schwadron Foggia lancieri vier österreichische Schwadronen von Alexander-Württemberg-Husaren am Mincio in die Flucht geschlagen hat. Das wird wohl wahr sein, ist aber auch gar kein Wunder. In den feuchten Reisfeldern am Mincio kann Cavallerie nicht deployiren; Cavalleriegefechte können da nur auf den Dämmen, den Heerstraßen stattfinden, und da können nur Colonnen-Têten aufeinander stoßen. Die begegnen sich mit gleichen Fronten, und es kommt lediglich darauf an, welche umkehrt. Wie viele Züge eine jede hinter sich hat, ist ganz gleichgültig; kehrt die Spitze um, so müssen alle rückwärtigen Züge eben auch umkehren.

2. Juli. Ausfahrt um 5 Uhr früh. Cicognolo, wo das Hauptquartier des Königs ist. Da liegt zwischen den kleinen Steinhäusern der Landleute ein stattliches, mittelalterliches Schloß, mit Thürmen und Zinnen, von einem Wassergraben umgeben; es ist aber modern, vor Kurzem erst erbaut, und gehört einem Croaten, Namens Laszkowec, der als österreichischer Offizier in das Land gekommen ist und das gewiß sehr seltene Glück gehabt hat als solcher eine reiche italienische Erbin, eine Manfredi, zu heirathen. Dieses Schloß ist für den Gebrauch des Hauptquartiers verschmäht worden, man sagt, es sei feucht und ungesund. Auffallend bleibt es indessen doch, daß auch nicht ein einziges Individuum dort untergebracht ist, während man den Militärbevollmächtigten sagt, es sei kein Platz für sie. — Will man etwa nicht bei dem Croaten einkehren, und glaubt man die Mysterien des Hauptquartiers nicht sicher unter seinem Dach?

Weiter in das Dorf hinein liegt die Villa des Marquis Pallavicini, ein schöner Palast entre cour et jardin. Da wohnt der König mit seinem zahlreichen Stab. An der Mauer und dem Gitter, die den Rasenhof einschließen, stehen die Reisewagen des Königs, eine Feldschmiede, an der fast ohne Unterbrechung Pferde beschlagen werden, der Wagen des Feldtelegraphen, der beständig arbeitet. Unter den wenigen Bäumen dieses Raumes lagern einige Guiden mit ihren

Pferden, jeden Winks gewärtig; im Allgemeinen aber scheint es hier sehr ruhig herzugehen.

Unter der Säulenhalle, die zwischen den beiden vorspringenden Flügeln, über den Stufen des Perrons, an der ganzen Stirnseite des Gebäudes entlang geht, sitzt der alte Generallieutenant Solarolo mit seinem weißen Vollbart sehr bequem in einem Lehnstuhl.

Wir erfuhren, daß Graf Fr. Castiglione, dem O. Dönhoff einen Brief von Usedom abzugeben hat, für den Augenblick nicht da ist; er ist en course. — Wir beschließen zuerst weiter zu La Marmora zu fahren und Castiglione auf dem Rückweg zu sehen.

Nach Torre di Malimberti, dem schönen großen, wenn auch etwas vernachlässigten Schloß des Marchese Araldi aus Cremona. Dies Schloß, auch entre cour et jardin, ist zusammt dem Hof von einem Wassergraben umgeben.

Hier sah es schon mehr nach einem arbeitenden, wirklich thätigen Hauptquartier aus; in der Vorhalle, in den Sälen saßen zahlreiche Offiziere und Unteroffiziere, die mir aus Redonbesco her wohlbekannten Gestalten.

La Marmora ist nicht da, er ist zu Pferde am Oglio recognosciren. In einem der entfernteren Säle treffe ich Petitti, dem ich O. Dönhoff vorstelle. Er zeigte uns das neueste Telegramm aus Böhmen: Sieg der Preußen bei Gitschin.

Petitti kann die Bemerkung nicht unterdrücken, wir hätten in Böhmen die italienischen Regimenter der österreichischen Armee gegen uns. Die schlügen sich ungern unter österreichischen Fahnen und daher schlecht.

Ich: Je vais vous faire une question, qui serait de la plus grande indiscrétion, si je la faisais de mon chef, si je n'avais l'ordre formel de mon roi de la faire —: Welches sind die jetzigen Pläne des Hauptquartiers?

Petitti: spricht viel von der Nothwendigkeit des Geheimnisses; ihre Pläne scheinen den Oesterreichern bekannt gewesen zu sein; deren Dispositionen am Mincio scheinen eine genaue Kenntniß der diesseitigen Anstalten vorauszusetzen. Ich hätte, was mir La Marmora von seinen Plänen gesagt habe, nach Berlin geschrieben.

Ich: Le général m'y avait autorisé, und mein Bericht ist nicht durch die Post, sondern durch einen Courier nach Berlin abgegangen.

Petitti zustimmend: Il vous y avait autorisé!

Ich: Mein heutiger Bericht geht durch den Grafen Dönhoff nach Florenz und von dort durch einen Feldjäger, der darauf wartet, weiter nach Berlin.

Petitti ging nun auf die Sache ein. Man finde, der échec, den man erlitten, sei nicht bedeutend genug, um deshalb die früheren Pläne aufzugeben; man wird sie daher wieder aufnehmen und ausführen.

(NB. Das ist, wie sich sofort ergibt, sehr eigenthümlich zu verstehen. In der That war der Uebergang über den Mincio, die Aufstellung vor Verona und die Belagerung von Peschiera die eigentliche Aufgabe, die man sich gestellt hatte, die ernst gemeinte Operation. Cialdini's Versuche am unteren Po sollten nur als Demonstrationen wirken: jetzt wird die Sache geradezu umgekehrt. Man gibt sich das Ansehen, als habe man Cialdini's Uebergang als die eigentliche Aufgabe angesehen und behandelt, und als sei der Uebergang über den Mincio nur als Demonstration unternommen worden, um Cialdini's Unternehmen dadurch zu erleichtern, daß man den Feind hier beschäftigte!)

Petitti: Cialdini habe gebeten, man möge in solcher Absicht über den Mincio gehen. — Jetzige Stellung der Armee: das 1. Corps — jetzt, da Durando verwundet ist, von General Pianelli befehligt — steht bei Robecco und Ponte Vico, Cucchiari bei Piadena, Della Rocca bei Bozzolo (wie Cooper glaubt, d. h. erfahren hat, zum Theil im Marsch auf Sabbioneta).

Ich: Vous avez des ponts sur le Po à Crémone, à Casalmaggiore et à Viadana?

Petitti: So ist es.

Ich: Est-ce vrai que l'extrême gauche de Cialdini est à Guastalla?

Petitti: Nous avons des troupes à Guastalla — der Angriff auf den Brückenkopf bei Borgoforte wird nun die nächste Operation sein.

Ich (um ihn darauf aufmerksam zu machen, daß nicht bloß die
Diplomaten die Geheimnisse des italienischen Hauptquartieres aus-
plaudern) —: On le sait déjà dans le public, on en parle à
Crémone. — (NB. Man weiß sogar, daß Della Rocca und Cialdini's
linker Flügel diesen Angriff ausführen sollen, hätte ich hinzufügen
können.)

Petitti: Weiter beschäftigt man sich mit einem doppelten Plan;
erstens und vorzugsweise ist man gesonnen, bei Biadana, Casalmaggiore u. s. w. über den Po zurück zu gehen, zur Vereinigung mit
Cialdini, und dann mit ihm vereinigt über den unteren Po wieder
vor, in das Venetianische.

Aber die Oesterreicher haben die Höhen von Volta bis Solferino
besetzt, sollen sie verschanzen. Sollten sie mit ganzer Macht dahin
und weiter vorgehen, das wäre sehr erwünscht. Dann würde man
umgekehrt Cialdini über den Po auf das linke Ufer an sich heranziehen, und mit ihm vereinigt den Oesterreichern in die Flanke gehen.

Nachdem er mir das Alles gesagt hat, wird Petitti plötzlich von
der Besorgniß ergriffen, er könnte zu weit gegangen sein und zu viel
gesagt haben: — in sehr sichtbarer Unruhe sucht er nun alles Ge-
sagte so viel als möglich zu beschränken —: das Alles sei nur seine
persönliche Ansicht; er wisse nicht, ob La Marmora sie theile. Es
liege freilich auf der Hand und sei in der gegenwärtigen Lage sehr
natürlich so zu handeln, wie er angedeutet habe, — aber beide, La
Marmora und Cialdini, handelten und beschlössen sehr selbständig,
und sie seien auch beide fähig und durchaus berechtigt, selbständig zu
handeln. Ich soll das Alles nur als individuelle Ansicht nach Preußen
melden, dabei aber seinen — Petitti's — Namen nicht nennen.
(NB. Als wessen individuelle Ansicht also?)

Dann wieder, in Widerspruch damit: wenn an den Plänen etwas
geändert werden sollte, werde er mich davon in Kenntniß setzen; ebenso
wird er mich benachrichtigen, wenn die Armee sich in Bewegung setzt.

Dann erzählt er mir auch mit Wohlgefallen das Gefecht der
Foggia=Lancieri mit den österreichischen Husaren. Es ist ganz so,
wie ich es mir dachte, ein rencontre de têtes de colonnes auf einer
Chaussee. Da die Lancieri entschlossen drauf losjagten, warf sich der

erste Zug Husaren rechts und links vom Damm hinab in die Chaussee-
gräben, der zweite Zug kehrte um, und dann natürlich auch alle
folgenden. Die 40 Husaren, die den ersten Zug gebildet hatten und
nun in dem Graben steckten, wurden zu Gefangenen gemacht.

Victor Emanuel kommt mit dem Obersten Nasi angefahren. —
Petitti eilt ihn an einer Seitentreppe zu empfangen. (Die Säle
liegen nämlich hier, wie in der Villa Pallavicini, in einem hohen
rez-de-chaussée über Souterrains.)

Ich ging auf den Hof, wo wir die Zeit, meist auf der Freitreppe
sitzend, mit allerhand Offizieren hinbrachten, so gut es gehen wollte.
Dazwischen sprachen wir auch von italienischer Literatur, von Dante,
zu dem die Italiener jetzt zurückgekehrt sind. Ich sagte: Wenn man
die größten Dichter der neuen Zeit vom Untergang der antiken Civilisation an, den Italiener Dante, den Engländer Shakespeare und den
Deutschen Goethe neben einander stellt: „il quarto da mettere ac-
canto a questi tre non si trova!"

Im Hof wanderten nun auch die beiden Franzosen, Schmitz und
Ferri-Pisani, etwas trostlos herum und langweilten sich gleich den
Uebrigen. — Ihre Haltung war aber dabei eine sehr verschiedene.
Schmitz war das Bild mißmuthigen Ueberdrusses; es war ihm offenbar nicht recht, daß der Andere ihm mit einer speciellen Mission in
die Quere gekommen und vermöge eines bestimmten Auftrages für
den Augenblick die Hauptperson geworden war. Ferri-Pisani sah
hier Alles, als Adjutant Plonplon's, des königlichen Schwiegersohnes,
im rosigsten Licht, bewunderte die Haltung der italienischen Armee
nach einer verlorenen Schlacht und gab ihr das Zeugniß — mit
Nachdruck —: „C'est une armée!" Das Alles wurde mit halber
Stimme zu seinem Cameraden gesprochen, der es kaum mit halbem
Ohr anhörte und sehr wenig davon erbaut schien.

Da die Sache sehr lange dauerte, beschlossen wir Victor Emanuel's Bescheid in seinem eigenen Hauptquartier abzuwarten und
fuhren dorthin zurück. Der König holte uns unterwegs ein und fuhr
an uns vorüber.

In Cicognolo wurden wir von dem Commandanten des
Hauptquartiers, Generallieutenant Morozzo, sehr liebenswürdig em-

pfangen (er ist ein jüngerer Bruder des Corpscommandeurs Della Rocca und heißt wie dieser Morozzo della Rocca, wird aber zum Unterschied Morozzo genannt).

Ein Ordonnanzoffizier berichtet unsere Ankunft, meint aber, der König werde uns wohl nicht empfangen; doch änderte sich das, wie ich einigermaßen erwartet hatte, nachdem Fr. Castiglione die Ermüdung von seiner „course" heut früh ausgeschlafen hatte und erwacht war. Er belehrte seinen Herrn eines Besseren, und wir wurden zu einer Audienz berufen, die charakteristisch genug ausfiel.

Die Prachtzimmer des Palastes, große, schön gewölbte und kühle Säle, liegen im Erdgeschoß. Da treiben sich die unbeschäftigten Offiziere des königlichen Gefolges in rathloser Langeweile herum, verlängern die Mahlzeiten, so viel sie können, spielen lässig Karten und ebenso lässig und ohne Leidenschaft Hazardspiele um geringen Einsatz. Oben sind schöne geräumige Schlafzimmer. Victor Emanuel aber trägt den bedürfnißlosen, rauhen Krieger zur Schau. Wir wurden eine versteckte kleine Seiten= oder Hintertreppe hinan geführt zu einem Entresol-Zimmerchen, das der Architect wohl eigentlich für Jemanden von der Dienerschaft bestimmt hatte.

Es ist ein kleines Zimmerchen mit geweißten Wänden — des Königs Bett nahm die größere Hälfte des Raumes ein; zwischen den Fenstern stand ein schmales Sopha und davor ein kleiner Tisch mit den Resten des königlichen Frühstückes. Außerdem standen da noch ein kleiner Tisch von weißen Tannenbrettern — das war des Königs Arbeitstisch — und zwei Rohrstühle. Diese Möbel ließen so wenig freien Raum, daß drei Personen sich kaum noch darin herum drehen konnten; drei corpulente Individuen schwerlich.

Wir wurden sehr liebenswürdig empfangen. Ich stellte D. Dönhoff vor.

Victor Emanuel trägt ihm auf Usedom zu grüßen und unserem König Glück zu wünschen zu den Erfolgen in Böhmen: „Si glorieux, si brillants! — Quant à moi, je suis allé un peu trop vite; j'avais promis de commencer le 21. et j'ai voulu commencer le 24. — Je me suis lancé un peu trop avant! — Nous n'avions pas suffisamment étudié la question! Si Cialdini avait pu passer le 24., tout eût été bien; mais il n'a pu passer que le 25." — Erſt da er, während der Schlacht, ein Telegramm von Cialdini erhalten, daß der erſt am folgenden Tag über den Po gehen könnte, habe er ſich entſchloſſen über den Mincio zurück zu gehen.

Dieſe Nachricht hätte nur ein Grund ſein können das Gefecht fortzuſetzen — wenn nämlich im Gang des Gefechtes ſelbſt keine Veranlaſſung zum Rückzug gegeben war — um die Oeſterreicher hier feſt zu halten, damit ſie ſich nicht gegen Cialdini zurück wenden konnten. Der König will vielleicht die Sache ſo darſtellen, wie ſie ſein Hauptquartier jetzt gerne angeſehen haben möchte, aber er widerſpricht jedenfalls ſogleich wieder dieſer Vorſtellung und ſpricht von einem früheren Plan, den man hat aufgeben müſſen, und von einem neuen, den man nun verſuchen will:

„Mais de ce côté-ci les difficultés sont trop grandes. Pour traverser le quadrilatère de ce côté-ci, il faudrait prendre les fortifications de Peschiera pour assurer les communications — peut-être même celles de Mantoue, il faudrait pour cela une force de 400000 hommes." Jetzt habe er ſich gefunden in das, was geſchehen, und beruhigt, „mais les premiers jours j'étais furieux, je l'avoue . . . Maintenant nous allons un peu mieux étudier la question." (Danach ſollte man glauben, daß die Pläne noch nicht ganz feſtſtehen.) Borgoforte wird übrigens am Donnerſtag angegriffen werden.

Darauf werden wir ſehr liebenswürdig entlaſſen. — Noch ein wenig mit den Offizieren geplaudert. Dann ſchrieb ich einen Brief an Uſedom und einen ausführlichen Bericht an Moltke über die jetzige Lage und Pläne der Italiener.

3. Juli. Wieder ſehr heiß. Zeitungen: mailändiſcher „Pungolo" — Sieg der Preußen bei Gitſchin. Die Sache imponirt den Italienern mehr und mehr.

Wenn ich mir's überlege, komme ich zu dem Ergebniß, daß der vielgerühmte Benedek bisher ſehr ſchlecht operirt hat. Nachdem er am 11. Juni jene durchaus defenſive Stellung eingenommen hatte, die ich mit Verwunderung geſehen hatte, konnte er vernünftiger Weiſe zweierlei thun: Erſtens, er konnte ſich zunächſt auf die abwartende

Vertheidigung beschränken, — voir venir — in der Hinterhand
bleiben, den Feind ruhig auf der Straße von Pardubitz nach Wien
erwarten, den Krieg in die Länge ziehen, die Entscheidung hinhalten,
bis Bayern und die sonstigen Bundesgenossen im Stande seien, mit
Nachdruck einzugreifen 2c. Oder er konnte sich die Aufgabe stellen,
die Vereinigung der beiden preußischen Armeen, die aus der Lausitz
und aus Schlesien her nach Böhmen vorrücken, zu verhindern und
sie vor der Vereinigung einzeln zu schlagen —: dann mußte er aber
mit gesammter Macht sogleich bis Gitschin vorrücken, um mit gesammter Macht über den herzufallen, der zuerst aus dem Gebirge
herab kam. Das Dritte, was er gethan hat, einzelne Corps vorzu-
senden, bald gegen den Einen, bald gegen den Anderen, um die Vereinigung zu verhindern, konnte wohl kaum zu etwas Anderem führen
als dazu, daß diese Heertheile einzeln geschlagen wurden.

5. Juli. Ich höre, daß Ferri-Pisani zurück ist aus dem Hauptquartier, und gehe zu ihm, um zu erfahren, was bei der Armee vorgeht.

Er empfängt mich mit den Worten: „Eh bien, vous venez
pour recevoir mes compliments!" Ich weiß von Nichts!

Da erzählt er denn: Die österreichische Hauptarmee ist vorgestern,
3. Juli, in einer Hauptschlacht total geschlagen, vernichtet worden!
— Er ist selbst ganz geblendet von dem großen, unerhörten Ereigniß,
er sieht nun den gänzlichen, unwiederbringlichen Fall, die Zertrümmerung Oesterreichs voraus und ergeht sich in Betrachtungen, indem
er erklärt, er sei plus rêveur qu'un allemand — wir leben in einer
großen Zeit! — Wir sehen Oesterreich untergehen, „l'empire de
Charlemagne!"

Ich: Il peut être reconstruit!

Ferri-Pisani: „Mais c'est là, qu'étaient les traditions!"
Was mit der Reformation begonnen hat, sehen wir vor unseren
Augen sich vollenden: „La guerre de trente ans n'a été qu'une
épisode; je regarde l'Italie comme un détail infime; c'est de
bien autre chose, qu'il s'agit!"

Ich: Was geschieht denn nun aber hier in Italien?

Ferri-Pisani: Die Italiener sind gestern mit 5 Divisionen
über den Oglio übergegangen; da hat sich gefunden, daß der Feind

die Höhen von Volta bis Goito und die angefangenen Verschanzungen aufgegeben hat und jenseits des Mincio verschwunden ist. Die ita-lienischen Generale selbst glauben jetzt, daß die ganze österreichische Armee unter dem Erzherzog Albrecht bereits auf dem Marsch ist, um an die Donau zu eilen.

Bericht an Moltke beendigt.

Lucadou sendet mir das Telegramm, das die Nachricht von dem Siege bei Horsitz oder Sadowa in das Hauptquartier gebracht hat. Ich sehe daraus, daß wirklich unsere gesammte Heeresmacht — daß alle 8 Armeecorps in der Schlacht gekämpft haben — daß wirklich die Gesammtmacht Oesterreichs zertrümmert ist. Dieser Sieg über-steigt alle meine Erwartungen; wie überhaupt der ganze Feldzug. Ich hielt mich zwar des Erfolges im Allgemeinen versichert, aber so hatte ich den Gang der Dinge nicht gedacht — das konnte auch wohl Niemand vorhersehen. Oesterreichs Macht in so wenigen Tagen zer-trümmert — es ist wie ein Traum! — Selbst von einer solchen Schlacht weiß ich kein Beispiel. Daß ein Heer von 60—70000 Mann in einem Tage, im Laufe weniger Stunden vollständig und bis zur Vernichtung geschlagen werden kann, das haben wir bei Waterloo erlebt: aber daß Heere von 200000 Mann einen Kampf bis zur gänzlichen Erschöpfung aller Kräfte, wenigstens der einen Partei, bis zur letzten Entscheidung, die keine Ressourcen mehr übrig läßt, bis zur Vernichtung der letzten Reserven an einem einzigen Tage durch-gekämpft hätten — das ist unerhört!

Meinen Brief an Moltke abgefertigt.

Wir schreiten von Unerhörtem zu Unerhörterem fort! — Auf demselben Blatt, das den Sieg der preußischen Fahnen verkündet, steht, telegraphisch mitgetheilt, ein Auszug aus dem heutigen „Moni-teur" —: Kaiser Franz Joseph cedirt Napoleon III. Vene-tien und verlangt seine Vermittelung; Napoleon hat Preußen und Oesterreich einen Waffenstillstand vor-geschlagen.

Wie vollständig muß Oesterreichs Macht zertrümmert sein, daß man sich in Wien dazu entschlossen hat, und zwar in weniger als 24 Stunden nach der verlorenen Schlacht.

Napoleon ergreift natürlich mit beiden Händen diese Gelegenheit sich einzumischen; daß er die ganze Verhandlung augenblicklich im Moniteur bekannt machen läßt, ist gewiß nicht ohne Absicht geschehen. Dadurch, daß er die Transaction so schnell, so officiell und so geräuschvoll als möglich veröffentlicht, will er es unmöglich machen daß sie wieder rückgängig werde. Er will über Venetien verfügen, um von Neuem als Schiedsrichter Europa's dazustehen, und die Italiener sollen es haben, ja! aber als großmüthiges Geschenk aus seiner Hand, damit der eigentliche Zweck, den die National-Partei mit diesem Krieg verband, die Emancipation Italiens, die Befreiung aus der französischen Vormundschaft, vereitelt werde!

Die Sache ist in mehr als einer Weise sehr bedenklich! — La Marmora wird ohne Zweifel große Lust haben auf die Sache einzugehen —: die Vorschläge Frankreichs — Venetien als Geschenk Frankreichs — anzunehmen und die unglücklichen Waffen ruhen zu lassen! —

Der Ordonnanzoffizier Baron Porcelli auf der Durchreise hier, wünscht mich zu sehen. Ich treffe ihn im Café gegenüber. Er ist wie in einem Fieberanfall und spricht, als sei es eine ausgemachte Sache, daß man die Vorschläge Frankreichs annehmen wird.

Ich: Wird man sie denn annehmen?

Porcelli: „Il parait que oui" — La Marmora und dessen Creatur, Petitti, seien dafür; — er äußert sich sehr leidenschaftlich über Beide, bittet sich, was seine Mittheilungen betrifft, Discretion und Verschweigung des Namens aus; er geht, gesendet, zu Garibaldi; sein Auftrag an Garibaldi ist, der solle sich genau nach den Befehlen richten, die er aus dem großen Hauptquartier erhalten werde, und Nichts thun ohne Befehl —: darnach könne ich urtheilen! — Wenn man jetzt hier die Vorschläge Frankreichs annimmt, dann werde er sich die italienische Uniform in Fetzen vom Leibe reißen, nach Preußen gehen und dort als gemeiner Dragoner in Dienste treten.

Oberst Gianini, den ich wieder treffe, ist in einer nicht weniger leidenschaftlichen Stimmung.

Seltsamer Weise aber denkt in dieser allgemeinen Aufregung

Niemand daran, daß die Vorschläge Frankreichs annehmen ein Act der Treulosigkeit gegen Preußen wäre. Sie sehen nur die eigene Schmach, die vernichtete Waffenehre, und die nimmt ihren Geist und Sinn in solcher Weise in Anspruch, daß für keinen anderen Gedanken Raum bleibt.

Um 12 Uhr von Cooper geweckt, der mir einen Brief von Lucabou bringt, der durch Estafette angekommen ist. Lucabou spricht, als sei es eine ausgemachte Sache, daß man hier die Vorschläge und das Geschenk Frankreichs annehmen wird. Es scheint sehr schlimm zu stehen.

Beginn der französischen Vermittelung.

5. Juli. Auf um 4 Uhr — unterwegs um 5 Uhr. — Cicognolo. — General Morozzo empfängt mich auf dem Perron der Villa Pallavicini — die sämmtlichen Ordonnanzoffiziere drängen sich sofort um mich herum, gratuliren in überschwenglicher Weise zu unseren glänzenden Siegen — fragen aber auch in fast ängstlicher Weise, ob Preußen den vorgeschlagenen Waffenstillstand annehmen wird? — Das ist die Frage, welche die Gemüther beschäftigt!

Ich: Ich glaube nicht. Kann denn etwa unser König seiner siegreichen Armee unmittelbar nach solchen kaum je gehörten Siegen sagen, sie solle sofort anhalten, weil Napoleon es haben will? —

Das scheint allen unmöglich; ich füge hinzu, mir scheine, daß auch Italien die Vorschläge Frankreichs nicht annehmen kann; denn wenn sie auch auf diese Weise Venetien gewönnen und anscheinend ihren Zweck erreichten —: „ce n'est pas ainsi, qu'on fonde des royaumes, qu'on fait renaître une nation!"

General Morozzo verräth im Gespräch einen der Gründe der langen Unthätigkeit hier am Oglio. Das erste Corps (Durando, jetzt Pianelli) hat in der Schlacht am 24. den bei Weitem größten Theil seiner Ambulancen verloren — fast alle die der drei Divisionen, die über den Mincio gegangen sind. Nämlich Cerale hat die seinigen alle 6 verloren; Sirtori und Brignone haben je 5 von 6 verloren.

Auch scheint mir geschehen zu sein, was Petitti als unnöthig ablehnen wollte: das erste Corps ist wohl theilweise reorganisirt worden.

Fr. Castiglione verschafft mir Zutritt zu Victor Emanuel. Der
heißt mich an dem weißen Tannenholztisch ihm gegenüber Platz nehmen
und hält mir dann schweigend seine Cigarrentasche hin. Ich soll ein
gemüthliches Duett mit ihm rauchen; da ich das zu seiner Verwunderung
nicht kann, raucht er allein und wir haben in dieser Verfassung ein
Zwiegespräch von 1½ Stunden.

Victor Emanuel macht mir zunächst große Complimente unserer
glänzenden Siege wegen —: seulement vous avez été trop brillants,
trop sublimes! — unsere Erfolge seien sich so rasch gefolgt, daß er
nicht habe mitkommen können, und daraus entstehen nun verdrießliche,
politische Verwickelungen.   Seit unserem letzten entscheidenden Siege
„la situation c'est singulièrement compliquée!" Cession Venetiens
von Seiten Oesterreichs — Napoleon's Einschreiten und seine Vorschläge — Victor Emanuel spricht sich sehr energisch darüber aus,
wie sehr ihm das Alles zuwider ist.   Er ist überhaupt sehr ungnädig
gestimmt, und da er Napoleon mehrfach nennen muß, unterläßt er
nicht, ein paar Mal als opitheton ornans hinzu zu fügen: „ce
cochon!"

Endlich zeigt er mir die telegraphische Antwort auf Napoleon's
Vorschläge, die er gestern Abend nach Paris abgefertigt hat. Sie lautet:

„Cicognolo: à 8 h 20 à S. M. I., Empereur des Francais.

Remercie V. M. de l'intérêt, qu'Elle prend à la cause italienne. La proposition, que V. M. me fait, est tellement grave,
qu'il me faut consulter mon gouvernement et connaître les
dispositions de la Prusse, avec laquelle je suis liée par un traité."

(NB. Die Antwort ist soweit ganz gut, die Sachen stehen nicht
so schlimm, wie die Leute glauben.)

Victor Emanuel erzählt, der Prinz Napoleon (sein Schwieger-
sohn) sei „furieux" über des Kaisers Einschreiten: „au point qu'il
m'écrit des bêtises" — er sei in sehr aufgeregter Stimmung —
„il attaquera l'Empereur ce soir!"

Daneben äußerte sich Victor Emanuel sehr beunruhigt dadurch,
daß Napoleon die österreichischen Anerbietungen und seine eigenen

vermittelnden Vorſchläge ſofort hat im Moniteur bekannt machen laſſen; Napoleon habe das ſchon öfter in ähnlichen Fällen gethan; die Abſicht ſei, auf alle unbequemen Einwendungen antworten zu können: „je suis compromis vis à vis de l'opinion publique!" — Was werde nun Preußen auf Napoleon's Vorſchläge antworten?

Ich: Das weiß ich nicht; kann ich nicht wiſſen; eine wirklich erfolgte Antwort wird E. M. ohne Zweifel früher erfahren als ich; an ſich aber iſt die Sache ſehr einfach; es iſt eigentlich nur eine Antwort möglich. Ich irre daher wohl kaum in der Vermuthung, man werde antworten: vor der Hand könne weder von Vermittelung noch von Unterhandlungen, am allerwenigſten von einem Waffenſtillſtand die Rede ſein, da Oeſterreich Preußen gegenüber gar keine Baſis zu Unterhandlungen vorgelegt habe. Erſt wenn Oeſterreich erklärt habe, auf welcher Baſis es zu unterhandeln bereit ſei, könne man einen Entſchluß faſſen.

Victor Emanuel theilt mir das Telegramm mit, vermöge deſſen Napoleon ſeine Vorſchläge macht. Napoleon ſagt darin: „la Vénétie, que l'Autriche me cède" — nicht: „m'a cédé"; Victor Emanuel folgert daraus ſich ſelbſt beruhigend, daß Napoleon ſelbſt die Ceſſion noch nicht als wirklich vollzogen anſieht. Aber der Schluß der Depeſche erregt dann wieder ſeinen Argwohn. Napoleon ſagt darin, er ſei geneigt Venetien dem König von Italien zu überlaſſen: „et il nous sera facile de trouver un arrangement;" alſo nicht umſonſt wird er die Provinz dem Königreich Italien überlaſſen!

Ich beſtärke ihn auf das Entſchiedenſte in dieſem Argwohn; Napoleon wird ſich im Gegentheil einen ſehr hohen Preis für Venetien zahlen laſſen.

Victor Emanuel: Mais qu'est-ce qu'il me demandera? je ne veux rien lui donner!

Ich: On a parlé de la Sardaigne, mais je ne crois pas, que ce soit l'objet, qu'il a en vue — qu'en ferait-il? — Sardinien gewährt ihm weder eine Steigerung der wirklichen Macht Frankreichs, noch eine militairiſche Stellung. — Im Jahre 1859 ging ſein Verlangen auf Dalmatien und den Beſitz der Bocche di Cattaro, und zwar um dort ein ſtehendes Lager, eine Armee, haben zu können, um Herr eines Weges nach Constantinopel zu sein, der ihm nicht versperrt werden könne, um nach Constantinopel marschiren zu können, zu seiner Zeit, ohne daß eine englische Flotte ihn daran zu hindern vermöchte. „Il demandera peut-être un port dans l'Adriatique. Ce serait un acheminement. Le port d'Ancône par exemple."

Victor Emanuel fährt auf, findet aber den Gedanken nicht unwahrscheinlich. Erzählt, wie er in Beziehung auf Savoyen und Nizza von Napoleon treulos behandelt worden ist. Cavour hatte diese Provinzen dem Kaiser versprochen — dafür sollte Italien frei sein bis zur Adria. Als nun aber nach dem Frieden von Villafranca Victor Emanuel auf dem Mont-Cenis von Napoleon Abschied nahm, gab dieser ihm die Hand und sagte: „comme je n'ai pu tenir ma parole, qu'il ne soit plus question de Nice et de la Savoie."

Und dennoch, sowie Cavour wieder Minister war, der sich zu Plombières gegen Napoleon verpflichtet hatte (NB. soll wohl eigentlich heißen: so wie Toscana und die kleineren Herzogthümer, gegen die Bestimmungen des Züricher Friedens, annectirt wurden) kam der französische Kaiser wieder auf seine früheren Forderungen zurück und verlangte die Provinzen. — Er, Victor Emanuel, wird das nie vergessen.

Ich: Hoffentlich sind diese Provinzen nicht für immer abgetreten. Wir dürfen hoffen, daß sie bereinst wieder an Italien kommen.

Victor Emanuel: C'est la dernière phase, de ce que je me propose de faire!

Ich: J'espère, que nos armes seront unies alors comme elles le sont aujourd'hui.

Victor Emanuel schmält über Napoleon's Verfahren, das auch jetzt wieder ein unredliches sei; contrastirt sein eigenes, durchaus loyales Benehmen damit.

Ich: C'est que V. M. est roi et gentilhomme; il n'est ni l'un ni l'autro (NB. das gefällt dem König ungemein). Indessen der Tag der Vergeltung wird kommen.

Was die augenblickliche Lage betrifft, so scheint Oesterreichs Berechnung leicht zu durchschauen —: Oesterreich will trotz seiner Niederlagen den Frieden mit Preußen offenbar nicht, denn es hat

Preußen gegenüber gar keine Friedensbasis vorgeschlagen. Es will also erstens: seine Süd-Armee aus Italien an die Donau ziehen, um Wien zu vertheidigen, und die italienische Armee durch das diplomatische Kunststück — die Cession Venetiens — hindern ihr dorthin zu folgen.

Es will ferner Frankreich zu seinen Gunsten in den Krieg hineinziehen. Das ist nicht möglich, so lange Italien partie belligérante ist, denn unmöglich kann Napoleon für Oesterreich gegen Italien das Schwert ziehen und Krieg führen. Darum soll zunächst Italien hors de cause gesetzt werden, indem es erhält, was es verlangt. Italien würde aber auf diese Weise Venetien sehr theuer zu bezahlen haben; es würde den Preis dafür geben müssen, den Napoleon dafür festsetzt.

Dieses ganze Intriguen-Gewebe kann der König zerreißen, wenn er sofort bei Ferrara über den Po geht, damit er für seine Person und mit seiner Armee weit im Venetianischen ist, ehe die telegraphische Correspondenz, die jetzt hin und her geht, zu irgend einem Abschluß gekommen sein kann. — Er wagt gar Nichts dabei, denn er hat nur schwache Festungs-Besatzungen, im freien Felde aber gar keinen Feind vor sich. Der Erzherzog Albrecht ist gewiß mit seiner Armee bereits im Marsch nach Wien und wird eben so gewiß nicht wieder umkehren und Zeit verlieren, um etwa die Italiener noch einmal über den Po zurück zu werfen.

Victor Emanuel: Napoleon kann nicht für Oesterreich gegen Italien Krieg führen —: „c'est vrai! — Mais s'il se met de travers? s'il déclare: halte-là! la Vénétie est à moi, j'y enverrais des garnisons, — il en est capable!" — (NB. das also mag es wohl sein, was La Marmora geltend macht, um zur Annahme der französischen Vorschläge zu bewegen.) — In diesem Fall will Victor Emanuel sich mit seiner ganzen Armee an der Küste des adriatischen Meeres einschiffen, bei Triest landen u. s. w. (NB. Das sind abenteuerliche Vorstellungen, in denen man sich wohl gesprächsweise ergeht, die man aber nicht ausführt. Je voudrais y voir La Marmora! ich möchte den sehen, wenn er dergleichen ausführen soll!)

Ich: Napoleon könnte allerdings dazu geneigt sein; er hat aber

doch noch immer das fait accompli respectirt. — Die Cession des
Venetianischen ist doch bis jetzt eigentlich nur eventuell und davon
abhängig, daß auch Italien die Gesammtheit der Vorschläge annimmt,
mit denen sie in Verbindung steht, und daß Oesterreich gewiß ist,
daß es um diesen Preis gegen die Waffen Italiens gesichert ist. —
Napoleon kann sie, vor Abschluß der telegraphischen Correspondenz,
die jetzt darüber im Gange ist, nicht als wirklich vollzogen, und daher
das Venetianische auch nicht als sein Eigenthum betrachten. Es kommt
also darauf an das fait accompli zu schaffen, ehe diese Correspondenz
zu irgend einem Abschluß gekommen sein kann — Also über den
Po bei Ferrara!

Victor Emanuel: Cialdini geht den 7. über den Po, und
die ganze Armee wird über Casalmaggiore folgen. — Victor
Emanuel spricht, als habe er das an La Marmora vorbei und
ohne dessen Betheiligung befohlen, ich soll La Marmora und überhaupt den Generalen Nichts davon sagen. (NB. Daß er dem General
Cialdini hätte durch Fr. Castiglione schreiben lassen, er solle über den
Po gehen — das wäre allenfalls möglich —: Anordnungen, wirkliche
Dispositionen, den Marsch nach Casalmaggiore betreffend, können
nur von La Marmora's Hauptquartier ausgehen. Der König mit
seinem Stabe ist darauf im Entferntesten nicht eingerichtet. — Vielleicht wird mir Discretion nur darum zur Pflicht gemacht, daß La
Marmora nicht erfährt, daß Victor Emanuel aus der Schule ge-
schwatzt hat!) — Komme auf die Stimmung hier im Lande, sie ist
sehr aufgeregt; es sind Unruhen zu befürchten, wenn die Vorschläge
Frankreichs jetzt angenommen würden: „J'ose prier V. M. de croire,
que je parle en ce moment non comme représentant de la
Prusse, mais comme un honnête homme, qui dit la vérité sur la
foi de sa parole d'honneur." (NB. Auch diese Andeutungen scheinen
wenig Eindruck zu machen.)

Mancherlei Hin- und Herreden.

Victor Emanuel erzählt mir die Schlacht vom 24. noch einmal:
Hätte Cialdini an demselben Tage über den Po gehen können, dann
wäre Alles gut gewesen. Victor Emanuel hat während der Schlacht
deshalb mit Cialdini hin und her telegraphirt; aber Cialdini erklärte,

er könne erst am 25. übergehen — da entschloß man sich über den
Mincio zurückzugehen. Der Rückzug war auch nothwendig, weil man
den Leuten kein Brot, überhaupt keine Nahrungsmittel geben konnte.
Der Train war insgesammt geflohen über den Mincio. — Dann:
„un bruit traître s'était répandu“ — das Gerücht hatte sich
verbreitet — am 25. (?) telegraphirte Cialdini, er habe Kunde von
einer verlorenen Schlacht erhalten, und werde der geschlagenen Armee
bei Modena entgegenkommen.

(NB. Es bedurfte keines bruit traître, um Cialdini an eine ver-
lorene Schlacht glauben zu machen; er brauchte ja nur das eigene
Bulletin des Königs zu lesen. — Ueberhaupt, was mag an dem
Allen wohl wahr sein?)

Ich werde sehr gnädig entlassen und fahre nun in La Marmora's
Hauptquartier, um mich auch dort zu orientiren.

In Capella Picenardo begegnet mir Fr. Castiglione zu Pferde. —
Französisch versteht hier zu Lande doch hin und wieder einer, vielleicht
mein Kutscher. Ich frage: „vous parlez un peu l'allemand?“ —
sehr wenig — ich sage, daß ich den König gesehen habe, ich bin sehr
zufrieden.

Castiglione: „Er ist gut!“ — Ich, indem ich nach Torre di
Malimberti weise: „aber da?“ — „Auch gut!“

In Torre di Malimberti zuerst Lucadou aufgesucht.

Lucadou sagt mir, daß der Angriff auf Borgoforte ohne Erfolg
geblieben ist. Die Disposition hierzu war nach der Karte entworfen,
auf dem wirklichen Gelände hatte sich Niemand umgesehen. — Vor
dem Brückenkopf geht — auf dem rechten Ufer — in der Entfernung
von ein paar 1000 Schritten ein toter Arm des Po dahin, und jenseits
dieses toten Armes erhebt sich erst der eigentliche Thalrand des Stromes.
Auf diesem hatten die Italiener, der Disposition zufolge, ihre Batterien
zu errichten. Die Niederung zwischen dem toten Arm und dem Strom
ist aber ganz dicht mit hohen Pappeln überwachsen. Die Italiener
beschossen vom Thalrand aus den Brückenkopf und wissen nicht, ob
ein einziges ihrer Geschosse das Ziel getroffen hat. — Die Oesterreicher haben das Feuer gar nicht beantwortet, entweder weil sie nicht
vorbereitet waren, oder weil sie ihre Feuerlinie nicht verrathen und

die harmlosen feindlichen Geschosse nicht auf ein bestimmtes Ziel lenken wollten.

Mir ist dabei mancherlei Befremdendes: Wie kommt es denn, daß die Oesterreicher das Pappelgehölz in der Niederung nicht rasirt haben?

Im Schlosse Gespräch mit La Marmora, der fragte vor Allem, was Preußen auf Napoleon's Vorschläge antworten wird?

Ich sagte ihm, was ich Victor Emanuel gesagt habe. „Der König hat mir Napoleon's telegraphische Depesche mitgetheilt; deren Schluß ist sehr bedenklich, comme le roi me l'a fait très-justement remarquer."

La Marmora: „Prenez garde, que le Roi ne vous fasse quelque pâté!" Usedom habe Durchstechereien mit Castiglione und durch den mit dem König — telegraphire an Castiglione „ce qui n'est pas même très-beau, et comme le Roi n'est pas fort, il lui a fait plus d'un pâté. Il en a fait à moi!" — (NB. Diese freimüthige Art, sich über den König auszusprechen, beweist wohl, daß die Herren zur Zeit nicht zum Besten miteinander stehen, und daß La Marmora sehr gereizt ist. Er muß in diesen Tagen viel Widerspruch erfahren haben.)

Ich: Der Schluß der Depesche „un arrangement, qu'il nous sera facile de trouver" ist aber doch jedenfalls bedenklich.

La Marmora: „Oh non! il ne s'agit que de Rome — vous verrez! il ne s'agit que de Rome!" (NB. Als ob es eben gar Nichts wäre, wenn Rom unter französischem Schutz bleibt und den Italienern entzogen.) Was wird nun aber Preußen als Preis des Friedens fordern?

Ich: Das kann ich nicht wissen. Unser ursprüngliches Programm war: die Elbherzogthümer und die Hegemonie in Deutschland.

La Marmora: Oh, si vous ne demandez que cela, on vous l'accordera facilement; mais j'aurais cru, que vous voudrez garder la Saxe et le Hanovre — n'est-ce pas cela, ce que vous voulez?

Ich: Ich weiß nicht, combien notre programme peut avoir grandi, depuis que j'ai quitté Berlin; wenn man ein Territorium

wünscht, so wäre es wohl vor Allem und vorzugsweise Kurhessen.

(NB. Dem La Marmora ist ein Stein vom Herzen genommen,
wie sich ihm die Aussicht eröffnet, daß Preußen bescheidene Ansprüche
erheben könnte. Er ist leicht zu durchschauen: Da es ihm als einem
Piemontesen nur darauf ankommt Venetien zu gewinnen, gleichviel
auf welche Weise, gleichviel ob mit oder ohne Waffenehre — gleichviel, was sonst in Europa vorgeht — und ohne daß es ihm wünschenswerth erschiene Italien von der Vormundschaft Frankreichs zu befreien, da hätte er wohl am liebsten gleich zugegriffen und Napoleon's
Vorschläge ohne Weiteres angenommen. Da das nicht geht, wünscht
er jetzt — da, wie er meint, Venetien den Italienern jedenfalls gesichert ist — einen baldigen gemeinschaftlichen Frieden, und er ist
geängstigt durch den Gedanken, Preußen könnte durch hochgespannte
Forderungen den Abschluß verzögern.)

Gespräch mit Petitti: dem sage ich (wie Morozzo) — was gegen
La Marmora auszusprechen nicht klug gewesen wäre — daß Italien
Frankreichs Vorschläge nicht annehmen darf, wenn es ein selbständiges
Nationaldasein führen will.

Er fragt sehr ängstlich: wir würden uns doch nicht durch einen
Waffenstillstand aufhalten lassen? — Wieviele Märsche seien vom
Schlachtfelde bei Sadowa bis Wien?

„Une dixaine de marches." Das hört er sehr gern.

(NB. Natürlich! Den Leuten, die etwas klüger sind als La Marmora,
ist sehr daran gelegen, daß wir vorwärts gehen auf Wien, denn sonst
brauchte Erzherzog Albrecht mit seiner Armee nicht an die Donau zu
eilen, er könnte in Italien verweilen, bis die österreichischen Besatzungen
in den Festungen durch französische abgelöst wären, und das gäbe
unangenehme Verwickelungen!)

Von den Operationen konnte auch mit Petitti weiter nicht die
die Rede sein, da ich nicht sagen durfte, was ich weiß. Aber ich
wiederholte beständig und mit großem Nachdruck, daß die Italiener
jetzt geradezu machen können, was sie wollen, da sie gar keinen Feind
vor sich haben; der Erzherzog Albrecht sei ohne Zweifel bereits auf
dem Marsche nach Wien.

Ich kündige an, daß ich morgen ganz herausziehen werde in das Hauptquartier.

Frühstück in dem Souterrain des Schlosses, wo der Marketender des Hauptquartiers sich eingerichtet hat.

Der französische Militär-Bevollmächtigte Schmitz winkt mich geheimnißvoll in den Hof hinab und thut allerhand Fragen. Ich erkläre ihm Oesterreichs Politik, die Absicht, Frankreich in den Krieg hineinzuziehen. — Er ist sehr wenig erbaut davon.

Uebrigens ist auch er ganz geblendet von dem Glanz des preußischen Feldzuges in Böhmen. Ein Reich wie Oesterreich so schnell zu Boden geworfen — ein solcher Feldzug von 10—12 Tagen — „cela ne s'est jamais vu!" Was der Cardinal Richelieu im Jahre 1621 angefangen hat, die Vernichtung Oesterreichs, das sehen wir vor unseren Augen vollenden! —

Rückfahrt: Ferri-Pisani begegnet in einem Einspänner; wir halten an, steigen aus und retiriren der furchtbaren Hitze wegen in den Schatten eines Baumes, um uns zu besprechen. Er sieht sehr gut, wo Oesterreichs Politik hinaus will — und ist entrüstet. Das ist nicht unwichtig, seines Herren, Plonplon's, wegen.

In Cicognolo angehalten. Victor Emanuel läßt mir durch Fr. Castiglione eine Abschrift des Telegramms geben, das er gestern nach Paris abgefertigt hat. Er hatte mir das versprochen.

Weitere Fahrt bei furchtbarer Hitze. Cremona. Bericht an Usedom geschrieben.

7. Juli. Einen ausführlichen Bericht an Moltke geschrieben. Aufbruch um 5½ Uhr.

8. Juli. Cicognolo. Ich finde die Casa militare del Re bei Tafel. Mir wird sogleich ein Platz neben dem Commandanten des königlichen Hauptquartiers, General Morozzo, eingeräumt, und Morozzo ladet mich für immer ein — das Diner ist gut und wird von der Dienerschaft des Königs auf Silber servirt.

Aber man erlebt mitunter überraschende Dinge. Morozzo ist General-Lieutenant — ein Weltmann, als Italiener nothwendiger Weise viel mit Fremden in Berührung gewesen — sein Bruder war Krönungs-Gesandter in Berlin — und er fragt mich:

„Dites-moi, quelle langue est-ce qu'on parle dans votre pays? — est-ce que la langue prussienne a quelque analogie avec la langue allemande?"

Ich: „Il n'y a qu'une différence de dialecte!"

Nach Tisch: Gespräch mit Fr. Castiglione, er sagt: hier ist keine Neigung auf einen Waffenstillstand einzugehen, wohl aber, nach den Nachrichten, die sie von dorther haben, bei uns in Preußen: „Votre Roi, si bon, si généreux", werde aus Großmuth den Augenblick nicht so benutzen gegen Oesterreich, wie es möglich wäre, — und so ein Augenblick werde nicht wiederkehren für Preußen.

Hier, bei den Italienern, drängt Napoleon mit vielem Nachdruck auf die Annahme des Waffenstillstandes und seiner Vermittelung, indem er dabei beständig wiederholt, Preußen habe Beides bereits angenommen: „La Prusse a accepté" — „La Prusse ayant accepté" wiederholt er in jedem Telegramm.

Castiglione vermittelt eine Zusammenkunft mit Victor Emanuel — im Stallhof, neben dem Palast, wo wir miteinander auf- und abgehen und stehen.

Victor Emanuel fragt, was wir Preußen thun werden?

Ich: Jedenfalls ist der Waffenstillstand noch nicht abgeschlossen, und die Armee in fortgesetzter Bewegung.

Victor Emanuel — klagt über die Zudringlichkeit, mit der Napoleon auf Annahme seiner Vorschläge bringt. Er telegraphirt, wenn Italien nicht annehme: „je serais obligé de prendre un parti;" — aber er, Victor Emanuel nämlich, lasse sich nicht einschüchtern: „je suis curieux de voir le parti, qu'il va prendre." —

Ich: Er möge nur rasch in das Venetianische vorrücken, dann fällt die Abtretung Venetiens an Frankreich nichtig in sich zusammen.

Victor Emanuel: Cialdini ist gestern über den Po gegangen — die ganze Armee folgt. Ich soll das aber Niemandem sagen, auch La Marmora nicht. —

Dazwischen läßt er sich ein Beute-Pferd vorreiten, das einer seiner Offiziere erstanden hat — ein österreichisches Husaren-Pferd, Schimmel.

Nachdem ich entlassen bin, Fahrt nach S. Antonio (Gemeinde

Pessina) — an der Heerstraße nach Piadena, wo ich bei dem Ban-
quier Negri einquartiert bin.

Der Hausherr, Wittwer, ist nicht daheim, anstatt seiner empfängt mich ein junger Lieutenant von Alessandria Cavaleggieri,
ein lebhafter Sicilianer, der mir gleich in der ersten Viertelstunde
seine ganze Lebensgeschichte ziemlich vollständig erzählt, sehr ausführlich aber insbesondere seinen persönlichen Antheil an der Schlacht
am 24. (Custozza).

Das war nicht ohne Interesse. Seine Schwadron hatte die
Spitze der Reiterei jenseits Villafranca — ging mit 126 Mann und
Pferden in das Gefecht und kam mit 23 wieder heraus. — Auch er
versichert, was ohne Zweifel wahr ist, daß die italienische Reiterei
gegen die österreichische im Vortheil geblieben ist. Sie glaubten sich
siegreich, als plötzlich ein Unteroffizier, bleich vor Schrecken, ihm
meldete, die Höhen zur Linken würden von den Italienern verlassen.
Der Lieutenant befahl ihm bei Leib und Leben, den Leuten davon
Nichts zu sagen; bald aber wurde die Sache evident, und auf er-
folgten Befehl mußte der Rückzug auch in der Ebene angetreten
werden. Wie sie durch Villafranca zurück ritten, sahen sie da
ihren Commandirenden Della Rocca und dessen General-
stabs-Chef Pralormo, gemüthlich vor einem Caffeehause
eingerichtet, wo sie sich an Sorbetten delectirten. — Auf
dem Schlachtfelde sollen die Herren gar nicht gewesen sein! (NB. Das
Letztere folgt nicht nothwendig aus den erfrischenden Sorbetten, und
scheint unglaublich.)

Negri kommt nach Haus und bemüht sich mich auf das Beste
aufzunehmen. Es wird mir im oberen Stockwerk ein zwar sehr ein-
faches, aber trockenes und hinreichend bequemes Zimmer'angewiesen.
— Im Hause geht, als gebietende Schließerin, eine junge und leiblich
hübsche Frauensperson umher, die seltsamer Weise als Mann gekleidet ist —: eine Verkleidung, die Niemanden täuscht; am wenigsten
über ihr Verhältniß zum Hausherrn.

9. Juli. Nach Cicognolo. Telegramm, das aber von Depeschen
spricht, die ich erhalten haben soll, und die sind nicht da; das macht
mir große Sorgen — ich glaube sie verloren — telegraphire hin und

her — nach Cremona, wohin auch ein reitender Gensdarm abgefertigt wird. — Lucabou reitet zur Feldpost im nahen Dorf. — Sie finden sich nirgend. — Da ich aber das Telegramm noch einmal aufmerksam lese, wird mir klar, daß die Depeschen noch erst ankommen sollen.

(Après réception des dépèches expédiées aujourd'hui, veuillez Vous présenter à l'audience du Roi. Je vous ai annoncé à Sa Majesté et au ministre Visconti arrivant demain au quartier général.)

Ferri-Pisani frühstückt mit uns — Casa del Re — fährt dann nach Torre di Malimberti — auf der Rückfahrt hält er wieder hier an, seinen vergessenen Degen abzuholen — ich sehe ihn in seinem Wagen. Er sagt mir, es gehen wichtige Negotiationen hin und her, er hat heute Befehl erhalten, Victor Emanuel aufzufordern „de prendre en sérieuse considération la dépèche, qu'il avait reçue ce matin."

Es lastet eine ungeheure Nichtsthuerei und Langeweile auf einem solchen Hauptquartier. — In einem wirklichen Geschäfts-Hauptquartier, bei La Marmora z. B., giebt es zwar eine Anzahl Offiziere, die vollauf beschäftigt sind; aber es fehlt auch da nicht an Ordonnanz-Offizieren u. dgl., die müßig herumlungern und nicht wissen, womit sie die Zeit ausfüllen sollen —: hier nun vollends, wo außer dem Günstling des Königs, Fr. Castiglione, der das Cabinet dirigirt, Niemand etwas zu thun hat, weil gar Nichts vorliegt, was gethan werden könnte — hier wird eine Alpenlast von Langeweile umher gewälzt.

Visconti-Venosta kommt an, der Minister der auswärtigen Angelegenheiten — bis vor Kurzem Gesandter in Constantinopel — ein rothhaariger Mann, der sich gut präsentirt, aber nicht gerade bedeutend aussieht. Ich mache mich mit ihm bekannt — ein eingehendes Gespräch wird aber aufgeschoben, bis meine Depeschen angekommen sind. — Auf seine Bitte muß ich durch den Telegraphen bei Usedom anfragen, ob sie etwas für Visconti-Venosta enthalten.

Diner mit der Casa del Re. — Erst im Dunkeln nach S. Antonio.

Verhandlungen über den Waffenstillstand. Das Hauptquartier geht nach Ferrara.

10. Juli. — Um 1 Uhr in der Nacht kommt Cooper und bringt die erwarteten Depeschen — aber keine Instruction!! Ich lese natürlich sofort Alles durch. Ein Brief von Carl Dönhoff, in Usedom's Auftrag, giebt über die gegenwärtige Lage Auskunft:

„In der Nacht von gestern (7) zu heut (8) fand ein Minister-Conseil statt, in welchem die offizielle Antwort Victor Emanuel's an Napoleon berathen worden ist. Man nimmt unter 3 Bedingungen Waffenstillstand und Frieden an:

1. Directe Cession Venetiens an Italien, nicht durch Frankreich vermittelt.

2. Cession des italienischen Tirols.

3. Fernhalten anderer (d. h. der römischen) Fragen von den Friedensnegociationen (sic!).

Diese Bedingungen sind, wie Sie aus dem Inhalte sehen, so stark, daß auch nach Minister Visconti-Venosta's Meinung dieselben in Paris und Wien schwerlich acceptirt werden. Würde nun Preußen annehmbare Bedingungen stellen, so fiele nach Visconti-Venosta's Ansicht die ganze Schuld der Friedensstörung auf Italien allein. Dann würde die französische Pression so stark werden, daß das Ministerium Ricasoli abtreten und ein französisches La Marmora-Cabinet den Frieden dann unbedingt annehmen würde. Wenn Preußen dies verhindern wolle, so glaubt Visconti-Venosta, könnte dies auf zweifache Weise geschehen:

entweder durch unmögliche Waffenstillstands-Bedingungen,

oder durch Nachgeben in Betreff der Waffenstillstandsbedingungen und durch Aufstellung eines solidarischen Friedensprogrammes im Verein mit Italien, welches so zu verstärken wäre, daß es zu Nichts führe.

Wie sehr es auf ein Terrorisiren und eine Ueberrumpelung Italiens seitens Frankreichs in Betreff der französischen Vorschläge abgesehen ist, geht aus der Haltung (des französischen Gesandten) Malaret's hervor, welcher gestern allenthalben behauptete, die kaiser-

lichen Propositionen seien bereits ohne Weiteres von uns angenommen,
sonst würde Frankreich auch sofort gegen Italien einen Corporal mit
4 Mann ins Venetianische und gegen Preußen eine Occupations-
Armee in die Rhein-Provinz schicken — Italien müsse daher annehmen. — Unseres Königs Wilhelm Antwort auf die französischen
Propositionen lautet allerdings so, daß man eine unbedingte Annahme
derselben von Preußen voraussetzen muß. Der König sagt in derselben: „guidé par la confiance, que m'inspire l'affection mutuelle
et la solidarité d'importants intérêts de nos deux états j'accepte les propositions, que m'a faites V. M., et je suis
prêt à m'entendre avec Elle sur les moyens de rétablir la paix
etc. etc." Dieser Text ist von Nigra in Paris an Visconti-Venosta
telegraphirt worden und läßt in seiner Redaction keinen Zweifel über
die den französischen Vorschlägen günstige Stimmung des Königs.
Gestern Abend ging indeß ein Telegramm Bismarck's ein, welches die
Fassung obiger Antwort wesentlich modificirte und dieselbe so darstellte,
als ob König Wilhelm den französischen Vorschlag zwar nicht ablehnte, aber ohne Italien keinen Waffenstillstand schließen könne.
Sobald Italiens Zustimmung zum Waffenstillstand im Princip fest-
stände, werde er seine Bedingungen kund geben. Hieran knüpft
Bismarck die Bemerkung, daß es ihm dringend darauf ankomme, klar
zu sehen, ob Italien fest am Bündniß hält, namentlich an Artikel 3
und 4; oder ob Abfall zu befürchten, wenn Gewinnung seines eigenen
Zieles in Aussicht.

Dieses Telegramm ging leider so spät hier ein, daß Graf Usedom den Einschüchterungsversuchen Malaret's nicht hat entgegentreten können, welche übrigens beim hiesigen Ministerium durchaus
wirkungslos geblieben sind, wie der Tenor der hier berathenen Antwort
auf die Napoleonischen Vorschläge beweist. Ricasoli sprach dem Grafen
Usedom nur sein Bedauern aus, daß die königliche Antwort so ohne
Weiteres die von Napoleon gemachten Propositionen annehme. Er
hätte gewünscht, man hätte diese Annahme, namentlich die des Waffenstillstandes, im Princip überhaupt vorläufig auf so lange abgelehnt,
bis nicht ein Preußisch-Italienisches Einverständniß darüber erzielt
worden. Das hätte Italien die Ablehnung sehr erleichtert. —

Wie gefügig ein Ministerium La Marmora auf alle Forderungen Frankreichs, namentlich auch in Beziehung auf Rom, eingehen würde — darüber hat mir La Marmora selbst durchaus keinen Zweifel gelassen." —

Ich kann natürlich nicht wieder einschlafen. Was soll ich nun dem König von Italien, seinen Ministern und Generalen rathen und sagen? — Dieser Gedanke beschäftigt mich bis an den hellen Morgen. — Ich werde die Italiener nach wie vor zu raschem Vorgehen in das Venetianische auffordern. Es ist das für sie das Mittel, die Cession Venetiens an Frankreich zu nichte zu machen, und so lange der Waffenstillstand von unserer Seite nicht endgültig angenommen und abgeschlossen ist, liegt gar kein Grund vor, in den kriegerischen Operationen anzuhalten.

Ein Packet Depeschen, das Usedom mitsendet, hatte ich natürlich auch studirt. Es enthält die telegraphische Correspondenz zwischen Bismarck und Usedom seit dem 3. Juli — fast von Tag zu Tag die Berathungen des italienischen Ministeriums, über die Usedom berichtet. Merkwürdig ist darunter ein Brief (Telegramm) Bismarck's vom 3. früh aus Zicin (Gitschin) — stolz auf die erfochtenen Vortheile, erfreut über das glänzende strategische Resultat, die Vereinigung unserer beiden Armeen — hat aber keine Ahnung davon, daß noch an demselben Tage der ganze Krieg entschieden sein werde.

Früh in Cicognolo. Gespräch mit Visconti-Venosta. — In den Sälen des Palastes, die Allen offen stehen, ist Raum genug, sich beliebig zu isoliren.

Ich theile ihm mit, was Bismarck über die Antwort sagt, die offiziell von Seiten Preußens auf die französischen Propositionen zunächst gegeben worden ist. —

Visconti-Venosta, den ich in einer ungemein gedrückten entmuthigten Stimmung finde, kennt sie bereits.

Ich: Ich habe die ganze, über diese Propositionen geführte Correspondenz gelesen; sie macht mir den Eindruck, daß man bei uns in Preußen den Waffenstillstand nicht wünscht und ihm auszuweichen sucht. — Da sehe ich denn in der gegenwärtigen Lage Nichts, „qui puisse vous engager à arrêter le mouvement de votre armée."

Die muß vielmehr, nach meiner Meinung, in fortwährender Bewegung und energischer Thätigkeit bleiben, so lange der Waffenstillstand nicht wirklich abgeschlossen ist.

Visconti-Venosta: Das wird auch geschehen.

Ich: Graf Bismarck wünscht mit Bestimmtheit zu wissen, ob Italien unter allen Bedingungen den bestehenden Vertrag mit Preußen, und besonders die Artikel 3 und 4 erfüllen wird.

Visconti-Venosta: „Italien wird den Vertrag getreulich erfüllen, jusqu'à la fin." Er hat das dem Grafen Bismarck durch den Telegraphen erklärt — auch hat er dem Grafen Barral befohlen, sich in das Hauptquartier der preußischen Armee zu begeben, um mit Bestimmtheit und genau zu erfahren, was die preußische Regierung beabsichtigt.

Ich recapitulire, was geschehen ist. Bismarck hat die gewünschte Erklärung erhalten. Die Armee bleibt in Bewegung, Barral geht in das Hauptquartier — „c'est tout ce qu'il y avait à faire pour le moment."

Visconti-Venosta wiederholt meine Worte: „c'est tout ce qu'il y avait à faire pour le moment." Klagt über die unglückliche Lage Italiens, das der früheren Verpflichtungen wegen Rücksichten auf Frankreich zu nehmen hat und sich in seinen Weigerungen die französischen Vorschläge anzunehmen, immer nur hinter seinen Verpflichtungen gegen Preußen verschanzen kann — „mais nous sommes déjà presqu' au mur" — Fragt, ob ich glaube, daß Napoleon in dem Druck, den er übt, bis zum Kriege gehen wird?

Ich (nach einer kleinen Pause): „au fond je crois que non!"

Visconti-Venosta: „ni moi non plus" — wenn die französische Armee Zündnadelgewehre hätte — „je ne dirais pas!" — aber so nicht!

Ich: Meine Gründe, warum ich an Krieg von Seiten Frankreichs nicht glaube: Napoleon kann nicht für Oesterreich gegen Italien Krieg führen, das ist moralisch unmöglich: „du reste, on ne commence pas une guerre sérieuse dans le cours de vingt-quatre heures, il faut pour cela des préparations, qui prennent toujours du temps; nous verrons, s'il en vient aux faits, s'il fait des préparatifs sérieux, et nous aurons toujours le temps d'aviser."

Visconti-Venosta (wiederholt meine Worte): „et nous aurons toujours le temps d'aviser!"

Ich: Leider müssen wir uns aber gestehen, daß die Führung des italienischen Heeres großentheils Schuld ist an den gegenwärtigen Schwierigkeiten und an der Lage, in der wir uns befinden: „elle a laissé à désirer!"

Visconti-Venosta: „Je puis accepter le passé tel, qu'il est", er sei erst seit 16 Tagen Minister und nicht verantwortlich dafür!

Ich: deute an, welche Fehler begangen worden sind, und was dadurch versäumt ist: „mais enfin, nous sommes heureux de vous voir faire à présent, ce que nous vous avons conseillé de faire dès le commencement."

Visconti-Venosta (ruft wie in einem Anfall von Verzweiflung aus): „il est trop tard — j'ai le pressentiment, que tout est fini pour nous comme pour vous! — Glorieusement pour vous, honteusement pour nous!" —

Ferri-Pisani war wieder einmal da und frühstückte mit uns. Ich nahm die Gelegenheit war mich ziemlich energisch über den sehr unpassenden Ton auszusprechen, den Malaret angenommen hat — von dem „caporal et quatre hommes — dans un moment comme celui-ci les relations ne devraient pas être embrouillées par des propos pareils."

Ferri-Pisani mißbilligte auch — fügte aber hinzu, ich könne ruhig sein; am Donnerstag (13.) werde Jemand in besonderer Mission aus Paris eintreffen, der Alles „dans les meilleures formes" behandeln und in das Gleiche bringen werde.

(NB. Wer mag das sein? etwa der General Fleury, der öfter zu dergleichen Sendungen verwendet worden ist?) —

Ferri-Pisani reist nach Frankreich zurück. Seine besondere Mission ist beendigt; man sieht wohl in Paris, daß er nicht Gewicht genug hat den Waffenstillstand durchzusetzen. Das war, scheint es, seit Sadowa, sein nachträglicher Auftrag. — Der ursprüngliche war wohl den wirklichen Zustand der italienischen Armee nach der Schlacht bei Custozza zu ermitteln.

Nach S. Antonio gefahren. Bericht an Usedom geschrieben. Gegen 6 zum Diner wieder in Cicognolo. Oberst Nasi präsidirt bei Tisch. — Morozzo ist abwesend, ein Zeichen, daß die Armee nun endlich wirklich aufbrechen wird — denn er ist wohl vorausgegangen, um die nöthigen Einrichtungen für das königliche Hauptquartier zu treffen.

Baron Ricasoli ist da. — Ich lasse mich nach Tisch diesem ungesund, aber energisch aussehenden Mann vorstellen. Spaziergang mit ihm in dem schönen Garten der Villa. — Er läßt sich von mir auseinander setzen, worin die Schwächen und Fehler der bisherigen Armeeführung bestanden haben, und sagt dann, er habe sehr bedauert, daß es mit der Führung des Feldzuges so schlecht gegangen ist, da er von Anfang an überzeugt war, daß man Napoleon in 10 Tagen „sous les pieds" (soll heißen als Hinderniß im Wege) haben werde —; nun habe man ihn „sous les pieds". —

Italien habe nur einen Weg vor sich — Festigkeit! — loyauté! — Wenn Preußen den Waffenstillstand unterschrieben habe, werde auch Italien unterschreiben, früher nicht!

Ich sage ihm von der bevorstehenden französischen Mission, die Ferri-Pisani ankündigt. — Es imponirt ihm nicht, er scheint darum zu wissen und darauf gefaßt zu sein. —

Fr. Castiglione kommt freudestrahlend auf mich zu; er hat ein Telegramm von Usedom: Preußen hat den Waffenstillstand nicht angenommen!

Ich fahre nun mit sinkender Sonne nach Torre di Malimberti, um zu sehen, wie die Sachen da stehen; da weht eine andere Luft, eine piemontesische Tramontana!

Lucadou hat eine an mich gerichtete telegraphische Depesche Usedom's geöffnet, den Inhalt mitgetheilt; sie lautet:

„Preußen hat den Waffenstillstand nicht abgeschlossen und wird jetzt wahrscheinlich überhaupt ablehnen."

Wir treffen La Marmora und seinen ganzen Stab in dem schönen und großen Park des Palastes Araldi. — Beiläufig bemerkt:

dieser Palast, erst im Jahre 1789 umgebaut und modernisirt, war
bis dahin ein mittelalterliches festes Schloß — früher den Malimberti
gehörig; daher der Name. — Auf der einen Seite zu einer modernen
Villa umgestaltet, hat er an der Gartenseite noch ein paar stattliche
Thürme und den Zinnenkranz bewahrt. —

La Marmora faßt nun die Dinge in sehr eigenthümlicher Weise
auf, er läßt es gewissermaßen gar nicht gelten, daß Preußen den
Waffenstillstand abgelehnt hat. Nämlich er sagte mir: General
Gablenz sei noch ein zweites Mal in das preußische Hauptquartier
gekommen, einen Waffenstillstand nachzusuchen. Als Preis dafür
wollten die Oesterreicher das nördliche Böhmen einräumen, und der
Waffenstillstand sollte auf 8 Wochen abgeschlossen werden. — Bismarck
habe das eingeräumte Gebiet zu klein gefunden und die ausbedungene
Zeit zu lang, er habe zu dem nördlichen Böhmen noch Prag verlangt,
das haben die Oesterreicher abgeschlagen. Aber La Marmora glaubt —
d. h. er wünscht und hofft — die Oesterreicher werden noch Prag
zugeben, und dann werde der Waffenstillstand abgeschlossen werden.

Bismarck habe angefragt, ob man im Fall eines Krieges
mit Frankreich auf Italien rechnen könne? — La Marmora
bespricht diese Frage wie die aberwitzige Frage eines Verrückten —
als ob es unsinnig wäre, so eine Frage auch nur aufzuwerfen; —
„dans le traité il n'y a pas un mot de la France" — ein Krieg
mit Frankreich sei ganz unmöglich — „nous n'avons pas un soldat
de ce côté — et puis la flotte française nous écraserait! c'est
aller trop loin!"

Daß die piemontesische Partei sich jeder Theilnahme an einem
Krieg gegen Frankreich auf das Alleräußerste widersetzen würde, daran
ist nicht zu zweifeln!

Aber woher weiß La Marmora, daß Bismarck so gefragt hat? —
Er ist nicht mehr im Ministerium; an ihn ist diese Frage nicht gerichtet
worden. — Correspondirt etwa Barral hinter dem Rücken der jetzigen
Minister mit ihm? — Barral ist allerdings auch ein Piemontese!

In La Marmora's Worten spiegelt sich aber auch wieder, und
nur zu sehr, die Strömung, die überhaupt in der italienischen Regierung waltet oder vielmehr die eine Seite dieser Strömung.

Auf der einen Seite stehen die Piemontesen. Die wollen Piemont immer noch als das eigentliche Reich betrachtet und behandelt wissen, das übrige Italien als einen Anhang, als „Provinz" in dem Sinn, in dem das alte Rom Provinzen hatte. Sie wollen eigentlich die Römer, die cives romani, die alleinigen Vollbürger dieses Reiches sein und, untereinander eng verbündet, ausschließlich im Besitz der Macht bleiben — ein Anspruch, der sich sehr seltsam ausnimmt, wenn man erwägt, daß das alte Königreich Sardinien wenig mehr als ein Sechstheil des heutigen Königreichs Italien bildet. — Sie können überhaupt nicht aus den Ideen heraus, an die sie sich als Piemontesen gewöhnt haben — und da Piemont immerdar des französischen Schutzes bedurft hat und mehr oder weniger von Frankreich abhängig gewesen ist, kommt ihnen die Abhängigkeit von Frankreich vor wie der normale und rechtmäßige Zustand Italiens. Es fällt ihnen gar nicht ein selbständig sein zu wollen. Der Gedanke sich von Frankreich zu emancipiren würde von ihnen, als an sich absurd, ohne Erörterung abgewiesen werden. — So betrachten sie denn, unter allen Bedingungen, das Verhältniß Italiens zu Frankreich als das eigentliche, das bleibende, — die Beziehungen zu Preußen als zufällige und vorübergehende, und es versteht sich von selbst, daß die Rücksicht auf Frankreich immer maßgebend bleibt auch dafür, wie weit man in den Beziehungen zu Preußen geht. Möglicher Weise können dabei, wenn auch nur nebensächlich, persönliche Interessen mit im Spiele sein; die Piemontesen bemühen sich Frankreich willfährig zu sein, um in Frankreich ihre Stütze zu finden — der weit überlegenen nationalen Partei gegenüber — und sich mit Frankreichs Hülfe im Besitz der Macht zu behaupten.

Dann klebt ihnen auch in Beziehung auf Politik die Beschränktheit an, die in Kleinstaaten einheimisch ist und aus den Verhältnissen eines Staates dritten Ranges natürlich genug hervorgeht. Piemont vermochte natürlich Nichts über die großen, allgemeinen, europäischen Verhältnisse und hatte bei den Händeln der Großmächte unter sich immer nur zu erwägen, wie es wohl, indem es sich der einen oder der anderen Partei anschloß, irgend einen allernächsten kleinen Vortheil erlangen könnte. Aus dieser Art die Dinge zu betrachten können Leute wie La Marmora nun einmal nicht heraus. — So hat er auch dieses Mal lediglich die Erwerbung Venetiens im Sinn — wenn man das erwirbt, gleichviel auf welche Weise, vorausgesetzt, daß man dadurch das Verhältniß zu Frankreich nicht verdirbt —: dann hat sich Italien nicht darum zu kümmern, was sonst noch in Europa vorgeht; das mögen die Großmächte unter sich ausmachen; Italien mischt sich nicht in bedenkliche Händel, die sich nicht gut übersehen lassen.

Ihnen gegenüber steht die National-Partei, mit Ricasoli an der Spitze. Für diese Partei ist auch bei dem gegenwärtigen Kriege Venetien nur eine untergeordnete Nebensache. Worum es sich für sie handelt, das ist, die Vormundschaft Frankreichs abzuschütteln, Italien zu emancipiren und als eine wirkliche unabhängige Großmacht selbständig hinzustellen. — Einen Krieg, um Venetien im Bunde mit Frankreich zu erobern, würde Ricasoli wohl schwerlich geführt haben. — Das Bündnis mit Preußen und der gegenwärtige Krieg, die Eroberung Venetiens ohne Frankreichs Betheiligung, waren ihm willkommen als Mittel der Emancipation. — So hat denn diese Partei allerdings im Großen und Ganzen die richtigen Ansichten, von denen Italien sein Heil erwarten muß. — Die Schwäche dieser Partei liegt aber darin, daß sie wesentlich aus Dilettanten besteht; sie zählt nur sehr ausnahmsweise und vereinzelt wirklich geschulte Staatsmänner und Soldaten in ihren Reihen. Organisiren und verwalten können doch am Ende nur die Piemontesen.

Und doch müssen wir im eigenen Interesse, wie in dem Europa's, die nationale Partei zu stützen und zu halten suchen — denn unter einer piemontesischen Verwaltung wird Italien immer wieder un-rettbar der Abhängigkeit von Frankreich verfallen!

Da nun aber die Armee wirklich aufbrechen soll und die Ereignisse sich drängen, wird es nothwendig, daß ich mich ganz dem Hauptquartier anschließe. Ich kündige an, daß ich morgen früh hierher übersiedeln werde.

Wir setzen uns morgen in Bewegung! — endlich! — Die Schlacht bei Custozza war eine an sich nicht sehr bedeutende Begebenheit —: viel schlimmer ist es, daß wir nicht weniger als 14 Tage lang ganz unthätig hier am Oglio gestanden haben, und das ist lediglich durch die zwiespältige Rathlosigkeit des Obercommandos veranlaßt worden!

Jetzt endlich geht die Armee bei Ferrara über den unteren Po. Bei Eröffnung des Feldzuges wäre das von der äußersten Wichtigkeit gewesen —: jetzt, könnte man sagen, ist gar kein Grund mehr diesen Umweg zu machen. — La Marmora könnte ebenso gut gerabeaus über den Mincio und die Etsch nach Padua marschiren. Widerstand würde er nicht finden — und trotz der Eisenbahn, die auf dem Umwege von Parma bis Ferrara zu Gebote steht, ist die Frage, ob er nicht auf dem geraden Wege schneller hinkäme. Am zweckmäßigsten wäre vielleicht, das schwere Gepäck, die Reserve-Parks u. s. w. auf der Eisenbahn über Parma zu senden, mit der Armee aber gerabeaus nach Padua, oder vielleicht besser noch nach Vicenza zu marschiren. — Aber man muß Gott danken, daß irgend etwas geschieht.

Für die Nacht zurück nach S. Antonio.

11. Juli. Um 8 Uhr mit Sack und Pack aufgebrochen. — Torre di Malimberti auf Nebenwegen, die Cicognolo umgehen, und näher zum Ziel führen, erreicht. — Da Petitti bereits abgereist ist, werden mir dessen Zimmer im Schloß eingeräumt.

Geschrieben und dictirt — einen langen Bericht an Moltke.

Torre di Malimberti ist, wie eine Inschrift besagt, im Jahr 1783 aus einem festen Schloß in einen modernen Palast umgewandelt worden. Das Geld dazu hat, wie es scheint, der Bruder des damaligen Besitzers, Abt eines reichen Prämonstratenser-Klosters hergegeben. — In einem Saal nun sind die Portraits der beiden Herren, des damaligen Marchese Araldi und seines Bruders des Abtes als Thürstücke angebracht, und der Plafond ist seltsamer Weise mit astronomischen Gemälden verziert. — Da sind die Phasen des Mondes illustrirt — Sonn- und Mondfinsterniß u. s. w. — Das Alles ist sehr hübsch gemacht.

Die Mitte nimmt, wie billig, eine Darstellung des Weltsystems ein und das ist — das Ptolemäische! — die Erde als Mittelpunkt der Schöpfung! — Im Jahr 1783 durfte ein Prämonstratenser-Abt keine andere Lehre gelten lassen.

Um 4 Uhr bricht das Hauptquartier auf nach Colorno, seiner

nächsten Etappe! Welch ein Geschleppe! — Welche Menge von berittenen Offizieren und Ordonnanzen! — wie viele Equipagen und Packwagen! — Der Zug, dem ich aus den Fenstern zusehe, will gar kein Ende nehmen. Ein Bataillon, das den Zug schließen soll, muß auf einer Wiese jenseits des Wassergrabens sehr lange warten. —

Zu meiner Ueberraschung schreitet La Marmora durch meinen Saal. — Er sagt mir, er bleibe für seine Person noch bis morgen früh, um den Truppen, die am Oglio stehen bleiben, die letzten Befehle zu geben. —

Mir scheint, er bleibt, weil er noch immer der Sache nicht traut; weil er noch immer in dem Wahne lebt, die Oesterreicher, die längst auf dem Marsche sind nach der Donau, könnten von Mantua aus die Offensive ergreifen!

Uebrigens werden die Dinge hier in mancher Beziehung eigenthümlich genug betrieben. — La Marmora bleibt hier ohne sein Hauptquartier — ohne sein Handwerkzeug. Das Hauptquartier ist eingepackt — so muß ich es nennen — es soll erst in Ferrara wieder ausgepackt werden. La Marmora hat sich auf 3 Tage in die Lage versetzt, keine schriftliche Disposition ausfertigen zu können. Das Geschäft ist auf 3 Tage geschlossen, wie man in der kaufmännischen Welt zu sagen pflegt!

Ich kann meine Depeschen hier nicht schließen, wenn ich mich nicht verspäten will. — Breche um 5 Uhr auf. — Die große Heerstraße über S. Lorenzo erreicht.

Piadena — bewegtes Bild! — durchmarschirende Truppen, — Wagenzüge — nur Schritt vor Schritt weiter zu kommen. — Ich ließ bei dem guten alten Signor Gedeone Gazza vorfahren, bei dem ich im Quartier gelegen hatte. — Der Alte stand vor seiner Hausthür, die Töchter eilten herbei mich freudig zu begrüßen. „E bene!" rief ich den Alten an: „siete stati contenti di noi altri Prussiani? — abbiamo fatto il nostro dovere?" — „Ehò! — ehè! — che gloria eterna!" rief er antwortend, beide Arme in der Luft — „e noi altri fratanto —" er wollte sich in Klagen ergehen; ich suchte ihn durch die Vorstellung zu trösten, daß es jetzt wohl besser gehen werde.

Noch bei Tageslicht in Casalmaggiore, wo das Hauptquartier Della Rocca's für morgen erwartet wird, und wo ich die
Nacht verbleibe, um meine Depeschen abzufertigen.

12. Juli. Noch war es früh am Tage als ich Colorno erreichte. Da herrschte eine seltsame Verwirrung. Auf dem großen
freien Platz vor dem Schloß war eine unübersehbare Menge von
Bagage. Wagen ohne jegliche Ordnung wirr in einander gefahren;
eine Menge Pferde standen im Freien — Soldaten und Fuhrknechte
bewegten sich dazwischen herum — Carabinieri und Offiziere eilten
geschäftig hin und her.

Ich gewahrte da sofort Lucadou, der mit zwei italienischen Offizieren gemüthlich an den Häusern entlang, wo der Raum frei war,
auf und ab spazierte. Er hatte, da er spät eingetroffen war, gar
kein Quartier erhalten und die Nacht theils auf einem Strohstuhl
sitzend in einem Zimmerchen zugebracht, in dem ein älterer italienischer Offizier angekleidet auf einem schlechten Kanapee schlief —
theils lustwandelnd im Freien in angenehmer Nachtluft. Auskunft
wußte er nicht zu geben, überhaupt wußte Niemand zu sagen, wo
Generalstabs-Kanzlei oder Intendantur zu finden sei.

Es war für Niemanden und für Nichts Platz, das große mächtige
Schloß aber, das einen weiten, viereckigen Hof einschließt, war ver-
schlossen und stand vollkommen leer! — Zeit hätten die Herren doch
wahrlich genug gehabt; sie hätten es möglich machen müssen, wenigstens den König und sein Gefolge dort unterzubringen.

Eine Generalstabs-Kanzlei gab es hier wohl gar nicht, wenigstens
wußte kein Mensch etwas davon. — Mir war aber ernstlich darum
zu thun, Fourage für meine Pferde zu bekommen. Es wurden am
Ende ein paar Intendantur-Beamte ausfindig gemacht, die in engster
Räumlichkeit ihres Amtes walteten so weit die Kräfte reichten. Ich
wurde sofort abgefertigt. Sie gaben mir eine Anweisung an einen
Lieferanten, und der war anständig genug, da ich mich mit Heu nicht
belasten konnte, der Haferration etwas zuzulegen.

Das Hauptquartier sollte um 4 Uhr Nachmittags von hier
aufbrechen. Ich hatte aber gar kein Verlangen mit zu erleben,
wie sich diese formlose Wagenburg hier mühselig entwirren und

dabei aus einer Confusion in die andere gerathen würde. Grenzen-
lose Verwirrung und entsprechender Zeitverlust waren vorher zu
sehen. Ich beschloß, dem Ungemach aus dem Wege zu gehen und
voran zu eilen, zunächst nach Parma — das heißt meinen Pferden
nicht zuviel zumuthen — und von da weiter auf der Eisenbahn,
womöglich noch heute, nach Ferrara.

Ein paar Stunden brachten mich nach Parma. —

Man wies mich zu meinem Bekannten, Seismit-Doda, dem
General, der mich freundschaftlich aufnahm und besorgte, daß ich mit
einem Militärzuge weiter befördert wurde nach Bologna.

Auf dem Bahnhofe herrschte eine sehr verwirrte Thätigkeit, ohne
Ordnung und Disciplin. — Ich fand zwar bald Platz, aber in
einem Zug, der nach Ancona ging. Massimo fand mit meinen
Pferden erst später auf einem zweiten Zuge, der nach Ferrara ging
— Giuseppe mit Wagen und Sachen, wie ich später erfuhr, erst auf
einem dritten Platz.

In Bologna mußte ich aussteigen. — Wie nun weiter kommen?
Ich fragte bei der Direction des Bahnhofs; man zuckte die Achseln
und wußte keinen Bescheid zu geben. Die gewöhnlichen, die Civil-
züge, sind für den Augenblick ganz sistirt und gehen gar nicht; die
Bahn ist für die Militär-Transporte in Beschlag genommen, die
Militärzüge aber gehen vollkommen regellos und planlos; man läßt
Züge von Parma ab, so oft man kann, das heißt so oft man wieder
eine hinreichende Zahl leer aus Ferrara zurückkehrender Locomotiven
und Wagen beisammen hat. Wann die Züge hier durchgehen, kann
Niemand vorher wissen. So rieth man mir denn, auf dem Perron
aufzupassen und in dem nächsten Zuge, der hier etwas anhält, Platz
zu nehmen.

So saß ich denn volle drei Stunden — von 1—4 Uhr Nachmittags.

Endlich kam und hielt ein Zug. Es war das 66. Infanterie-
Regiment, das nach Ferrara transportirt wurde. Ich näherte mich
einem Wagen, in dem der Oberst und ein paar Stabs-Offiziere
des Regiments Platz genommen hatten neben den drei Fahnen der
Bataillone. Ich wurde da nichts weniger als bereitwillig oder zuvorkommend aufgenommen — man sah es nicht gern, daß ich mich

der Gesellschaft anschloß. Aber mir lag daran nach Ferrara zu kommen, und da ich mich nannte, konnte ich nicht abgewiesen werden.

Nachdem ich meine Reisetasche in den Wagen gelegt hatte, war ich einen Augenblick ausgestiegen — und nach den Schwierigkeiten, die man mir gemacht hatte, war ich nicht wenig überrascht, die Gesellschaft bei meiner Rückkehr durch eine junge Dame und ihren jungen Gemahl vermehrt zu finden. Der Letztere gab sich mir später als trevisaner Edelmann und italienischen Kammerherrn, Comte Sugana, zu erkennen. — Aber wie war diese Dame ohne Schwierigkeit aufgenommen worden, und warum? Und was hat eine Dame überhaupt in diesem Augenblick im Hauptquartier zu suchen? —

Wir setzen uns in Bewegung — und blieben volle 12 Stunden unterwegs!

Endlich, gegen 4 Uhr früh, noch in kaum durchsichtiger Dunkelheit, fuhren wir in den Bahnhof zu Ferrara ein.

Ein Lieutenant Stavassi, ein Mailänder, dem Hauptquartier zugetheilt, wo ich ihn mehrfach gesehen habe, erschien am Fenster des Wagens und rief hinein, ob der Cavaliere Bernhardi da sei? — „Son qui!" antwortete ich, aus meinem Halbtraum aufgeschreckt. — Stavassi belehrte mich, daß ein Quartier für mich in Bereitschaft sei. — „Felice lei!" rief mir der Oberst nach, wie ich ausstieg.

Ich richtete mich in der Wohnung ein, und nun war es Zeit, die für mich eingegangenen Depeschen durch zu lesen; sie waren diesmal befriedigend. Ich erhielt eine bestimmte Instruction — à la bonne heure! Auch lag eine Correspondenz dabei, sodaß ich vollständig übersehen kann, wie die Dinge stehen, und um was es sich handelt. — Die Correspondenz zwischen Bismarck und Usedom versteht sich. Sie lautet — telegraphisch geführt — wie folgt:

N. 1.

Usedom, Florenz 9/7 5 h 30' p. m.

N. 70. Baron Ricasoli sagte mir soeben Folgendes:

„Gleich nach Moniteur-Artikel habe Napoleon hier die heftigste Pression für unbedingte Annahme des Waffenstillstandes üben lassen, und man habe den König hierauf die unter N. 67 gemeldeten Bedingungen stellen lassen. Diese hatten den Kaiser sehr böse gemacht, und Drouyn de l'Huys habe von materieller Besetzung Venetiens, von Allianz Frankreichs mit Oesterreich und anderen Extremen gesprochen, falls Italien nicht sofort und ohne Weiteres Waffenstillstand annehme. Der Kaiser würde dann die legislativen Staats-Körper zusammenrufen, Italiens Ablehnung des Waffenstillstandes benunciren und die Mittel für die obige Intervention von ihnen verlangen.

Baron Ricasoli hat hierauf ungemein stark und würdig geantwortet: ‚Italien lehne den Waffenstillstand nicht ab, stelle aber Bedingungen, die denselben sowie den Frieden allein annehmbar machen könnten. Gegen diese Bedrohung und Vergewaltigung protestire er feierlichst, und auch er würde dieselbe dem italienischen Parlament benunciren und die Mittel zum Widerstand von ihm verlangen: sollte auch Italien Venetien für immer entbehren, so sei es seine Pflicht die Nationalehre intact zu erhalten.‘ — Nachdem dieser sehr starke abwehrende Schritt in Paris gemacht, erwartet nun Baron Ricasoli von Preußen als seinem Alliirten darin secundirt zu werden, zumal da jetzt Napoleon durch den Einbruch Cialdini's in das so zu sagen französische Venetien seine thatsächliche Antwort erhalten habe. Diese Operation sei ja von Preußen stets gewünscht worden, so möge denn auch Preußen diesen Waffenstillstand nicht zu Stande kommen lassen. — Baron Ricasoli wie ich selbst hatten übrigens den Eindruck, daß in dieser kaiserlichen Bedrohung viel blinder Lärm enthalten sei, vor dem man nicht weichen, sondern fest bleiben müsse. Hierauf bringt man bei uns.“ — — (NB. Welch' ein Unterschied in der Denk- und Redeweise Ricasoli's und La Marmora's.)

N. 2.

Usedom, Florenz 9/7. 7 h 45' N. 71.

„Baron Ricasoli bringt aufs Neue in mich, daß Preußen Italien von dem Waffenstillstand befreien helfe; denn sonst werde die Erneuerung des Krieges Italien factisch unmöglich gemacht werden. Frankreich wiederholt unaufhörlich, die preußischen Waffenstillstandsbedingungen seien ganz milde und annehmbar, und nur Italien widerstrebe. Niemand weiß hier aber, wie die preußischen Bedingungen sind. Sind sie wirklich so milde, so kann und wird König B. E.

nicht mehr lange dem Drängen Napoleon's Widerstand leisten. Sind jedoch Preußen und Italien einmal auseinandergebracht, so haben dann Napoleon und Oesterreich mit jedem einzelnen leichteres Spiel. Diese Gefahr abzuwenden müßte S. M. unser König doch schleunigst den König V. E. versichern lassen, ‚er (König Wilhelm) begehre den Waffenstillstand keineswegs und wünsche ebensowenig, daß V. E. ihm zustimme.‘ — Aber es ist Eile nothwendig, sonst siegt Napoleon's Einfluß bei V. E. dennoch sehr bald.‟

N. 3.

Usedom an Graf R. Goltz in Paris. Florenz 9/7. 8 h p. m.

„Je vous prie instamment de me télégraphier, où en sont les pourparlers sur l'armistice? — Est-il conclu? — Le sera-t-il? — Voulons-nous, qu'il le soit? — Le roi V. E. et Ricasoli sont au désespoir et Napoléon les forcera d'accepter, si nous ne sommes par assez fermes pour servir d'appui à l'Italie.‟

N. 4.

Bismarck. Reichenberg 9,7. 5 h 51' p. m. (in Florenz erhalten 9/7 8 h 15' p. m.)

„Wir lehnen Waffenstillstand unter Bezugnahme auf Verpflichtung gegen Italien ab. Wirken Sie, daß man dort analog verfahre, um dem Waffenstillstand überhaupt, wenngleich ohne directe Verletzung Frankreichs, auszuweichen. — Wirkliche Friedenspräliminarien können unserer Ansicht nach nicht durch den Telegraphen, sondern nur mündlich durch Bevollmächtigte aller Betheiligten geführt werden.‟

N. 5.

Graf Robert Goltz an Usedom. Paris 10/7. 12 h 30' p. m. in Florenz erhalten 10/7. 2 p. m.

„Je viens de recevoir télégramme suivant en date de Pardubitz 8 juillet, que c^te Bismarc me charge de vous transmettre:

Général Gablenz arrivé ici avec instructions du c^te Mensdorff pour négocier dans un ton hautain et blessant; il offrirait délimination précise de la position actuelle des troupes prussiennes avec Josefstadt et Thérésienstadt pour un armistice de huit semaines au moins et de trois mois au plus. Nous ne

pouvons pas accepter armistice d'une si longue durée, tant que
nous n' avons pas la moindre indication des conditions de paix.
De plus, le rayon est fort restreint et ne contient pas même la
quatrième partie de ce qui se trouve actuellement sous la domination de nos troupes. Mais avant tout, il manque jusqu'à présent la réponse de l'Italie. Si on y est disposé d'accepter
l'armistice, il sera difficile de négocier par télégraphe et sans
la réunion de plénipotentiaires.

   Reçu votre télégramme. Ce qui précède vous montrera que
les négociations sur l'armistice ne sont nullement avancées.
Nos conditions de la paix ne sont pas encore arrêtées; quelque
modérées qu'elles soient, je ne crois pas que l'Autriche, enhardie
par la situation créée depuis le 4 juillet, les accepte. En attendant les deux puissances alliées devront tenir fermes."

   N. 6.

   Usedom an Bismarck. Florenz 10/7. 8 h p. m.

   N. 72. „In dem heute Abend versammelten Ministerrath war
es zur Sprache gebracht, daß Preußen die durch den Allianztractat
geschaffene Solidarität nicht in erwünschter Weise beachte.

   Erstlich habe Preußen auf eigene Hand Waffenstillstands-
Unterhandlungen begonnen, ohne Italien zuzuziehen. Ja bis zu dieser
Stunde sei von Preußen noch keine Mittheilung an Italien gemacht;
letzteres werde vielmehr in völligem Dunkel gelassen. Man über-
lasse es lediglich und ohne jede Unterstützung der französischen
Pression.

   Zweitens ist den Ministern sehr aufgefallen, daß man den
entlassenen österreichischen Offizieren das Wort abgenommen, nur
gegen Preußen nicht zu dienen, während sie gegen Italien nicht gebunden sind. Das schien gleichfalls Verletzung mindestens des Geistes
des Tractats.

   ad. 1 habe auch ich es für nachtheilig gehalten, daß unsere
Regierung den Waffenstillstand in eine Separatverhandlung genommen.
Hätte man Solidarität der beiderseitigen Bedingungen hergestellt
oder stellte sie noch her, sobaß Preußen für die italienischen Bedingungen einstünde (und umgekehrt!), so hätte sich die französische

Pression leichter abwehren, der Waffenstillstand umgehen lassen. Wollen Ew. Excellenz nur immer festhalten, daß Waffenstillstand für Italien factisch so gut wie Friedenschluß wirkt, und wir hernach den Krieg ohne unsere Alliirten wieder aufzunehmen hätten..... Wollen wir Italien und schließlich uns selbst gegen Frankreichs Druck und Endabsichten bewahren, so müssen wir Italien fest an uns ziehen, in Allem solidarisch machen. Sonst verlieren wir es wieder ganz an Frankreich.

Ein Hauptargument Italiens gegen Napoleon's Schenkung Venetiens ist die Freilassung des jetzt im Festungs-Viereck festgehaltenen österreichischen Heeres gegen Preußen. Lassen wir es den obigen österreichischen Offizieren frei gegen Italien zu fechten, so entkräften wir dies Argument.

Baron Ricasoli geht heute Abend zum König, um Prinz Napoleon's Sendung zu bekämpfen, den der Kaiser ins italienische Lager zur Durchsetzung seiner venetianischen Pläne schickt. König V. E. wird voraussichtlich diesem Druck weichen und Frankreich nachgeben, sowie preußischerseits nicht schleunigst etwas zu seiner Aufrechthaltung geschieht. Dies stelle ich E. E. zu bringender Erwägung."

N. 7.

Geheimrath von Werther an Usedom. Berlin 10/7. 4 h 32′ p. m. angekommen 9 h p. m.

„E. E. in Telegramm N. 69 ausgesprochene Bitte um nähere Instructionen ist an Graf Bismarck sofort weiter telegraphirt worden. Verhandlungen wegen Waffenstillstand werden in Paris gepflogen, sind aber noch nicht wesentlich vorgerückt. Der von Freiherr von Gablenz ins Haupt-Quartier überbrachte zweite Waffenstillstands-Antrag, wonach uns die Festungen Josephstadt und Theresienstadt eingeräumt werden sollten, ist von uns abermals abgewiesen worden. Herr Benedetti ist gestern ins Hauptquartier abgereist, angeblich ohne genauere Instructionen, lediglich um uns Mäßigung und Beschleunigung zu empfehlen."

N. 8.

Bismarck, Horsitz 10/7. 8 h 30 p. m. erhalten Florenz 11/7. 2 h 20 a. m.

„Wir bedürfen bestimmter Antwort darüber, wie Italien sich zu dem Vorschlag der Mediation und zu einer eventuellen Uebertragung Venetiens auf Italien stellt? — und ob man dort bereit ist, wenn Venetien durch Frankreich gedeckt ist, den Krieg gegen Oesterreich auf den anderen beiden Wegen, zur See und durch Süd-Tirol energisch aufzunehmen. Wir müssen darüber klar sehen, was Italien will und ob es das Bündnis ebenso ehrlich halten wird, wie wir es gethan."

N. 9.

Usedom an Bismarck (Florenz 10/7).

N. 73. „Telegramm von gestern aus Reichenberg erhalten und sogleich telegraphisch bei Ricasoli, der im Hauptquartier und beim König V. E. selbst davon Gebrauch gemacht, angefragt. Schon bevor Ricasoli mein Telegramm erhalten, ließ er mir von unterwegs aus Placenza telegraphiren: Niemals werde König V. E. einen Waffenstillstand unterzeichnen, bevor ihn nicht der König von Preußen unterzeichnet.

Die Oesterreicher ziehen sich vor Cialdini aus Rovigo und Umgegend zurück."

N. 10.

N. 71. Usedom's Antwort auf Telegramm vom 9. aus Reichenberg und vom 10. aus Horsitz:

„Wenn unsererseits das Erforderliche geschieht, so stehe ich für Festhalten Italiens ein. Denn das Cabinet Ricasoli wünscht Nichts mehr, als Frankreichs Drängen zu widerstehen und weder Waffenstillstand noch venetianische Cession anzunehmen. Hierzu verlangt es aber unsere Unterstützung, indem wir unsererseits das Nämliche thun. Italien richtet sich nach uns und folgt uns sicher, wenn wir es nur führen.

Demnach habe ich gestern sofort nach Empfang obigen Telegramms vom 9. über Nicht-Annahme des Waffenstillstands unsererseits diese Nachricht beim König Victor Emanuel verwerthet. Damit wurden die französischen Unwahrheiten über unsere Annahme widerlegt und durch die Kraft der öffentlichen Meinung die italienische Annahme verhindert. Um dann dem Ministerium noch mehr Rückhalt gegen Napoleon's Drängen zu geben, richtete ich gestern Nachmittag eine Note an Minister Visconti, worin ich die Annahme sowohl der venetianischen Cession als auch des Waffenstillstandes seitens Italiens schon darum für eine Unmöglichkeit erkläre, weil dadurch 150000 Oesterreicher aus Venetien gegen Preußen frei gemacht würden. Auch dies erschien Abends, auf Anlaß des Ministeriums selbst, in der telegraphischen Agencie.

König Victor Emanuel antwortete mir sogleich: ‚er sei sehr erfreut über unsere Ablehnung des Waffenstillstandes. Man habe ihm von anderer Seite nur immer das Gegentheil gesagt. Er erkläre, daß er festhalten werde, sobald Preußen dauernd ablehne. Seine Minciotruppen marschirten schon auf den Po; bald werde die ganze Armee in Venetien sein.‘

Nun aber bitte ich E. E. auf's Allerdringendste dafür zu sorgen, daß auch unsere Armee im steten Vorgehen bleibe, sonst hemmt Napoleon den hiesigen Vormarsch wohl dennoch wieder. Andernfalls aber wird die italienische Occupation Venetiens bald eine vollendete Thatsache sein, vor der dann die projectirte französische Occupation von selbst zerfällt.“

N. 11.

Usedom an Bismarck. Florenz, 11. Juli.

N. 75. „Nigra schreibt heute Folgendes aus Paris: ‚Die Note des Grafen Usedom von gestern kam gerade zur rechten Zeit. Prinz Napoleon's Reise ist vor der Hand aufgegeben.‘ Ich glaube, man kann nun die ganze abenteuerliche Combination der venetianischen Schenkung als gescheitert betrachten.“

(NB. Nigra ist der italienische Gesandte in Paris! — Prinz Jerome Napoleon, alias Plonplon, war also der Fremde, den Ferri-Pisani geheimnißvoll ankündigte.)

N. 12.

Werther an Usedom. Berlin 10/7. 8 h 25 p. m. erhalten 11/7. 2 h 35'.

„Vorläufige Antwort auf Telegramm, welches ins Hauptquartier abgegangen: es ist unbegründet, daß überhaupt gefangene österreichische Offiziere gegen Ehrenwort entlassen wurden.“

N. 13.

Bismarck an Usedom. Horsitz 11/7. 11 h p. m. erhalten 12/7. 6 h 20'.

„Ihre Telegramme vom 6. und 7. erst jetzt den 10. Abend mir zugegangen. Wir haben den Waffenstillstand nicht angenommen, sondern zweimalige Vorschläge durch Frh. v. Gablenz abgewiesen und Feindseligkeiten ununterbrochen fortgesetzt. Um Frankreich nicht vor der Zeit zu brüsquiren, haben wir, wie E. E. bekannt, erklärt, wir würden Waffenstillstand annehmen, wenn Italien einwilligt, und er uns das Errungene sichert. Es liegt auf der Hand, daß letztere Bedingung schwer zu erfüllen ist. Prinz Napoleon empfiehlt mit Recht, Italien anheim zu geben, Mangel preußischer — Preußen, Mangel italienischer Zustimmung vorzuschützen und Beide Krieg energisch fortzusetzen. Letzteres geschieht nun aber von Italien so wenig, daß unser vollendetes Vertrauen zu der Rechtlichkeit des Königs und der Nation dazu gehört, um nicht zu befürchten, daß General La Marmora von Haus aus auf Kosten der Ehre seines Souverains und seines Landes ein betrügerisches Spiel mit uns gespielt habe und die jetzige Cession Venetiens schon vor dem Kriege zu Dreien abgekartet worden sei; nur so erklärt sich das Publikum die unbegreifliche Unthätigkeit der italienischen Flotte und Armee."

„Theilen Sie diesen Verdacht noch nicht mit, aber melden Sie eingehend Ihre Meinung! — Nur sofortige energische Action Italiens mit Landarmee und Flotte kann abhalten an eine ehrlose Verrätherei der dortigen Regierung zu glauben und darnach unsere weiteren Schritte zu bemessen. Wir halten bisher ehrlich am Vertrage, stehen zwei Märsche vor Brünn und nur die Rückkehr der italienischen Armee Oesterreichs kann uns abhalten, in 10 Tagen vor Wien zu sein."

(NB. In dem Passus, der sich auf den Prinzen Napoleon bezieht, muß wohl im Chiffriren oder im Dechiffriren ein Fehler begangen worden sein; er hat so keinen Sinn.)

Es ist ein Segen, daß Ricasoli hergekommen ist, ohne ihn hätte La Marmora doch am Ende durchgesetzt, daß Italien sich unbedingt dem Gebot Frankreichs unterwerfe.

Nun meine Instruction: „Zuerst verlangt Graf Bismarck von mir (Usedom) einen eingehenden Bericht über die bisherige Unthätigkeit der italienischen Armee und Flotte und über deren politische oder militärische Ursachen. Da E. H. diese Zeit sich im Hauptquartier

befunden haben, ſo wird es Ihnen vielleicht möglich ſein die offenbaren oder geheimen Urſachen dieſes unbegreiflichen Zauberns klar
zu legen."

„In letzterer Zeit hat jedenfalls franzöſiſcher Einfluß ſchwer auf
dem Hauptquartier gelaſtet und die Aktion gehemmt: an calculirten
Berrath glaube ich zur Zeit noch nicht, wenigſtens nicht beim König,
Ricaſoli und Bisconti. Aber ſoviel ſteht feſt, daß die verſprochenen
oder gegebenen Ordres in ihrer Ausführung ſtets paralyſirt zu
werden pflegen."

„Sodann aber iſt es nothwendig, die Aktion der italieniſchen
Streitkräfte noch in der 12. Stunde, und bevor die Oeſterreicher das
Benetianiſche geräumt, ſchleunigſt in Gang zu bringen. E. H. wollen
ſich alſo gefälligſt zum König begeben und in meinem Namen Seiner
Majeſtät vorſtellen: Ich hätte von Berlin die ſtrengſten Befehle auf
ſofortiger und raſcheſter Aktion italieniſcherſeits zu beſtehen. Wenn man
die Oeſterreicher nicht aufriebe, ſondern ſie intact und unverfolgt ſich
aus dem Quadrilatère herausziehen ließe, um uns vor Wien entgegen zu
treten, ſo wäre offenbar, daß wir alsdann einen ſchlechten Frieden
ſchließen müßten. Dieſer würde uns in Deutſchland wahrſcheinlich
keineswegs das gewähren, was wir wünſchten — aber das-
ſelbe würde dann ohne allen Zweifel auch bei Italien eintreten. —
Nur der von beiden Seiten mit gleicher Energie und bonne
foi geführte Krieg könne und dürfe Beiden gleich gute Reſultate
liefern."

„In gleichem ernſten Sinn wollen ſich E. H. auch gegen andere
einflußreiche Perſonen ausſprechen, ferner mit dem Miniſter Bisconti
ihre démarchen combiniren, ſowie auch alsbald von dem Weiteren
mir Nachricht geben. Bei der Mundirung des obgedachten Berichtes
wird Ihnen Graf Dönhoff an die Hand gehen können."

„PS. Baron Ricaſoli geht heute Abend zu Cialdini und hält
ſich hernach einige Stunden in Ferrara auf, wird Sie zu ſich bitten
laſſen. Ich habe ihm den Inhalt deſſen vorüberſetzt, was ich Sie
bitte dem König vorzuſtellen, und er iſt vollkommen einverſtanden
damit. — Ich höre die Oeſterreicher räumen das Quadrilatère, darum
bringen Sie auf eifrigſte Verfolgung außerhalb Benetiens mit

der ganzen Armee und setzen Sie dem König, Ricasoli, Menabrea u. s. w.
die beste strategische Weise dafür auseinander. Recognoscirende Offiziere, die die Etsch passirt, haben Nichts mehr von den Oesterreichern
gesehen.

————————

Streng genommen hat Usedom mir keine Instruction zu ertheilen,
ich kann dergleichen nur aus dem großen preußischen Hauptquartier
erhalten. Er kann mich nur ersuchen, dies oder das im Sinn der
von Bismarck erhaltenen Weisungen zu thun. Doch werde ich das
natürlich nicht mit keiner Silbe releviren. Ich weiß diesmal genau,
was ich zu thun habe und bin dessen froh. — Eine Verfolgung
außerhalb des Venetianischen wäre aber gewiß nicht das Mittel, den
Oesterreichern auf ihrem Rückzuge namhafte Verluste zu verursachen.
Es wäre im Gegentheil gerade das rechte Mittel, sie intact entkommen
zu lassen.

————————

Preußens Drängen auf Fortsetzung der Operationen.
Vormarsch der Italiener gegen Treviso.

13. Juli. Ich muß nun sofort eine Audienz beim König verlangen, sagte mir aber auch, daß ich ihn — und zwar durch einen der
Minister — zum Voraus davon müsse in Kenntnis setzen lassen, um
was es sich handelt, und wovon ich ihm sprechen werde, damit ich
nicht als Antwort irgend eine improvisirte Redensart des Königs
erhalte, auf die Nichts zu geben wäre, sondern einen wirklichen, mit
den Ministern berathenen und beschlossenen Bescheid, für den die
italienische Regierung verantwortlich ist.

Ich suche also zuerst Visconti-Venosta auf, im Palazzo Conestabile,
wo man ihn einquartiert hat. Er ist nicht daheim; da wandre ich
zu dem Quartier des Königs in dem Palazzo Strozzi, an der
piazza dell' Oca und suche dort Francesco Castiglione auf, der auch
dort einquartiert ist. Den ersuche ich, mir Zutritt bei dem König zu
verschaffen, indem ich ihm sage, was mir aufgetragen ist.

Ich erfahre, daß Ricasoli und Visconti-Venosta sich in einem
Saal im Erdgeschoß besprechen. Das ist erwünscht! — sowohl daß

der energische Ricasoli hier ist, als daß ich mit Beiden sprechen kann, ehe ich dem König begegne. Ich suche sie auf und finde Ricasoli verstimmter, Visconti-Venosta gefaßter als früher. Dem Letzteren gebe ich einen Brief von Usedom ab, Beiden sage ich, was mein Auftrag ist. Visconti-Venosta bittet, ihm, ins Französische übersetzt, schriftlich mitzutheilen, was meine Instruction darüber enthält. Zugleich läßt er Usedom ersuchen, die Anträge, die ich mündlich zu stellen habe, schriftlich in einer offiziellen Note an ihn, den Minister, zu richten.

Ich frage Ricasoli: Est-il vrai que le chemin de fer de Trieste est détruit près de Nabrésina?

Ricasoli: Nein! Die Flotte hatte allerdings Befehl, Landsturmtruppen an das Ufer zu werfen und die Bahn zerstören zu lassen; sie ist aber nach Ancona zurückgekehrt, ohne es gethan zu haben.*)

Ich: Et qu'a donc fait la flotte?

Statt aller Antwort schlägt Ricasoli ein Schnippchen; dann aber fügt er hinzu, der Seeminister sei nach Ancona gereist und die Untersuchung im Gange. Uebrigens seien die österreichischen Eisenbahnen hin und wieder von italienischen Guerillas zerstört, aber immer sogleich wieder hergestellt worden. (NB. Es sah so aus, als sollte das theilweise Zerstören der Eisenbahnen als ein fruchtloses Bemühen erscheinen, aus dem sich nichts Wesentliches ergeben könne. Die so schnell wieder hergestellten Eisenbahnen müssen aber wohl nur sehr oberflächlich zerstört gewesen sein. Wahrscheinlich waren nur wenige Schienen aufgerissen.)

Endlich fordert Ricasoli mich auf, ich sollte bei dem König darauf bringen, daß der italienischen Flotte energische Verhaltungsbefehle ertheilt würden.

----

*) Nach einer späteren Angabe Espanna's (Vertrauten des Ministers Ratazzi) hing das zusammen, wie folgt: Der Admiral Persano hatte von der Regierung den Befehl die Eisenbahn bei Triest zu zerstören und die österreichische Flotte im Hafen von Pola zu blokiren: er that keins von beiden, weil er von La Marmora den — gerade entgegengesetzten — geheimen Befehl hatte, weder Triest noch die dalmatinische Küste zu berühren; Frankreich und England wollten das nicht haben.

Ich frage, wie es um die Expedition nach Dalmatien steht?

Ricasoli: Für die war Nichts vorbereitet und dergleichen muß vorbereitet sein. (Das heißt, sie ist aufgegeben. La Marmora hat als Kriegsminister dafür gesorgt, daß Nichts dazu vorbereitet war.)

Ich eilte nun nach dem Castello, dem alten von einem Wassergraben umgebenen Schloß der Estensischen Herzoge von Ferrara, mitten in der Stadt. Da hausen La Marmora und das wirkliche Hauptquartier. Oberst Bariola, von dem ich etwas über die Bewegung der italienischen Armee erfahren wollte, war aber nicht zur Stelle.

In meinem temporairen Heim, Casa Donbi, dictirte ich dann dem O. Dönhoff die Uebersetzung für Visconti-Venosta in die Feder: „Après réception de la présente dépêche vous voudrez bien, Monsieur, vous présenter chez S. M. le Roi pour porter à Sa connaissance en mon nom ce qui suit:

„J'ai reçu de Berlin les ordres les plus précis d'insister sur une action immédiate et rapide de l'armée italienne. Si au lieu d'attaquer et de détruire l'armée autrichienne, on lui permettait de se retirer du quadrilatère intacte et sans être poursuivie, pour nous être opposée sous Vienne, nous pourrions évidemment nous voir forcés de conclure une mauvaise paix. Cette paix ne nous offrirait certainement pas en Allemagne, ce que nous devons désirer, mais il en serait sans aucun doute de même relativement aux intérêts de l'Italie. La guerre continuée des deux côtés avec la même énergie et la même bonne foi peut et doit seule assurer pour tous les deux des résultats également heureux.“

Die ganze erste Hälfte der Depesche, Bismarck's zweifelnde argwöhnische Verwunderung über die Unthätigkeit der italienischen Armee, hütete ich mich wohl mitzutheilen. Es ist nicht mehr nöthig, da die italienische Armee glücklicher Weise wieder in Bewegung ist und könnte unter diesen Umständen nur böses Blut machen. — Diese Uebersetzung an Visconti-Venosta gesendet. — Ein Telegramm an Usedom abgefertigt. (Visconti-Venosta's Verlangen nach einer offiziellen Note desselben Inhalts wie meine Instruction schleunigst zu melden.)

Nun wieder in den Palazzo Strozzi. Ich mußte da längere
Zeit im Vorzimmer warten, und das war mir dies Mal recht lieb —
der Veranlassung wegen. Ich traf nämlich mit Ricasoli und Venosta
zusammen, die sich eben zum König begaben, und es war mir erwünscht, daß die Herren mit ihm sprachen, ehe er mich empfing. Ich
verlebte die Zeit inzwischen mit den zahlreichen Ordonnanz-Offizieren
des Königs, denen ich Einzelheiten von unserer Armee-Organisation
und von den Ereignissen in Böhmen erzählen mußte, so viel — oder
vielmehr so wenig ich davon wußte. Sie waren voll Bewunderung
und äußerten sich dann sehr unzufrieden — in leichtsinniger und
leichtfertiger Weise — mit der italienischen Kriegführung und mit
La Marmora. Dem General Morozzo, der dazu kam, war das nicht
recht, besonders der Ton nicht, in dem die Herren sich äußerten.
Er war zwar weit entfernt die bisherige Kriegführung in Schutz zu
nehmen; aber er gab den Leuten eine Art von Lection, indem er
ihnen auseinander setzte, daß das Uebel viel tiefer liege, als sie meinten.
Die Italiener fänden in Worten alles leicht und vermäßen sich
obenhin mit Allem leichthin fertig zu werden, wenn es aber dann
zur Sache komme, werde eben nichts Rechtschaffenes und Tüchtiges gethan. — Natürlich schlügen die Dinge fehl! — „Bisogna far la guerra
sul serio!" wiederholte er mehrere Male mit großem Nachdruck.

Die Minister entfernten sich, ich wurde gerufen und hatte nun
ein sehr langes Gespräch mit dem Re galantuomo.

Wie in allen älteren italienischen Palästen, sind auch in diesem
nach und nach mancherlei Kunstschätze vereinigt worden. Sie zieren
insbesondere den Saal, in dem V. Emanuel mich empfängt. Namentlich
fällt da eine Statue auf, die kniende Gestalt eines Engels; unwillkürlich streift sie mein Blick. Der König, der es bemerkt, sieht sich
auch rechts und links um und brummt dann in unzufriedenem Ton:
„on m'a mis ici dans un musée!"

Ich fasse das Wesentliche meines Auftrages in die Worte zusammen: Preußen wolle die Gewißheit haben, daß die italienische
Armee den aus Italien abziehenden Oesterreichern auf dem Fuße
folgen, sie nicht unverfolgt und intact an die Donau gelangen
lassen werde.

Victor Emanuel weiß offenbar, daß ich darüber zu sprechen beauftragt bin und ist, wie ich es wünschte, darauf vorbereitet. Er antwortet sehr bestimmt, er sei entschlossen der österreichischen Armee in die deutschen Provinzen Oesterreichs zu folgen; er folge ihr lieber dorthin als in das Venetianische; — er wäre mit seiner ganzen Armee zu Schiffe nach Triest gegangen, wenn ihm der Eintritt in das Venetianische ernstlich untersagt worden wäre. (NB. Welch ein abenteuerlicher Gedanke!) Jetzt sende er eine See-Expedition mit 2000 Mann Landungstruppen dorthin (NB. ich zweifle, daß die italienische Flotte im Stande ist, 2000 Mann Landungstruppen aufzunehmen); — die Operationen würden beeilt soviel als möglich, aber bei den großen Distanzen, die zurückzulegen seien, habe es nicht schneller gehen können; — wenn er mit uns zugleich vor Wien eintreffen solle, müßten wir weniger rasch vorwärts gehen. — Uebrigens sei Cialdini's Vortrab heute in Padua; vorausgesendete Detachements wahrscheinlich bereits in Vicenza.

Der Erzherzog Albrecht habe 80 000 Mann, durch Tirol gingen 40 000 Oesterreicher zurück; in Italien seien österreichischerseits nur Besatzungen zurückgeblieben; in Venedig 30 000 Mann (?Oh!) — in Legnago 1500; — in Verona 8000; — in Mantua 7000; — in Peschiera 5000; — im Ganzen 51 500 Mann.

Sehr ungnädig äußerte sich dann der König über seine Correspondenz mit Napoleon. Der giebt sich das Ansehen es als eine persönliche Beleidigung aufzufassen, daß man hier an den Abschluß des Waffenstillstandes seitens Preußens nicht glauben will. Er, Napoleon, hat wiederholt versichert, daß Preußen den Stillstand angenommen habe, und man erlaubt sich das nicht ohne Weiteres sofort unbedingt zu glauben! — das nimmt er übel wie billig! — Nachdem wir uns zum letzten Mal gesehen haben — also seit dem 8. — hat Napoleon ihm, dem König Victor Emanuel, einen sehr peremptorischen Brief — schreiben lassen, durch den Prinzen Napoleon (Plonplon)! In diesem Brief wird die Forderung, daß das Venetianische seitens der italienischen Armee nicht betreten wird, als Befehl ausgesprochen. Es wird darin die Drohung ausgesprochen, Napoleon werde, falls seine Mahnungen nicht beachtet würden, zum Kriege gegen

Italien und gegen Preußen schreiten. Er werde das Corps légis-
latif zusammenberufen und in feierlicher Sitzung erklären, Frankreich sei im Krieg mit den beiden Mächten u. s. w. (NB. Das Alles
ist blinder Lärm! Napoleon sucht seinen Zweck durch Drohen und
Terrorisiren zu erreichen, aber hütet sich wohl, diese Drohung selbst
in eigener Person auszusprechen; er läßt sie auch nicht offiziell durch
seinen Minister der auswärtigen Angelegenheiten aussprechen — weil
er durch beides compromittirt wäre und verpflichtet seine Drohungen
vorkommenden Falls auch wahr zu machen. — Er läßt nur durch
Plonplon, der ganz außerhalb der Regierung steht und gar keine
Autorität ist, drohen und poltern, offenbar weil er den ohne Umstände stillschweigend fallen lassen, oder wenn es nöthig werden sollte,
selbst ausdrücklich desavouiren kann, wenn etwa die Drohungen nicht
den Wünschen entsprechend wirken; weil das, was Plonplon sagt,
und wenn es im Namen des Kaisers der Franzosen wäre, Frankreich
und seine Regierung in keiner Weise compromittirt oder bindet. —
Das Alles ist sehr leicht zu durchschauen!) —

Victor Emanuel hat darauf geantwortet — persönlich: „je
les ai tous faits moi-même!" — die Telegramme nämlich — er
habe wenig directe Verbindungen mit dem preußischen Hauptquartier,
bitte daher, ihm genau zu sagen, an welchem Tage Preußen den
Waffenstillstand unterzeichnet hat. — Diese einfache Frage hat in
Paris große Verlegenheit hervorgerufen —: „Il en avait menti!"
— Napoleon versteht sich; — die Frage ist selbstverständlich un-
beantwortet geblieben — aber die Telegramme aus Paris sind seither
sehr viel milder geworden; eines bereits geschlossenen Waffenstillstandes
wird darin nicht mehr gedacht — und eben so wenig des Venetianischen als eines französischen Gebietes.

Nun aber zeige sich, fährt Victor Emanuel fort, andererseits,
daß die Oesterreicher zwei Tage in ihrem Rückzug inne halten. Sie
nehmen Stellung am Sile; — das Hauptquartier ist in Conegliano.
Auch die Truppen, die durch Tirol zurückgehen, halten an. Der
König meint, sie thäten das vielleicht auf einen Wink, den sie aus
Paris erhalten haben könnten.

(NB. Er ist eben in der Laune dem Kaiser der Franzosen alles

erdenkliche Böse zuzutrauen, und Napoleon III. ist auch ohne Frage
der Handlungsweise fähig, die Victor Emanuel vermuthet. — Diesmal aber möchte der Verdacht wohl unbegründet sein; die Thatsache,
um die es sich handelt, erklärt sich sehr natürlich, auch ohne daß man
solche heimtückische Intrigue vorauszusetzen brauchte. Die Oesterreicher sind vermöge Fußmarsch bis Treviso zurückgegangen; dort
nehmen sie nun militärisch Stellung am Sile, um die Eisenbahnzüge
zu decken, die ihre Truppen weiter an die Donau schaffen sollen. —
Ich hielt es aber nicht für nöthig diese Ansicht laut auszusprechen.
Es ist nicht meines Amtes Victor Emanuel zu beschwichtigen und
im Geist mit Napoleon III. zu versöhnen. Viel besser, dem König
nicht unnützer Weise zu widersprechen.)

Als die Audienz sichtlich zu Ende neigte, fragte ich noch: „et
que puis-je dire à mon gouvernement relativement aux ordres,
qu'a reçus la flotte de V. M.?"

Victor Emanuel: „Ah! vous ne m' embarrassez pas mal!"
(er sah wirklich sehr verlegen drein). Die Flotte habe Befehl gehabt
die österreichische anzugreifen und dann in der Bucht von Pola zu
blokiren; sie habe das nur theilweise ausgeführt — (NB. gar nicht!).
Jetzt werde sie 2000 Mann Landungstruppen aufnehmen, um bei
Triest zu landen. (NB. ohne vorher einen Seesieg erfochten und die
österreichische Flotte unschädlich gemacht zu haben? — Das wird
wohl nicht gehen! —) Der König sagt mir dann auch noch viel
Liebenswürdiges, und so wurde ich ungemein gnädig entlassen.

14. Juli. Ich dictire O. Dönhoff einen ausführlichen Bericht über die Gründe des Zauderns der Italiener und über mein
gestriges Gespräch mit dem König in die Feder. Zum Schluß richte
ich die Bitte an Usedom, den Bericht über dieses Gespräch in Abschrift dem F. M. Moltke mitzutheilen.

15. Juli. Visconti-Venosta läßt mich früh am Tage auffordern.
Ich finde ihn im Palazzo Conestabile in weiten, mit geschlossenen
Fensterläden dunkel und kühl gehaltenen Sälen.

Visconti-Venosta sagt mir, was gestern im Ministerrath beschlossen worden ist: Cialdini erhält zwei Drittheile der Armee und
den Auftrag den weichenden Oesterreichern bis an die Donau zu

folgen. Mit dem dritten Drittheil soll La Marmora die Festungen
(das Quatrilatère) und Venedig „maskiren". — Nun aber meldet
Nigra aus Paris, Napoleon habe das Waffenstillstands- und Friedens-
programm Preußens angenommen — (d. h. zu dem seinigen gemacht).
Infolgedessen ist in Paris allgemein die Ansicht herrschend, daß der
Waffenstillstand in 5 oder 6 Tagen werde geschlossen sein.

Für die Italiener ist diese Frist aber zu kurz; sie brauchen
wenigstens noch 14 Tage, um im Felde etwas leisten zu können. In
5—6 Tagen können sie natürlich nur 5 oder 6 Tagemärsche weiter
kommen ohne irgend ein anderweitiges Ergebniß. In 14 Tagen dagegen könnten sie die deutschen Provinzen Oesterreichs erreichen und
die weichenden Oesterreicher zum Standhalten und zu einer Schlacht
bringen.

Aus diesen Erwägungen ergiebt sich ein doppeltes Anliegen an
die preußische Regierung: 1. den Abschluß des Waffenstillstandes
wenigstens noch 14 Tage hinzuhalten — 2. nicht abzuschließen, ohne
daß auch Italiens Forderungen festgestellt und angenommen wären. —
Ich werde ersucht, in diesem Sinn an Usedom zu schreiben.

(NB. Warum den Italienern unendlich an solchem Aufschub,
an diesem Zeitgewinn gelegen ist, das läßt sich leicht durchschauen.
Das Bewußtsein, daß sie bisher einen sehr unrühmlichen Feldzug
geführt haben, ist ihnen peinlich; sie möchten gern, ehe der Friede
geschlossen wird, ihre Waffenehre herstellen durch ein namhaftes
Treffen, in dem die überlegene Zahl ihnen wohl den Sieg sichern
könnte. Sie sehen das auch wohl als eine Nothwendigkeit an, denn
es gehört in der That nicht viel Scharfsinn dazu sich zu sagen, daß
auch das Venetianische, ohne Sieg und Ruhm gewonnen, dem neuen
Italien nicht zu der Stellung, dem Ansehen und Gewicht im Rath
der europäischen Mächte verhelfen kann, nach dem es streben muß;
sie fühlen, daß sie sich durch eine That in Respect setzen müssen.
Endlich läßt auch das Bewußtsein, daß sie sehr wenig geleistet haben,
sie befürchten, wir könnten Frieden schließen, ohne ihre Interessen zu
berücksichtigen.)

Ich erwidere, daß ich die Anliegen Italiens zunächst an Usedom
mittheilen, überhaupt in dem gewünschten Sinn schreiben werde.

Uebrigens würden wir, glaube ich versichern zu können, auch ohne dem nicht ohne Italien abschließen. „Vous pouvez compter, que nous sommes dans cette alliance d'une parfaite bonne foi." — Nach meiner Ueberzeugung müsse dieses Bündnis überhaupt nicht ein vorübergehendes sein; es müßte ein dauerndes sein. Ein Bündnis, das England, Preußen und Italien verbände, wäre das wahre System, das den Frieden und die Sicherheit Europa's verbürgte. — Für den gegenwärtigen Augenblick könne es uns auch nicht blos darauf ankommen unseren nächsten Zweck zu erreichen; wir müßten auch Bürgschaften für die Zukunft verschaffen, dahin trachten de réduire l'Autriche au point, qu'elle ne puisse plus reprendre ses anciens projets de domination ni en Allemagne ni en Italie. — Visconti-Venosta überzeugt zustimmend: „que cela ne soit plus à recommencer!"

In mein Quartier; schreibe an Usedom Visconti-Venosta's beide Anliegen. Während des Schreibens fällt mir ein, daß der Aufschub und Zeitgewinn, den die Italiener wünschen, sich ganz von selbst ergeben wird; denn mag auch Napoleon das preußische Friedensprogramm annehmen: ich glaube nicht, daß Oesterreich es annimmt, ohne auf das Aeußerste, oder wenigstens noch einmal darum gekämpft zu haben.

Die heißesten Tagesstunden bei geschlossenen Fensterladen in meinem Zimmer. — Diner in Casa del Re! Ich sage ViscontiVenosta meine Vermuthung auf den Zeitgewinn. Sie ist ihm sehr plausibel. — Der Franzose Oberst Schmitz ist da — er wird hin und wieder einmal eingeladen — der englische und der spanische Militär-Bevollmächtigte nie. Wir sprechen bei Tisch von Ferrara und seinen Erinnerungen an Tasso und Leonore d'Este. Das Gespräch ist vorzugsweise zwischen mir und Visconti-Venosta, der mir gegenüber sitzt. Ich führe Lamartine's Verse an: „heureuse la beauté que le poète adore!"

　　Vaucluse murmure encore le nom chéri de Laure,
　　　　Ferrare retient toujours celui de Léonore.

Und dann die Verse, mit denen Lamartine das Gedicht hätte abschließen sollen, anstatt noch von sich selbst und seiner eigenen Geliebten zu sprechen:

Et l'amant et l'amante, sur l'aile du génie,
Montent d'un vol égal à l'immortalité.

Oberst Schmitz, der schweigend zugehört hatte, schien als Soldat des Kaiserreichs nicht gerne etwas zum Lobe Lamartine's zu hören und warf am Ende dazwischen: „et dire, qu'un homme a été réduit à demander l'aumône, après avoir écrit de pareils vers!" — und das in einem Ton, in dem eine entschiedene Verurtheilung Lamartine's lag.

Die Casa militare del Re weiß am Abend so wenig als des Morgens, was sie mit sich selbst anfangen soll. Sie versammelt sich Abends in und vor dem Caffeehause, dem Castell gegenüber — ich bin auch dabei — da wird lässig leeres Stroh gedroschen.

Im Caffeehaus erzählt mir ein Offizier von Savoya-Cavallerie, dessen Name ich nicht weiß, General Sirtori's Laufbahn. Dieser Lenker der Schlachten war seines Zeichens Capuziner; im großen Jahr 1848 aber „il a jeté son froc aux orties", um Freischaaren-General zu werden, und als General ist er dann in die italienische Armee aufgenommen worden. Am 24. Juni aber, während der Schlacht bei Custozza, die auch ihm sehr unerwartet kam, sei dieser Mönch-General vollkommen verrückt und von Sinnen gewesen. (NB. Die improvisirten Revolutions- und Freischaaren-Generale sind natürlich unter den Offizieren, die sich regelrecht herangedient haben, nichts weniger als beliebt.)

Dieser Offizier von Savoya-Cavallerie verräth denn auch eine leidenschaftlich zu nennende Unzufriedenheit mit La Marmora und dessen Kriegführung, die von der ganzen Armee getheilt wird. Er klagte übrigens auch den König an, der nicht den Muth habe — „le courage civil" — die Piemontesen zu beseitigen.

16. Juli. Dann gehe ich in das Castell zu Petitti, um in Beziehung auf die Bewegungen der Armee das Nöthige zu erfahren.

Cialdini's Armee ist im Marsch auf Treviso; sie wird aus 14 Divisionen bestehen; — 12 Divisionen sind bereits jenseits des Po vereinigt; zwei andere sollen folgen; es ist aber trotz aller Anstrengungen nicht möglich mehr als eine Division täglich über den Po zu befördern. Sind die Truppen Cialdini's sämmtlich jenseits

des Po, dann werden auch die vier Divisionen La Marmora's hinüber
befördert. — La Marmora's Hauptquartier wird wohl übermorgen
nach Rovigo gehen. (NB. Dahin muß ich mich dann auch verfügen.)

Dann ist Cadogan lange bei mir in Casa Donbi. Der gute
Mann möchte doch auch gern etwas wissen und erfährt Nichts! —
Wirklich und im Ernst aber liegt ihm doch nur Eines am Herzen:
ihm ist angst und bange, dem trefflichen La Marmora könnte ein
Leides geschehen, der könnte das Commando verlieren! — Das ist
Cadogan's Kummer und Sorge! — La Marmora ist nämlich —
l'amant de sa femme, Mrss. Cadogan; das ist allgemein bekannt,
so sehr, daß die englische Gesandtschaft sich dieser Dame bedient hat,
um Einfluß auf La Marmora zu üben. Da ist denn natürlich
Cadogan, wie recht und billig, der treueste Freund La Marmora's.

Er meint, der Feldzug sei bisher nur darum schlecht gegangen,
weil man La Marmora nicht habe frei schalten und walten lassen,
weil sich der König und seine Günstlinge, vor Allen Francesco Castiglione, in die Sache gemischt und auch darein geredet hätten. Das
ist natürlich, was La Marmora ihm vorerzählt.

Bericht an Usedom dictirt — was ich von Petitti erfahren habe.

Diner in Casa del Re. Da wird das Treffen bei Aschaffen-
burg besprochen. Die Nachricht ist eben eingetroffen. Graf Collo-
biano sagt von dem Feldzug der Preußen: „seulement c'est trop
beau; si même cela avait été mieux de notre côté, nous aurions
toujours fait mauvaise figure à côté de vous!"

17. Juli. Cooper kommt an aus Florenz mit einem Packet
Depeschen, von denen ich dies Mal nichts weniger als erbaut bin.
Es ist ein Brief an den König V. E. dabei, den ich überreichen soll.
Er lautet wie folgt:

Florence, 13. juillet 1866.

Sire! Je suis au désespoir du télégramme, que je reçois
du quartier général prussien sur le temps perdu depuis
Custozza. A des jugements, qu'on en porte, on me demande
un rapport exprès sur les motifs, qui ont pu retenir l'armée de
V. M. si longtemps derrière le Pô, et qui ont facilité deux
choses funestes, l'intervention française et la retraite probable

de l'armée autrichienne du Quadrilatère, pour nous combattre
sous les murs de Vienne. Cette armée que les forces italiennes
devaient détruire, et que même après Custozza elles auraient pu
battre en rase campagne, on lui permettait encore à s'éva-
der et de se mettre en ligne contre nous, intacte et pleine de
confiance. Si grace à cet énorme renfort, elle (nous) brave et
nous impose un arrangement défavorable, cela ne pésera pas
uniquement sur la Prusse —: les conséquences en retombent
à coup sûr sur l'Italie elle-même; c'est elle, qui en aurait
été cause."

„V. M. vient de résister si noblement aux efforts de la
France d'imposer à l'Italie un soidisant bienfait, qui l'indignait.
— Veuillez, Sire, encore une fois, agir avec la même noblesse
vis-à-vis de Votre allié; j'ai engagé au Roi mon Maître ma
parole d'honneur, que l'Italie lui serait fidèle! Le traité d'alliance offensive et défensive implique non pas telle ou telle
province, mais qu'on fasse la guerre, qu'on la fasse sérieuse-
ment, loyalement, qu'on donne à son allié tout aide et secours,
dont on est capable. Or, les faits d'armes de l'armée prussienne ont créé à l'Italie l'avantage, dont elle jouit, de ne
trouver probablement plus d'ennemis à combattre du moins
en Vénétie. Que l'Italie ne nous rende pas ce service en
laissant échapper l'armée autrichienne, qui marche sur nous.
Je Vous en supplie, Sire, au nom du Roi-guerrier, du Roi-
gentilhomme, qui doit occuper dans l'histoire la place glorieuse,
qui Lui est due."

„Donc, Sire, je Vous demande au nom du Roi votre allié
d'ordonner à Votre brave armée, d'aller en avant pour tendre
la main à l'armée prussienne sous les murs de Vienne: elle en
est en ce moment à dix jours de marches. Qu'on suive le plan
de guerre proposé le 17 juin au gouvernement de Votre Majesté par la Prusse; qu'on coupe par la Pontebba la retraite de
l'Archiduc Albert sur Klagenfurth et Vienne; qu'on avance en
même temps rapidement par Laibach. . . ."

„Voilà, Sire, ce que ma conscience et l'urgence de la situation me font un impérieux devoir d'exposer à V. M. — qu'Elle daigne me pardonner ma franchise." —

Es liegt noch ein Brief an Visconti-Venosta dabei, selbstverständlich gleichen Inhalts. — Diese Briefe setzen mich in große Verlegenheit! — Usedom hat nicht immer den glücklichsten Tact! — Es war ein arger Fehler, daß er unmittelbar vor dem Ausbruch der Feindseligkeiten in gereiztem, beleidigendem Ton an La Marmora schrieb und namentlich, daß er in seinem Schreiben sagte, wenn man von Seiten Italiens den Krieg nicht in unserem Sinn führen wolle, wäre es für uns besser, wenn Italien gar keinen Antheil an dem Krieg genommen hätte. Das mußte tief verletzen! — Noch dazu wollte er mich veranlassen, in meinem „Mémoire" in demselben schneidenden Ton zu sprechen! Ein Glück, daß ich nicht so thöricht gewesen bin es zu thun!

Dieser heutige Brief nun ist noch viel schlimmer. — Der Brief paßt gar nicht mehr zu der thatsächlichen Lage der Dinge, jetzt, wo La Marmora's hemmender Einfluß gebrochen ist, die italienische Armee in voller Bewegung, bemüht den Feind in Gewaltmärschen einzuholen, da ist dieser Brief zu Nichts gut, vollkommen unnütz. Er kann nur verletzen, böses Blut machen und möglicher Weise viel verderben!

Aber! — einen Brief von unserem verantwortlichen Gesandten an den König von Italien kann ich nicht unterschlagen — Abgeben muß ich ihn!

Es bleibt mir also nur übrig, den Eindruck durch das, was ich mündlich hinzufüge, soviel als möglich zu mildern!

Glücklicher Weise bieten die Instructionen, die Usedom für mich beilegt, einigermaßen die Mittel dazu. Ich erhalte da nämlich die Weisung, den Italienern zu sagen, sie sollen sich nicht durch Gerüchte von einem Waffenstillstand, der geschlossen wäre, schrecken lassen. Wir — Preußen — gestatten aus Höflichkeit für Frankreich von einem Waffenstillstand zu sprechen und zu unterhandeln, aber wir wollen ihn unter keiner Bedingung!

So weit ganz gut, doch bleibt die Sache schwierig! — Zwar mit Visconti-Venosta ist leicht fertig zu werden — aber der König! —

Beiläufig: Es zeigt sich wieder, wie wenig Usedom in militärischen Dingen Bescheid weiß. Er glaubt, der Erzherzog Albrecht führe seinen Rückzug auf dem Umwege durch Tirol aus, während von italienischer Seite gar Nichts geschehen ist, ihn, als es dazu Zeit gewesen wäre, in diese Richtung zu drängen; während man ihm alle Zeit und Freiheit gelassen hat, auf dem bequemen Wege durch die venetianische Ebene zurück zu gehen und wenigstens von Treviso aus die Eisenbahn zu benutzen.

Bei der Colazione (Frühstück) in Casa del Re, palazzo Fiaschi, sehe ich Visconti-Venosta. Dem sage ich zuerst, was mir Usedom in Beziehung auf den Waffenstillstand aufträgt; dann erst gebe ich Usedom's Briefe ab; indem ich dazu bemerke, sie seien offenbar geschrieben, ehe Usedom um den Inhalt meiner letzten Gespräche mit ihm, Visconti-Venosta, gewußt habe. Dadurch ist jedem unangenehmen Eindruck bei dem Minister so ziemlich vorgebeugt.

Daraufhin ging ich in das Castell zu La Marmora, bloß aus Höflichkeit, Anstands wegen, pour sauver les apparences. Ich hielt es für schicklich ihn von dem in Kenntnis zu setzen, was mir Usedom über den Abschluß des Waffenstillstands schreibt.

Ich fand ihn in einem seltsamen Zustand von Aufregung, der sich schon in seinem Aeußeren verrieth. Sein Anzug war in Unordnung, sein Haar und die Perücke desgleichen; das Gesicht geröthet, sein Blick wanderte unstät überall umher, ohne irgend etwas zu sehen — er war in der That kaum für zurechnungsfähig zu halten.

Natürlich genug! — Was hatte er Alles in wenigen Tagen erleben müssen! — Zuerst und vor Allem ist er im Ministerrath nicht durchgedrungen mit seiner Politik, deren Alpha und Omega ist, daß Italien einfach unbedingt den Willen Napoleon's thun müsse. Infolge dessen hat er die Leitung des Ministeriums verloren und dann den Oberbefehl über die Armee, der thatsächlich in die Hände seines Nebenbuhlers Cialdini gelegt worden ist. Am schlimmsten schließlich ist wohl, daß er nun, eben weil es ihm nicht gelungen ist Napoleon's Willen durchzusetzen, befürchten muß dessen Gunst und Schutz zu verlieren, und damit wäre seine politische Bedeutung für alle Zukunft unwiederbringlich vernichtet! —

So war er denn in der Stimmung Nichts zu hören und Nichts zu sehen; was ich ihm von der Haltung unserer Regierung und von der Lage der Dinge in Böhmen mitzutheilen hatte, beachtete er gar nicht; er perorirte mit überlauter zankender Stimme lediglich von Dingen, die ihn persönlich betroffen, und beachtete auch das nicht im Mindesten, was ich beschwichtigend dazwischen zu reden versuchte. So klagt er leidenschaftlich über die ungerechten soupçons, deren Gegenstand er sei; — vergeblich sagte ich, daß ihn Niemand im Verdacht unredlicher Absicht habe; — er rühmte seine „loyauté"; — vergebens ließ ich sie anerkennend gelten; — er habe Beweise von loyauté gegeben; — Venetien sei ihnen, den Italienern, vor dem Ausbruch des Krieges angeboten worden, sie hätten es ganz umsonst haben können, ganz ohne Krieg; — er, er, La Marmora, habe bewirkt, daß es nicht unter solchen Bedingungen angenommen worden ist. Wenn er de mauvaise foi hätte sein und handeln wollen, wären die Dinge wohl anders gegangen (in Böhmen, soll das heißen; wir hätten da nicht siegen können!) — und nun sage man, es sei alles zum Voraus mit Frankreich beredet gewesen! — (NB. von Seiten La Marmora's und Italiens nämlich; — wer sagt das?) Je n'accepte des leçons de loyauté de personne, pas même de Mr. de Bismarck!" — (Dasselbe hatte er genau mit denselben Worten schon zu Lucadou gesagt.)

Ich hatte mich bereits gezwungen gesehen ebenfalls sehr laut zu sprechen, damit auch meine Stimme im Vorzimmer gehört wurde. Daß wir uns zankten, mochte man meinetwegen da draußen glauben, aber daß ich einseitig ausgezankt werde und mich auszanken lasse, das durfte man nicht denken.

Nun aber nahmen die Dinge eine noch schlimmere Wendung. La Marmora ging zu Recriminationen über, sprach leidenschaftlich, als habe man von Seiten Preußens gegen ihn intriguirt, unwürdig gegen ihn gehandelt, er schrie wie ein Besessener: „La conduite de Monsieur d'Usedom a été ignoble!" — Dabei fuhr ich auf, ich erklärte nun meinerseits mit dem größten Nachdruck mit lauter und überlauter Stimme: „Mon général, vous ne devez jamais oublier, que j'ai l'honneur de représenter ici la Prusse, et qu'il y a tels termes, que je ne puis, ni ne dois ni ne veux entendre, et que je ne souffrirai certainement pas.

La Marmora schien etwas zu erschrecken — ich aber fuhr fort ihm nachdrücklich zu erklären, ich könne wohl begreifen, daß ihn in der letzten Zeit Vieles verletzt habe; er dürfe aber nicht vergessen, daß wir hier nicht als zwei Particuliers mit einander sprächen, sondern als die Vertreter zweier Staaten, und daß er deshalb Maaß halten müsse in seinen Aeußerungen — „ménager les termes!"

La Marmora sprach noch einiges Leidenschaftliche dazwischen, aber nicht mehr mit der früheren Zuversicht — und es gelang mir ihn durch Ernst und ruhige Festigkeit zu verhältnismäßiger Mäßigung zurück zu bringen, sobaß wir uns endlich in leiblichen Formen trennen konnten.

Ich suchte nun Petitti auf, um über La Marmora's Benehmen mit ihm zu sprechen. Natürlich beschwerte ich mich nicht darüber, das wäre ungeschickt gewesen: ich sprach mit Bedauern von dem Zustand, von dem état d'irritabilité maladive, de surexcitation, in der ich ihn gefunden habe. — Petitti sucht ihn in banaler Weise zu entschuldigen und spricht mir dann von der neuen Eintheilung der Armee. Er selbst, bisher General-Quartiermeister in La Marmora's Stab, übernimmt jetzt das Kommando des 4. Armee-Corps.

(NB. So! — wirklich? —. Petitti ist eine Creatur La Marmora's und war bisher sein treuer Schildknappe —: jetzt, wo La Marmora's Stern zu verbleichen beginnt, trennt er sich vorsichtig bei Zeiten von ihm! — Recht so! — Das ist der correcte Weg der Welt! —)

Petitti sagt mir auch, daß das Hauptquartier noch heute nach Rovigo geht. Da werde ich wohl morgen dorthin folgen müssen.

In meinem einstweiligen Heim einen langen Brief an Usedom dictirt, in dem ich vor Allem dringend rieth durch den Ausdruck von Mißtrauen nicht weiter zu reizen, oder durch Klagen über die Vergangenheit, an der doch Nichts mehr zu ändern ist.

Um 5 Uhr, zur festgesetzten Stunde, machte ich mich dann auf den Weg zu Victor Emanuel, der mich durch einen seiner Ordonnanz-Offiziere Pier-Francesco Corsini, hatte zu sich entbieten lassen. Es

war kein angenehmer Gang! Einem etwas derben König zu begegnen, der erzürnt ist, und obendrein Recht hat, ist kein wünschens-
werthes Ereigniß!

Im Vorsaal im Palast Strozzi mußte ich eine Zeit lang in
Gesellschaft Morozzo's und der Ordonnanz-Offiziere warten, weil der
Kronprinz Umberto eben seinem Vater einen Besuch machte. — Er
trat endlich heraus; er ist eine ritterliche Erscheinung. Der Verkehr
mit ihm wird aber dadurch erschwert, daß er etwas undeutlich spricht.
Ich wurde ihm vorgestellt; er nahm die Grüße unseres Kronprinzen,
die ich zu bestellen hatte, sehr wohl auf. — Dann sagte er mir, er
sei beauftragt Legnago anzugreifen: „je prendrai cela à la bayon-
nette!" — Legnago, das zwar ein sehr unbedeutender kleiner Ort
ist, aber Wassergräben hat! — Seine Worte überraschten mich so,
daß ich unwillkürlich mit der Frage herausfuhr: „est-ce que Legnago
n'a pas les fossées remplies d'eau?" — „Ah oui! c'est vrai!
eh bien, nous allons canonner cela un peu!" Damit verbeugte er
sich und ging.

Wie ich nun zu dem König eintrat, flüsterte mir Morozzo noch
zu: „le roi est furieux!" — Sehr angenehm! Doch gelang es
schließlich, der Sache eine leibliche Wendung zu geben.

Zunächst zeigte sich Victor Emanuel allerdings sehr ungehalten
über die Forderung schneller vorwärts zu gehen mit der italienischen
Armee, die Usedom stets wiederhole — über das beleidigende Mißtrauen, das er äußert „dans une lettre adressée à moi personnellement." — Was man denn wolle von Seiten Preußens? Was möglich
sei, geschehe ohnehin! —: „veut-on m' enseigner à faire la guerre?
— je sais faire la guerre! — il y a vingt ans, que je la fais!"
Wir hätten allerdings Glück gehabt in Böhmen (NB. er spricht diesmal nur von Glück, das wir gehabt hätten, nicht von Feldherren-
Kunst der Führer und Tapferkeit der Truppen) — „mais je voudrais les voir ici!" — Dort in Böhmen und Deutschland hätten
sie ein leichtes Terrain vor sich — hier in Italien dagegen seien die
Schwierigkeiten unendlich! — Die „opération" am 24. Juni (alias
die Schlacht bei Custozza) sei nur deshalb mißlungen, weil Cialdini
nicht habe an demselben Tag über den Po gehen können u. s. w. —

Nun mußte die ganze italienische Armee hierher, nach Ferrara, an den unteren Po transportirt werden; das war schwierig; „les distances sont énormes!" — man treibe Eisenbahnzüge gegen einander „pour faire plus vite" — man lasse die Armee mit solcher Anstrengung vorwärts marschiren, daß darüber täglich Leute an Erschöpfung sterben, was man denn wolle? —

Ich suchte durch die Vorstellung zu beruhigen, daß Usedom's Brief vom 13. zu einer Zeit geschrieben sei, wo der Inhalt der letzten Gespräche La Marmora's mit mir ihm nicht bekannt sein konnte; daß dieser Brief sich mithin auf eine Lage der Dinge bezieht, die nicht mehr besteht, die seither sehr wesentlich modifizirt worden ist.

Victor Emanuel kommt von Neuem auf das beleidigende Mißtrauen zurück, das man ihm zeige. Er habe weit eher Veranlassung seinerseits mißtrauisch zu sein. Er höre alle Augenblicke, Preußen sei im Begriff Waffenstillstand zu schließen. Warum habe Bismarck Rücksichten für Napoleon? — „Qu'il lui parle net! — il y a dix ans, que je lui parle net! c'est ce qu'il y a de mieux à faire." — Er wisse über Alles, was er hört, schon gar nicht mehr, was er denken und glauben soll!

Ich: Ich habe Befehl zu sagen, daß wir es selbst anzeigen werden, wenn wir Waffenstillstand schließen wollen. Alle Nachrichten, die auf anderen Wegen an den König gelangen, verdienen keinen Glauben.

Victor Emanuel: Er schicke Cialdini mit dem größten und besten Theil seiner Armee, mit 150000 Mann an die Donau; er selbst, der König, werde Verona belagern.

Ich: Je n'ai pas une très-haute idée de la force de résistance de Vérone!

Victor Emanuel: „Ni moi non plus!" Besonders an der Seite nach dem Gebirge sei Verona sehr schwach. — Dann ging er mehr und mehr in den Ton des Vertrauens über, indem er sagte: der Prinz Napoleon komme morgen an, um von Neuem zu versichern, daß Preußen einen Waffenstillstand bereits angenommen habe, und von Neuem darauf zu bringen, daß auch Italien ihn annehme, um, wie er selber ankündigt, mündlich zu bestätigen, was er schreibt nämlich, daß Preußen gehalten sei, innerhalb zweier Tage (das wäre heute und morgen) auf eine bestimmt gestellte entscheidende Frage eine bestimmte Antwort zu geben; endlich: „pour dévoiler des mystères, que V. Majesté (scil. Victor Emanuel) ignore."

„Je le recevrai comme un chien", sagt Victor Emanuel.

(NB. Ich war im Stillen augenblicklich entschlossen, hier zu bleiben, um zu sehen, was daraus werden will.)

Was Pr. Napoleon von dem Waffenstillstand schreibt, veranlaßt mich zu wiederholen: wenn dem wirklich so wäre, würden wir, Usedom und ich, es wissen: „si jamais nous sommes sur le point de conclure un armistice, c'est par moi que V. M. en sera informé et par nul autre. Tout avis qui Lui parviendrait par une autre voie, est faux."

Ganz versöhnt entläßt mich Victor Emanuel mit den Worten: „Eh bien, c'est à cela que nous nous arrêterons!" — und so trennten wir uns in der besten Stimmung.

Ich eilte darauf in mein Quartier und dictirte den Schluß meines Briefes an Usedom (daß Prinz Plonplon ankommt und in welcher Weise angekündigt. Das Wesentlichste aus meinem heutigen Gespräch mit dem König; bitte um Instruction).

Wir kommen darüber etwas verspätet zu dem Diner in Casa del Re. Ich erkläre, daß ich vorläufig noch hier bleibe in Ferrara. General Morozzo, mein Tischnachbar, flüstert mir zu: „Si vous restez jusqu' à demain, vous verrez quelque chose de curieux! — Mais c'est pour cela!" — er lacht auf —: „Ah nous nous sommes d'abord compris!"

Ich wollte noch nach Florenz telegraphiren — wie wir auf dem Passeggio spazieren fahren, O. Dönhoff und ich, wird uns beiden klar, daß wir Cooper nach Florenz abfertigen müssen, schon um die nöthigen Instructionen schnell und sicher erhalten zu können.

Ich schreibe noch einen Brief und berichte darin ausführlicher, was mir der König in Beziehung auf Prinz Napoleon's Reise hierher und die Art, wie deren Zweck angekündigt wird, gesagt hat. Damit wird Cooper abgefertigt.

Dann verfügten wir uns in das bewußte Café, wo wir dies-mal außer dem gesammten Hauptquartier des Königs auch den Obersten Schmitz fanden und den blonden Spanier Obersten Pombo.

— Schmitz fragte mich nach der neuen ordre de bataille der italienischen Armee; ich mußte antworten, daß ich sie selbst noch nicht
genau kenne. — Ich fühlte mich aber heute recht unwohl und ging
früh nach Hause und zu Bett. —

Wie seltsam — neckend möchte man fast sagen — uns mitunter geschichtliche Erinnerungen in einer Gegenwart entgegentreten,
zu der sie einen entschiedenen Gegensatz bilden. — Die angenehme
Scene, die La Marmora mit mir herbeiführte, hat in den Gemächern
stattgefunden, die aller Wahrscheinlichkeit nach vor 300 Jahren
Leonore d'Este — Tasso's Leonore — bewohnt hat. Nämlich: Tasso
sagt in seinen Briefen, daß er von seinem Gefängnis im Hospital
S. Anna aus die Fenster der Prinzessin sehe. Der Flügel des
Schlosses, in dem ich meinen Strauß mit La Marmora auszukämpfen
hatte, ist aber der einzige Theil des Bau's, der von dem Hospital
aus gesehen werden kann.

Uebrigens beging La Marmora in seiner Aufregung Indiscretionen, die er sich in einer ruhigeren Stimmung wohl nicht hätte zu
Schulden kommen lassen. Die Andeutungen, daß den Italienern
das Venetianische vor dem Ausbruch des Krieges angeboten worden
ist, daß Italien diese Provinz ganz umsonst, ganz ohne Krieg hätte
haben können, deuten auf eine wahrscheinlich recht unsaubere Intrigue, die hinter unserem Rücken gespielt worden ist, von der wir
— das mit Italien verbündete Preußen — Nichts erfahren haben!

In dem, was der König mir sagt über Prinz Napoleon's Sen-
dung und die Art, wie sie brieflich eingeleitet ist, zeigt sich, mit welchen
Waffen die französische Regierung kämpft, um ihre Zwecke am italienischen Hof zu erreichen. Diese edlen Waffen sind Drohungen —
Lügen — und Verdächtigungen Preußens! — Diese Verdächtigungen zeigen sich in dem Gerede von „mystères", von denen Victor
Emanuel Nichts wisse, und die ihm Prinz Napoleon enthüllen werde.

18. Juli. — Colazione in Casa del Re. — Dann in meinem
Quartier einen Bericht an Usedom geschrieben, der die beiden gestrigen
weiter erklärt. Ich erzähle darin ausführlich mein ganzes Gespräch
mit Victor Emanuel.

Oberst Schmitz kommt zu mir und erklärt mir die neue Ordre

de bataille der italienischen Armee, die er gestern Abend wissen wollte. Cialdini hat 14 Divisionen in vier Armee-Corps — dem 4., 5., 6., 7. — zu je 3 Divisionen und 2 Divisionen Reserve „isolées, à la disposition du général en chef." — Das 1. Corps, Durando, ist ganz aufgelöst worden (was mir gleich nach der Schlacht bei Custozza rathsam schien). Das 2. und 3. Corps (Della Rocca und Cucchiari) behalten je zwei Divisionen; mit diesen wollen der König selbst und La Marmora Verona belagern.

Wozu macht mir Schmitz diese Mittheilung? — Wahrscheinlich glaubt er, ich habe ihm gestern nicht Auskunft geben wollen, und hält es nun für nothwendig mir zu zeigen, daß er auch ohne mich im italienischen Hauptquartier erfahren kann, was er erfahren will.

Uebrigens, da er, wenn auch nur in zweiter Reihe zu den Friedensaposteln gehört, von denen die italienische Regierung bearbeitet wird, benutze ich die Gelegenheit, ihm zu sagen: „Nous ne sommes pas aussi près d'un armistice, qu'on pourrait le croire; la France a adhéré au programme de la Prusse (das sagt nämlich der Pariser Moniteur); c'est fort bien sans doute; mais cela ne veut pas encore dire, que l'Autriche y adhère aussi. Renoncer à sa position en Allemagne! — je ne crois pas que l'Autriche s'y résigne, avant d'avoir combattu sa dernière bataille, et tant qu'il lui reste un bataillon." — Schmitz schweigt dazu.

Diner in Casa del Re unter Vorsitz des Obersten Nasi. Morozzo ist nach Rovigo gegangen, um dort Quartier zu machen für Victor Emanuel und die Seinen. — Was soll das heißen? — Hofft der König etwa dem Prinzen Napoleon dadurch zu entgehen, daß er sich von hier entfernt? — Das würde wohl nicht helfen, wenigstens nicht auf lange.

Schmitz ist auch da; ich zeige ihm das neueste Bulletin, eingebogen bei der Nachricht aus Wien, daß „l'Autriche refuse les conditions de la Prusse. — Que vous ai-je dit?" — Er schweigt.

Spazierfahrt nach Tisch wie gewöhnlich auf dem Paseggio und dann, wie auch gewöhnlich, in das bewußte Café, mit den Offizieren des königlichen Hauptquartiers, von denen ich erfahre, daß der Prinz Plonplon Napoleon nun wirklich eingetroffen ist.

Prinz Napoleon im italienischen Hauptquartier. Seeschlacht bei Lissa. Oesterreich nimmt die preußischen Waffen-stillstands-Bedingungen an.

19. Juli. Cooper kommt an und bringt mir aus Florenz ein Paquet Depeschen, aus denen ich entnehmen soll, wie ich mich zu verhalten habe. Sie enthalten aber in der That Nichts, was ich nicht schon wüßte.

1. Usedom an Cerrutti, Florenz 17/7:

Cher Commandeur. Veuillez répondre à Mr. Visconti-Venosta quant à son télégramme d'aujourd'hui: „Cte Usedom a reçu l'ordre du Cte Bismarck déjà en date du 11 c. de Zwittau d'insister, que le Gt. Italien envoie au quartier général Prussien une personne capable et munie d'instructions suffisantes pour conclure un arrangement entre les deux puissances alliées sur un programme commun pour la paix ou l'armistice, qui devrait la préparer."

Depuis Cte Bismarck m'a télégraphié avant-hier, comme je l'ai écrit hier à Mr. Visconti:

„La Prusse compte, que l'Italie n'accepte pas l'armistice, et dans ce cas elle (la Prusse) continuera la guerre avec toute énergie. Si au contraire l'Italie acceptait néanmoins, la Prusse y verrait la preuve, qu'elle n'a plus rien à attendre de l'Italie dans aucune circonstance et elle aviserait en conséquence."

Mr. Visconti verra par cela, que mon Gouvernement tient les mêmes vues que le Gt. Italien quant à une entente préalable entre les alliées, laquelle, ayant trait aux conditions de paix (qui ne peuvent se séparer des conditions de l'armistice), ne saurait se traîter par télégramme, mais par écrit, et encore par des personnes, munies d'instructions. Le Comte Barral parti de Berlin avec Bénédetti, ne paraît pas être arrivé au quartier général prussien.

Je télégraphie au Comte Bismarck la dépêche de Mr. Visconti littéralement: il me paraît que par les deux télégrammes précités, Cte Bismarck y a déjà adhéré d'avance.

Voilà, cher Commandeur, ce que je vous prie de télégraphier immédiatement au Ministre Visconti et d'en donner copie au Baron Ricasoli. —

2. Usedom an den Minister (Bismarck's Vertreter in Berlin) 17/7.

König Victor Emanuel hat Ricasoli zu sich ins Hauptquartier, um Prinz Napoleon zu sehen, mit den Worten berufen: „ich hoffe, Sie werden ebenso fest sein, wie ich selbst es sein werde." — Warum aber theilen E. E. die Bedingungen, die wir in Paris dem Vermittler geben, nicht in Florenz dem Alliirten mit? — Das italienische Cabinet muß nun glauben, was der wenig scrupulöse Vermittler ihm etwa davon sagt, und ist wehrlos seinem Druck preisgegeben. Man empfindet das hier als ein besorgliches Symptom, daß Preußen separat unterhandeln wolle. Der Vermittler hat völkerrechtlich Nichts zwischen den beiden Alliirten zu vermitteln, sondern zwischen den Kriegführenden, d. h. Preußen und Italien einerseits und Oesterreich andererseits. Napoleon's Verfahren hier und bei uns ist völlig incorrect. Bitte also um Mittheilungen an mich oder an Barral (NB. den italienischen Gesandten in Berlin).

3. Usedom an Ricasoli 17/7.

Particulière. — Mon cher Baron! Par le télégramme d'aujourd'hui je vois, que la pression française continue, et que le Prince Napoléon arrive probablement pour empêcher votre marche sur Vienne sinon pour vous imposer l'armistice. Quant à cette dernière question, nous nous sommes entendus, que rien ne doit se faire sans être préalable entre les deux gouvernements, et j'ai écrit la même chose hier à Visconti.

Quant à la marche sur Vienne, écrivez-moi ou faites-moi écrire par Visconti une note toute officielle dans la quelle vous me dites: que dans le conseil des Ministres du 14. c. on avait pris en considération (les propositions?) de la Prusse contenues dans ma note du 17 juin (et autres postérieures), que S. M. aurait consenti à ce plan de la coopération mutuelle italo-prussienne, et qu'il se trouvait en pleine exécution, Cialdini s'avançant vers le Danube pour y rencontrer notre armée, opération dont notre état-major devait être informé pour prendre les mesures analogues.

Par une telle communication officielle, que vous êtes en droit de dater du 15., la résolution du Conseil ayant été prise le 14, vous vous trouverez en mesure de répondre à l'Empereur: que vous êtes liés vis-à-vis de la Prusse, non moins pour la solidarité des conditions de l'armistice et des négociations y rélatives, mais aussi pour le plan de guerre et son exécution; enfin que vous n'êtes plus les maîtres d'arrêter Cialdini aux frontières septentrionales de la Vénétie à cause de l'obligation prise envers la Prusse. Si la Prusse ne vous délie pas elle-même et expressément de ce double engagement, vous ne pouvez rien faire que de poursuivre la ligne d'action convenue avec votre allié.

Mais où, au nom du ciel, Barral s'est-il égaré? parti avec Bénédetti ce dernier arrive chez Bismarck, Barral se perd!

Adieu, cher Baron et très-honoré ami: en nous secondant mutuellement, nous vaincrons. Même les notes acerbes, que j'ai été contraint de vous adresser officiellement, vous serviront peut-être à cette occasion: la France ne peut pas vouloir, que l'Italie justifie les suppositions défavorables, que la Prusse pourrait en former.

4. Usedom à Visconti-Venosta 18/7. tél.

Confidentielle et chiffrée. France a déclaré au Nonce le 11. c. —: „que moyennant l'opposition énergique de l'ambassadeur de Prusse, on avait renoncé à l'envoi d'une flotte à Venise ainsi qu'à l'acceptation de la cession du Vénitien: que par conséquent (!!) la situation de Rome avait changé; que la France ne pouvait plus rien pour le Pape, et qu'elle lui conseille de s'arranger avec l'Italie aussi bien, qu'elle pourrait."

Si cela se confirme, Venise aurait été pour France un gage matériel contre l'Italie dans la question romaine. Ainsi l'ami voulait vous escamoter Venise d'abord pour vous escamoter Rome après: l'allié vous donne tous les deux. Matière à réflexion!

(NB. Das Doppel-Ausrufungszeichen ist Usedom's Werk. Es ist allerdings von hohem Interesse zu wissen, daß Frankreich beabsichtigte eine Flotte nach Venedig zu senden und sich, nicht Italien, den Ort von den Oesterreichern übergeben zu lassen. Dann im Besitz der Stadt, hing es von Napoleon ab, unter welchen Bedingungen er sie den Italienern überlassen wollte.

Wichtig ist überhaupt, daß die ganze Phantasmagorie von Abtretung des Benetianischen, von Seiten Oesterreichs an Frankreich, hat aufgegeben werden müssen, und daß dies auf Anbringen Preußens geschehen ist.)

5. Usedom an Graf Barasis (Cabinet König B. Emanuel's) 18/7.

Tutto mi conferma, che a Berlino non si vuole l'armistizio, e che non è accettato. Prego S. M. di non fidarsi, di chi dice il contrario: se nel tempo l'armistizio sarà da farsi, il Governo Prussiano informera‑lealmente et direttamente, senza intermediaro nessuno S. M. — Tutto ciò, che si domanda al Governo d'Italia, è di resistere ad ogni proposta contraria alla continuazione della (guerra?). Una divergenza di azione fra gli due alleati potrebbe distruggere il resultato dei nostri sforzi comuni dall' una e dall' altra parte, forse da ambedue. Prego risposta.

6. Usedom an Visconti-Venosta 18,7.

Confidentielle et chiffrée. Reçu note de Victor Emanuel du 16. — Je répondrai: qu'il faut laisser le passer, que jamais nous avons soupçonné le Gouvernement Italien d'un manque de foi, que désormais il faut aller résolument avec l'avenir, donner à la coopération mutuelle la plus grande efficacité possible et les plus grands résultats des deux côtés d'après le traité et son esprit, enfin développer cette alliance spéciale vers un accord politique et entente cordiale à tout avenir.

En vérité, mon cher Ministre, je ne vois, pourquoi vous nous demandez 15 jours ou trois semaines de sursis dans l'armistice? — nous n' en voulons pas du tout et nous ne le ferons pas, si l'Italie reste ferme et résiste aux insinuations et aux tentations. — D'où viennent ces suppositions du contraire? est-ce que Barral n' écrit pas ses impressions du Comte Bismarck? — faites-moi savoir cela, je vous prie.

In einem Brief an mich fordert mich Usedom auf jedem Verdacht entgegen zu treten, als könnte Preußen allein, ohne Italien, abschließen.

Er sendet auch die Abschrift eines Briefes bei, den unser König der Königin über die Schlacht bei Sadowa geschrieben hat, und stellt es mir anheim, ob ich das lange Aktenstück für den König Victor Emanuel, mündlich oder schriftlich in das Französische übersetzen will.

Als ob nichts Nothwendigeres zu thun wäre! — Die Zeit geht rasch vorwärts! — wie weit liegt Sadowa schon hinter uns! — Die Italiener haben nur zu sehr ohnehin schon das Bewußtsein, daß ihr Feldzug sich neben dem unsrigen sehr schlecht ausnimmt — ich werde mich wohl hüten etwas zu thun, was aussehen könnte, als wollten wir vor ihnen groß thun mit unseren Thaten und unsere Ueberlegenheit drückend fühlen lassen.

Colazione in Casa del Re. Wie wir Alle nach dem Mahle zu dem Hofthor des Palazzo Fiaschi hinausgehen, kommt der Prinz Napoleon mit zwei französischen Offizieren in offenem Wagen angefahren, und so wurde ich denn dieses immerhin merkwürdigen Menschen ansichtig, von dem ich schon in- und außerhalb Frankreichs so viel gehört hatte und nie irgend etwas zu seinen Gunsten. Er hat viel von Napoleon I. Im Profil, überhaupt in seinen Zügen, tritt der bonapartische Typus sehr entschieden hervor. Dabei aber ist er von hoher Gestalt und ziemlich corpulent. Er war in den grünen Ueberrock des französischen Generalstabs und karmoisinrothe Beinkleider gekleidet, ohne Degen und ohne Epaulettes. Den großen Kopf deckte die französische Feldmütze. — Seine Begleiter waren eben so gekleidet. Er ist neben dem König im Palast Strozzi einquartiert — theilt aber dessen Mahlzeiten nicht. Doch mag das nicht mit dem „je le recevrai comme un chien!" zusammen hängen und überhaupt weniger zu bedeuten haben, als man glauben könnte. Victor Emanuel speist eben zu ungewöhnlichen Stunden — sehr einfach und immer allein. — Natürlich aber kann Prinz Napoleon schicklicher Weise nicht mit den Ordonnanz-Offizieren des Königs an einer Art von Hofmarschalls-Tafel Platz nehmen. Es wird für ihn besonders servirt in einem eigenen Raum des Palazzo Fiaschi.

Vergebens zu Visconti-Venosta, den ich nicht daheim treffe. Dann in den Palazzo Strozzi zu Ferri-Pisani, theils um mich über Ein und Anderes zu orientiren, theils um ihn etwas fühlen zu lassen, qu'ils sont de trop ici, wenigstens für jetzt, er und sein Prinz, oder vielmehr, daß ihr Gewerbe hier nicht das redlichste ist, und daß wir es durchschauen.

Ich frage: Dites-moi, sur quoi se fonde la supposition que la Prusse est prête à accepter un armistice?

Diese einfache Frage versetzt ihn in große und sichtliche Verlegenheit. Er erzählt, man habe zu Paris mit dem Grafen Goltz (Robert, dem preußischen Gesandten am französischen Hof) vielfach hin und her gesprochen über die Bedingungen des Friedens; man habe die Forderungen Preußens anfangs etwas zu hoch gespannt gefunden — es sei Ein und Anderes daran modifizirt worden: „à la fin Mr. de Goltz a eu l'air de dire, mais oui! ces conditions pourraient assez nous convenir!" — Darauf hin hat man in Berlin offiziell angefragt, ob Preußen diese in solcher Weise mit Goltz besprochenen Bedingungen annehme und den Oesterreichern eine vorläufige Waffenruhe von fünf Tagen gewähren wolle, damit die österreichische Regierung Zeit gewinne auch ihrerseits auf eben diese Vorschläge zu antworten, die Frankreich ihr vorlegen wird, sowie sie von Preußen gut geheißen sind. Auf diese Frage muß nun Preußen heute oder morgen antworten. Der Prinz Napoleon aber ist hergekommen ohne Bismarc's Antwort abzuwarten. — Hat Preußen die in Paris besprochenen Bedingungen gut geheißen, dann werden sie sofort von Seiten Frankreichs der österreichischen Regierung zur Annahme vorgelegt; nimmt Oesterreich sie an: „et cela sera" — dann haben wir Waffenstillstand und Frieden; — lehnt Oesterreich ab, dann ist Frankreichs Vermittlung zu Ende und die Dinge nehmen, sich selbst überlassen, ihren weiteren Verlauf; — hat Preußen zugestimmt, dann kommt es darauf an, daß auch Italien zustimme. (NB. und daß dies geschehe, daran arbeitet hier Prinz Napoleon mit

gewaltigem Druck! — Was aber soll geschehen, wenn Italien dem-
ungeachtet nicht zustimmt? — Darüber sagt Ferri-Pisani kein Wort.)

Ich: Man hätte vielleicht doch besser gethan, Bismarck's Antwort
in Paris abzuwarten, da man ihrer nicht ganz gewiß sein kann.

Ferri: Bismarck kann nur dreierlei antworten: entweder er
nimmt an, dann geht alles gut, in ungehinderter Weise; oder er
lehnt ab —, dann ist Frankreichs Vermittelung zu Ende; oder er
sagt, man müsse sich erst mit Italien verständigen (NB. was in
diesem letzteren Fall geschehen soll und wird, darüber sagt er wieder
Nichts. Natürlich, er kann mir nicht sagen, daß Prinz Napoleon hier
ist nicht allein, um in diesem Fall Italiens Zustimmung in einer
oder anderer Weise zu erzwingen, sondern auch Italien dahin zu
bringen, daß es sich von Preußen lossagt, falls Bismarck die in
Paris besprochenen Friedens-Bedingungen verwirft.)

Ich: Also jedenfalls zwei Chancen gegen eine, daß die Reise des
Prinzen hierher verfrüht ist.

Ferri will nicht sehen, was das auf sich haben könnte.

Ich: Nun, Prinzen machen nicht gern Reisen, übernehmen nicht
gern diplomatische Aufträge, deren Zweck möglicher Weise verfehlt
werden könnte. Ich glaube nicht, kann nicht glauben, daß Oesterreich
in der gegenwärtigen Lage der Dinge unsere Friedensbedingungen
annimmt: „renoncer à sa position en Allemagne! — Je ne crois
pas, qu'elle y consente jamais avant d'avoir livré sa dernière
bataille!"

Ferri ist überzeugt, daß es geschehen wird. (NB. Worauf
mag sich diese Ueberzeugung gründen? — oder ist das nur so auf
das Gerathewohl gesagt, um die verfrühte Ankunft des Prinzen
Plonplon zu rechtfertigen?)

Von den jüngeren Offizieren des königlichen Hauptquartiers, mit
denen er zusammen tafelt, hat O. Dönhoff erfahren, daß die Generale
Govone und La Marmora hierher beschieden seien. Das wäre allerdings ein Beweis, daß es hier trotz Allem zu ernstgemeinten Unterhandlungen kommen könnte. — Ich dictirte in meinem Quartier einen
Brief an Usedom: mein Gespräch mit Ferri-Pisani; es ist immerhin
der Mühe werth, daß Usedom weiß, was der mir gesagt hat.

20. Juli. Um 9 Uhr schon war Ferri-Pisani bei mir, um mir zu erzählen, die Antwort auf die von Paris aus gestellte Frage sei nun aus Berlin in Paris und hier eingetroffen — gestern Abend schon (bei dem Prinzen Napoleon natürlich). Preußen erkläre sich bereit, Waffenstillstand und Präliminarfrieden nach Napoleon's Vorschlägen anzunehmen.

So weit der Vorwand seines Besuchs; nun kam sein eigentlicher Auftrag, mit dem er zu mir gesendet war: er fragte, ob es mich nicht interessire, dem Prinzen Napoleon vorgestellt zu werden?

(Das heißt, der Prinz erwartet und verlangt meinen Besuch!) Ich antwortete: „Sans doute je serais tres-heureux de lui présenter mes hommages, mais comme je suis dans ce moment absolument sans instructions, il faudrait que la Prince eut la bonté de ne pas me parler de politique."

Das gefiel dem Sendboten des Prinzen nicht recht; er ließ, wie man zu sagen pflegt, die Nase etwas hängen und sagte etwas klein-laut, als ob der Vorschlag lediglich von ihm persönlich ausgegangen wäre: „je croyais, que cela pourrait vous intéresser de voir le Prince." Zuversichtlicher aber fügte er hinzu: „du reste, le Prince est très-expansif, — spricht sich gern aus — il vous parlera de tout etc."

Colazione in Casa del Re. Die Kunde, daß Preußen die vorge-schlagenen Waffenstillstands- und Präliminarfriedens-Bedingungen an-genommen und den Oesterreichern eine vorläufige Waffenruhe — suspen-sion d'armes — gewährt habe, ist bereits allgemein verbreitet. Dafür haben unsere guten Freunde, Prinz Napoleon und die Seinen gesorgt. Es herrscht darüber eine allgemeine sehr sichtbare Verstimmung. Es wird angenommen, daß die Armee — alle Operationen — während der fünf Tage unbedingt stille stehen müssen. — General Govone ist hier, geht aber noch heute Abend wieder zurück in das preußische Hauptquartier. La Marmora ist nicht hier, auch nicht herbeschieden.

O. Dönhoff erfährt aber von den jüngeren Herren, daß König Victor Emanuel gestern in Rovigo gewesen, um La Marmora zu Rathe zu ziehen — den Gegner seiner Minister! — das läuft auf dasselbe hinaus — ist sogar noch bedenklicher, als wenn er sich

hier in Gegenwart der Minister mit ihm besprochen hätte. Wahrscheinlich hat der König diesen Ausflug hinter dem Rücken Ricasoli's
— der leider nicht hier ist — jedenfalls ohne dessen Zustimmung
gemacht.

Natürlich hätte ich Govone gern gesehen, der aus dem preußischen Hauptquartier kommt. Ich suchte ihn auf in seinem Quartier,
fand ihn aber nicht daheim. Sehr peinlich ist es in meiner Lage
nicht direct von unserer Regierung benachrichtigt zu sein, die Ereignisse von dem Prinzen Napoleon erfahren zu müssen und nicht
zu wissen, was sie bedeuten. — Telegraphire an Usedom, bitte um
authentische Nachricht den Waffenstillstand betreffend.

Darauf ging ich zu Ferri-Pisani. Unser Gespräch dreht sich
darum, daß es nun darauf ankommt, ob Oesterreich die franko-
preußischen Waffenstillstands- und Friedensvorschläge auch seinerseits
annimmt, innerhalb der fünf Tage der suspension d'armes. — Ferri ist
überzeugt, daß es geschehen wird, und daß dann sein Waffenstillstand-
und Präliminarfrieden fertig ist. — Ich kann an Oesterreichs Zustimmung nicht glauben. — Nun dann, wiederholt Ferri, ist Frankreichs Mediation zu Ende! — Er belehrt mich auch, daß strategische
Bewegungen während der fünftägigen Waffenruhe nicht untersagt sind.
Nur ein Zusammenstoß soll vermieden werden, nur die Spitzen der
beiderseitigen Armeen bleiben unbeweglich stehen. Weiter rückwärts
sind alle Bewegungen gestattet.

Nebenher sprach er von dem Haß, dessen Gegenstand für den
Prinzen Napoleon das Haus Habsburg ist, — „le Prince ne vou-
drait pas laisser un village aux Habsbourgs; telle est la haine,
qu'il leur porte." — (NB. Das mag wohl sein, aber eigenthümlich
bleibt es dann, daß er diese Sendung übernommen hat, deren Zweck
doch ist, den Oesterreichern so leidlichen Kaufs als möglich aus dem
gegenwärtigen Krieg heraus zu helfen.)

21. Juli. In der Frühe ein Telegramm von Usedom: er hat,
mich zu orientiren, Nichts weiter als die bereits übersendeten Depeschen Bismarck's. Ich soll mir von Visconti das Billet zeigen
lassen, das er, Usedom, an Cerrutti geschrieben hat, so wie das Telegramm, das er gestern an den König abgefertigt hat.

Es ist nicht recht von Bismarck, daß er uns ohne directe Nachrichten und Weisungen läßt, so daß wir von den Franzosen erfahren müssen, was bei uns vorgeht. Unsere Stellung wird dadurch schwierig und peinlich. In diesem Augenblick wäre es für uns hier von entschiedener Wichtigkeit zu wissen, ob unsere Regierung die von Frankreich vorgeschlagenen Bedingungen annimmt.

Inzwischen spiele ich mißmuthig genug den Touristen. Ich durchwandere das Hospital S. Anna, das sogenannte Gefängnis des Tasso.

Wunderlicher und unpassender ist wohl nie eine Sage localisirt, an eine Oertlichkeit gebunden worden, als diese! — Dieser angebliche Dichter-Carcer, dieser flach gewölbte Raum im Erdgeschoß ist ganz gewiß nie etwas anderes gewesen als eine Holz-Remise! — Tasso schreibt, er könne von seinem Gefängnis aus die Fenster der Prinzessin Leonore sehen: von diesem Raum im Erdgeschoß eines inneren Hofes aus ist das Castell gewiß nie zu sehen gewesen.

Dennoch hat der Dichter Lord Byron die Sache ernsthaft genommen. Er hat sich mehrere Stunden über allein in diesen Raum einschließen lassen. Das ist charakteristisch genug. Der Pair-Dichter hat es des Effects wegen gethan; es sollte etwas Besonderes vorstellen. Der Philister sollte staunend glauben, daß ihn, den dichtenden Lord, da drinnen im Holzstall Gedanken von unergründlicher Tiefe beschäftigt haben; daß eine Welt unnennbarer Gefühle durch seine Brust gewandelt ist. — Wahrscheinlich hat er sich in sehr nüchterner Stimmung gelangweilt in dem unpoetischen Raum, über dessen ökonomische Bestimmung sich kein verständiger Mensch auch nur einen Augenblick täuschen kann; aber er hat darin ausgehalten des Effects wegen. Es steckte eben gewaltig viel von fat in diesem Lord Byron.

Um 12 Uhr in den Palazzo Conestabile zu Visconti-Venosta. Der hatte das bewußte Billet Usedom's an Cerrutti noch nicht in Händen. — Was er mir aber zu sagen hatte, war wichtig genug. Er erklärte: Wenn Preußen einen Waffenstillstand und Frieden unterschreibt, hat Italien keine Möglichkeit seinerseits den Frieden abzulehnen, da ihm gewährt wird, was es von Anfang an gefordert hat. Italien kann unter solchen Bedingungen nicht vor ganz Eu-

ropa die Verantwortung übernehmen, allein den Frieden zu ver-
hindern. Von der fünftägigen suspension d'armes dagegen wird man
hier keine Notiz nehmen. Die Armee bleibt in Bewegung, namentlich
Cialdini. (NB. Das war es eigentlich, dessen ich gewiß sein wollte.
Die Italiener haben jetzt ein sehr großes Verlangen nach einer
Waffenthat.)

Wie wir hinausgehen zusammen, auf der Treppe, gedenkt Visconti-
Benosta der Schwierigkeiten, welche die Franzosen dadurch veranlassen,
daß sie nie die Wahrheit sagen. Er sagt: „ce qui rend toutes les
relations si difficiles, c'est que nous avons à faire au plus grand
menteur, qu'il y ait jamais eu: à Drouyn de l'Huys! — oh il
ment — il ment!" etc.

Ich (der genannte Name hatte mich etwas überrascht): Comment,
vous l'appelez le plus grand menteur de la terre? — Je croyais
qu'il n' était que le second!

Visconti-Benosta lachend: Ah vous avez pensé à l'autre!

Im Palast Strozzi wurde ich darauf durch Ferri-Pisani dem
Prinzen Napoleon vorgestellt, und ich hatte darauf mit diesem
Menschen, den jedenfalls seine Stellung merkwürdig macht, ein Ge-
spräch unter vier Augen, das anderthalb Stunden dauerte.

Der Prinz ist eigentlich schlecht logirt. Er hat außer dem Vorsaal nur ein Gemach, das freilich groß genug ist, um ein Saal genannt zu werden, das ihm aber als Empfangszimmer dienen muß,
während zugleich sein Bett darin steht.

Der Prinz nimmt mich sehr höflich, dem Anschein nach wohlwollend auf. Man muß aber mit ihm auf seiner Hut sein; er ist
klug — er läßt gern, mitten in die Höflichkeiten, hin und wieder eine
sanft gesprochene Bosheit einfließen.

Er sagt mir zunächst sehr viel Schönes und Schmeichelhaftes
über die glänzenden Thaten der preußischen Armee und kommt dann
auf Italien mit den Worten: „en dernier lieu la situation ici s'est
singulièrement compliquée."

Ich: Beaucoup! — Et je puis d'autant moins m' en rendre
compte, que je suis dans ce moment absolument sans instructions; — wenn ich mir erlauben wollte mich darüber zu äußern,

könnte ich eben nur die Ansichten eines Privatmannes aussprechen, die keine Bedeutung weiter hätten.

Prinz Napoleon: An sich ist die Situation doch zu übersehen. Die Forderungen Preußens sind in Paris besprochen worden; sie waren anfänglich in ein und anderer Beziehung etwas hoch gespannt, einiges Uebertriebene ist auf Frankreichs Rath daraus gestrichen worden; darauf hat Frankreich diese Vorschläge zu den seinigen gemacht und sie als solche in Wien vorgelegt. Nun kommt es darauf an, ob Oesterreich sie annimmt. Um dem Wiener Cabinet Zeit zur Ueberlegung zu lassen, hat Preußen in eine suspension d'armes von fünf Tagen gewilligt, während welcher die strategischen Bewegungen fortgesetzt werden; nur Gefechte wird man vermeiden. — Der Prinz ergeht sich darauf in einem beinahe überschwänglichen Lob des Grafen Robert Goltz, seiner Mäßigung und „sagesse". —

Ich: Hier glaubt man, daß während der fünftägigen Waffenruhe alle militärischen Operationen still stehen sollen, auch die strategischen Bewegungen.

Prinz Napoleon: Mais qui a dit cela? — il n' en a jamais été question! — nous ne l'avons jamais dit! — Es ist nicht so.

Ich: kann aber nicht glauben, daß Oesterreich die vorgeschlagenen Bedingungen annimmt, ohne das Letzte und Aeußerste daran gewagt zu haben.

Prinz Napoleon: O, dann ist die Mediation zu Ende; Frankreich zieht sich zurück et nous abandonnons l'Autriche à son sort. Aber dahin wird es nicht kommen; Oesterreich wird die Friedensbedingungen annehmen; es kann nicht anders, es kann den Kampf nicht fortsetzen, denn seine Armee ist vernichtet. — Die preußische Armee hat vortrefflich operirt.

Diese Bemerkung führt auf den Gang der Kriegs-Ereignisse; wir sprechen davon; ich erwähne, daß mein ältester Sohn, der bei dem Ausbruch des Krieges in Dienst getreten ist, das eigenthümliche Schicksal erlebt hat, sich gleich an demselben Tage, an dem er eingetreten ist, in einem Gefecht zu befinden. — In welchem? — Bei Trautenau.

Prinz Napoleon (mit eigenthümlichen Inflectionen der Stimme und einem vielsagenden Mienenspiel): Eh bien! Das Treffen bei Trautenau ist das einzige in diesem Kriege, das nicht so ganz gelungen war. — Das fünfte Armeecorps hat sich weit vor allen anderen ausgezeichnet. — Etwas beiläufig, weniger betont, fügt er hinzu: „Ce sont des Polonais, excellents soldats!"

Ich: (So! also den wenigen Polen aus dem Posenschen verdanken wir unsere Siege? die Polen sind die eigentlichen Helden dieses Krieges? — das war mit Absicht gesagt und ich durfte es nicht ungerügt hingehen lassen.) Sans doute ce sont de très-bons soldats et fort attachés à leurs officiers: nous en sommes très-contents. Aber das fünfte Armeecorps bestehe nur zu einem Viertheil aus Polen. Zudem hätten die polnischen Regimenter den Feldzug in Böhmen gar nicht mitgemacht. Sie seien detaschirt in den Festungen am Rhein. Ce sont nos Allemands de la Basse-Silésie, où le peuple vit mal, où les hommes ne sont pas aussi grand de taille ni aussi robustes que nos soldats du Brande-bourg, de la Poméranie et de la Prusse proprement dite, die wir immer für unsere besten Truppen gehalten haben —: diese Schlesier sind es, die im Wesentlichen das fünfte Armeecorps bilden. Es ist eigenthümlich, daß gerade ein Armeecorps, von dem wir es weniger erwarteten, sich vorzugsweise ausgezeichnet hat. Freilich ist dieses Armeecorps sehr gut geführt worden! —

Prinz Napoleon nennt General Steinmetz in anerkennender Weise. — Das fünfte Armeecorps und die Garden haben sich weit vor Allen ausgezeichnet. (NB. er nennt diesmal die Garden mit) — Oesterreich müsse den vorgeschlagenen Frieden annehmen, denn es wage zu viel, es wage seine Existenz, wenn es den Kampf fortsetzen wollte.

Ich: Vielleicht wagt es seine Existenz auch, wenn es diesen Frieden annimmt, und eben deshalb bin ich geneigt zu glauben, daß es weiter kämpfen und das Aeußerste wagen wird, um dem Untergang zu entgehen, den ihm dieser Frieden bereiten könnte. Cet empire s'affaissera peut-être sur lui-même, wenn es ihn annimmt; wie will es weiter leben, seine überzähligen Beamten und Offiziere aus den verlorenen Provinzen erhalten, in so verschlimmerter Lage!

13*

Prinz Napoleon: Ein Finanz-Bankerott wird allerdings kaum zu vermeiden sein!

Ich: Ein österreichischer Finanz-Bankerott würde auch bei uns großes Unheil herbeiführen — denn auch bei uns in Preußen haben eine Menge Menschen ihr Vermögen in österreichischen Papieren, und das sind vorzugsweise sogenannte „kleine Leute", qui ne possèdent que quelques milliers d'écus pour tout avoir, und diese in österreichischen Papieren angelegt haben, um höhere Zinsen zu beziehen: c'est la veuve d'un curé de campagne, la veuve d'un chef de bataillon, — la veuve d'un juge de première instance — es wäre traurig, wenn alle diese ihre geringe Habe verlören! — Que la riche ville de Francfort perde les 500 millions, qu'elle a dans les fonds autrichiens —

Prinz Napoleon ergänzt: Moins de mal! — Dann kommt er auf Italien zurück: Italien müsse unbedingt den Frieden annehmen, wenn Preußen ihn angenommen hat — (der Prinz spricht von Italien und seinen Ansprüchen mit einer gesuchten, zur Schau getragenen unermeßlichen Verachtung) — die Italiener hätten gar keine Ansprüche, hätten gar Nichts zu fordern; sie sollten froh sein, wenn man sie überhaupt berücksichtigt. Nur der Waffenerfolg verleiht gerechtfertigte Ansprüche; wir Preußen hätten Erfolge erfochten und seien daher berechtigt etwas zu fordern; die Italiener hätten keine Erfolge erfochten, der Krieg könne und dürfe nicht um ihretwillen fortgesetzt werden. Ueberhaupt müßten Kriege in unserer Zeit rasch und entscheidend geführt werden. Das übrige unbetheiligte Europa könne und werde eine lange Unterbrechung des friedlichen Verkehrs nicht dulden; das sollen die Italiener sich gesagt sein lassen.

Es wird dem Prinzen ein Telegramm gebracht. Er sagt mir den Inhalt: „Oesterreich nimmt die Waffenruhe an."

Prinz Napoleon: Ob Oesterreich wohl seine schließliche Erklärung in Beziehung auf die Friedensbedingungen bis zu Ende dieses fünftägigen Termins verschieben wird?

Ich: Ich glaube ja! — eben weil ich für überwiegend wahrscheinlich halten muß, daß Oesterreich schließlich die Friedensbedingungen ablehnen wird, da wird es wohl suchen sich die ganze gewährte Frist zu Nutze zu machen.

Prinz Napoleon: Alle Welt müsse in Angelegenheiten von solcher Wichtigkeit mit Ruhe und Besonnenheit zu Werke gehen. „Prenez garde! — ne vous compromettez pas! — Vous êtes même déjà un peu compromis!"

Ich: Qui? — moi, Monseigneur?

Prinz Napoleon: „O vous personnellement non! — Mais Mr. de Usedom! — C'est un honnête homme! — il est bon patriote — mais il est trop chaud! — il va trop loin! — il ne faut jamais être plus royaliste que le roi!" — Man muß immer und in allen Dingen Maaß zu halten wissen! — (NB. das wird in einem Ton gesprochen, in dem eine leise angedeutete Drohung liegt.) Mr. de Goltz und seine „sagesse" werden dann noch einmal auf das Höchste gelobt. — Bald darauf werde ich mit einem schönen Händedruck entlassen.

Es muß in Beziehung auf Usedom's unglücklichen Brief an den König vom 13. eine Indiscretion begangen worden sein; Prinz Napoleon kennt den Inhalt. Das ist klar! —

In mein Quartier, dictire einen Brief an Usedom.

Diner in Casa del Re. Morozzo sagt mir, Prinz Friedrich Karl sei bei Holitz über die March nach Ungarn gegangen. Das ist mehr, als den Italienern erwünscht sein kann. Es ist eine all zu entscheidende Operation, geeignet den Frieden so rasch herbei zu führen — indem sie Oesterreich in Ungarn bedroht — daß den Italienern keine Zeit zu den ersehnten Waffenthaten bliebe. — Im Hauptquartier Victor Emanuel's scheint man das nicht zu sehen. —

Fr. Castiglione ist da — ein seltener Gast in diesem Kreise. Er hat mir Wichtiges mitzutheilen. — Nach Tisch, während Alle in Gruppen und in bunten Gesprächen im Saal herumgehen, öffnet er ein Fenster nach rückwärts, nach dem Hof zu und lehnt sich weit hinaus; ich thue dasselbe, und in dieser Stellung können wir ein Gespräch führen, das Niemand überhört.

Victor Emanuel läßt mir Usedom's letztes Telegramm mittheilen, und was der italienische Gesandte in Paris, Cavaliere Nigra, von dort aus

meldet. Dem hat Graf Robert Goltz gesagt, daß die fünftägige Waffenruhe eine rein militärische Verabredung sei, die gar keine politische
Bedeutung habe, und daß Italien sich dadurch nicht gebunden zu achten
brauche. — Fr. Castiglione war davon in hohem Grade befriedigt.

Usedom's Telegramm besagt wesentlich dasselbe, aber, wie mir
scheint, lediglich auf Usedom's eigene Autorität und Verantwortung
hin, da er keine neueren Weisungen von Bismarck hat. — Usedom
läßt sich vielleicht in manchen Fällen mehr als billig durch das Verlangen bestimmen, nicht blos Werkzeug zu sein, sondern von seinem
Standpunkt aus der preußischen Politik die Richtung zu geben, die
er für die richtige hält.

22. Juli. Cooper bringt mir die Nachricht, daß die Oesterreicher
zwischen Udine und Osoppo Stand hielten. Das wäre sehr gut —
wenn es nur wahr ist! — und wenn es nur mehr ist als bloßer
Schein — bloße Demonstration!

O. Dönhoff, der bei der Colazione in Casa del Re gewesen
ist, bringt von dort die leidige Nachricht mit, daß die italienische
Flotte, trotz ihrer Ueberlegenheit von der österreichischen bei der Insel
Lissa an der Küste von Dalmatien geschlagen worden ist! — Das ist
schlimm, sehr schlimm! — Es vernichtet vollends mit der Waffenehre
auch das politische Ansehen Italiens und möglicher Weise auch das
Vertrauen auf Italien bei uns.

Berichte an Moltke und an Usedom dictirt. Diner in Casa del Re.
Da herrscht allgemeine Niedergeschlagenheit und Verstimmung. Zu
der Nachricht von der Niederlage der Flotte, die man heute früh schon
hatte, ist seitdem noch ein Telegramm gekommen: Oesterreich hat unsere
Friedensbedingungen unbedingt angenommen! — Die Verstimmung bemächtigt sich auch meiner — Frankreichs Intriguen gelingen! —

Pombo macht die Bemerkung, es sei sehr bemerkbar, daß die
hiesigen Generale ihre Schule in einer kleinen Armee gemacht hätten
und an kleine Verhältnisse gewöhnt sind. Sie wüßten sich in eine
Kriegführung nach großem Maaßstab nicht zu finden. Das ist wahr,
und vorzugsweise in Beziehung auf La Marmora wahr. Ich habe
dasselbe in das preußische Hauptquartier berichten müssen.

Weitere Waffenstillstands-Verhandlungen. Abschluß einer Waffenruhe zwischen Italien und Oesterreich.

23. Juli. Ich ging nicht zur Colazione; da kam Fr. Castiglione von dort zu mir und brachte ein Packet Depeschen, die ein italienischer Cabinets-Courier aus Florenz für mich überbracht hatte. Ich las sie durch, sie waren von wichtigem Inhalt.

1. Usedom an Bismarck, Florenz 20/7.

(Telegramm, chiffrirt.) Große Bestürzung bei König Victor Emanuel über unser Eingehen auf fünf Tage Waffenruhe und späteren Waffenstillstand. Ich suche König Victor Emanuel bei Nichtannahme seinerseits auf alle Weise festzuhalten; wenn aber E. E. fortfahren, mich ohne alle aufklärende Instruction zu lassen, so werde ich hier den Umschlag kaum abwehren können.

2. Usedom an Cte Verasis (Cabinet Victor Emanuel's), Florenz 20/7.

(Telegramm.) Dispacci e lettere mie si accordarano sempre colle istruzioni ricevute; queste furono sempre trascritte in biglietti a Visconti o a Ricasoli. La situazione non mi pare cambiata anche dopo l'articolo del Moniteur di oggi. Conte Goltz aveva telegrafato l'argomento nella notte passata, ed io ne aveva dato notizia immediatamente a Cerrutti e Visconti.

Resta fermo, che la Prussia non ha accettato l'armistizio e tutto mi persuade, che da parte sua non vi esiste la menoma inclinazione. L'Italia aveva già data alla Francia le sue condizioni del 14 crt, mi pare, sotto le quali accetterebbe armistizio e pace: la stessa cosa si e fatta adesso da parte della Prussia, niente altro. Se l'Austria accetta queste basi (probabilmente inaccetabili per ella) alora la Prussia si rivolgerebbe a sua alleata l'Italia, trattando la questione del' armistizio in comune. S. M. tiene la netta via, di non far qualche cosa di prematuro in questo punto, ma di aspettare le overture prussiane.

La cessazione d'ostilità di cinque giorni è un atto fra la Prussia e l'Austria, non toccando punto l'Italia, e non avendo nessuno carattere di armistizio. Mi pare che l'Italia è affatto libera di far la guerra, finche abbia consentito ella stessa all' armistizio futuro comune.

Visconti e Bernhardi tengono carte e potranno spiegare. Se l'Austria rifiuta condizioni franco-prussiani, allora avremo pace della pressione francese.

(Anmerkung für mich.) In einem folgenden Telegramm ist das Datum der Uebergabe der italienischen Conbizionen an Frankreich als der 7. Juli rectifizirt worden.

3. Usedom an Cerrutti, Florenz 20/7.

Cher Commandeur. Goltz me télégraphie de hier au soir en substance, ce que nous lisons ce matin dans Stéfani d'après le Moniteur: la suspension d'hostilités de cinq jours accordée par la Prusse, pour que l'Autriche puisse se prononcer sur les propositions d'armistice et de paix franco-prussiennes — il s'entend à charge de réciprocité.

J'ignore, de quel terme devront commencer ces cinq jours. A coup sûr, selon moi, ils ne regardent que la Prusse et l'Autriche et non pas l'Italie. L'Italie sera libre de faire avancer ses troupes et même de combattre non seulement pendant les cinq jours en question, mais aussi après, lorsque les pourparlers italo-prussiens s'engageront sur les conditions de l'armistice futur, de sorte que l'Italie n'est liée en rien, jusqu' à ce qu'elle ait consenti de son côté à l'armistice de commun avec son allié.

4. Goltz an Usedom aus Paris (in Florenz eingetroffen 22/7).

(Telegramm.) Mr. de Bismarck me charge de vous communiquer les propositions françaises, que nous n'avons pas acceptées comme bases de la paix, mais jugées suffisantes pour entrer en négociations sur armistice. Voici ces propositions — : 1) L'Autriche reconnaîtra la dissolution de l'ancienne confédération Germanique et ne s'oppose pas à une nouvelle organisation de l'Allemagne, dont elle ne fera pas partie. 2) La Prusse constituera une Union de l'Allemagne du Nord comprenant tous les États situés au Nord de la ligne du Mein. Elle sera investie du commandement des forces militaires de ces États. — 3) Les États allemands situés au Sud du Mein seront libres de former entre eux une union de l'Allemagne du Sud, qui jouira d'une existence internationale indépendante. Aussi les liens nationaux à conserver entre l'union du Nord et celle du Sud seront librement réglés par une entente commune.

4) Les duchés de l'Elbe seront réunis à la Prusse, sauf les districts du Nord du Slesvic, dont les populations librement consultées désircraient être rétrocédées au Danemark.

5) L'Autriche et ses alliés restitueront à la Prusse une partie des frais de guerre.

6) L'intégrité de l'Empire autrichien, sauf la Vénétie sera maintenue.

L'Autriche a accepté ces propositions sans réserve. Le Cte Karolyi et gén. C^{to} Degenfeld, plénipotentiaires autrichiens, partent aujourd'hui pour le quartier général. Notre gouvernement va donc maintenant proposer à l'Italie d'entrer en négociations pour l'armistice. Le comte Barral a déjà demandé à Florence instructions et pleins pouvoirs.

5. **Bismard an Ulfedom, Mitolsburg** 20/7. (Telegramm; in Florenz eingetroffen ben 22/7. um 8 h 10' a. m.)

Kaifer Napoleon hat hier unb in Wien vorgefchlagen:

Erstens: Oesterreich erkennt Auflöfung bes alten Bunbes unb Reconftruction eines neuen ohne Oesterreich.

Zweitens: Norbbeutfcher Bunb, beffen Militär unter Preußen steht.

Drittens: Südbeutfcher Bunb mit völkerrechtlicher Selbständigkeit.

Viertens: Nationalverbinbung zwifchen Norb- unb Südbeutfchlanb bemnächst frei zu reguliren.

Fünftens: Elbherzogthümer an Preußen; nörblichftes Schleswig, wenn es wünfcht, an Dänemark.

Sechstens: Oesterreich unb Verbünbete zahlen an Preußen Theil ber Kriegskosten.

Siebentens: Integrität ber österreichifchen Monarchie.

Der Kaifer erklärt Venetien, im Fall ber Annahme, fofort an Italien zu cebiren.

Graf Benedetti bringt von Wien Annahme Oesterreichs. S. M. der König hat diese Annahme für genügend erachtet, als Grundlage für Waffenstillstand, wenn Italien einwilligt und dies nach Paris telegraphirt; er ist bereit die Unterhandlungen anzunehmen, sobald Zuziehung von italienischen Bevollmächtigten erfolgt.

Graf Barral hat nach Florenz um Instruction und Vollmacht telegraphirt.

Für den Frieden haben wir die Vorschläge nicht genügend erklärt; der König verlangt bedeutende directe Annexionen in Norddeutschland, welche in den Propositionen nicht erwähnt, aber auch nicht ausgeschlossen. Wir können Annahme als Grundlage für Waffenstillstand nicht direct ablehnen, ohne bei unserer vorgerückten Stellung den Verdacht über Ausdehnung unserer letzten Ziele zu verstärken und Napoleon dadurch nach Oesterreich hinüber zu drängen. Wenn Italien den Moment für Waffenstillstand nicht gekommen glaubt und Nein sagt, so halten wir fest an Vertrag ohne seine Zustimmung auch nicht Waffenstillstand zu schließen. Frieden ohne das stipulirte Equivalent für Venetien lehnen wir überhaupt ab.

Ist denn die Flotte inactiv? Darin liegt der Maaßstab für unser Vertrauen auf Italiens Entschlossenheit. (NB. Usedom ist sehr unzufrieden mit den Friedensbedingungen, die danach in Aussicht stehen; er hat einen Zettel für mich beigelegt mit den Worten: „Germania tripartita! anstatt Germania una! Quid tibi videtur! — welches Parlament, welches Volk wird dem zustimmen?!?!")

7. Usedom an Minister-Präsidenten Berlin. Florenz 22/7.

Minister Visconti sagte vorgestern: „nimmt Oesterreich Preußens Bedingungen an, und kann daher Preußen für sich Waffenstillstand nicht mehr ablehnen, so kann es Italien dann auch nicht. Es findet dafür keinen Grund noch Vorwand, denn man giebt ihm ja Alles, was es verlangt oder verlangen kann.

Die fünf Tage Waffenruhe hat man hier verweigert.

8. Usedom an mich, Florenz 22/7.

„E. H. lege ich abermals einige in diesen Tagen ergangene Piecen ergebenst bei, worunter die Telegramme Graf Bismarck's und des

Grafen Golz über unsere Waffenstillstandsbedingungen und deren Annahme in Wien die wichtigsten sind.

Man scheint bei uns zwar einige Luft zur Fortsetzung des Krieges zu haben und möchte, daß Italien den Waffenstillstand und Frieden ablehnt. Nach der Aeußerung des Ministers Visconti gegen E. H. scheint das jedoch unthunlich; ich habe dies vorläufig heute an Graf Bismarck telegraphirt. Indeß mögen Sie in Ihren Gesprächen mit dem Minister oder dem König selbst noch einmal erwähnen, die Fortsetzung des Krieges läge noch immer in Italiens Hand: wenn es ablehnt, dann auch wir.

Baron Ricasoli, den ich gestern Abend sah, schien dem Frieden wenig entgegenstellen zu können, da der Kriegszweck wesentlich erreicht sei oder erreicht werden könne."

Ich kann mir nun wohl denken, wie es ungefähr in Paris zugegangen ist. Graf Robert Golz ist weniger noch als ein anderer Diplomat geneigt sich einfach auf Erfüllung erhaltener Befehle zu beschränken, mehr als ein anderer bemüht, von seiner Stelle aus bestimmend auf den Gang der Politik Preußens einzuwirken. — Er hatte die Friedensbedingungen, die Preußen stellt, in Paris mitzutheilen; es sind von Seiten Frankreichs Einwendungen dagegen erhoben worden; anstatt sich passiv zu verhalten und diese Einwendungen einfach ad referendum zu nehmen, hat er sich darauf eingelassen sie meritorisch zu erörtern, hat mehr oder weniger bestimmt zugegeben, daß Ein und Anderes in unserem Entwurf als übertrieben gestrichen worden ist — nach Bismarck's Depesche zu schließen wohl vorzugsweise die in Deutschland verlangten Annexionen — und hat dann schließlich mehr oder weniger „l'air de dire" gehabt, die so zugestutzten Bedingungen könnten wohl genügen. Dadurch hat er es dem französischen Cabinet möglich gemacht sie unserer Regierung vorzulegen und dabei ahnen zu lassen, daß Frankreich für Oesterreich Partei nehmen könnte, wenn wir ablehnen. Das Alles war nicht möglich, wenn er die französischen Einwendungen einfach ad referendum nahm. — Kein Wunder, daß Prinz Plonplon die „sagesse" des Grafen Golz rühmt!

Was mögen die Annexionen sein, die wir in Deutschland

verlangen? — Das kurhessische Land ohne Zweifel — aber was sonst?

Was nun meine Stellung und Thätigkeit hier betrifft, werde ich mich natürlich nicht an Usedom's etwas schüchterne Andeutungen halten, sondern an den klaren Wortlaut der Depesche Bismarck's —: meine Aufgabe ist, vorsichtig, ohne Leidenschaft dahin zu wirken, daß Waffenstillstand und Friede hier abgelehnt werden, daß hier Schwierigkeiten erhoben werden.

Mein Erstes ist demnach, zu Visconti-Venosta zu gehen, ihm die nöthigen Mittheilungen zu machen. Ich traf ihn nicht daheim, aber gleich darauf auf dem Domplatz. Er fuhr im Wagen mit Ricasoli zusammen, der wieder hier ist. — Wir verabreden eine Zusammenkunft für heute Abend.

Diner colla casa del Re. La Marmora ist da zu meiner Ueberraschung, und zu meiner Verwunderung heiter und wohlgemuth, wie ich ihn nie gesehen habe, ja triumphant geradezu, als ob er drei Schlachten gewonnen hätte!

Warum ist er hier? — Schwerlich ohne bestimmte Veranlassung! — Und was ist der Grund dieser wolkenlosen siegreichen Stimmung? — Ist er vom Prinzen Napoleon, den er selbstverständlich gesehen hat, unveränderter französischer Huld und Gnade versichert worden? — Hat er von dem neue Instructionen erhalten? — und hat er die Hoffnung, mit seiner Frankreich ergebenen Politik jetzt durchzudringen?

Mein Wagen ist nicht pünktlich zur Stelle, Spazierfahrt mit dem Obersten Schmitz, der auch unter den Tischgästen war.

Um 8 Uhr Abends im Hôtel d'Europe Conferenz mit Ricasoli und Visconti-Venosta; ich übersetze ihnen Bismarck's Depesche vom 21. Visconti-Venosta wünscht eine schriftliche Uebersetzung dieser Depesche zu haben, um sie dem König Victor Emanuel vorzulesen.

24. Juli. Um 6 Uhr aufgestanden. Uebersetze die Depesche vom 21. in das Französische und sende sie, wie ich versprochen hatte, an Visconti-Venosta. Diesem schreibe ich dabei und deute auf die Forderung, daß Venetien von Oesterreich an Italien abgetreten werde, die gestellt werden könnte, Waffenstillstand und Friede für jetzt zu hintertreiben.

Dann kommt ein sehr unerwarteter Besuch —: Kossuth fils aîné, den ich schon einmal in Florenz gesehen hatte, erscheint bei mir!

Er sagt mir: sein Vater Ludwig Kossuth sei auf der Durchreise hier; er gehe in Cialdini's Hauptquartier, um diesen General zu einer Truppen-Entsendung nach Ungarn zu bewegen. (Warum läßt der große Kossuth mir das sagen? — Es ist vollkommen unnütz. Es soll ein vorsichtiger Versuch sein, eine Zusammenkunft mit mir herbeizuführen — in der er mir dann sagen würde, daß er allein etwas vermag in Ungarn; Csaky und Komaromy Nichts. — Ich bin aber zu dergleichen ganz und gar nicht aufgelegt.)

Ich gab den Rath, Kossuth père möge sich lieber an den ita- lienischen Minister - Präsidenten Ricasoli wenden, der eben hier sei, und den womöglich zu bewegen suchen, daß er sich in solcher Absicht zu Cialdini begebe; denn wie ich Cialdini und dessen Ansichten kenne, kann ich ihm vorher sagen, daß er, Kossuth selbst, bei dem Nichts bewirken, Nichts erlangen würde.

Kossuth fils war sehr, bis zum malerischen verwundert; der Gedanke, daß es Menschen giebt, denen sein Vater nicht als be- freundeter oder feindlich gesinnter Halbgott gilt, Leute, bei denen sein Vater Nichts bewirken, Nichts erlangen — von denen er einfach gleichgültig abgewiesen werden könnte —: dieser Gedanke war dem jungen Mann durchaus neu; er schien ihn nicht recht fassen zu können.

Um aber fühlen zu lassen, daß die Herren bei mir an den Un- rechten gekommen sind, spreche ich meine Verwunderung darüber aus, daß Kossuth fils, ein rüstiger junger Mann, patriotisch gesinnt und darauf bedacht seine Landsleute, die Ungarn, zu einem Aufstand in Waffen zu bewegen, nicht bereits selbst in Ungarn ist, um sich besagten Landsleuten und dem Kampf anzuschließen, um mit den Waffen in der Hand für seine Ueberzeugung zu kämpfen, wie mir das in seinem Fall sehr nahe zu liegen scheine.

Kossuth erwidert, er könne seinen Vater nicht verlassen, so wenig wie sein jüngerer Bruder; sein Vater sei sechzig Jahre alt und be- dürfe dieser Stütze.

Ich: Ich bin auch sechzig Jahre alt und darüber, ich habe aber meinen Sohn nicht als Stütze bei mir behalten; ich habe ihn zur Armee gesendet und ins Feld, obgleich er erst 17 Jahre alt ist.

Kossuth erklärt darauf mit energischer Bestimmtheit, er werde immer da sein, wo sein Vater ist! — Er spricht das aus, als ob es ein großartiger heroischer Entschluß wäre!

Der Sache ein Ende zu machen, sagte ich: „Ich kann Ihren Vater nicht sehen; Sie sehen selbst, das Hauptquartier wimmelt von französischen Offizieren; ich bin beobachtet!"

Bald darauf empfiehlt sich der junge Mann. — So! die bin ich los! — père et fils! —

Bald darauf erhalte ich eine Sendung Depeschen:

Inhalt derselben:

1. Usedom an Minister-Präsidenten; Florenz 17/7.

Telegramm N. 88. — Sehr dringend! Visconti Venosta bittet mich per Telegraph — Ferrara 17/7. — wie folgt an E. E. zu telegraphiren: „Prinz Napoleon hat dem König V. E. angezeigt, er reise heute Abend, 17., von Paris ab, um ihm, dem König, einen Brief Kaiser Napoleon's zu bringen, der Waffenstillstandsbedingungen enthalte. König V. E. wird auf Grund des Allianz-Tractates weder Frieden noch Waffenstillstand separat unterzeichnen. Der König ist überzeugt, der König von Preußen werde das Nämliche thun und verlangt, daß ein vorgängiges Einverständnis zwischen den beiden Gouvernements über die Antwort hergestellt werde, die an Frankreich zu ertheilen ist, und über die Bedingungen des Waffenstillstandes."

Mir scheint dies vollständig correct und mit den Absichten unseres Gouvernements überein zu stimmen. Einziges Mittel, um Italien gegen diesen französischen Druck zu helfen.

2. Usedom an Minister-Präsidenten, Florenz 18/7.

Telegramm. — Sehr dringend! — Gestern Bernhardi lange Unterredung mit König V. E. Frankreich thut sein Aeußerstes, Italien von Preußen abzutrennen. Prinz Napoleon kommt heute Abend nach Ferrara, um König V. E. auf's Neue zu versichern: „Preußen habe Waffenstillstand angenommen; Preußen sei verpflichtet zu heute Abend eine bestimmte Antwort auf eine entscheidende Frage zu geben." — Endlich werde der Prinz Geheimnisse enthüllen, welche König V. E. nicht wisse u. s. w.

3. Bismarck an Usedom, Nikolsburg 21/7.

Telegramm. Mit Ihrem heute erhaltenen Telegramm Nr. 88 vom 17. Juli völlig einverstanden und wird danach verfahren.

4. Bismarck an Usedom 21/7., Nikolsburg.

(In einem Telegramm Nr. 97 vom 20/7. hatte Usedom Instructionen verlangt, weil sonst Italien dem Druck Napoleon's nachgeben wird.)

Antwort auf Telegramm 90. — Ich hoffe, die italienische Regierung wird selbst so klug sein nur zu glauben, was sie von uns direct erfährt.

In betreff der fünf Tage, während welcher wir Ruhe halten, war Graf Barral der Meinung, es sei dieser Aufschub unseres Vorgehens für Italien nützlich, um das Gleichgewicht im Vorgehen Italiens im Vergleich mit dem unsrigen herzustellen.

Ich begreife Ihr erregtes Telegramm vom 20. nicht. Wir halten uns genau am Vertrag, und wenn wir fünf Tage ruhen so thun wir weiter nichts, als was Italien vier Wochen lang gethan hat.

5. Bismarck an Usedom, Nikolsburg 21/7.

Telegramm. — Antwort auf Telegramm 95. Wir haben keinen Waffenstillstand bewilligt, unterhandeln überhaupt mit Oesterreich nicht und mit Frankreich nur unter Zuziehung Graf Barral's, worüber auf mein Telegramm von gestern, Nr. 8, verweise. Auf Vorstellung Frankreichs, daß, wenn Italien zustimmt, vorheriges Blutvergießen zu vermeiden, haben wir Frankreich erklärt, wir würden in den nächsten fünf Tagen nicht angreifen, wenn wir nicht angegriffen würden, da unsere Armee der Ruhe bedarf. — Mit Oesterreich auch hierüber nicht verhandelt.

6. Usedom an den Minister-Präsidenten, Florenz 23/7, 11½ Uhr Vorm.

Telegramm Antwort auf Nr. 12. Soll Italien gegen Frankreichs Druck Stand halten, so muß ich hier preußischerseits vertraulich, aber bestimmt, dreierlei versichern können:

Erstens: es sei Preußen erwünscht, wenn Italien die Waffen=
stillstandsbedingungen ablehnt.

Zweitens: Preußen werde fest zu Italien stehen, wenn der Krieg
fortgeht und z. B. seine Forderung Süd=Tirols unterstützen.

Drittens: Preußen werde, nach Ablauf der fünf Tage, die
Kriegs=Operationen wieder beginnen. Dann folgt Italien auch.

Hierauf also bitte ich um Bescheid.

Lucadou und Bernhardi versichern, es geschehe jetzt alles
Mögliche, den Marsch auf Wien zu beschleunigen. —

7. Usedom an Visconti=Venosta, Florenz 23/7.

J'ajoute à mon office d'aujourd'hui sur les propositions
françaises les observations confidentielles que voici, fondées sur
une dépêche du Comte de Bismarck du 20. c.

Nous déclarons ces propositions insuffisantes pour la paix.
Quant à l'armistice, nous ne pouvons décliner directement l'acceptation des propositions comme bases et points de départ, sans
donner trop d'ombrage à Napoléon sur nos intentions ulté-
rieures et le jeter du côté de l'Autriche. Mais si l'Italie ne
croit pas le moment de l'armistice venu, et si elle dit non,
nous tenons fermes au traité, de ne pas même faire armistice
sans son consentement. Quant à la paix nous la déclinons
absolument, lorsqu' il n'y a pas équivalent pour la Vénétie.

Ce sont là les vues du C^to Bismarck. Je lui conseille
dans le cours de la journée, à peu près ceci: il faut résister
de commun avec l'Italie à la pression française; s'accorder sur
des moyens et objections à trouver contre armistice, se pro-
mettre et se prêter assistance mutuelle, combiner l'unité de
l'action.

D'abord continuer marche des troupes et même hostilités
pendant les négociations d'armistice, surtout de la part de
l'Italie, qui est trop loin de Vienne tandis que la Prusse en
est trop près.

Si la France menaçait d'user de violence matérielle
contre le Rhin ou la Vénétie, il faudrait prendre acte de cet
attentat contre les deux nations et demander ou provoquer des

notes par écrit, pour pouvoir se justifier devant le monde, l'Europe et son propre peuple, si l'on cède à cette pression, ou si on résiste.

Même avec cela on ne serait pas assez justifié, pour céder à une telle pression, s'il n'y avait pas du moins commencement d'exécution. Il faut voir d'abord les Français en force suffisante sur la frontière du Rhin ou dans Venise, pour demander au peuple allemand ou italien, s'il veut céder ou résister.

Jusqu'à ce qu'il y ait armistice conclu, il est logique, qu'il y ait guerre et qu'on n'interrompe ni les marches des troupes, ni même les hostilités. Notre position sous les murs de Vienne (aujourd'hui à 5 lieues) est exceptionnelle, si nous n'attaquons pas la capitale après les 5 jours de repos. (Selon le Comte Barral ces 5 jours devaient même profiter à l'armée italienne, pour gagner autant de marches vers le Nord.)

Les dépêches du Cte Bismarck, reçues cette nuit et ce matin, me confirment qu'à notre quartier général on n'a nullement renoncé à la guerre; que rien n'est fini, si on veut résister à la pression et être actif en attendant dans ses opérations. Je vois, que malgré les négociations sur l'armistice on a l'intention chez nous de tenir bon, si l'Italie fait de même."

Um 4 Uhr war ich wieder bei Ricasoli. Ich fand ihn nicht allein. Es hatte sich da auch Albert Blanc eingefunden; ein junger, sehr gescheidter, sehr gewandter Savoyarde, der 1859 für Italien optirt hat und eine bedeutende Rolle im italienischen Ministerium der auswärtigen Angelegenheiten spielt. Ich hatte ihn schon in Florenz gesehen.

Unser stundenlanges Gespräch war merkwürdig. Albert Blanc führte das Wort. Ricasoli, sehr niedergeschlagen und verstimmt, hüllte sich in tiefes Schweigen. Von Bismarck's neuesten Depeschen und deren Inhalt war nicht entfernt die Rede; es handelte sich um ganz andere Dinge. — Ich freilich meinerseits sprach durchaus im Sinn der Depesche Bismarck's vom 20.

Albert Blanc klagte in ausführlicher Rede über das Verfahren Preußens. Wir, die Preußen, sagte er, hätten ihnen, den Italienern, die Situation schwierig gemacht, indem wir in unserer ungleich stärkeren Stellung dem Andringen Napoleon's nachgegeben und in die suspension d'armes, eventuell auch, so weit wir selbst betheiligt sind, in den Waffenstillstand gewilligt haben, — ihnen, den Italienern, allein aber die Verantwortung für Fortsetzung des Krieges zuzuschieben suchen, — während wir sie zugleich isolirt dem Andringen Napoleon's preisgeben. Wie solle Italien nun in dieser ungünstigen Lage dem Druck Frankreichs widerstehen! — Die Preußen hätten auf Napoleon's erste Vorschläge antworten sollen, daß wir nur in Gemeinschaft mit unserem Verbündeten Waffenstillstands- und Friedensvorschläge machen oder annehmen könnten. Das wäre die richtige Antwort auf Napoleon's Vorschläge gewesen!

(NB. Diesen Punkt discutire ich nie, weil die Italiener darin Recht haben. Es ließe sich freilich einwenden, daß Italien zuerst, und wie mir König Victor Emanuel selber gesagt hat, schon am 7. Juli den Fehler begangen hatte, gleich auf die allerersten Zudringlichkeiten Frankreichs seine Friedensbedingungen ohne vorhergegangene Verständigung mit Preußen in Paris kund zu thun. Doch wozu diese Saite berühren? Wozu können Recriminationen führen als dazu, unnützer Weise böses Blut zu machen.)

Ich: Es hilft zu Nichts, auf die Vergangenheit zurück zu gehen und zu erörtern, was anders und besser hätte gemacht werden können. Die Aufgabe ist, wie immer so auch jetzt, die Dinge da und so aufzunehmen, wo und wie sie eben liegen und stehen und zu ermitteln, was in diesem Augenblick, in dieser Lage der Dinge, unter den gegenwärtig gegebenen Bedingungen zu thun bleibt. — Die Frage, um die es sich handelt, ist, welche Mittel uns jetzt noch bleiben, dem Wunsche Italiens gemäß, einem verfrühten Abschluß des Waffenstillstandes und Friedens zu entgehen. Die Forderung, daß Venetien von Seiten Oesterreichs unmittelbar an das Königreich Italien abgetreten werde, an sich durchaus berechtigt, wäre ein Mittel dazu.

Albert Blanc: „Cette difficulté est presque vaincue.

(Ricasoli stimmt dem bei.) Il ne nous importe pas, qu'il y ait une signature de l'Autriche; ce qui nous importe, c'est qu'il n'y ait pas de signature de la France," — man sei aber auch nahe daran diese Schwierigkeiten zu überwinden. (NB. soll heißen zu umgehen.) Damit keine signature de la France da ist, wird man annehmen, daß Venetien, frei geworden, sich selbst wieder gegeben, sich selbst freiwillig, durch Plebiscit u. s. w. dem Königreich Italien anschließt.

Ich: Es handelt sich aber nicht darum, Venetien unter irgendwelchen oder selbst unter leiblichen Bedingungen zu erhalten, sondern vor Allem darum, dem wiederholt ausgesprochenen Wunsch Italiens gemäß einen aufgedrungenen, erzwungenen, verfrühten Frieden abzuwehren, und die Frage, den modus der Abtretung Venetiens betreffend, als Mittel dazu zu benutzen. Als Mittel zu diesem Zweck ist die Frage durch ein solches Abkommen aus der Hand gegeben.

Albert Blanc scheint das nicht recht zu fassen, oder vielleicht will er es nicht fassen.

Ich: Nun hat Italien nur noch ein Mittel, die Unterhandlungen in der Schwebe, und den Abschluß hin zu halten: es müßte Wälsch-Tirol fordern. (NB. Daß es in dieser Forderung schwerlich von Preußen unterstützt werden und infolgedessen auch schwerlich damit durchbringen wird, füge ich diesmal nicht hinzu, und das war auch nicht nöthig, da ich dieser Forderung nur als eines Mittels gedachte die Unterhandlungen hin zu halten.)

Albert Blanc ignorirt diese Aeußerung; er geht darüber hin, ohne ein Wort darüber zu sagen, und erklärt oder gesteht vielmehr nun endlich: für jetzt habe Italien eine suspension d'armes auf 8 Tage geschlossen unter der Bedingung, daß die Spitzen der Colonnen beider Armeen, der österreichischen und der italienischen, da still stehen bleiben, wo sie sich im Augenblick eben befinden. Weiter rückwärts ist beiden Parteien jede Bewegung gestattet. La Marmora hat die Convention geschlossen.

(NB. Damit wird der Zustand ein hoffnungsloser, insofern davon die Rede sein sollte dem Krieg noch vor dem Schluß eine bessere Wendung zu geben und die Waffenehre trotz Custozza und Lissa

14*

wieder herzustellen, wie die Italiener bisher leidenschaftlich wünschten. Der Friede ist eingeleitet und unvermeidlich.)

Mich von der beschlossenen suspension d'armes in Kenntniß zu setzen, war, wie ich nun wohl sehe, der eigentliche Zweck unserer heutigen Zusammenkunft, und Ricasoli hat den Albert Blanc zu Hülfe gerufen, weil er es in seiner tiefen Verstimmung nicht über sich gewinnen konnte mir die nöthigen Mittheilungen zu machen; auch wohl, weil er denken mochte, der gewandte Albert Blanc werde das in der besten Form zu thun wissen.

Natürlich hatten wir nun einander nicht mehr viel zu sagen. Wir trennten uns bald, wenn auch natürlich im allerbesten Vernehmen.

Also: die anfänglichen Klagen über Preußens Haltung, die Italiens Stellung ungemein schwierig gemacht habe, waren bloßes Vorgeben; sie sollten lediglich als Einleitung dienen, um die geschlossene Convention zum Voraus zu rechtfertigen, als durch Preußens Schuld unvermeidlich geworden.

La Marmora hat die Convention abgeschlossen, die ohne Zweifel sein Herz erfreut hat. Er hat gestern die Nachricht von der vollbrachten That hergebracht und ist dafür von dem Prinzen Napoleon gehörig belobt worden. Aus dem Allen erklärt sich seine triumphirende Freudigkeit!

Ricasoli hüllt sich in düsteres Schweigen; alle anderen Italiener sind tief gebeugt und verstimmt — La Marmora ist radieux et triomphant! — Für Waffenruhm hat er kein Gefühl; für die politische und geschichtliche Bedeutung des Waffenruhms hat er kein Verständnis; wenn Italien Anspruch darauf machen wollte wirklich selbständig zu sein, unabhängig von der Gunst und Protection Frankreichs, das wäre in seinen Augen eine sinnlose Thorheit. Wenn man sich nur der Gunst Frankreichs versichert, indem man seinen Willen thut, und das Venetianische bekommt gleichviel wie, dann ist Alles gut, und weiter bedarf es Nichts; ob man Venetien auch ruhmvoll erobert, oder ob die Provinz den Italienern hingeworfen wird, das ist seiner Meinung nach vollkommen gleichgültig.

Daß in Beziehung auf Venetien die signature de la France vermieden werde, d. h. daß von einer Cession dieser Provinz von

Seiten Frankreichs an Italien formell nicht die Rede ist, darein hat offenbar Prinz Napoleon gewilligt, und vermöge dieser Concession hat er erlangt, daß dem Willen seines kaiserlichen Vetters gemäß dem Kriege Halt geboten wird!

In meinem Quartier chiffrirt an Usedom geschrieben, melde den Abschluß der suspension d'armes. —

25. Juli. Wie ich nun allein für mich die augenblickliche Lage überdachte, kam mir ein sehr gewichtiger Zweifel: Hat nicht am Ende La Marmora bei dem Abschluß der Waffenruhe den Schweif der österreichischen Colonnen am Tagliamento oder am Isonzo für deren Spitze angesehen? — Er ist es im Stande; er ist sogar mit seiner beschränkten Weise, die Dinge aufzufassen, ganz der Mann dazu! — Dann sind natürlich am Tagliamento oder am Isonzo Punkte festgesetzt worden, über welche hinaus die österreichischen Colonnen nicht vor, d. h. in Wahrheit nicht gegen Italien zurückgehen dürfen — während von Rechts- und Vernunftswegen den wirklichen Spitzen der österreichischen Colonnen in der Richtung nach der Donau hin hätte Halt geboten werden müssen; während in der Richtung nach der Donau hin Punkte hätten bestimmt werden müssen, über die die Truppen der bisher in Italien verwendeten österreichischen Armee nicht hinausgehen dürfen. Ist das nicht geschehen, haben die österreichischen Arrieregarden dem erleuchteten La Marmora wirklich für Colonnenspitzen gegolten, dann ist durch den Nachsatz, daß weiter „rückwärts" bei den Parteien alle beliebigen Bewegungen gestattet seien, den Oesterreichern volle Freiheit gelassen die bisher in Italien verwendete Armee an der Donau gegen uns, gegen Preußen zu verwenden. Italien hat uns dann den einzigen Dienst, den es der gemeinschaftlichen Sache leisten konnte — den nämlich, eine italienische Armee in Italien fest zu halten — nur sehr unvollkommen geleistet.

Ich ging in das Hôtel Europa zu Ricasoli und trug ihm meine Zweifel vor. Er war nicht wenig überrascht: er hatte an die Möglichkeit, die sich hier vor ihm aufthat, gar nicht gedacht. Die Frage aber, wie die Verabredungen getroffen seien, wußte er nicht zu beantworten und La Marmora hat die Waffenruhe-Convention als eine rein militärische ganz allein abgeschlossen, ohne sich mit irgend Jemand darüber zu besprechen.

Die Sache ist aber wichtig und muß in das Klare gebracht werden. — Ich wanderte also nach dem Palazzo Strozzi zu Fr. Castiglione. Er ist eben beim König; ich warte im Vorsaal unter den guten Freunden, den Offizieren vom Hauptquartier, auf ihn. — Da schritt Prinz Napoleon durch den Saal, auf dem Wege zum König. Ich hatte ihn nicht gleich bemerkt, und da er mich sehr wohlwollend anredete, war ich genöthigt zu sagen: „Pardon, Monseigneur, j'ai la vue très-basse, je n'ai pas vu d'abord, qui m'adressait la parole!"

Er erwähnte mit Befriedigung, daß Italien nun auch eine sus- pension d'armes geschlossen habe — „Oui! juste au moment où la nôtre expire!" — — „Oh mais! — on la renouvellera!" — „Je suis sans informations, Monseigneur, je n'en sais rien!"

Das mißfiel dem Prinzen sehr. Er wurde etwas verlegen — sah vor sich hin — schwieg — suchte sichtbar etwas, das er darauf passend erwidern könnte, und fand es nicht. Da wurde ihm ein Papier überreicht — er sah hinein — und es diente ihm als Vor- wand, sich mit leichtem Kopfnicken schweigend zu entfernen. — Dem Kreuz der Ehrenlegion bin ich nun jedenfalls entgangen.

Fr. Castiglione, den ich bald darauf sah, war auch überrascht über meine Zweifel und Fragen und wußte mir zunächst auch über die Bedingungen der Waffenruhe Nichts zu sagen. Später bringe ich ihm Bismarck's Depesche vom 20. in französischer Uebersetzung, die er zu haben wünschte. Die Depesche vom 21. c. übersetze ich bei ihm, erst mündlich, dann schriftlich. Er will sie dem König vorlegen. Da mußte denn Fr. Castiglione gestehen, daß in der Richtung nach der Donau zu keine Punkte festgesetzt sind, über welche die österrei- chischen Truppen während der Waffenruhe nicht hinausgehen dürften, und er muß zugeben, daß La Marmora damit einen sehr argen Fehler begangen hat.

Bei alledem ist Castiglione sehr hoffnungsvoll, ja zuversichtlich gestimmt.

Nun fragt sich: hat La Marmora den bewußten argen Fehler

aus Mangel an Einsicht und Verständnis der Lage begangen — oder absichtlich aus Feindschaft gegen Preußen? — Ich glaube es ist ganz einfach sein militärischer und politischer Scharfblick, der sich wieder einmal bewährt hat. — Aber freilich, würde er nachträglich auf das Versehen aufmerksam gemacht, so würde er, trotz der gerühmten „loyauté“ denken: nun! will Preußen den Krieg fortsetzen — habeat sibi! — wir sind nicht verpflichtet, ihm günstige Bedingungen für die Fortsetzung des Krieges zu bereiten!

Präliminar-Frieden zwischen Preußen und Oesterreich. Bernhardi's Rückkehr nach Florenz.

Frühstück mit der casa del Re. Fr. Castiglione war ausnahmsweise da und zeigte dem Visconti-Benosta während der Tafel meine Uebersetzung der Depesche Bismarck's vom 21. c. — Da rief mir Visconti-Benosta über den Tisch zu: „Mais moi, je vous montrerai bien autre chose!“ und wirklich zeigte er mir gleich nach Tisch eine telegraphische Depesche des Grafen Barral aus Nikolsburg vom 23. c., die mich in Erstaunen versetzte, da sich darin zeigte, daß vom 21. zum 23. ein totaler Umschwung in der Politik Preußens stattgefunden hat.

Bismarck scheint den Grafen Barral ziemlich schnöde angelassen zu haben und verlangt, Italien soll auch den Waffenstillstand unterschreiben, den Preußen schließt. — Es ist von einem wirklichen Waffenstillstand und Einleitung zum Friedensschluß die Rede, nicht von einer bloßen Waffenruhe auf einige Tage. — Bismarck fordert, daß Italien den Waffenstillstand unterschreiben soll, da es Alles erhält, was es irgend verlangen kann. — Von Wälsch-Tirol — das also Barral gefordert haben muß — sei in dem Allianz-Tractat gar nicht die Rede; es sei den Italienern nicht zugesagt worden. Wenn Italien über die Bedingungen des Bündnisses hinausgehen wolle, werde Preußen genöthigt sein, seinen Waffenstillstand allein, ohne Zuziehung Italiens, abzuschließen.

Danach zu schließen, muß zwischen Bismarck und Barral eine
etwas heftige Scene vorgefallen sein.

Ich hatte nun mit Visconti-Venosta ein Gespräch, wie neulich
mit Castiglione, indem wir uns Beide zum Fenster hinaus lehnten.
Doch hatten wir einander nicht viel mehr zu sagen. Ich brauchte
meine Ueberraschung nicht mehr zu verbergen und konnte nun versichern, daß ich seit dem Telegramm vom 21. keine Weisungen weiter
von Bismarck erhalten habe, und mir daher das, was Graf Barral
meldet, vor der Hand nicht zu erklären wisse — „je n'y comprends
rien!"

Daneben aber beschäftigte mich selbst im Stillen die Frage: was
wohl diesen, nach Allem, was unmittelbar vorhergegangen war, un-
erwarteten Umschwung in der preußischen Politik bewirkt? — Sind
es Drohungen Napoleon's, oder ist es eine gänzliche Verständigung
mit ihm? — Eins von beiden muß es sein — aber welches von
Beiden ist es? — Ich muß mich nun zunächst und bis auf Weiteres ganz passiv verhalten und schweigen, um mich nicht zu com-
promittiren.

Spazierfahrt allein und in sehr verdrießlicher Stimmung —
dann in mein Quartier. Mit den Offizieren des Hauptquartiers
in dem bewußten Caffeehaus zusammen zu treffen habe ich an diesem
Abend durchaus kein Verlangen.

27. Juli. Bei dem Diner in casa militare del Re erschien
Visconti-Venosta vollkommen gebrochen, wie ich kaum je einen Menschen gesehen habe. Er sagte mir: „On me télégraphie de Paris"
daß Preußen den Waffenstillstand abgeschlossen hat mit Vorbehalt:
„non pas du consentement mais seulement de la ratification de
l'Italie!"

Ich kann darauf natürlich gar Nichts erwidern.

Im ganzen Hauptquartier des Königs herrscht eine tiefe Niedergeschlagenheit, die sich auch mir mittheilt. Auch Morozzo ist sehr in
sich gekehrt.

Prinz Napoleon reist heute Abend ab —: „nachdem seine Intriguen gelungen sind!" bemerken die Offiziere des königlichen Hauptquartiers mit einer Bitterkeit, die sie nicht zu verbergen suchen.

Uebrigens mag auch seine Mission gelungen sein, so ist dieser Prinz doch hier nicht durchaus auf Rosen gebettet gewesen. Ob ihn Victor Emanuel wirklich „comme un chien" empfangen hat, weiß ich zwar nicht, wohl aber, daß die beiden jungen Prinzen ihn schlecht genug behandelt haben. Sie haben ihn fühlen lassen, daß sie ihn keineswegs als Verwandten oder als ihres Gleichen ansehen. — Dem Prinzen Amadeo, als er von seiner Wunde genesen in das Haupt-quartier zurückkehrte, sagte Prinz Plonplon sehr viel Schönes über die glänzende Tapferkeit, die er in so jungen Jahren bewiesen habe. Prinz Amadeo antwortete, wie seine militärische Umgebung erzählt: „Je suis certainement très-flatté de tout, ce que vous voulez bien me dire; seulement je ne suis pas aussi jeune, que vous paraissez croire; souvenez-vous de la belle réputation qu'Amédée de Savoye s'était fait à la quatrième croisade!"

Das sollte heißen: „Du bist ein Emporkömmling; quant à moi je date de loin!"

Abends in mein Quartier.

Cooper, ein unruhiger Geist, der nicht still sitzen kann, der immer irgendwo herumspioniren muß, war heute in Rovigo, kommt Abends zurück und berichtet, er hat dort ungarische Offiziere in italienischen Diensten gesehen; sie sagen alle, was Kossuth père hier unter Anderem zu Morozzo gesagt hat, nämlich daß Ungarn sich trotz Waffenstill-stand und Frieden am 1. August in Waffen erheben werde. Victor Emanuel und Francesco Castiglione scheinen darauf zu rechnen. — Es muß sich nun bald zeigen.

28. Juli. Diner colla casa militare del Re. Die Herren vom Hauptquartier sagten mir, Waffenstillstand und Präliminarfrieden zwischen Preußen und Oesterreich seien bereits unterzeichnet.

Als ich schon zu Bett gegangen war, wurde mir ein Telegramm von Usedom gebracht: Ich solle doch sofort nach Florenz zurückkommen und von da nach Prag eilen zu den Friedens-Unterhandlungen. — Das muß ich mir überlegen! — O. Dönhoff's Ankunft kündigt das Telegramm für morgen an.

29. Juli. Früh Oberst Schmitz bei mir. Er ist mit Litta Modegnano zusammen in Ancona gewesen, um die italienische Flotte

zu sehen, die nach der Schlacht bei der Insel Lissa dorthin zurückgekehrt war. — Er sagt, diese Flotte, die freilich ein in den Grund
gebohrtes Schiff verloren hat, habe im Uebrigen wenig gelitten. —
Aber seltsam! Die Offiziere sind an Bord der Schiffe consignirt,
dürfen nicht ans Land, und ebenso wenig wird irgend Jemandem,
der nicht auf die Flotte gehört, Zutritt auf den Schiffen gewährt!
Auch Schmitz und sein italienischer Gefährte haben sie nicht besuchen
— sondern nur im Hafen um die Schiffe herum fahren dürfen.

Offenbar sollen die Offiziere keine Gelegenheit finden, zu erzählen, wie es in der Seeschlacht eigentlich zugegangen ist, oder
vollends ihren Unmuth auszusprechen; man will Berichten vorbeugen,
die ihren Weg in die Zeitungen finden könnten.

Nun aber kam das Anliegen, das Schmitz eigentlich zu mir
führte. Er wollte wissen, ob der Präliminar-Frieden zwischen Preußen
und Oesterreich wirklich unterzeichnet ist, wie man hier allgemein
sagt. — Es sollen nämlich hier, auch in Ancona, einzelne Fälle
von Cholera vorgekommen sein. Schmitz selbst hat einen leichten
Krankheitsanfall gehabt, den er für Cholera oder Cholerine gehalten
hat — da will er fort! — Er will fliehen, wenn es unter einem
halbwegs anständigen Vorwand geschehen kann! — Ich versprach,
ihm bestimmte Auskunft zu geben, sobald O. Dönhoff eingetroffen
sein wird.

Seltsam, wie einseitig der Muth des Menschen sich oft auszu-
bilden pflegt. Der Gefahr, an die sich ihre Phantasie gewöhnt
hat, auf die sie sich vorbereitet haben, gehen sie mit Fassung entgegen! — tritt ihnen aber Gefahr in unerwarteter Gestalt gegenüber,
so erschrecken sie und brechen zusammen. — Dieser Oberst Schmitz
hat mehrere Feldzüge mitgemacht und hat ohne Zweifel mehr als
einmal seine Schuldigkeit im Feuer zum mindesten nicht schlechter
als Andere gethan — wäre dazu auch wieder ohne Bedenken bereit
— vor der Cholera aber möchte er gern augenblicklich davon laufen!
Wie wahr ist Heinrich Kleist's Prinz von Homburg.

Auf dem Rückweg aus dem St. Annen-Hospital begegnet mir
O. Dönhoff in der Straße, bei dem Caffeehaus, dem Castell gegenüber. Die Depesche, die er mitbringt, bestätigt den Umschwung, der

in der preußischen Politik erfolgt ist. Mündlich fügt er hinzu: Napoleon habe unsere Regierung dringend aufgefordert, den Präliminarfrieden mit Oesterreich rasch abzuschließen, sonst müsse er sich direkt einmischen; darauf sei denn der Vertrag unterzeichnet worden.

(NB. müsse sich einmischen — warum hätte er gemußt, etwa durch den Druck der öffentlichen Meinung in Frankreich gezwungen? — Ich glaube, er hätte diese Drohung doch nicht wahr gemacht, wenn wir sie unbeachtet ließen! — In Oesterreich scheint er eine solche Einmischung nicht in Aussicht gestellt zu haben.)

In einem Brief an mich, den dieser Sendbote auch mitbringt, zeigt sich Usedom sehr unzufrieden mit dem Frieden; geradezu entrüstet — doch, wie es scheint, mehr um Italiens willen als unserer eigenen Interessen wegen. Ich solle nach Florenz telegraphiren, ob ich gewillt bin, sofort in das preußische Hauptquartier zu eilen? — Da könne ich nützlich sein — sehr sogar — hier sei Nichts mehr zu thun.

Colazione colla casa del Re. — Später suche ich Fr. Castiglione im Palazzo Strozzi auf. — Er zeigt sich auch persönlich sehr ungehalten über die unerwartete plötzliche Wendung in der preußischen Politik. „Le roi est furieux!" sagt er; könne den Umschwung in der Politik Preußens nicht begreifen, „à moins, qu'il n'y ait eu des menaces directes!"

Die Vorstellung, daß wir ohne weiteres und sofort vor der ersten besten Drohung Frankreichs zurückweichen, darf ich natürlich nicht gelten lassen.

Ich sage: es ist nicht unmöglich, daß Drohungen stattgefunden haben, doch sind sie wohl nicht bestimmend gewesen, da man Ursache hat zu bezweifeln, daß es dem Kaiser Napoleon damit Ernst sein könnte; da sogar leicht zu durchschauen ist, daß es ihm damit wohl nicht Ernst sein kann. Was den Umschwung in der preußischen Politik hervorgerufen hat, weiß ich auch nicht, ich bin auf Vermuthungen angewiesen. Möglich ist vielleicht, daß — wenn auch allerdings mit entschiedenem Unrecht — sowohl der unglückliche Erfolg der Seeschlacht bei Lissa, als auch besonders die Bedingungen der

Waffenruhe, die Italien geschlossen hat, und die der österreichischen Armee des Erzherzogs Albrecht vollkommen freie Hand lassen, gegen uns an die Donau zu eilen, in unserem Hauptquartier einen ungünstigen Eindruck gemacht haben — doch, wie gesagt, ich weiß es nicht.

(NB. Ich vermied es absichtlich daran zu erinnern, daß La Marmora vor wenigen Wochen die offiziell gestellte Frage: ob Preußen im Fall eines Krieges mit Frankreich auf Italien rechnen könne? — in der schnödesten Weise mit Nein! beantwortet hat! — Man muß nie ohne Nothwendigkeit verletzen!)

Schließlich bitte ich Fr. Castiglione, den König darauf vorzubereiten, daß ich nun wohl bald abgerufen werden könnte und mich dann verabschieden müßte.

Ich erfahre hier: Ricasoli ist wieder hier eingetroffen, Cialdini kommt noch heute an, dann wird noch am heutigen Abend ein entscheidender Ministerrath gehalten, in dem man endgültig zu beschließen denkt, was weiter geschehen soll.

An Usedom telegraphirt: er möge bei unserer Regierung anfragen, ob ich abberufen werde und mich benachrichtigen, wann ich nach Florenz zurückkehren kann.

30. Juli. O. Dönhoff kommt mit der Nachricht, daß das Hauptquartier des Königs ganz unerwartet und plötzlich den Befehl zum Aufbruch nach Rovigo und Padua erhalten hat. Ein Theil des Hauptquartiers soll den König selbst noch heute Abend nach Rovigo begleiten.

Das ist das Ergebnis des gestrigen Ministerrathes. Ich suche Fr. Castiglione im Palast Strozzi auf, mich weiter zu orientiren. Er sagt mir, der Waffenstillstand sei gestern „im Prinzip" angenommen worden im Ministerrath; über die Bedingungen aber bleibt mit Oesterreich zu unterhandeln — und die militärischen Bewegungen sollen während der Unterhandlungen nicht still stehen. — Ungeachtet der bevorstehenden Unterhandlungen zeigt sich Fr. Castiglione sehr zuversichtlich; entschieden überzeugt, daß der Frieden jetzt nicht zu Stande kommt.

In casa del Re speisten wir heute schon um 4 Uhr, damit noch Zeit zu einem Marsch in der Abendkühle blieb. —

Bald darauf erhielt ich ein Telegramm von Usedom: ich könne nach Florenz zurückkehren, wann ich wolle. — Das veranlaßt mich, mir die Lage noch einmal zu überlegen und meine Pläne zu ändern. Usedom ist allerdings nicht die Behörde, die mich abrufen oder auch nur ermächtigen könnte, das italienische Hauptquartier zu verlassen, aber ich denke, man wird es auch in Berlin billigen, daß ich den unmittelbaren Kriegsschauplatz verlasse: denn da Preußen den Präliminarfrieden unterzeichnet hat, ziemt es sich, streng genommen, nicht einmal recht, daß ich an den Kriegsoperationen noch weiteren Antheil nehme.

Ich suchte demgemäß Fr. Castiglione noch einmal im Palast Strozzi auf und sagte ihm, daß ich nun, da der Friede von Seiten Preußens geschlossen sei, meine Mission zu meinem Bedauern als beendigt anzusehen habe. Da ich nicht darauf rechnen dürfe vom König hier und heute noch empfangen zu werden, beabsichtige ich, dem Hauptquartier morgen nach Rovigo zu folgen, um mich bei S. M. zu verabschieden. Ich bat ihn, das dem König zu sagen.

31. Juli. Fahrt nach Rovigo. Die an sich frische, grüne, sehr fruchtbare Umgegend von Rovigo machte in diesem Augenblick einen sehr unerfreulichen Eindruck. Die Oesterreicher, die schon vor dem Kriege darein gewilligt hatten, Venetien abzutreten, können kaum daran gedacht haben Rovigo gegen eine förmliche Belagerung zu vertheidigen, und dennoch haben sie gehandelt, als wenn das ihre Absicht gewesen wäre. Auf Kanonenschußweite — nach altem und veraltetem Maaßstab — rund um Rovigo her sind alle Gebäude, alle Umfassungsmauern von Gärten und Gehöften abgerissen, alle Bäume, besonders die sehr zahlreichen Obstbäume abgehauen, alle Hecken und Pflanzungen vernichtet worden — und nachdem diese Verwüstung angerichtet, rund um den Ort eine freie Ebene hergestellt worden war, haben die Oesterreicher ihn aufgegeben und verlassen, ohne den Feind auch nur in der Nähe abzuwarten. Sie haben bei ihrem Abmarsch die Lünetten, die die Befestigung Rovigo's bilden, nicht geschleift oder in die Luft gesprengt, sondern durch theilweise Zerstörung für den Augenblick unhaltbar gemacht. Sie haben sogar bei dem eiligen Abmarsch, den die Ereignisse in Böhmen nothwendig machten, übersehen, daß die Festungs-Artillerie hätte

fortgeschafft werden können. Ich habe diese Artillerie, 60 Stück Geschütz, auf dem Markt zu Rovigo aufgefahren gesehen. — So kommen auch die Italiener zu Trophäen! — Die Verwüstungen, die der Krieg herbeigeführt hat, machen überall einen peinlichen Eindruck — aber da, wo sie mit Bedacht in Gemächlichkeit und Seelenruhe angerichtet worden sind, für Nichts und wieder Nichts, erregen sie ein Gefühl von Aerger.

Schon die Dörfer in der Umgegend sind imbandierati, mit dreifarbigen Fahnen geschmückt, fast alle Leute tragen große italienische Kokarden an den Hüten — in Rovigo herrschte das regste Leben, es wimmelte von Menschen, und Alles war en émoi. In der Menge waren viele Leute mit schwarzen Fracks, weißen Halsbinden und Glacéhandschuhen, die sehr eilig hierhin und dorthin schritten. Das waren Mitglieder von Deputationen, die von daher und dorther kamen, den neuen Landesherrn Victor Emanuel zu begrüßen.

Ich suchte Fr. Castiglione auf in dem sehr stattlichen Palast eines Grafen Camerini, den der König bewohnt. Fr. Castiglione wußte mir noch Nichts zu sagen, wann ich den König sehen könne, wollte aber eine Zusammenkunft vermitteln und mich zu rechter Zeit benachrichtigen. — Da kam mir der Zufall in sehr erwünschter Weise zu Hilfe. Eine zahlreiche Deputation, die man eher eine patriotische Procession nennen konnte, zog eben mit tricoloren Fahnen und lauter, wenn auch nicht gerade harmonischer Musik unten in der Straße vor den Palast. Der König schritt durch den Saal, in dem wir uns befanden, hinaus auf den Balcon um sich huldigen zu lassen und sich zur Freude seiner neuen Unterthanen gebührend zu verneigen. — Auf dem Rückwege von dort wurde er mich gewahr, begrüßte mich wohlwollend und veranlaßte mich, ihm in ein Nebenzimmer zu folgen.

Da hatten wir denn ein langes Gespräch, oder vielmehr, ich hörte ihn lange reden, denn wie die Dinge sich gestaltet haben, war ich nicht in der Lage Viel oder Bedeutendes zu sagen; aber ich habe sehr aufmerksam zugehört.

Victor Emanuel war in einer gereizten Stimmung, die sich unter Anderem auch darin zeigte, daß er sich — und zum Theil in ziemlich ungeordneter Rede — mehrfach wiederholte. Er zeigte sich dadurch verletzt, daß Preußen ohne ihn Frieden schließt und selbst, ohne ihn sonderlich zu fragen; er klagte sogar ausdrücklich darüber, namentlich darüber, daß dies gerade jetzt geschehe, gerade in dem Augenblicke, wo er in der besten Verfassung sei, entscheidend einzugreifen.

Im Anfang seien die Dinge nicht so gegangen, wie sie wohl sollten — das sei wahr — die Schwierigkeiten, namentlich die örtlichen, seien aber auch sehr groß hier in Ober-Italien — und das Mißlingen bei Custozza habe darin seinen Grund gehabt, daß Cialdini nicht habe am 24. Juni über den Po gehen können — und daß er, als er dann am 25. übergegangen war, auf das Gerücht von einer verlorenen Schlacht, das zu ihm gelangte, und dadurch bestimmt, wieder über den Strom zurückgegangen sei. (NB. Die alte Geschichte wieder von Neuem!) — Dann seien allerdings 8—10 Tage am Oglio versäumt worden, auch das sei wahr! (NB. Warum sie versäumt wurden, bleibt unerklärt.) — aber seitdem sei doch gewiß Nichts mehr versäumt worden! — Man habe Eisenbahnzüge aneinander-rennen lassen vor Eile — „pour faire vite“ — und mit äußerster Anstrengung, bis zur Erschöpfung, habe man die Truppen marschiren lassen u. s. w.

Jetzt sei er, Victor Emanuel, aber auch in der gehörigen Verfassung, wie gesagt. Er habe das Venetianische besetzt, ohne sich an Frankreich zu kehren, er habe alle Pässe nach Tirol inne und werde, für seine Person, in 3 Tagen in Udine sein. — Er habe gegenwärtig 250 000 Mann in Venetien und werde in 14 Tagen 300 000 Mann ja sogar um 60 000 Mann mehr haben als in diesem Augenblicke — denn er habe noch weitere 100 000 Mann Reservemann-schaften und Retruten einberufen, die eben jetzt ausgerüstet würden.

Gewähre man ihm, was er verlangt, nämlich in Italien den Isonzo als Grenze, und Wälsch-Tirol, dann werde er Frieden schließen, wenn nicht, dann setze er den Krieg allein fort, ohne Preußen: „Je joue le tout pour le tout; je le sais bien! mais c'est ce que j'ai toujours fait, et je suis toujours prêt à le faire, j'en ai l'habitude!“

Er gehe dann für seine Person zur Expeditions-Armee, zu Cialdini und bringe in die deutsch-österreichischen Lande ein. La Marmora möge inzwischen Verona belagern, das von der Bergseite her in etwa 25 Tagen erobert werden könne.

Die Oesterreicher haben 60 000 Mann am Isonzo und 100 000 Mann bei Laibach. Sie haben bereits wieder Truppen von der Donau nach dem Süden zurückgesendet.

Dazwischen kommen auch Urtheile über die beiden unglücklichen Führer der Italiener im Kampfe vor. Von La Marmora sagt der König bemitleidend: il n'a pas beaucoup de tête, ce pauvre La Marmora!" — Was den Admiral Persano den negativen Helden von Lissa betrifft, giebt er zu verstehen, daß er nie Vertrauen zu ihm gehabt habe, aber als constitutioneller König habe er ihn nicht entfernen können.

Darauf wurde ich dann am Ende sehr wohlwollend, mit freundschaftlichem Händedruck entlassen.

Vielfach und reiflich überlegte ich mir Alles, was ich gehört hatte. Victor Emanuel hat zwei triftige Gründe, vorläufig nach Udine und eventuell weiter zu gehen:

1. Er will, und in der That, er kann vor der Hand nicht nach Florenz zurückgehen; er würde da, wie die Stimmung ist, sehr übel empfangen werden. Da heißt er natürlich jeden Vorwand willkommen, irgend wo anders hinzugehen.

2. Er ignorirt, indem er immer weiter in das Venetianische und bis an dessen künftige Grenze gegen Oesterreich vorrückt, überall Besitz ergreift, sich überall von der Bevölkerung huldigen läßt, ganz in dem Sinne, wie Albert Blanc andeutete, durch die That immer vollkommener die Cession der Provinz von Seiten Oesterreichs an Frankreich, als nicht geschehen.

Auch der angekündigte Entschluß, den Krieg eventuell allein, ohne Preußen fortzusetzen, ist keineswegs etwa bloßes Gerede, wie man versucht sein könnte zu glauben. Es ist dem König und, was vielleicht noch mehr sagen will, auch dem Baron Ricasoli, vollkommen Ernst damit. Von Anfang an waren hier, am Hofe und in der Regierung, zwei sehr verschiedene Tendenzen bemerkbar: La Marmora und sein Anhang, die, wie schon gesagt, alle die Abhängigkeit von

Frankreich als das normale Verhältniß betrachten, andrerseits Ricasoli und die Nationalpartei, die natürlich auch Italien durch Venetien vervollständigen wollen, denen aber die Hauptsache war, für das neue gesammt-italienische Reich die Selbständigkeit, die thatsächlich anerkannte Stellung einer wirklichen Großmacht zu gewinnen, indem es den Druck französischer Protection abstreifte. Da Ricasoli ein Mann von festem Character ist, wird er gewiß versuchen, seinen Zweck wo möglich auch jetzt noch zu erreichen. Aber er ist ein ernster Staatsmann, kein Abenteurer; er wird es daher auch nicht wie ein Thor rücksichtslos, unter allen Bedingungen und auf jede Gefahr hin versuchen.

Ob der Krieg wirklich fortgesetzt wird oder nicht, das wird demnach — da die neuesten Forderungen Italiens ohne Zweifel von Seiten Oesterreichs abgelehnt werden — wesentlich davon abhängen, was in Ungarn vorgeht. Die italienischen Staatsmänner erwarten dort mehr oder weniger wichtige Ereignisse; das ist nicht zu verkennen.

Victor Emanuel sagt: „il n'a pas beaucoup de tête, ce pauvre La Marmora!" — La Marmora warnte mich: „prenez garde, le Roi n'est pas fort!" und Beide sprachen ihre Bemerkungen über einander im Tone entschiedener Geringschätzung aus.

Daß die italienische Armee seit dem Uebergang über den Po den Oesterreichern mit äußerster, beinahe heroisch zu nennender Anstrengung zu folgen sucht, wie der König versichert, ist übrigens wahr. Sie hat auf jedem Marsch Leute verloren, die der Anstrengung erlagen und tot zusammensanken. Andere machte der Sonnenstich wahnsinnig; sie verfielen in Tobsucht und mußten gebunden zurückgeschafft werden.

Mein letztes Diner colla casa del Re und ein sehr freundschaftlicher Abschied von Allen. Dann Rückfahrt. Unsere Fahrt ging gegen das Ende sehr langsam, da unsere Pferde ganz erschöpft waren und kaum noch von der Stelle konnten; doch erreichten wir glücklich um ½12 Uhr Nachts Ferrara.

1. August. Marchese Luciani kommt zu mir; berichtet aus Frankreich, die Franzosen seien sehr „invidiosi" unserer „successi" wegen. Weiterreise.

Um Mitternacht treffen wir in Florenz ein.

Aufenthalt in Florenz und Rückberufung nach Deutschland.

2. August. Florenz. Zu dem englischen Gesandten; ich sehe da Elliot und seine Frau. Beide sprechen mit großer Bewunderung von Preußen. — Unser glänzender Feldzug hat der ganzen Welt gewaltig imponirt, der moralische Gewinn ist ein ganz unberechenbarer, das wird man bei dem ersten Schritt in die gesellschaftliche Welt gewahr: ein Preuße ist jetzt in den Augen der Welt ein ganz anderes Wesen, als er noch vor wenigen Wochen war. Von den Italienern dagegen spricht das Paar Elliot mit einiger Ironie. Beide wissen so ziemlich, wie es während dieses kurzen Feldzuges bei der italienischen Armee zugegangen ist. Sie wissen unter Anderem auch, daß General della Rocca während der Schlacht bei Custozza zu Villa Franca al caffè war, Billard spielte und sich mit Sorbetti erfrischte.

Ich fahre nun zur Villa Caponi hinaus. Ich muß wieder da wohnen. Mein Gepäck wird aus dem Gasthof herbeigeschafft.

Es kommt auch sofort zu einem eingehenden Gespräch mit Usedom. Der meint, Bismarck's Pläne würden nun nachgerade durchsichtig. — In seinem letzten Telegramm sagt Bismarck: man wünsche nun unsererseits mit Oesterreich schnell abzuschließen, weil neue weitreichende Combinationen mit Napoleon zu verabreden seien. Italien müsse bewogen werden, in diese Combinationen einzutreten, und um das thun zu können, ebenfalls sofort mit Oesterreich abschließen.

3. August. Zeitungen. In der „Italie“ ein Artikel, der sich in die höchsten Regionen der Politik versteigt oder verirrt. Bismarck's und Napoleon's Pläne sollen, wird uns da versichert, nun von beiden gemeinschaftlich aufgenommen werden. Lösung der orientalischen Frage steht in Aussicht und eine Theilung Belgiens zwischen Frankreich und Holland.

Ich bin nicht wenig verwundert zu sehen, wie ernsthaft Usedom einen solchen Zeitungs-Artikel nimmt; er ist beinahe geneigt, ihn buchstäblich zu nehmen. Das Zusammentreffen mit dem Telegramm, das von weitreichenden Combinationen spricht, mag dazu beitragen.

La Marmora hat am 26. Juni, am 2. Tage nach der Schlacht bei Custozza, an Napoleon III. nach Paris geschrieben und seine Hülfe

angerufen; ohne französische Waffen-Hülfe sei Alles verloren! —
(NB. Von wem mag Usedom das erfahren haben? Schwerlich von
Ricasoli; der begeht solche Indiscretionen nicht.) — Nun begreife ich
freilich den sonst unsinnigen Rückzug in die Stellung von Volta, den
La Marmora beabsichtigte, in eine Stellung, die Italien preisgab,
und aus der kein Rückzug blieb, als nach Turin, und auf den Mont
Cenis. La Marmora wollte sich auf die französische Hülfe zurückziehen.

4. August. Brief an Moltke abgefertigt, den ich in Rovigo am
31. Juli begonnen hatte. Ich melde: Die beabsichtigte Fortsetzung
des Krieges ist von Seiten der Italiener nicht bloßes Gerede; es ist
vielmehr voller Ernst damit. Erkläre, aus welchen Gründen. Doch
wird sich Ricasoli gewiß nicht auf sinnlose Abenteuer einlassen. Ob
der Krieg fortgesetzt wird oder nicht, wird demnach wesentlich davon
abhängen, was im Innern der österreichischen Monarchie, namentlich
in Ungarn, vorgeht. Die italienischen Staatsmänner erwarten dort
offenbar wichtige Ereignisse.

Zur Stadt in die Uffizien. Ich komme da überraschend aus dem
langen Corridor Nr. I in die berühmte „Tribuna" — und da zieht
natürlich die Venus pudica, die mediceische, zuerst meine Blicke auf
sich. Ich sah sie zum ersten Mal. Das ist etwas anderes als die
Gypsabgüsse! — Der Gyps bleibt immer Kreide, der Marmor ist
belebt. — Mag diese Venus auch meiner Meinung nach nicht an die
Venus von Melos reichen, so zeigt sich doch in dieser Gestalt ein wahrhaft künstlerisches Verständnis weiblicher Anmuth. — Nur eine pudica
möchte ich diese Venus nicht, der eigentlich coquetten Stellung wegen,
nennen. Der Ausdruck des Kopfes scheint mir zu dieser Bezeichnung
nicht zu passen. Wie keusch ist dagegen die Venus von Melos! —

Die beiden Ringer sagen mir wenig zu. Der Schleifer ist dagegen gewiß sehr beachtenswerth als studio. Der Apollino ist bei
weitem nicht ein so schöner Knabenkörper, als der des Aboranten in
Berlin, d. h. bei Weitem nicht mit solchem Verständnis behandelt wie der.

Tizian's zwei Bilder: das eine wie das andere eine ruhende
Venus. Beide sind natürlich Portraits; aber so berühmt sie sind,
reicht doch keine von beiden an die Dresdener Venus. — Wie es zur
Blüthezeit der Venetianischen Schule Mode war, daß schöne Damen

sich als Venus portraitiren ließen, so muß es in dem alten Rom, unter den Kaisern, längere Zeit über Mode gewesen sein, sich als Venus, und zwar insbesondere nach dem Vorbild dieser Mediceischen, abbilden zu lassen —: ein Beweis, wie hochgeachtet dieses Kunstwerk war. Der Wiederholungen desselben giebt es sehr viele und die Köpfe sind in der Mehrzahl der Fälle unverkennbar Portrait. Freilich sind sie in sehr vielen Fällen „rapportirt", wie man das nennt, d. h. man hat einen antiken Frauenkopf, der eben zur Hand war, auf die Schultern einer verstümmelten Venusstatue gesetzt — und vielen dieser Köpfe ist es wohl bestimmt genug anzusehen, daß sie nicht ursprünglich zu den Schultern gehört haben, auf denen sie jetzt stehen.

Hier stehen im Corridor zwei solcher Nachbildungen der mediceischen Venus; die Köpfe beider sind Portraits. An der einen läßt aber selbst die Stellung des Kopfes erkennen, daß er ursprünglich nicht für diese Statue bestimmt war.

Zur Gesandtschafts-Kanzlei. Da ist ein Telegramm von Lucabou eingetroffen. Der meldet von österreichischen Verstärkungen, die am Isonzo eintreffen, und von 15 000 Mann, die (wohl von Triest aus) nach Venedig gesendet worden sind.

Da die Italiener sich schwierig zeigen, ist es wohl möglich, daß die Oesterreicher darauf bedacht sein konnten, ihnen vor dem Abschluß noch eine, wenn es gelingt, recht derbe Lection zu ertheilen, um die eigene Waffenehre wieder herzustellen, und der Welt durch die That zu sagen: „wir sind zwar von den Preußen besiegt worden, daraus folgt aber ganz und gar nicht, daß uns Jedermann schlagen könnte."

5. August. Auf der Terrasse, wo wir den Abend zubrachten, erzählte Frau von Usedom: nach der Schlacht bei Custozza verlangte der Kronprinz Umberto, General della Rocca solle vor ein Kriegsgericht gestellt werden, aber die Gräfin della Rocca eilte in das Hauptquartier, um den König zu besänftigen.

6. August. Ziemlich früh nach Florenz hinunter gefahren. — San Lorenzo. Hauptsächlich galt mein Besuch den Kapellen, zuerst der cappella dei depositi oder del Michel Angelo, deren Architektur schwerfällig ist, wie jede, die der gewaltige Buonarroti entworfen hat. — Da stehen die beiden berühmten Grabmale des Giuliano und

Lorenzo Medici — il pensieroso, dem der Künstler die nachdenkende Stellung gegeben hat, offenbar nur, damit die rechte Hand den häßlichen Mund verdecke. — Diese Bildwerke sind in hohem Grade merkwürdig — im Grunde aber doch unerfreulich. Das Haschen nach einem Effekt, der durch gesuchte Gewaltsamkeiten der Stellung und geflissentliche Unschönheiten erreicht werden soll, wirkt mehr befremdend als das Staunen erregend, das der Künstler erregen wollte.

In der Gruppe, die gewissermaßen als Altar in der Capelle steht, der unvollendeten Madonna in trono des Michel Angelo, zeigt sich vollends, wohin es führt, wenn ein Mann von Genius in der Kunst eine falsche Richtung einschlägt und dann Schule stiftet. — Es ist das Schlimmste, was auf dem Gebiete der Kunst überhaupt geschehen kann. Schon die Hauptgestalt, die von Michel Angelo selbst herrührt, versetzt durch die Gewaltsamkeiten der Stellung in eine unerfreuliche Verwunderung. Welche Mutter hat wohl je ihr Kind rittlings auf die Kniee gesetzt, und ihm dann den Kopf gewaltsam nach rückwärts herum gedreht an ihre Brust?

Und nun vollends die beiden Nebenfiguren: S. Cosmo und S. Damiano, durch die Buonarroti's Schüler, Montorsoli und Rafaello da Montelupo, die Gruppe ergänzt haben! Die Schüler haben die Manieren des Meisters nachgeahmt ohne seinen Geist; sie haben dessen Uebertreibungen übertrieben. Durch die übertriebene Magerkeit des Greisenalters und der Ascetik im Verein, und durch multiplizirten Faltenwurf der Gewänder erinnern sie an die schlechtesten der heiligen Holzpuppen, die man bunt bemalt und theilweise vergoldet in den gewöhnlichen katholischen Kirchen sieht. Sie sind geradezu widerlich.

In den Uffizien verweile ich wieder lange in der Tribuna. — Ich sah mir die Venus — die Ringer — den Schleifer darauf an: wenn sie nur nicht zur Zeit, als sie unter Trümmern aufgefunden wurden, überarbeitet worden sind! — Friedrich Tieck war sehr geneigt zu glauben, daß es geschehen sei: „Die Leute wollten eine glatte Oberfläche sehen!" pflegte er zu sagen. Und in der That, diese überaus glatte Politur der Oberfläche ist einigermaßen verdächtig! — wie sollte sie sich in solcher Vollkommenheit erhalten haben? Sie

erinnert durch ihre Glätte an die Sculpturen der Spät-Renaissance-
zeit, und was insbesondere die Ringer betrifft, könnte man wohl
glauben, daß die Formen durch eine solche Ueberarbeitung abgerundet
und verweichlicht worden sind. — Von der Diana von Fontainebleau
wissen wir ja, wenn ich mich recht erinnere, mit Bestimmtheit, daß
sie überarbeitet worden ist. — Da kann ja auch wohl an anderen
Bildwerken des Alterthums in derselben Weise gebessert oder geglättet
worden sein.

Unter den Bildern in der Tribuna war mir ein sehr mittel-
mäßiges merkwürdig: eine heilige Familie von Domenico Alfani,
Nr. 1100. Es ist ungeschickter Weise rafaelesk. Man sieht, in der
Peruginer Schule war unter den jüngeren Gesellen das Streben erwacht, sich dem Mitschüler Rafael anzuschließen. Oft wird es, wie
hier, mit sehr unzureichenden Kräften versucht.

War übrigens, wie man wohl annehmen muß, die Absicht, hier
in dieser Tribuna gleichsam die Perlen der ganzen Sammlung zu
vereinigen, so muß die Auswahl der Bilder, die man hier an die
Wände gehängt hat, zum Theil eine recht seltsame genannt werden.
Sie erinnert an die Zeit, deren Ansichten in Fiorillo's Geschichte der
Kunst ihren Ausdruck gefunden haben; an die Zeit, in der die Schule
der Carracci, gerade des bewußten Eklekticismus, der berechneten Ab-
sichtlichkeit wegen, die sich in ihren Werken leicht erkennen und nach-
weisen läßt, als das Höchste gefeiert wurde, was die Kunst seit den
Tagen der alten Griechen erreicht habe. Die Wahl manches Bildes,
das man hier findet, bleibt aber räthselhaft, selbst wenn man diesen
Standpunkt gelten läßt. — Manches ist vollkommen unbedeutend,
und einen befremdenden Eindruck macht in dieser theils antiken,
theils italienisch-cinquecentischen Umgebung eine „Eva" von Lucas
Cranach, eine sehr realistisch behandelte, mit naiver Frechheit hin-
gestellte nackte Frauengestalt. — Eine wirkliche Perle der Sammlung
ist dagegen Nr. 1135, ein sehr schöner Bernardino Luini: Herodias
mit dem Kopf des Täufers. Bernardino Luini ist überhaupt ein mir
vorzugsweise sympathischer Meister.

Die berühmte Niobe-Gruppe macht aber in der That nicht den
erwarteten Eindruck, hauptsächlich wohl schon deßhalb nicht, weil sie

eben nicht gruppirt, nicht so zusammengestellt ist, wie der Künstler sie gedacht hatte. Freilich ist die Gruppirung in dem Giebelfelde eines Tempels — abgesehen davon, daß die Gestalt der Mutter Niobe ohne Zweifel die Mitte des Ganzen bildet — wenn man die hier als zusammengehörig gegebenen Gestalten in solcher Weise ordnen soll, sehr schwierig. Es bleiben bei jedem solchen Versuche ein paar Figuren übrig, die man nicht unterzubringen weiß. Merkwürdig ist dabei, daß in den versuchten Gruppirungen immer gerade der Jalysus genannte Torso zu München ausgelassen wird, obgleich eben dieses Bruchstück allein möglicher Weise Original von der Hand des Skopas sein könnte. — Wie dem auch sei, die ungünstigste Aufstellung, die ersonnen werden könnte, ist jedenfalls die hier beliebte, nämlich sie ohne inneren Zusammenhang an den verschiedenen Wänden eines Saales aufzustellen. Uebrigens erregt schon die Schwierigkeit, aus diesen Gestalten eine Gruppe zu bilden, den Zweifel, ob sie wohl auch alle, so wie sie hier gegeben sind, wirklich zusammen gehören. Zudem ist der Kunstwerth der einzelnen Figuren ein sehr verschiedener.

Diner zu Vieren bei Usedom. Abend auf der Terrasse. Wir hatten viel über Politik zu sprechen. Es giebt auf diesem Gebiet seit gestern wieder viel zu besprechen. Die Unterhandlungen über den Waffenstillstand sind von Seiten Italiens nicht mit Oesterreich selbst sondern mit der vermittelnden Macht, mit Frankreich, geführt worden. Die französische Regierung hat bewirkt, daß die Staatsmänner Italiens aus den postulirten Waffenstillstandsbedingungen schließlich alles weg-ließen, was Bedingung eines Präliminar-Friedens wäre und bei Oesterreich Anstoß erregen könnte: namentlich die Forderung, daß den Italienern im Friaul die Isonzo-Grenze und außerdem Wälsch-Tirol eingeräumt werde. Kurz, Italien hat darein gewilligt einen einfachen Waffenstillstand auf der Grundlage des militärischen uti possidetis abzuschließen. Napoleon hat sich, dadurch befriedigt, damit einverstanden erklärt.

Selbstverständlich setzten die italienischen Staatsmänner voraus, daß Napoleon sich der Zustimmung Oesterreichs versichert habe, und hielten die Sache für abgemacht. General Bariola wurde abgefertigt gemeinschaftlich mit einem österreichischen Offizier die — wie man meinte, im Großen und Ganzen bereits verabredete Demarcationslinie im Einzelnen festzustellen — er ist aber zur sehr unerfreulichen Ueberraschung der Italiener abgewiesen worden. Oesterreich hat jetzt die Arme frei, da Bismarck für Preußen allein abgeschlossen hat; es sendet zahlreiche Verstärkungen an seine Südgrenze, verwirft das uti possidetis als Grundlage und will den Waffenstillstand nur unter der Bedingung gewähren, daß die Italiener Wälsch-Tirol und den Landstrich am Isonzo räumen, um hier, auf dieser Seite, hinter den Tagliamento zurückzugehen.

Visconti-Venosta und Ricasoli sind auf das Aeußerste bestürzt, sie haben gestern und heute wiederholte Unterredungen mit Usedom gehabt, sie telegraphiren nach Paris. Napoleon antwortet: Oesterreichs ablehnender Bescheid müsse auf einem Mißverständnis beruhen.

Darauf bemerkt nun Ricasoli gegen Usedom und seine Gesinnungsgenossen unter den Italienern: Napoleon werde wohl die Schwierigkeiten aus dem Wege zu räumen wissen — es werde gehen, man werde zum Ziele kommen —: aber auf diese Weise verfalle Italien von Neuem der Vormundschaft Frankreichs. Das ist sein Kummer.

In Frankreich sollen große Rüstungen im Gange sein; dem Anschein nach gegen Belgien gerichtet.

7. August. Zur Gesandtschaft. Telegramm von Bismarck —: ich bin zurückgerufen; ich entschließe mich aber doch vorläufig noch hier zu bleiben, bis die Dinge hier zum Abschluß kommen. Auch Usedom, den ich wie immer um diese Zeit in der Gesandtschaft treffe, ist der Meinung, daß dies nothwendig sei.

8. August. Zur Gesandtschaft. Telegramm von Bismarck: unsere Regierung wünscht jetzt mit Oesterreich schnell abzuschließen, weil Frankreich in letzter Zeit eine drohende Stellung eingenommen hat, man sich also den Rücken frei machen müsse. (NB. unsere Regierung ist also entschlossen den Franzosen gewaffnet und des Kampfes gewärtig gegenüber zu treten; die Erhaltung des Friedens nicht durch Concessionen zu erkaufen, Nichts, keinen Fußbreit Land an der Saar oder am Rhein abzutreten, um etwa die unruhigen Geister an der Seine zu beschwichtigen — recht so!)

Ferner: auch Italien solle durch Usedom bewogen werden rasch mit Oesterreich abzuschließen. Doch darf den Italienern nicht gesagt werden, warum uns das erwünscht wäre — und zwar müssen wir darüber schweigen, weil man der Discretion der italienischen Regierung nicht gewiß ist.

Wie mir scheint, gewährt Napoleon's Politik während der letzten Wochen ein sehr eigenthümliches Schauspiel. So klug er ist, hatte er doch den Fehler begangen sich ausschließlich nur auf den Fall vorzubereiten, der ihm der wahrscheinlichste schien und — wie das so oft geschieht in dieser Welt — die entgegengesetzte Chance gar nicht ernstlich zu erwägen. Er hat mit Sicherheit darauf gerechnet, daß Oesterreich Sieger bleiben würde in dem Kampf mit uns. War das geschehen, dann wollte er mit Glanz als rettender Theatergott auftreten und einschreiten, — den Italienern zum Ziel verhelfen, wahrscheinlich ohne Kampf durch sein bloßes Wort, seinen Machtspruch, um sich dann die rettende That auf dem linken Rheinufer recht schön bezahlen zu lassen.

Das Gegentheil ist nun eingetreten, Preußen ist Sieger geblieben, dadurch sind alle Berechnungen, alle Zauberkreise Napoleon's gestört, und er weiß nun gar nicht, wie er es anfangen soll, bei dieser Gelegenheit auch zu irgend einem Gewinne zu kommen. Er schwankt hin und her zwischen den allerverschiedensten Unmöglichkeiten, sucht sich bald an diesem, bald an jenem Strohhalm zu halten und macht in seiner Politik die seltsamsten Sprünge. Bald will er sich Belgiens bemächtigen, bald die orientalische Frage im Verein mit Preußen lösen — dann wieder „Compensationen" am Rhein fordern und es nöthigenfalls auf einen Krieg mit Preußen wagen — kurz er ist augenscheinlich ganz desorientirt und aus der Fassung und taumelt hin und her, wie in einem Labyrinth von einander widersprechenden Vorstellungen und Plänen! Auch ist Napoleon sehr krank; so sagt mir wenigstens Landauer, und der muß es wissen.

Mit Usedom ist eigentlich über diese Dinge nicht gut sprechen, denn er ist immer noch wie früher — und wie es zu seiner Zeit auch Albert Pourtalès war — der Ueberzeugung, daß man dem Kaiser Napoleon, um ihn zu beschwichtigen, „eine Kleinigkeit" am

Rhein abtreten könne — wo als selbstverständlich angenommen wird, daß die Franzosen sich mit einer „Kleinigkeit" begnügen würden. Eine solche Abtretung, um sich damit des Friedens zu versichern, könne nicht schaden, wiederholt Usedom, so oft diese Frage berührt wird. Daß eine solche Transaction der moralische Ruin Preußens wäre, dafür hat er kein Verständnis. Wie unbedingt Preußens Macht und Zukunft darauf beruht, daß es sich stets als der zuverlässige Schirmvogt Deutschlands wie der protestantischen Kirche bewähre, das sieht er nicht. — Ich lasse mich aber niemals auf Discussionen darüber mit ihm ein. — Wozu? — Es ist nicht nothwendig, denn seine Stimme ist nicht maßgebend in Berlin — und belehren würde ich ihn doch nicht.

Cooper berichtet mir, daß unter den Garibaldinern eine sehr bedenkliche Gährung herrscht. Er ist in der Lage zu wissen, was unter den Garibaldinern vorgeht. Was er davon erzählt, ist ohne Zweifel wahr, und es ist sehr gefährlich.

Usedom hat gestern und heute viel mit Visconti-Venosta verkehrt. Um nicht neue Verwicklungen herbeizuführen und schnell zum Abschluß, zunächst des Waffenstillstandes, zu gelangen, will Visconti-Venosta in Beziehung auf alle streitigen Punkte nachgeben; er will auch Wälsch-Tirol verlassen und die italienische Armee über den Tagliamento zurückgehen lassen und somit die zuerst aufgestellte Grundlage des uti possidetis vollständig fallen lassen; aber er will das Alles nicht gleichsam auf einen einfachen Befehl Oesterreichs thun, sondern nur gegen Compensationen, in anständigen Formen, durch die sich Italien Nichts vergiebt.

So will er das Trentino — Wälsch-Tirol — verlassen (NB. und damit implicite auch den Anspruch auf dieses Land auch im Friedensschluß fallen lassen) aber nur unter der Bedingung, daß als Gegenleistung den Italienern sofort Verona eingeräumt werde. — Außerdem verlangt er und überhaupt die italienische Regierung, daß die Bevollmächtigten Oesterreichs zu Prag Vollmachten vorlegen, durch die sie ausdrücklich ermächtigt werden direct mit Italien zu unterhandeln. Auf diese Forderungen ist bis jetzt noch keine Antwort erfolgt.

So viel man hier weiß, haben die Oesterreicher jetzt ein Armee-Corps bei Pontebba und fünf am Isonzo.

9. August. Früh nach Florenz gefahren. Santa Maria Novella genau im Einzelnen betrachtet, namentlich die vielen Wandgemälde. Vor Allem den rechtwinkligen viereckigen großen Chor hinter dem Hauptaltar mit den Fresken Domenico Ghirlandajo's (die Geschichte des Täufers und der Jungfrau Maria). In den Volksmassen, die da hingemalt sind, finden sich bekanntlich die Bildnisse der Tornabuoni, Gründer dieses Chors, und der meisten mehr oder weniger berühmten Florentiner des 15. Jahrhunderts; merkwürdige Köpfe von bestimmt ausgeprägtem Character. Das waren andere Leute als die heutigen Florentiner!

Unter den vielen Kunstwerken, die hier ein archaistisches Interesse in Anspruch nehmen, ist vor allen die Madonna des Cimabue in der Kapelle der Rucellai zu beachten, schon wegen der Wichtigkeit, die diesem Tempera-Tafelgemälde zur Zeit seiner Entstehung beigelegt wurde. Die Vollendung dieses Bildes wurde seiner Zeit als ein unerhörter Triumph der Kunst, als ein kulturgeschichtliches Ereignis von höchster Bedeutung gefeiert. Jubelnd schloß sich die ganze Bevölkerung dem Zuge an, als dieses Bild hierher gebracht wurde. Und wenn man sich dann erinnert, daß Cimabue ein Zeitgenosse des Dante war, kann man sich eines Gefühls von Verwunderung nicht erwehren —: die bildende Kunst so in den unbehilflichen Versuchen der Kindheit befangen, zu der Zeit in der die Divina Commedia gedichtet wurde! — Es liegt nahe sich zu denken, in Zeiten, in denen der menschliche Geist sich zu einer höheren Stufe der Entwicklung emporarbeitet, müsse sich der Fortschritt auf allen Gebieten geistiger Thätigkeit in annähernd gleichem Grade geltend machen. Es ist dies sogar die Vorstellung von dem Entwicklungsgange der Kultur, die man im Allgemeinen hegt, so lange man nicht ein wirkliches Studium der Kulturgeschichte im Einzelnen verfolgt hat. Das wirkliche Studium läßt dann aber erkennen, was für Gegensätze oft gleichzeitig neben einander bestehen.

Zu den archaistisch interessanten Fresken dieser Kirche gehören vorzugsweise auch Paradies und Hölle von Andrea Orgagna und seinem Bruder. Die Hölle ist dem Gedicht Dante's nachgebildet.

Dem Kreuzgange, der etwas tiefer gelegt ist, als der Fußboden der Kirche, ist die viereckige Capelle Capitolo bei Spagnuoli angefügt — deren Namen mir Niemand erklärt. Sie ist merkwürdig wegen der allegorischen Wandgemälde aus Giotto's Schule, in denen die kämpfende und siegende Kirche verherrlicht ist. Der hiesige Dom ist hier das Sinnbild der Kirche. Papst und Kaiser thronen als ihr Haupt und ihr Schirmvogt, der heilige Thomas von Aquino als der Begründer ihrer Lehre und Besieger aller Ketzer, und der Weg zum Himmelreich ist durch die Herren von der Inquisition bewacht, die hier als weiß und schwarz gefleckte Hunde — Domini canes — erscheinen. Die Bildnisse des Cimabue, des Petrarca, des Boccaccio und Anderer werden auf dem Bilde gewiesen.

Da scheint es nun geradezu unbegreiflich, daß eine Zeit, die den Petrarca las und mit dem Thomas von Aquino philosophirte, sich mit bildlichen Darstellungen begnügen konnte, die so vollständig, so ganz und gar die Gesetze der Perspective verläugnen. Man sollte denken, den mit Talent für die bildende Kunst Begabten müßte doch jeder Blick in die Wirklichkeit, in die Natur, im Großen und Ganzen darüber belehren, wie sich die Gegenstände perspectivisch aneinanderreihen: wie kommt nun ein Mensch dazu in der Zeichnung sich so ganz und gar von dem loszusagen, was er vor Augen sieht? und das zu einer Zeit, wo die Fähigkeit, die Eigenthümlichkeiten des individuellen Menschen aufzufassen und wiederzugeben — wie eben die Portraits auf diesem Bilde beweisen — bereits auf einen namhaften Grad entwickelt ist.

Daß in den Wissenschaften nur stufenweise Fortschritte möglich sind, läßt sich begreifen; es liegt in der Natur der Dinge, da jede Entdeckung auf diesem Gebiet alle früheren zur Voraussetzung und zur Bedingung hat. Räthselhaft aber bleibt es, daß die Fortschritte der bildenden Kunst an dasselbe Gesetz gebunden scheinen. Wie soll man sich erklären, daß der frei waltende Geist sich hier nicht mit einem Ruck zu der Höhe hinauf zu schwingen vermag, zu der das individuelle Talent an sich geeignet wäre sich zu erheben? — Warum sind auch hier nur solche stufenweise Fortschritte möglich wie vom Cimabue zu Giotto und von diesem zu Masaccio u. s. w.?

Ich besuchte auch den Garten des Palastes Pitti, der heute, wie an jedem Donnerstag, dem Publicum geöffnet war. Er ist im Styl einer Zeit angelegt, die sehr weit davon entfernt war an Landschafts-gärtnerei zu denken, und dehnt sich über zwei Hügel — Gebirgsriegel, contreforts, die sich von den höher ansteigenden Bergen abzweigen — und die zwischen ihnen liegende Schlucht aus. Diese Schlucht, der Menschenhand und Arbeit eine ganz regelmäßige Gestalt gegeben hat, senkt sich gerade auf den inneren Hof des Palastes herab. Ich stieg zu der alten Zwingburg, der Fortezza di Belvedere hinauf, die oben auf dem östlichen Hügel liegt. Die Lage rechtfertigt den Namen. Die Aussicht auf die Stadt und die Berge von Fiesole ist wirklich sehr schön.

Von dem westlichen Hügel abwärts nach Westen schließt sich der Giardino di Boboli an den Garten des Palastes —: gerade lange Gänge zwischen hohen Laubwänden. Ich kann mir wohl Rechenschaft davon geben, wie sehr diese Gärten den Romantikern überhaupt und meiner Mutter insbesondere gefallen mußten. Haben doch Jacobi in seinem Woldemar und L. Tieck im Phantasus diese Art von Garten-anlagen verherrlicht!

Den Abend kann ein Sgr. Borgia — Conte glaube ich — ein Emi-grirter aus Rom, und mit ihm und Frau v. Usedom brachte ich die Stunden auf der Terrasse zu. Diesem Römer war natürlich auch nicht recht, was geschehen ist und geschieht. Frau v. Usedom suchte nun doch wieder Preußen zu rechtfertigen, schob alle Schuld des italienischen Mißlingens auf La Marmora und beging dabei die un-glaublichsten Indiscretionen.

(NB. Mir war es überraschend und interessant bei dieser Ge-legenheit zu erfahren, daß der Plan, mit den Unzufriedenen in Ungarn gemeinschaftliche Sache zu machen, ursprünglich von La Marmora herrührte. Was mag ihn denn bestimmt haben, ihn nicht nur ent-schieden fallen zu lassen sondern geradezu zu hintertreiben und die Ausführung unmöglich zu machen, wie geschehen ist? Waren es etwa Weisungen aus Paris, die ihn dazu bestimmten?

Die Italiener verlangten, so wie Preußen zum Frieden zu neigen schien, einstimmig, laut und leidenschaftlich die Fortsetzung des Krieges, den sie unbedingt allein weiter führen wollten —: nun aber, da die

Möglichkeit, daß so etwas geschehen könnte, in der That näher zu rücken scheint, beginnen sie sich von Tag zu Tag mehr davor zu fürchten. Das erfahre ich von meinen Leuten, die mir hinterbringen, was in bürgerlichen und Volkskreisen gedacht und gesagt wird.

Mir wäre die Wiederaufnahme der Feindseligkeiten im höchsten Grade bedenklich für Italien. Die Italiener würden ganz gewiß geschlagen, und sie würden sich für diese Demüthigung, die sie natürlich mit echt italienischem Mißtrauen für durch Verrath herbeigeführt erklären würden, durch eine Revolution zu rächen suchen. Der neue Thron Gesammt-Italiens steht noch nicht so fest, daß er nicht erschüttert werden könnte: an revolutionären Elementen fehlt es im Lande keineswegs. — Die Garibaldiner sind eine fertige Waffe und Kriegsmacht für die Revolution, und es fragt sich, ob die Armee in ihrer gegenwärtigen Stimmung oder Verstimmung die Garibaldiner durchaus mit rechtem Ernst bekämpfen würde. Sie ist in diesem Augenblick, glaube ich wenigstens, nicht so unbedingt zuverlässig, wie es die alte piemontesische war.

10. August. Früh nach Florenz gefahren. — In der Gesandtschafts-Kanzlei die Zeitungen durchgesehen. Der „Corriere" bringt die Nachricht, daß die italienische Regierung Oesterreich gegenüber entschieden nachgiebt. Sie zieht ihre Truppen auf der einen Seite aus dem Trentino zurück und läßt sie auf der anderen über den Tagliamento zurückgehen. Nicht etwa weil es Oesterreich verlangt — behüte! nein! — man hat strategische Gründe dafür ausfindig gemacht! (NB. Auf die revolutionären Bewegungen im Innern der österreichischen Monarchie, die man hoffte, muß also doch nicht mit genügender Sicherheit zu rechnen sein.)

Die Sache ist nun also auch hier vollständig abgeschlossen und zu Ende, und ich muß ernstlich an meine Abreise denken.

Usedom sagt mir: Bismarck's Antwort auf die letzten Forderungen Italiens ist nun erfolgt. (NB. Wahrscheinlich durch Barral, der diese Forderungen zu stellen hatte.) Bismarck erklärt, die österreichischen Bevollmächtigten haben keine Vollmacht direct mit Italien zu unterhandeln, und er könne sie nicht zwingen eine solche beizubringen. — Italien ist also mit dieser Forderung abgewiesen, auf sich selbst und

darauf angewiesen auf eigene Hand einen Separat-Frieden mit Oesterreich zu schließen, wie Preußen thut.

Dies Verfahren Bismarcks läßt sich wohl nur dadurch erklären, daß
er einen Krieg mit Frankreich erwartet und als nahe bevorstehend ansieht.

Usedom hat nun dem Visconti-Venosta den Rath gegeben, sich
an Frankreich (um Vermittelung) zu wenden!

Usedom bemerkt: auf einen Beistand Italiens in einem Kriege
mit Frankreich wäre jedenfalls wenig zu rechnen, auch wenn die Dinge
hier diesseits der Alpen sich in diesem Kampf anders und glücklicher
verlaufen hätten. Nur die National-Partei würde dafür sein. — Darin
hat er leider Recht! Es ist so! Die Piemontesen würden den Gedanken, sich auf irgend eine Verbindung gegen Frankreich einzulassen,
unter allen Bedingungen sehr entschieden von sich weisen.

Den Abend kommt der russische Gesandte Kisselew mit seiner
schönen Frau, einer Römerin, geborenen Gräfin Ruspoli. Dieser
russische Diplomat ist eine recht armselige kleine Nichtigkeit. In solchen Händen liegt großentheils die Politik, das Schicksal der Nationen!

Unter den älteren Damen wird dann auch besprochen, daß Victor
Emanuel schönen Damen gegenüber nicht zu schweigen vermag. Die
Oesterreicher scheinen am 24. Juni sehr gut von den Bewegungen
der italienischen Armee unterrichtet gewesen zu sein. Petitti äußerte
gegen mich den Verdacht, daß da Verrath gewaltet haben könne —
oder müsse. — Hier wurde erwähnt, Victor Emanuel habe den Plan
zu dem Uebergang über den Mincio der Gräfin Sugana mitgetheilt,
und die steht in dem Verdacht, mit den österreichischen Autoritäten
zu correspondiren. Mir schien diese Dame zu unbedeutend, um dergleichen durchführen zu können. Ich würde eher an eine andere denken,
etwa an die Fürstin Jablonowska, von der mir König Victor Emanuel selber erzählt hat.

Uebrigens kam es nur darauf an, daß den Oesterreichern Tag
und Stunde des Ueberganges bekannt gemacht wurde, weitere Nachrichten waren nicht nöthig, um zweckmäßige Gegenanstalten treffen
zu können; denn wie hätte man es anfangen wollen nicht vorher zu
sehen, daß der Uebergang bei Valeggio und Goito stattfinden, und
daß jedenfalls ein Theil der italienischen Armee seinen Marsch auf

die Höhen von Somma Campagna richten würde — Tag und Stunde des Ueberganges scheinen die Oesterreicher allerdings gewußt oder sehr richtig vorhergesehen zu haben. Denn sie haben sich genau zu rechter Zeit in dem Hügellande am Garbasee auf die Lauer gelegt. Aber wie unaufmerksam hätte der österreichische Commandant von Pes-chiera auch sein müssen, wenn er die Anstalten zu dem bevorstehenden Uebergang bei dem nahen Valeggio nicht bemerkt und nicht darüber berichtet hätte!

Lady Oxford kennen gelernt. Sie sprach mit Spott und Laune von der großen Veränderung, die mit dem Romanschreiber Bulwer vor-gegangen ist, seitdem er als Lord Viscount Lytton zur Pairie gehört. Früher sprach er von der englischen Pairie als von einer Gesellschaft Parvenüs, die sich keiner sehr erhabenen Abstammung zu rühmen habe, und feierte dagegen die alte Gentry normännischen Stammes, zu der er selber zu gehören behauptete, als die eigentliche echte Aristokratie Englands und der Welt. — Jetzt läßt er, gerade umgekehrt, nur die Pairie gelten.

Uebrigens, belehrte mich die Lady, ist der wirkliche Name dieses stolzen Aristokraten ein sehr, ja eclatant plebejischer; er heißt näm-lich Wiggish. So hieß sein Vater. Den Namen Bulwer hat er von der Mutter, den Namen Lytton von der Großmutter (mütterlicher Seite?). — An den Namen Wiggish erinnert zu werden, kann er aber nicht vertragen. „He is very nervous about that!" sagt Lady Oxford.

11. August. Am Vormittag, zu einer ziemlich frühen Stunde, unternehme ich eine Fahrt durch Florenz; auf die Höhen jenseits der Stadt und des Arno, nach der alten Abtei San Miniato.

Die Kirche von San Miniato möchte ich als den merkwürdigsten kirchlichen Bau in Florenz bezeichnen. Obgleich erst im Jahre 1207 vollendet, ist sie doch eine echte, in keiner Weise modificirte Basilika, gleich den Kirchen aus den frühesten Jahrhunderten der christlichen Zeitrechnung, und diese Construction kündigt sich klar und bestimmt in der Stirnseite an; in dem erhöhten Mittelbau mit dem Giebel und den Pultdächern, die zu beiden Seiten die Seitenschiffe bedecken. — Diese Façade ist musivisch aus weißem und schwarzem Marmor zusammengesetzt.

Im Innern zeigt sich, daß die Kirche großentheils aus Trümmern antiker Tempel zusammengebaut ist. Sie hat lange Zeit über — wahrscheinlich infolge der revolutionären Aufhebung der Klöster unter napoleonisch-französischer Hoheit — wüst gelegen; jetzt wird sie in lässiger Weise ohne große gleichzeitige Anstrengung wieder hergestellt. Es mag wohl schon seit einer Reihe von Jahren auf Kosten der Stadt daran gearbeitet werden.

Diese Basilika hat selbstverständlich keine Gewölbe. Sie hat aber auch nicht wie die ältesten Kirchen dieser Bauart eine Holzdecke. Einzeln nur lagern die Streckbalken des Dachstuhles mit weiten Zwischenräumen über dem Kirchenraum, und darüber bilden die Dachsparren und das Dach unmittelbar auch die Decke dieses Raumes. — Dieses gesammte Holzwerk wird jetzt, nach den Spuren früherer Bemalung, wieder bunt bemalt.

Sehr eigenthümlich sind die großen Fenster der halbrunden Chor-Nische (Tribuna). Sie sind ohne alles Maaßwerk anstatt der Fensterscheiben ein jedes durch eine große Tafel orientalischen Alabasters geschlossen. Schön, sehr schön in den Morgenstunden, wenn die Sonnenstrahlen diese Tafeln treffen und rosenroth färben. Es ist ein märchenhaftes rosiges Licht, das dann durch diese eigenthümlichen Scheiben in das Innere auf den Altar fällt.

Zurück zur Stadt. In die Gesandtschafts-Kanzlei. Zeitungen. In Berlin ist Forckenbeck mit 170 Stimmen gegen 136 zum Präsidenten des Abgeordneten-Hauses gewählt. Das ist mir bedenklich! — Der Mann ist etwas sehr fortschrittlich.

Es ist auch ein Telegramm von Bismarck eingetroffen: Preußen hat der italienischen Regierung Venetien verbürgt und wird es ihr verschaffen, erklärt Bismarck; man will also doch Italien nicht fallen lassen.

Frau v. Usedom erzählt mir die neuesten politischen Nachrichten. Italien hat seinen Waffenstillstand durch Cialdini schließen lassen. Der berichtet nun darüber an Ricasoli: „L'Austria ha imposta durissime condizione," aber auf Befehl des Königs und La Marmora's habe man sie annehmen müssen. Die gegen La Marmora gewendete Spitze ist nicht zu verkennen.

Uebermorgen will ich aufbrechen. Auch Usedom wünscht jetzt

Bernhardi, VII. 16

sehr, daß ich meine Reise beschleunige. Er wünscht, daß ich nach Prag gehe und dort (NB. womöglich) Einfluß übe, indem ich mündlich die hiesige Lage auseinandersetze, so wie die Rücksichten, die sie gebieten.

Wie Landauer versichert, ist Napoleon III. sehr krank. Wenn der jetzt stürbe, welch ein Umschwung in der politischen Lage! Die Gefahr eines Krieges mit Frankreich wäre dann ohne Weiteres beseitigt.

12. August. Den Abend sind wir allein auf der Terrasse der Villa und sprechen Politik.

Usedom fordert mich auf, mit Bismarck und mit seinen Vertrauten, Keudell und Abeken, zu sprechen und darauf hin zu wirken, daß ein gemeinschaftlicher Friede für Preußen und für Italien geschlossen werde, und daß der Abschluß zu Prag und nicht zu Paris erfolge; daran sei den Italienern gelegen, weil sie darin die Mittel sehen, sich der lästigen Vormundschaft Frankreichs zu entziehen. (NB. Das gehört zu den Dingen, die ich seit lange weiß.)

Um dahin zu gelangen und gemeinschaftlich mit uns abschließen zu können, habe Italien alle Forderungen fallen lassen, die über das hinausgehen, was in dem Bündnis mit Preußen festgestellt war und Schwierigkeiten machen konnte; wenn nur die Cession Venetiens „sans conditions" erfolgt, verlange Italien Nichts weiter.

Ich soll suchen, mich morgen noch mit Visconti-Venosta zu besprechen.

13. August. Erst zur Gesandtschaft. Karl Dönhoff zeigt mir einen offenbar offiziösen Artikel, der im Pariser Constitutionnel erschienen und sofort durch den Telegraph hierher berichtet worden ist. Aus dem Inhalt dieses Artikels geht hervor, daß Frankreich die Forderung einer „Compensation", d. h. einer Gebietsvergrößerung am Rhein, vollständig fallen läßt. Der Artikel ist um so merkwürdiger, da er unmittelbar nach Benedetti's, des französischen Botschafters am preußischen Hof, Ankunft in Paris erschienen ist. Benedetti muß also wohl seinem Kaiser klar gemacht haben, daß eine solche Compensation nicht ohne einen Krieg mit Preußen, der ein siegreicher sein müßte, zu haben ist.

Nun wandere ich in den Palazzo Vecchio. Da Visconti-Venosta eben beschäftigt ist, gehe ich einstweilen zu Cerrutti, der mich ungemein freundschaftlich empfängt. Er läßt sich von mir den ganzen Feldzug erzählen und die Ursachen des Mißlingens auseinandersetzen. Zu meiner Verwunderung weiß er in seiner wichtigen Stellung so gut wie Nichts davon.

Ich werde abgerufen und habe nun mit Visconti-Venosta ein mehrstündiges Gespräch. Er ist in einer sehr gedrückten, durchaus trostlosen Stimmung.

Da eine Einleitung zu unserem Gespräch nicht ganz leicht zu finden ist und doch gefunden werden muß, sage ich ihm, um die Sache in Gang zu bringen, wie ich die hiesigen Zustände in Berlin zu schildern gedenke. Ich werde sagen, daß hier eine zweifache Strömung herrscht; daß es auf der einen Seite der piemontesischen Partei nur darauf ankommt Venetien zu erhalten, gleichviel wie, und wenn es als Geschenk Frankreichs wäre. — Daß dagegen andererseits die nationale Partei vor Allem den Wunsch hege sich von dem zudring- lichen Einfluß Frankreichs zu befreien u. s. w. — Daß es ihr eben da- rum daran liege den Frieden, wenn nicht vereint, doch gleichzeitig mit uns und namentlich in Prag zu schließen.

Visconti-Venosta läßt das Alles ohne Widerrede gelten, bricht aber in laute Klagen darüber aus, daß Bismarck ihn und diese Forderung, gleichzeitig mit uns in Prag abzuschließen, ohne allen Grund unbedingt zurückstößt. Er, Visconti-Venosta, habe bereits „à peu près renoncé" in Prag abzuschließen.

Da er immer darauf zurückkommt, daß er ohne allen Grund mit seiner Forderung zurückgewiesen werde, und dabei in seiner leiden- schaftlichen Stimmung eine gewisse Erbitterung gegen Bismarck ver- räth, glaube ich unsere Regierung vertheidigen zu müssen. Ich mache darauf aufmerksam, daß Bismarck sehr gute Gründe haben kann zu einem möglichst schnellen Abschluß mit Oesterreich kommen zu wollen, um einem drohenden Bruch mit Frankreich gehörig begegnen zu können.

Visconti-Venosta. Er könne wohl begreifen, daß man schnell mit Oesterreich abschließen wollte, wenn man sich auf einen Bruch mit Frankreich gefaßt machen mußte, aber auch das sei kein Grund Italiens Forderung abzuweisen und den Frieden ohne Italien ab- zuschließen, denn eben, um in Prag unterhandeln zu können, läßt

Italien alle Forderungen fallen, die Schwierigkeiten machen und den Abschluß erschweren könnten; da würde denn der Friede durch die Zuziehung Italiens nicht um eine Stunde verzögert werden — „la paix ne serait pas retardée d'une heure."

Ich (um Preußen und Bismarck weiter zu rechtfertigen): es könne wohl sein, daß Mehreres zusammengetroffen ist, um Bismarck theilweise zu verstimmen oder vielmehr in der Ueberzeugung zu bestärken, daß man jede andere Rücksicht hintan setzen müsse, um so schnell als möglich zum Abschluß zu kommen. Schon die von Seiten der Italiener verfehlte Kriegführung kann dahin gewirkt haben, denn sie hat allerdings einen sehr üblen Eindruck gemacht. Besonders aber hat Bismarck die Frage, inwiefern Preußen im Fall eines Krieges mit Frankreich auf Italien rechnen könne, in aller Form gestellt. La Marmora hat mir davon gesprochen und hat jeden Gedanken daran, daß Italien sich möglicher Weise an einem Krieg gegen Frankreich betheiligen könnte, auf das Allerentschiedenste weit von sich gewiesen. Er hat, mir gegenüber, selbst Bismarck's Frage als eine absurde, beinahe lächerliche Extravaganz besprochen.

Visconti-Venosta ist außerordentlich verwundert das zu vernehmen. Er scheint gar nicht zu wissen, daß Bismarck eine solche Frage gestellt hat; er sagt kein Wort von einer Antwort, welche die durch Ricasoli und ihn selbst repräsentirte italienische Regierung darauf ertheilt hätte. (NB. Es scheint demnach, daß Bismarck diese Frage in kategorischer Form an Barral gerichtet hat, und Barral hat dann darüber nur an seinen besonderen Patron La Marmora berichtet. Das konnte um so eher geschehen, da Bismarck's Frage gerade in Tage fiel, in denen man im preußischen Hauptquartier noch nicht wissen konnte, daß Visconti-Venosta in Florenz und im italienischen Hauptquartier eingetroffen sei und die Geschäfte übernommen habe. La Marmora mag dann allenfalls wohl in seinem Sinn und in seiner Weise mit dem Könige über die Sache gesprochen haben, ohne sich die strengste Objectivität zur Pflicht zu machen — aber er hat es allem Anschein nach nicht nöthig gefunden sich mit Ricasoli und Visconti-Venosta darüber zu verständigen, in denen er seine Gegner sieht. Es ist eben wieder die zweifache Strömung, die sich geltend macht.)

Ich fahre fort: Ich war im Zweifel darüber, ob ich dieſe Aeußerung La Marmora's der preußiſchen Regierung berichten ſolle oder nicht. Wäre der General zur Zeit noch Miniſter - Präſident und Miniſter der auswärtigen Angelegenheiten geweſen, dann hätte ich es unbedingt thun müſſen; da er damals ſchon nur noch Miniſter ohne Portefeuille, uns gegenüber nicht mehr Vertreter der italieniſchen Regierung war, konnte ich ſeine Aeußerungen auch nicht für die offizielle Antwort auf Bismard's Frage halten, da ich noch dazu nicht beauftragt ge- weſen war, dieſe Frage zu ſtellen. Ich mußte glauben, daß Bismard die offizielle Antwort auf anderen Wegen erhalten habe — und unter dieſen Umſtänden hielt ich es, da die Sache wohl geeignet war großen Schaden zu thun — für beſſer, für Pflicht ſogar, La Mar- mora's müßige Worte nicht nach Berlin zu melden. — Es könnte aber wohl ſein, daß La Marmora in demſelben Sinn, in dem er zu mir geſprochen, auch an Barral geſchrieben hat, und daß dann Barral ſich in demſelben Sinn offiziell gegen Bismard geäußert hat.

Bisconti-Benoſta (nach einigem Nachdenken): Das iſt nicht wohl möglich; La Marmora hat keine Chiffre mit Barral zu cor- reſpondiren. (NB. Weiß er das ſo gewiß?! — Wie ſollte La Mar- mora nicht aus ſeiner Miniſterzeit her die Chiffre zur Correſponderz mit Barral behalten haben! — Wie die Dinge liegen, ſieht es ſo aus, als habe Barral Bismard's Frage an La Marmora berichtet, und danach müſſen die Herren doch die Mittel haben mit einander zu correſpondiren. Doch erörtere ich dieſen Punkt nicht weiter.)

Bisconti-Benoſta (wieder ſehr leidenſchaftlich): Er ſei reſignirt. Er wolle, da es nun einmal ſo iſt, in Paris abſchließen, er wolle „avaler toutes les couleuvres" — dann aber, ſowie der Friede geſchloſſen iſt, ſeine Entlaſſung einreichen, da er und ſeine Collegen dem Lande gegenüberſtehen „comme des imbéciles" — dann aber wolle er vor die Kammer hintreten und dem Lande laut und offen ſagen, wie die Dinge gegangen ſind.

Ich widerrathe dieſen Schritt auf das Allerdringendſte. La Marmora muß ganz ausſcheiden aus dem Miniſterium; das iſt noth- wendig; es iſt mir ſogar unbegreiflich, daß er dieſe Nothwendigkeit nicht ſelber einſieht. Ricaſoli und Bisconti-Benoſta ſelbſt müſſen unter allen Bedingungen im Amte bleiben. Sie sind doch nur „indirectement compromis" durch die Folgen der mißglückten Kriegsführung. Wenn sie aber ihre Entlassung einreichen, überlassen sie die Regierungsgewalt denen, qui sont directement compromis, den Piemontesen, La Marmora und Ratazzi, denjenigen die von der öffentlichen Stimme als die Urheber des Unfalls angeklagt werden; wie soll das unter solchen Umständen gehen? — Besonders auch bei der erregten Stimmung, die sich auch in der Armee gegen La Marmora kund giebt. Der Versuch wäre bedenklich, gefährlich sogar. Wie ich die augenblickliche Stimmung im Lande und in der Armee kenne, muß ich glauben, daß eine revolutionäre Erschütterung kaum ausbleiben könnte. Die Garibaldiner sind ein gefundenes fertiges Werkzeug für die Revolution, und in diesem Augenblick wäre selbst dafür nicht zu stehen, mit welchem Nachdruck die Armee — zumal wenn es sich darum handelte ein Ministerium La Marmora zu vertheidigen — die Garibaldiner bekämpfen würde. — Kurz, Ricasoli und seine Collegen müßten im Amt aushalten, um vielfach möglichem Unheil vorzubeugen.

Visconti-Venosta schweigt dazu. Er kann dem, was ich über die augenblickliche Lage sage, nicht widersprechen, und darf natürlich in seiner Stellung nicht zustimmen.

Mein Abschied von ihm gestaltet sich zu einem sehr freundschaftlichen.

Wieder zu Cerrutti, das vorhin unterbrochene Gespräch fortzusetzen. Cerrutti giebt mir zu verstehen, Visconti-Venosta sei doch nicht so ganz resignirt in Paris abzuschließen, wie er war. . . . . . .

Mein Abschied von Cerrutti war nicht nur ein freundschaftlicher — er wurde von seiner Seite ein sehr herzlicher.

Ich kehrte noch einmal zur Gesandtschaft zurück, wo ich von den sämmtlichen Herren Abschied nahm.

Mein Portefeuille in Ordnung gebracht. Sehr herzlicher Abschied von Usedom. Wir begegnen uns in der Bemerkung: „So ist denn wieder eine wichtige Lebensperiode vorüber!" Morgen früh will ich reisen.

Die Zeit der Constituirung

des

Norddeutschen Bundes.

Von Florenz nach Berlin. Audienz beim Könige.
Unterredung mit Bismarck.

15. August. Auf um 1 Uhr in der Nacht — zum Bahnhof —
Abreise.

In Susa mußten wir längere Zeit warten, ehe die Diligenza-
Fahrt über den Berg in Gang kam. — Ich hatte mir diesmal schon
von Turin aus einen Platz im Coupé (Corriere) des großen Wagens
gesichert. Zum Gefährten hatte ich da einen corpulenten Italiener,
der als Kaufmann in Madrid etablirt ist und dorthin zurückreiste.

Fahrt mit 10 Pferden und Maulthieren bei Laternenschein durch
die Felsengegenden. Es geht zum Theil im Trab bergan. Den See
auf dem Kamme sahen wir im Morgengrauen. Es wurde empfindlich
kalt. Bald aber brach der ·volle Tag an; Sonnenschein ergoß sich
über die Berge. Fahrt abwärts mit zwei Pferden.

Das Fort, das bestimmt war den Weg von Savoyen her den
Berg herauf zu vertheidigen oder eigentlich zu sperren, konnte ich
diesmal genauer betrachten. Man sieht es von der italienischen Seite
besser als von der anderen her. Es steigt in Terrassen aus dem Abgrund zum Kamm empor. Jenseits des Forts liegt ein detachirtes
Werk auf einer einzelnen, die Gegend weit umher dominirenden
Felskuppe; — diesseits des Abgrundes, der zwischen der Festung
und der Heerstraße den Berg durchschneidet, hart am Wege, eine
gemauerte Caponniere, die den Platz zwischen dem Abgrund und einer
höher ansteigenden Felswand bestreicht. Zur italienischen Zeit lag

eine verhältnismäßig starke Besatzung in dem Fort; jetzt steht es leer. Es hat ja auch keinen Zweck mehr.

S. Michel de Maurienne; da, wo die Eisenbahnfahrt wieder anfangen sollte, gab es einen sehr langen Aufenthalt. Hier wurde ich sehr lebhaft von dem Obersten Pombo begrüßt. Der kam aus der Schweiz zurück, wohin die Langeweile im italienischen Hauptquartier ihn getrieben hatte. Jetzt ging er nach Italien zurück, um, wie er sagt, die Revolution mit anzusehen, die er für sehr wahrscheinlich, beinahe für unvermeidlich hält. — Bei der Weiterfahrt lernte ich den Neid und die Eifersucht der Franzosen kennen; sie leben der Ueberzeugung, sie müßten von Rechts wegen angebetet werden von den Italienern; es ist in ihren Augen der schwärzeste Undank, wenn das nicht unbedingt geschieht, wenn sich Italien nicht freudig jedem Gebot Frankreichs fügt. — Von Reisegefährten direkt befragt, muß ich einräumen, daß in Italien in diesem Augenblick eine gereizte Stimmung gegen Frankreich herrscht. Sie wußten das ohnehin — und ergingen sich in entrüsteten Reden über solchen unerhörten Undank. Der Eine äußerte, das müsse für Frankreich eine Lehre sein künftig mehr an sich selbst zu denken!

Als ob Frankreich je sich selbst vergessen hätte! — Als ob sich Frankreich die Dienste, die es den Italienern geleistet hat, nicht hätte mit Savoyen und der Grafschaft Nizza recht gut bezahlen lassen. — Genf im Dunkeln.

16. August. Auf um 5 Uhr, Abreise um 6¼ Uhr. In Lausanne erfuhr ich denn, daß es bis 1 Uhr Nachmittags keine Gelegenheit gebe, die Reise nach Basel fortzusetzen, wohin mein Gepäck abgegangen war. Die Zeit hin zu bringen, sah ich mich in der Stadt um, besuchte die bekannte Terrasse, die den schönen Blick über den See und auf die Savoyer Alpen beherrscht — und hatte dann Gelegenheit auch hier wieder darüber zu erstaunen, welche Veränderungen der steigende Weltreichthum und die Fortschritte der exakten Wissenschaften überall und selbst in Orten zweiter oder dritter Ordnung hervorgerufen haben, was Alles möglich geworden ist.

Lausanne ist durch ein tiefes Thal, eine Schlucht, die sich vom Mont Jorat herabsenkt, in zwei Hälften gespalten, die sonst nur auf

Umwegen mit einander in Verbindung standen. In neuester Zeit ist, die direkte Verbindung herzustellen, eine mächtige steinerne Brücke über dies Thal gebaut worden — le grand pont. — Wo hätte vor vierzig Jahren eine Stadt wie Lausanne, oder selbst ein Gemeinwesen wie der Canton de Vaud, an ein solches Riesenwerk denken dürfen! — Das ging weit über alles Denkbare hinaus! — Wer damals einen solchen Bau hätte vorschlagen wollen, wäre vielleicht als irrsinnig, jedenfalls als ein exaltirter Mensch behandelt worden.

Ich besuchte die Kathedrale im oberen hochgelegenen Theile der Stadt. Sie ist zur Zeit der schönsten Gothik, im dreizehnten Jahrhundert erbaut worden. Im Innern haben die Reformirten, die Schüler Calvin's, die strenge Einfachheit durchgeführt, die ihnen Gesetz war.

Ich ging auch zu dem alten Schloß, das im alterthümlichen Stil erneuert worden ist. Die Aussicht von dort nach Westen, bis zum Jura, ist sehr schön. — Zurück über den grand pont.

Die Schweiz ist kriegerisch gerüstet des nahen Krieges wegen. Man sieht in den Straßen viel junge Leute als Offiziere gekleidet — verkleidet hätte ich beinahe gesagt — aber sie gefallen sich ungemein in den Uniformen nach französischem Zuschnitt mit silbernen Epaulettes oder im Kepi. Ich begegnete auch einem Trupp Soldaten, die ohne Waffen von Offizieren zu irgend einem Commando geführt wurden. Es waren tüchtige Leute, und sie schritten ordentlich genug daher. Aber ein Thor, wer diese Scharen für wirkliche Bataillone halten wollte! Wie gern doch alle Welt Soldat spielt, nicht blos die Kinder!

17. August. Karlsruhe. Ich sendete zu dem jetzigen Premier-Minister Mathy, fragen zu lassen, wann ich ihn treffen könne. Sehr eigenthümlich hat diesen würdigen Mann des Lebens labyrinthisch irrer Lauf geführt! — Er war vor Zeiten Schullehrer zu Grenchen im Canton Solothurn. Dann habe ich ihn gekannt als Direktor der Bank zu Gotha; darauf wurde er als Finanz-Minister hierher in das Großherzogthum Baden berufen — und bei dem Ausbruch des Krieges mit Preußen aus dem Ministerium ausgeschieden, ist er jetzt wieder als die leitende Autorität eingetreten.

Mathy kommt zu mir, während ich mich umkleide, ruft mir
von der Schwelle zu: „ich arretire Sie!" — und erklärt dann diese
räthselhaften Worte. Bismarck hat telegraphisch bei Usedom angefragt,
ob ich noch in Florenz sei — Usedom hat durch den Telegraphen
geantwortet, nein, ich sei bereits abgereist, er könne mich aber unterwegs anhalten, und zugleich hat er hierher — ich glaube eben an
Mathy — telegraphirt, man möge mich hier anhalten; ich solle hier
weitere Befehle aus Berlin erwarten.

Wir sprechen beiderseits unsere Freude aus über den Sieg der
preußischen Waffen. Mathy sagt, er habe nie an dem Erfolg ge-
zweifelt. Dann brachte mir Sekretär Schwarz, Kanzler der preußischen Gesandtschaft, ein Telegramm aus dem Ministerium in Berlin:
ich soll sofort dorthin kommen. Also muß ich reisen.

Bei Mathy nahm ich Abschied von ihm und seiner Frau. —
Dann brachte ich den Abend bei Wilhelm Kotzebue zu.

Abreise vom Bahnhof um 2 Uhr früh.

Von Marburg aus zusammen mit einem verwundeten Land-
wehr-Husaren-Offizier, Lieutenant Struve. Es kam bald zu gegenseitigen Erzählungen. Der Offizier beschrieb mir das Gefecht mit baye-
rischer Reiterei in der Nähe von Würzburg, in dem er verwundet worden war, und das von den Bayern als ein Sieg gefeiert wird. Auch sind
die Bayern — vier Regimenter Reiterei mit einer oder zwei Batterien
gezogener Geschütze gegen drei Landwehr-Cavallerie-Regimenter und
eine Batterie glatter Zwölfpfünder — wirklich im Vortheil geblieben.
— Die preußische Batterie namentlich litt vom feindlichen Feuer und
konnte es nicht erwidern, weil die Distanz für sie viel zu groß war.
(NB. Die Zeit der glatten Geschütz-Rohre ist entschieden vorüber.)
— Lieutenant Struve selbst ist gleich beim ersten Angriff durch einen
Säbelhieb in den Kopf schwer verwundet worden. Er hat erst bei
Würzburg, dann in Würzburg selbst im Lazareth gelegen — jetzt hat
ihn sein älterer Bruder in die Heimath abgeholt.

Abends, noch bei Tageshelle Berlin. Usedom's Brief bei Bismarck abgegeben.

August 20. Meldebrief im Hofmarschall-Amt abgegeben. —
Dann gehe ich in das Kronprinzen-Palais, mich einzuschreiben.

Der Kronprinz ist nicht hier. Er ist in Erdmannsdorf, wo die Kronprinzessin schon seit längerer Zeit weilt. —

Nun begab ich mich in die Central-Kanzlei des Ministeriums der auswärtigen Angelegenheiten, um dort die nicht politischen Geschäftspapiere abzugeben, die mir Usedom mitgegeben hat. — Unterwegs in der Wilhelmstraße begegnet mir Reudell, der mich sehr freundschaftlich begrüßt. — Ich frage, ob man mit meinen Berichten zufrieden war? — Ausnehmend! „Sie waren unser Rettungsanker!"

In der Central-Kanzlei sagte mir der Geheimrath Roland, Bismarck hätte gewollt, daß ich noch in Florenz bliebe. Das Telegramm, das mich dort festhalten sollte, hat mich verfehlt.

August 21. Geschrieben. — Auch an Bismarck, den ich um eine Unterredung bitte.

Zu Moltke. Ich gratulire ihm zu dem glänzenden Feldzug. Das ist ihm sichtlich angenehm, doch geht er leicht darüber hin.

Er sagt über den Feldzug: Es ist sehr glücklich gegangen; besonders war es sehr glücklich, daß die drei preußischen Armeen sich auf dem Schlachtfelde selbst vereinigen konnten und zwar pünktlich in dem Augenblick, wo es erwünscht war. Eine große Armee auf einem Fleck beisammen zu haben, das sei „eine Calamität"; man müsse sich trennen und theilen, um sich bewegen zu können; es komme aber dann darauf an zur entscheidenden Schlacht Alles wieder beisammen zu haben — und wenn sich diese nothwendige Wieder-Vereinigung auf dem Schlachtfelde selbst ergiebt, so erfolgt sie unter den günstigsten Bedingungen die überhaupt möglich sind.

Ich muß natürlich den Feldzug in Italien erzählen und erklären; d. h. wie es gekommen ist, daß sich die Dinge in so seltsamer Weise gefügt und abgespielt haben.

Oberst Döring (Abtheilungs-Chef im Generalstab) läßt mir durch den Portier sagen, daß er mich zu sehen wünsche, ich stieg also zu ihm hinauf in seine Abtheilung, und wir hatten ein langes und eingehendes Gespräch.

Döring spricht gern etwas von oben herab. — Er fragt: Ob ich ganz zufrieden gewesen bin mit den diesseitigen

Operationen, namentlich mit der Theilung der Streitkräfte in zwei Armeen?

Ich: Offenherzig gestanden nicht ganz. Ich hatte zwar selbst
die Aufstellung in zwei Armeen, in der Oberlausitz und gegen Ober-
berg, vorgeschlagen — aber das Wesentliche und unter allen Bedingungen Gültige meines Plans war doch nur, daß wir mit unserer
Offensive durchaus auf dem rechten Ufer der Elbe und Moldau bleiben
mußten; alles Uebrige konnte und mußte je nach den Umständen,
d. h. je nach den Maaßregeln des Feindes modificirt werden. — Auch
setzte ich unsere Streitkräfte keineswegs in zwei Hälften getheilt voraus. Nach meiner Meinung sollte die in Oberschlesien vereinigte
Macht die bei Weitem stärkere, die Hauptarmee, sein. In der Lausitz
und an der Elbe sollten nur so viel Truppen vereinigt werden, als
nöthig wären die Sachsen nach Böhmen zu treiben, ihnen und den
Truppen, welche die Oesterreicher im nördlichen Böhmen haben mochten,
gegenüber sich in der Initiative zu behaupten — und energisch nach
zu drängen, wenn energische Schläge in Mähren auch die Truppen
im nördlichen Böhmen zwangen an die Donau zurück zu gehen.

Mir schien dabei wenig gewagt. Uns stand die Initiative zu;
wir konnten das Gesetz geben auf dem Kriegstheater; schon durch die
Aufstellung unserer Hauptmacht in Oberschlesien zwangen wir die
Oesterreicher auch ihre Macht in Mähren zu sammeln. Sie mußten
aber auch einen Heertheil im nördlichen Böhmen haben, schon weil
man ein großes und reiches Land mit allen seinen Hülfsquellen nicht
leicht ganz schutzlos dem Feinde überläßt. So war denn auch die
österreichische Heeresmacht getheilt gleich der unseren, und die Entfernung der beiden Operationsfelder von einander bürgte — bei einer
energischen Kriegführung unsererseits — dafür, daß die Oesterreicher
sich die Vortheile einer inneren Operationslinie nicht zu Nutze machen
konnten. Eine energische Initiative unsererseits auf beiden Operations-
feldern verhinderte sie sicher ihre Gesammtmacht gegen eine unserer
Armeen zusammen zu ziehen. Endlich hatte ich auch vorausgesetzt,
daß wir eher, als die Oesterreicher, bei denen die Sache etwas langsam ging, mit unseren Rüstungen fertig rasch zum Angriff schreiten
und die Oesterreicher in einem mehr oder weniger unfertigen Zustand

antreffen würden, und daß somit die Macht der Initiative im weitesten Sinn des Wortes in unseren Händen sein würde.

Nachdem wir aber den Oesterreichern Zeit gelassen hatten sich zu rüsten und zu sammeln; — seitdem ich erfahren hatte, daß die österreichische Armee sich um Olmütz versammelte — dann daß sie sich in Bewegung gesetzt hatte, sich an der Elbe um das Hauptquartier Pardubitz zu gruppiren, da hätte ich allerdings nicht mehr für eine eigentliche Theilung der Armee gestimmt —: am wenigsten für das, was wirklich geschehen ist, für eine Zweitheilung der Armee, deren eine Hälfte in der Lausitz, die andere in Niederschlesien auf der Linie Schweidnitz-Landeshut versammelt wäre, eine strategische Stellung, die voraus zu setzen scheint, daß die feindliche Armee an der Iser vereinigt sei, und die ernsteste Gefahren herbeiführen konnte, wenn die Oesterreicher wirklich da standen.

Den ersten strategischen Aufmarsch der Oesterreicher dicht um Olmütz herum hielt ich sofort, so wie ich davon erfuhr, für eine lediglich im Sinn der Defensive getroffene Maaßregel — so widersinnig es auch ohne Zweifel war, daß Oesterreich diesen Krieg, in dem es einen positiven Zweck — die theilweise Zertrümmerung Preußens und dessen Beugung unter das Joch des Bundestages und der „Präsidial-Macht" — verfolgte — diesen Krieg, in dem es Eroberungen machen mußte, wenn der Zweck erreicht werden sollte — defensiv führen wollte, — und so sehr ich mich darüber wunderte. Ich glaubte aus dieser strategischen Gruppirung der österreichischen Armee zu entnehmen, daß Oesterreich die beiden Operationslinien, die wir wählen konnten — entweder aus der Lausitz auf die Elbe zwischen Prag und Pardubitz und weiter auf Wien, oder von Oderberg auf Wien — wohl erkannt hatte und seine Armee zwischen diesen beiden Linien massirt halten wollte, um sich uns mit gesammter Macht auf derjenigen Linie entgegen werfen zu können, die wir wählten.

Derselbe defensive Gedanke lag, nach meiner Ansicht, auch der etwas später beabsichtigten Gruppirung der österreichischen Armee um Pardubitz zu Grunde. Der einzige Unterschied mochte sein, daß jene erste Stellung um Olmütz gewählt worden war, weil man überwiegend glaubte, daß wir auf der Linie Oderberg-Wien vorrücken

würden — daß man dann in die Stellung um Pardubitz über zu
gehen beschloß, weil der Angriff von der Lausitz her wahrscheinlicher
geworden zu sein schien.

Diesen Maßregeln Oesterreichs gegenüber mußten auch wir
unsere Armee nach Möglichkeit als eine Armee zusammen zu halten
und zu verwenden suchen. Von wo aus? — Das mußte davon abhängen, wie viel oder wie wenig wir uns selbst zutrauen durften
— denn nach meiner Ueberzeugung dürfen die strategischen Entwürfe
um so kühner sein, je mehr man des taktischen Erfolges, des Sieges
in der Schlacht, sicher ist.

Trauten wir uns viel zu, so konnten wir mit unserer Gesammtmacht nach Oberschlesien gehen und zur Offensive auf der Linie Oderberg-Wien schreiten. In der Lausitz blieben dann nur so viele Truppen
zurück, als zur Beobachtung nöthig waren oder als erforderlich sein
mochten, einer etwaigen, gewiß nicht sehr energischen und gewiß nicht sehr
weit reichenden Offensive der Sachsen und eines allenfalls mit ihnen
vereinigten österreichischen Korps mit Hülfe der Landwehren u. s. w.
die nöthigen Hindernisse in den Weg zu legen.

Oder trauten wir uns weniger zu, dann mußten wir unsere
Gesammtmacht in der Oberlausitz vereinigen, um von dort auf Prag
und Pardubitz und dann weiter auf die Donau und Wien vor zu
gehen. Das wäre das weniger Gewagte gewesen. Der Uebergang
in die Defensive, wenn er nöthig wurde, hätte sich da leichter und
besser gemacht. Es wäre aber auch das weniger Entscheidende
gewesen, wie immer im Kriege — wo keine auf die Entscheidung gerichtete Operation möglich ist, bei der nicht mehr oder weniger gewagt würde — diejenigen Operationen, bei denen man vorzugsweise auf
die eigene Sicherheit bedacht ist. Ich hätte für die erstere Alternative
gestimmt.

Döring, verwundert: „Auch dann noch?"

Ich: Auch dann noch. Ich gebe zu, daß es ein Gegenstand der
Discussion sein kann, und daß sich sehr Gewichtiges dagegen sagen
läßt; aber ich hätte dafür gestimmt, weil ich der Tüchtigkeit unserer
Armee sehr viel zutraute und ihre Ueberlegenheit an kriegerischer
Tüchtigkeit den Oesterreichern gegenüber stets hoch anschlug.

Döring erörtert diesen Punkt nicht weiter und erzählt: Vor der Eröffnung des Feldzugs verging nicht ein Tag an dem Moltke nicht einen Aufsatz über die Operationen geschrieben hätte. Er theilte diese Aufsätze seinen Offizieren — natürlich auch Döring — mit und verlangte deren Meinung darüber zu hören. Döring sagt ganz unverhohlen, daß Moltke's Entwürfe immer sehr unpraktisch gewesen seien, und daß Moltke in der Discussion, wenn erörtert wurde, welche Gegen-Operationen feindlicher Seits möglich seien, und wie die gegenseitigen Operationen, die unsrigen und die des Feindes, ineinander greifen würden, immer auf einen Punkt gekommen sei, wo es evident wurde, daß sein Plan die preußische Seite in Nachtheil bringen konnte oder mußte. Auf diese Weise ist vielerlei Mögliches zur Sprache gekommen, unter anderm auch die Offensive auf der Linie Oberberg-Wien. Döring hat sich dagegen ausgesprochen, unter anderm auch, weil nur e i n e Eisenbahn nach Oberschlesien führt, und die Concentrirung der Armee dort, eben deßhalb volle vierzehn Tage mehr Zeit erfordert hätte als die Concentrirung in der Oberlausitz.

Besonders hat sich Döring gegen die Theilung der Armee in zwei Hälften ausgesprochen; zumal in Hälften, zwischen denen das unwegsame Riesengebirge lag, und die nicht geringe Gefahr liefen einzeln geschlagen zu werden.

(NB. Das ist zum Theil wahr. Ich war auch nicht wenig verwundert, als ich aus den Berichten ersah, daß der Kronprinz vier Armee-Corps, d. h. nicht weniger als eine volle Hälfte der Armee, unter seinen Befehlen vereinigt hatte, anstatt der zwei Armee-Corps, die ihm ursprünglich zugedacht waren.)

Döring: D i e s e T h e i l u n g l a g a u c h n i c h t i n d e n u r s p r ü n g l i c h e n P l ä n e n, so viele ihrer besprochen wurden; sie hat sich gewissermaßen zufällig ergeben; Blumenthal (der leitende Genius im Hauptquartier des Kronprinzen) h a t s i e h e r b e i g e f ü h r t. Der glaubte in der Versammlung der österreichischen Armee um Olmütz die Einleitung zu einem Einfall in Schlesien von Mähren her zu sehen; er glaubte Schlesien decken zu müssen, bat sich dazu erst ein drittes, dann auch ein viertes Armee-Corps aus und führte die Armee des Kronprinzen — die zweite — ſüdoſtwärts bis an die Neiſſe mit dem Hauptquartier in Brieg.

Ich war auf das Aeußerſte erſtaunt. Es iſt mir vollkommen un-begreiflich, daß man in der Gruppirung der öſterreichiſchen Armee um Olmütz jemals etwas Anderes hat ſehen können, als eine Maßregel ſtrategiſcher Defenſive; unbegreiflich, wie man jemals hat glauben können, daß die Oeſterreicher zu einer Offenſive nach Schleſien ſchreiten könnten; in einer Richtung, in der es für ſie gar kein ſtrategiſches Objekt gab — denn Breslau war keins —; in einer Richtung die ſie von ihren ſüddeutſchen Verbündeten entfernte und jedes Zuſammen-wirken unmöglich machte, während ſie doch durch die politiſchen wie die militäriſchen Verhältniſſe unbedingt darauf angewieſen waren auf ein Zuſammenwirken an der Elbe hin zu ſtreben.

Döring: Die Schlacht bei Königgrätz war ganz aus-ſchließlich Moltke's Verdienſt. Voigts-Rhetz kam in der Nacht aus dem Hauptquartier des Prinzen Friedrich Karl nach Gitſchin, um zu melden, daß die öſterreichiſche Armee vor Königgrätz, auf dem rechten Ufer der Elbe ſtehe. Moltke hatte ſich — wie der König — bereits zur Ruhe begeben. — Voigts-Rhetz trat in ſein Zimmer und rief ihm von der Thürſchwelle aus zu: „Die Oeſterreicher ſtehen auf dem rechten Ufer der Elbe!" Augenblicklich ſprang Moltke mit den Worten: „Das iſt das glücklichſte, was geſchehen konnte!" aus dem Bette. Der Entſchluß zur Schlacht war bereits im Lauf einer Secunde gefaßt; die Diſpoſition wurde ſofort entworfen; in kürzeſter Zeit waren die Befehle an die verſchiedenen Truppentheile abgefertigt.

„Ueberhaupt", ſagt Döring, „iſt Moltke weit mehr der Mann des raſchen, energiſchen Entſchluſſes, als der Mann wohlberechneter Pläne."

(NB. Das iſt ein großes und gewichtiges Lob! — Planmacherei iſt am Ende keine große Kunſt! — Uebrigens ſcheint Voigts-Rhetz auch eine Schlacht im Sinn gehabt zu haben und perſönlich nach Gitſchin gekommen zu ſein, um ſie herbeizuführen.)

In der Wilhelmſtraße begegnet mir die Gräfin Monts zu Fuß, be-grüßt mich freundlich und ladet mich zu heute Abend ein. — Diner im Hôtel de Rome mit Brünneck-Jacobau, Dohna-Finkenſtein, und

Oberst Döring, der dieses Dohna Schwager ist. — Zu dem Buchhändler Bath; der giebt mir zwei neue Broschüren von Treitschle
und Julian Schmidt, die Aufsehen erregt haben.*)

Ich hatte im Hause bereits erfahren, daß verschiedene Ungarn
hier im Rheinischen Hof einkehren, und daß Komáromy in diesem
Augenblick hier ist. — Er besucht mich auf meinem Zimmer und
erzählt: La Marmora hat im März dieses Jahres — und
zwar er zuerst unter Allen — die ungarische Angelegenheit wieder in Anregung und in Bewegung gebracht,
nachdem sie lange Zeit über ganz geruht hatte.

(NB. Ganz genau dasselbe deutete Frau von Usedom in Florenz
während der letzten Tage meines dortigen Aufenthaltes an. Die
Thatsache ist also verbürgt und gewiß. Nun fragt sich: hat La
Marmora die ungarische Sache im März wieder aufgenommen, weil
Italien damals den Rüstungen Oesterreichs gegenüber keinen Verbündeten hatte — und ließ er sie dann wieder fallen, sowie Italien
des Bündnisses mit Preußen gewiß war, blos weil er die Hülfe der
Ungarn nunmehr nicht zu brauchen glaubte, und weil er die Sache ihrem
Wesen nach geeignet glaubte unnöthiger Weise in bedenkliche, unbe-
rechenbare Weiten zu führen —: oder hat er sie auf einen Wink
aus Paris fallen lassen? — Ich bin geneigt, das Letztere zu glauben.)

Ich: Die Italiener, die mit der Sache zu thun hatten, auch diejenigen, die zu der persönlichen Umgebung des Königs Victor Emanuel
gehören, haben sich mehrfach unzufrieden über die Ungarn geäußert.
Ich habe da sagen hören: „Was haben denn die Ungarn gethan?
— sie haben sich nicht gerührt!" — Ich habe das immer sehr un-
gerecht gefunden.

Komáromy: Nachdem Preußen seinen Waffenstillstand bereits
geschlossen hatte, sondirte ein italienischer Oberst, Namens Fropoli,
ob die Ungarn wohl geneigt wären im Bunde mit Italien den Krieg
zu führen. Aber daran war nicht zu denken.

(Ich habe mich also nicht geirrt, als ich glaubte, daß es Ricasoli

*) Es sind Herrn v. Treitschke's „Zukunft der Mittelstaaten" und
J. S.'s Schrift über die Nothwendigkeit einer neuen Parteibildung
gemeint.

17*

Ernst war mit der Fortführung des Krieges, und daß er dabei auf
die Ungarn rechnete.)

Um 2 Uhr, wie mir bestimmt war, in das Königliche Palais,
zur Audienz. Im Vorzimmer, wo ich etwas warten mußte, treffe
ich den Flügel-Adjutanten Grafen Kaniz. Wir sprechen vom Kriege.
Er sagt mir, daß die Oesterreicher sich im Allgemeinen nur mittelmäßig
geschlagen haben. Auch die österreichische Reiterei hat im Gefecht
ihren alten Ruhm nicht bewährt. Die Reiter scheinen nicht
sattelfest zu sein. In dem Reitergefecht bei Königgrätz sind
österreichische Kürassiere durch Säbelhiebe, die flach fielen, von ihren
Pferden herabgeworfen worden. — (NB. Ich war einigermaßen verwundert das zu vernehmen, denn gerade die österreichischen Kürassier-
Regimenter galten vor Zeiten für musterhaft, was gutes Reiten und
Pferdewartung betrifft.)

Der Mißerfolg der Italiener ist dem Grafen Kaniz, wie er
unverhohlen ausspricht, ganz lieb, da er den allgemeinen Erfolg des
Feldzugs nicht beeinträchtigt hat. Unser eigener Feldzug nimmt sich
um so besser aus; besser, als wenn es durch Siege der Italiener
das Ansehen gewonnen hätte, als ob ein Jeder die Oesterreicher
schlagen könne.

(NB. Das mag wohl die Ansicht vieler preußischer Offiziere sein;
ich muß gestehen, daß ich selber einen leisen Anflug davon verspüre.)

Die Reiter-Gefechte bei Königgrätz sollen einen sehr schönen
Anblick gewährt haben. —

Der König empfängt mich sehr freundlich und wohlwollend —
reicht mir die Hand — und bespricht mit großer Befriedigung die
glänzenden Erfolge des eben beendigten Feldzuges. „Sechsund-
vierzigtausend Gefangene!" ruft er aus, indem er die Hände zusammen schlägt und in einem Tone, der ein solches Ergebnis als
ein ganz unerhörtes bezeichnet.

Dann spottet der König etwas, aber in sehr gutmüthiger Weise,
über die Italiener, die wenig ausgerichtet haben.

Ich: Daran habe ich keine Schuld, Ew. Majestät; ich habe alles
Mögliche gethan, um die Italiener vorwärts zu bringen, im Sinne
eines Operationsplanes, den ich öfters mit General Moltke besprochen

hatte. Nach meiner, wie nach General Moltke's Ansicht mußten die Italiener das Festungs-Viereck am unteren Po umgehen (der König macht eine zustimmende Bewegung); — dazu habe ich die Italiener dringend aufgefordert, aber immer vergebens, bis es zu spät war.

Ich berichte, wie La Marmora aus Beschränktheit, weil er überhaupt keinen Begriff hat von einer Kriegführung in großem Maßstab, kein Verständnis dafür hatte, in welchem Geist dieser Krieg insbesondere geführt werden mußte, dann auch durch Irrthum in Beziehung auf Haltung und Maßregeln der Oesterreicher — endlich durch Mangel an Festigkeit des Charakters, da er durch den Schlag von Custozza, der ihm ganz unerwartet kam, vollständig Haltung und Fassung verlor — wie er durch das Alles zu der elenden Kriegführung gekommen ist, deren Zeuge wir gewesen sind. Erzähle, es sei bei Bismarck der Verdacht aufgestiegen, daß die Cession Venetiens ein zu dreien, zwischen La Marmora, Frankreich und Oesterreich zum Voraus abgekartetes Spiel gewesen sei. Graf Bismarck hat diesen Verdacht gegen mich ausgesprochen und eine Frage deshalb an mich gerichtet. Ich habe berichtigend darauf geantwortet — und in Italien mit Niemandem von diesem Verdachte gesprochen. Dennoch, trotz meiner absoluten Discretion, wußte La Marmora darum. Er hat mir darüber in Ferrara eine sehr heftige Scene gemacht. Da mußte ich mir selbst die Frage vorlegen, auf welchem Wege er wohl davon unterrichtet worden sein könnte. Ich dachte, ob wohl Herr von Bismarck seinen Verdacht auch gegen Barral ausgesprochen haben könnte? — Dann möchte wohl Barral darüber an La Marmora berichtet haben.

Weiter komme ich auf die zweifache Strömung in den italienischen Regierungskreisen zurück. Dem Baron Ricasoli und der nationalen Partei liegt vor Allem daran, den Frieden nicht in Paris sondern in Prag abzuschließen, und zwar um Italien von dem Einfluß Frankreichs zu emancipiren. (NB. Ich glaube, es kann von Nutzen sein, wenn ich diesen Punkt, die Absichten der nationalen Partei, so viel als möglich hervorhebe.) — Italien, insofern es durch sie repräsentirt ist, hätte gern auch gleichzeitig mit uns abgeschlossen; aber die Herren müssen doch verstehen, daß die Umstände einen schnellen

Abschluß für Preußen zur Nothwendigkeit, zur Pflicht machten. Ich erlaube mir anzudeuten, daß der Kampf mit Frankreich vielleicht nur aufgeschoben sei, aber der Aufschub jedenfalls ein Gewinn —: „In zwei Jahren werden Ew. Maj. noch besser gerüstet sein!"

Der König blickt schweigend durch die Fensterscheiben hinaus. Natürlich wage ich mich nicht weiter auf diesem Terrain.

Savigny wird gemeldet. Das Gespräch geht noch eine Weile fort, dann werde ich mit den Worten: „Sie bleiben jetzt hier?" — auf meine bejahende Antwort sehr gütig entlassen.

Zu Bismarck etwas später, als festgesetzt war. Der König hatte mich aufgehalten. Bismarck sagt mir gleich, wie ich eintrete, daß ich mich kurz fassen müsse, da er nicht mehr viel Zeit übrig habe, bald zum Könige müsse; auf die Vergangenheit könne er nicht zurückgehen, dazu habe er keine Zeit; ich solle ihm sagen, wie die Dinge jetzt in Italien stehen.

Ich: „Ich muß doch auf die Vergangenheit zurückgehen, so weit zum Verständniß der Gegenwart nothwendig ist." Berichte kurz, ebenso wie dem König, über die beiden Parteien, die einander in Italien gegenüber stehen: die piemontesische und die nationale. Die Letztere ist es, die wir unterstützen müssen. Die Piemontesen wollten in diesem Kriege nur Venetien haben, gleichviel auf welche Weise; für die nationale Partei war Venetien fast secundär, ihr galt als Hauptsache Italien von der französischen Bevormundung zu befreien und wirklich selbständig hinzustellen. Deshalb hätte diese Partei gewiß nie, um Venetien zu erwerben, einen Krieg unter Frankreichs Aegide geführt — und deshalb liegt auch jetzt, unter ihrer Leitung, der italienischen Regierung vor Allem daran den Frieden in Prag zu schließen; wenigstens örtlich mit uns zusammen; nicht in Paris unter französischem Schutz. Das ist den Staatsmännern dieser Partei sehr wichtig.

Bismarck: Er habe Menabrea durch (Robert) Goltz nach Prag entbieten lassen, Menabrea habe aber von Paris aus ausweichend geantwortet, er könne nicht kommen. Mit Barral sei nicht vorwärts zu kommen; der sei beschränkt und empfindlich. „Er versteht sehr oft nicht, was man ihm sagt, und ist zuweilen beleidigt, man weiß

nicht woburch. Er steht bann mitten im Gespräch auf, verbeugt sich
schweigend unb geht."

Ich: Berichte von Barral, die mir Bisconti-Benosta mitgetheilt
hat, klangen allerbings, als sei Italien von uns schnöbe behandelt
worden.

Bismarck: „Dann hat er mich nicht verstanden." Die Italiener
haben aber burch ihre übermäßigen Forderungen bie ganze Situation
sehr erschwert.

Ich: Diese übermäßigen Forderungen haben die Italiener zunächst gewissermaßen uns zu Gefallen gemacht; sie glaubten uns
einen Dienst zu erweisen unb nach unseren Wünschen zu verfahren,
wenn sie ihre Forderungen in ber Weise steigerten, baß Waffenstill-
stanb unb Friede baburch unmöglich wurden.

Bismarck: „Damit sind sie zu spät gekommen." — Es gab
allerbings einen Moment, wo wir dergleichen Schwierigkeiten wünschten.
— Aber das war etwas früher — wir wünschten sie nicht mehr, als
die Möglichkeit eines Krieges mit Frankreich nahe rückte. — Als das
ber Fall war, habe er, Bismarck, den General Govone gefragt, inwiefern wir, im Fall eines Krieges mit Frankreich, auf Italien rechnen
könnten; an sich hätten wir, im Bunb mit Italien, selbst ben Doppel-
krieg mit Oesterreich unb Frankreich nicht gescheut, benn unfehlbar
würden sich uns selbst die süb-beutschen Staaten angeschlossen haben,
wenn Frankreich einschritt, unb die Einheit Deutschlands
würde baburch herbeigeführt worden sein. — Govone
aber habe in so schwankender, unsicherer (NB. eigentlich wohl ablehnender) Weise geantwortet, baß wir uns hätten sagen müssen, es
sei auf Italien eben nicht zu rechnen, unb ba sei benn ber Friede
mit Oesterreich nothwendig gewesen, um sich gegen Frankreich gehörig
vorsehen zu können. — In Nikolsburg habe er, Bismarck, bem
Grafen Barral benn auch die Nothwenbigkeit eines raschen Abschlusses
Preußens mit Oesterreich erklärt, die Gründe dieser Nothwenbigkeit
auseinander gesetzt unb ihn aufgefordert, sich an den Unterhandlungen
zu betheiligen, um auch seinerseits gleichzeitig mit uns für Italien
abschließen zu können. Barral habe barauf verlangt, die Oesterreicher
sollten birect mit Italien unterhanbeln (nicht etwa bloß burch Frank-

reich oder durch Preußen) — die österreichischen Gesandten sollten demnach zunächst Vollmachten vorlegen, durch die sie zu einer solchen Unterhandlung ermächtigt seien.

Er, Bismarck, hat darauf bei den Oesterreichern angefragt, ob sie mit einer solchen Vollmacht versehen seien? — Die österreichischen Gesandten antworteten, daß sie eine solche Vollmacht nicht hätten, sie sich aber verschaffen könnten. — Nach einiger Zeit zeigten sie an, daß sie nun mit der verlangten Vollmacht, auch mit Italien zu unterhandeln, versehen seien. Er, Bismarck, habe das sofort dem Grafen Barral mittheilen wollen, der aber sei mitsammt dem italienischen Obersten d'Avet spurlos aus Nikolsburg verschwunden; beide waren nach Prag gereist, ohne irgend Jemand davon in Kenntnis zu setzen.

Ich: „Beide vertreten das piemontesische Prinzip!"

Bismarck: „Ja! auf Prinzipien kann ich mich nicht einlassen!"

(NB. Ich hätte freilich sagen müssen: „Die Interessen der piemontesischen Partei" — aber ich glaubte mich deutlich genug ausgesprochen zu haben. Von den Partei-Prinzipien und Partei-Interessen, die einander in Italien gegenüber stehen, müßte Bismarck wohl eigentlich Notiz nehmen wollen, soweit es nöthig ist, um die dortige Lage der Dinge zu verstehen. Indem er es ablehnt, verlangt er gewissermaßen, daß Italien sei, was es nicht ist; es soll ihm als ein einfacher Begriff bestimmten Charakters gegenüber stehen; als ein einmüthiges Staatswesen, dessen Action nicht durch innere Friction zu einer complicirten wird. Als ob es dergleichen überhaupt gäbe! — Ich kann begreifen, daß Bismarck häufig beleidigt ohne es zu wollen und selbst ohne es zu wissen.)

Bismarck: Uebrigens haben wir jetzt den Italienern zu Liebe eine Differenz mit Oesterreich. Wir verlangen, daß in den Friedenstractat mit uns ein Artikel in Beziehung auf Venetien aufgenommen werde, der dem betreffenden Artikel in unserem Allianz-Vertrag mit Italien genau entspricht. (NB. Mit anderen Worten: daß die Abtretung Venetiens an Italien zu einer Bedingung des Friedens mit uns, und zwar auch der Form nach gemacht werde; das ist durchaus correct!) — Die Oesterreicher wollen sich bis jetzt dazu nicht verstehen.

Bismarck äußert sich in hohem Grade unzufrieden mit Usedom, der sei „ein angenehmer Feuilletonist; seine Berichte enthalten sehr viel Declamationen, mit denen gar Nichts anzufangen ist." — Es sei ihm, Bismarck, gar nicht recht, daß ich zurückgekommen bin; ich hätte noch sollen in Florenz bleiben.

Ich: „Sie haben mich doch abgerufen."

Bismarck: „Nur weil ich glaubte, daß es Ihr Wunsch sei." — Ich soll wieder hin.

Ich: „Wenn es wieder Ernst wird, bin ich auch sehr bereit wieder hin zu gehen."

Bismarck: „Ernst oder nicht Ernst, wir müssen da Jemand haben, an den wir schreiben können. Ich werde noch heute mit dem Könige darüber sprechen."

So trennten wir uns. Mir ist klar geworden, daß La Marmora hinter Ricasoli's Rücken mit Govone correspondirt hat. Durch Govone hat er erfahren, daß die Frage in Beziehung auf den Krieg mit Frankreich gestellt worden ist, und er hat sie beantwortet, wie ihm im Interesse Frankreichs und der eigenen Partei geboten schien, ohne die verantwortlichen Minister seines Königs von Frage und Antwort irgend etwas wissen zu lassen. Ein eigenthümlicher Beweis der „loyauté", deren er sich rühmt! — Aller Wahrscheinlichkeit nach hat Bismarck sein Mißtrauen bezüglich der Kriegführung La Marmora's auch — nicht wie ich vermuthete gegen Barral — sondern gegen Govone ausgesprochen, und durch den hat La Marmora davon erfahren.

Uebrigens, wenn Bismarck Zeit hätte oder sich Zeit nähme auf Prinzipien einzugehen, hätte ich ihm vielleicht Barral's Verschwinden aus Nikolsburg erklären können. Barral hatte schon, zu Usedom's Verzweiflung, eine unbegreiflich lange Zeit auf die Reise von Berlin nach Nikolsburg verwendet. — Man könnte glauben, Barral habe in Nikolsburg Schwierigkeiten gemacht, — absichtlich — um den Abschluß des Friedens im gemeinschaftlichen Interesse Italiens und Preußens zu hintertreiben; aber dazu stimmt der Ton seiner Berichte nicht. Es fragt sich vielmehr, ob er redlich berichtet, ob er nicht absichtlich seine Berichte darauf eingerichtet hat, Italiens Verhältnis zu Preußen zu lösen und Italien wieder ganz in die Bande Frankreichs zurück zu führen.

Es ist wenigstens sehr möglich, daß er aus Nikolsburg in so auffallender Weise verschwunden ist, ausdrücklich um sich nicht an den Unterhandlungen zu betheiligen, um die Unterhandlungen, insofern sie Italien betrafen, im Sinne La Marmora's und seines Anhanges nach Paris und in die Hände Frankreichs zu spielen.

Berichte und Erwägungen über die politische Lage.

Wie ich ausgehe, begegnet mir Graf Bethusy-Huc in der Straße. Er rühmt sich eines bedeutenden Einflusses, eines bedeutenden An-theils an der vernünftigen Adresse, die das Abgeordnetenhaus an die Krone gerichtet hat. — Als einen verständigen und gemäßigten Mann habe ich ihn immer gekannt.

24. August. — Komáromy kommt früh zu mir und bringt Csaky mit. Csaky empfindet das Mißlingen der schönen Hoffnungen Ungarns viel leidenschaftlicher, wenn nicht tiefer als Komáromy, ist aber viel entschlossener als dieser. Für ihn versteht es sich von selbst, daß die ungarische Bewegung nicht still stehen, und von einer Ver-söhnung mit Oesterreich nicht die Rede sein darf.

Ich äußere, La Marmora hat die geplante ungarische Bewegung dadurch verhindert, daß er Garibaldi's Expedition nach Dalmatien hintertrieben und unmöglich gemacht hat.

Komáromy und Csaky klagen darauf wie aus einem Munde, La Marmora habe ihnen außerdem auch noch den leidigen Kossuth aufge-drängt. Die Ungarn von der Nationalpartei sind auf eine Verstän-digung mit Kossuth eingegangen, bloß damit La Marmora nicht immer-fort wiederholen könne, die Ungarn seien nicht einmal unter sich einig.

Csaky fügt hinzu: Kossuth habe durch seinen Vertrauten Iranyi die Krone Ungarns dem Prinzen Napoleon angeboten. Der rothe Prinz hat das einem anderen Ungarn mitgetheilt und dabei geheim-nißvoll gethan, gesagt: „c'est une chose qu'on fait, mais dont on ne parle pas!" — Csaky meint: „au contraire, c'est une chose dont on parle, mais qu'on ne fait pas!"

Cſaky behauptet, die Ungarn haßten und verachteten Koſſuth. — Das mag wahr ſein in Beziehung auf die ariſtokratiſchen Kreiſe.

Von dem genannten Iranyi ſagt mir Cſaky, der ſei ein Abenteurer, der eigentlich Halbſchuh heißt und gar kein Ungar iſt. —

Zu Droyſen. Frau Droyſen berichtet: Geſſcken hat ſich, wie deſſen Frau ſagt, nun endlich auch von dem Auguſtenburger losgeſagt. Er ſieht nun aber, daß ſeine Stellung hier in Berlin unhaltbar geworden iſt, und geht ab. Er möchte gern an Schleiden's Stelle als hanſeatiſcher Geſandter nach London geſendet werden, da Schleiden dort ebenfalls durch Auguſtenburgerei unmöglich gemacht iſt. Es fragt ſich aber, ob Hamburg überhaupt fernerhin noch Geſandte bei auswärtigen Regierungen haben wird.

25. Auguſt. Diner im Hôtel de Rome mit Brünneck-Jacobau und ſeinem Sohn (Dohna-Finkenſtein iſt nach Preußen abgereiſt).

Nach Tiſch ſucht mich Cſaky in meinem Zimmer im Rheiniſchen Hof auf, um mir einen Brief mitzutheilen, den Koſſuth hat durch Iranyi an Klapka ſchreiben laſſen, ſowie Klapka's Antwort. — Klapka ſelbſt hat ihm dieſe Papiere hergeſendet.

Koſſuth erbietet ſich in ſeinem Schreiben die ungariſche Sache in die Hand zu nehmen und durchzuführen, wenn Klapka ſelbſt und die ſämmtlichen ungariſchen Militairs ſich ganz von dem dirigirenden ungariſchen National-Comité losſagen — und ausſchließlich ſeiner, Koſſuth's Autorität unterwerfen wollen. — Klapka hat ablehnend geantwortet, er könne ſich von Niemandem feindlich losſagen, der für die Sache des Vaterlandes thätig ſei.

(NB. Koſſuth's Abſichten ſind danach ziemlich klar; er will alle ariſtokratiſchen Elemente, die Theil nehmen an der Sache der Ungarn, entſchieden beſeitigen, um ſich ſelbſt empor und an die Spitze zu bringen und dabei ausſchließlich auf die Partei der rothen Republikaner zu ſtützen. — Er hofft aller Wahrſcheinlichkeit nach, wenn er dieſe Wege einſchlägt, von der kosmopolitiſchen — internationalen — Revolution unterſtützt zu werden. — In welcher abenteuerlichen Weiſe überſchätzt dieſer Menſch ſich ſelbſt und ſeinen Einfluß! — Welch' ein ſeltſamer Wahn, wenn er unter den gegenwärtigen Bedingungen irgend etwas, und namentlich das zu vermögen glaubt.)

Esah ist empört durch das, was er die „Niederträchtigkeit"
Kossuth's nennt.

Dann ging ich zu Max Duncker, wo ich den Abend mit
ihm und seiner Frau zubrachte. Wir hatten viel zu besprechen.
Er besonders hatte mir viel und wichtiges mitzutheilen, das
keineswegs durchaus erfreulich für mich war. — Er hat, wie
das sein Vorsatz war, in seiner unerquicklichen Stellung beim Kronprinzen getreulich ausgehalten, so lange das Schicksal des Augusten-
burgers nicht entschieden war — sowie aber dieser letztere wieder
aus Kiel abgezogen war, reichte Max Duncker seine Entlassung ein.
Er schrieb dabei dem Kronprinzen, er sehe, daß er dessen Vertrauen
nicht besitze; der Prinz lasse sich von Friedberg politische Vorträge
halten, da sei er, Max Duncker, überflüssig.

Der Kronprinz hat sehr höflich geantwortet, bedauert u. s. w.,
aber Nichts gethan, um das Abschiedsgesuch etwa rückgängig zu machen,
vielmehr mit einem „aber" bestätigt, daß Max Duncker sein Vertrauen nicht habe —: „aber" Max Duncker habe sich einer Richtung genähert, von der er, der Kronprinz, sich „für immer" los-
gesagt habe.

Darauf ist Max Duncker als Civil-Commissär nach Cassel geschickt worden. Dort hatte er mit dem Kurfürsten von Hessen
zu thun — und da zeigte sich wie seltsam gutmüthig das deutsche
Volk ist. Welcher Art Regiment dieser Fürst in seinem Lande geführt
hat, das ist bekannt genug; dennoch wurde er gewissermaßen populär,
wie man im Lande seine Stellung gefährdet sah. Um unangenehmen
Scenen vorzubeugen, hat Max Duncker diesen Fürsten bei Nacht
aus seiner Hauptstadt wegtransportiren lassen. Die Leute in Cassel
waren wüthend darüber.

General Beyer, der nach der Besetzung preußischer Seits das
Militär-Commando in Hessen führte, hat sich nicht immer sehr ent-
schlossen gezeigt. General Flies verlangte von ihm Verstärkungen, um
die Hannoveraner aufhalten zu können. Max Duncker, an den diese
Forderung zuerst gelangte, weckte den General Beyer mitten in der
Nacht, um ihn zur Absendung dieser Verstärkung zu bestimmen.
General Beyer aber konnte sich nicht dazu entschließen. Er ließ

erst noch seinen Chef des Generalstabs wecken, um dessen Meinung zu vernehmen u. s. w.

Max Duncker wies selbst an höchster Stelle darauf hin, daß es nöthig sei einen höheren Militär und einen Civil-Beamten von hohem Range zur Leitung der Dinge nach Cassel zu schicken. Beides geschah. Ihm selbst ließ Bismarck schreiben, er solle sich nach Hannover begeben und zusehen wie der dortige Civil-Commissar, Graf Harden-berg, seines Amtes walte — ihn nöthigenfalls absetzen und selbst an seine Stelle treten. — Nach Hannover ist denn mein Freund auch gegangen, den Grafen Hardenberg aber hat er nicht abgesetzt, da der-selbe sich in seiner Stellung ganz verständig und angemessen benahm.

Jetzt ist Duncker als Hilfs-Arbeiter im Staats-Ministerium beschäftigt; später wird er wohl eine Anstellung am Archiv erhalten! (NB. Besser weiß man ihn nicht zu verwenden! — So wenig kennt man seinen Werth!)

Die Königin-Wittwe hat gar Nichts für Sachsen gethan; gar nicht, wie man doch erwarten mußte, versucht etwas für Sachsen zu thun. — Bei dem Einfluß aber, den die Coterie Stockmar, Königs-Meyer u. s. w. ausüben, kommt Duncker immer wieder zu der Con-clusion, daß unser ehrwürdiger König Wilhelm durchaus noch eine Reihe von Jahren leben muß! — Daß wir ihn noch lange nicht entbehren können, ist nur zu wahr!

Frankreichs Territorial-Forderungen — die als Compensation für die Vergrößerung Preußens verlangt wurden — sind von Bismarck sehr entschieden abgelehnt worden. Der französische Botschafter Bene-detti fragte noch vor seiner Abreise, wie es scheint, in etwas drohender Weise, ob das Bismarck's letztes Wort sei? — „Sans doute!“ — „Vous vous en repentirez!“ — Das war Benedetti's letztes Wort; damit reiste er ab nach Paris. Dort aber fand er die „Abwiegelung“ bereits in vollem Gange, und er wurde förmlich desavouirt. — (Benedetti hat also nicht, wie ich vermuthete, den Umschwung zu friedlicher Stimmung in Paris bewirkt.)

Roggenbach's und Treitschke's Flucht aus dem Badenschen kam auch zur Sprache. Sie mußten vor der ultramontanen Bewegung in Baden, besonders in Freiburg, weichen. Die ultramontanen Pfaffen hatten den katholiſchen Theil der Bevölkerung auf das Aeußerſte fanatiſirt. Wenn Oeſterreich ſiegte, ging es den Proteſtanten im Lande ſchlecht. Die Geiſtlichen ſelbſt gaben zu, daß Alles darauf vorbereitet ſei, Alles verabredet.

Treitſchken beſonders iſt es auf der Flucht eigenthümlich ergangen. Er war zu Freiburg im Breisgau. Dort ſind die katho‑ liſchen Pfaffen unter allen Bedingungen mächtig. Sie hetzten das Volk mit aller Macht, und da den öſterreichiſchen Siegesbulletins Glauben beigemeſſen wurde, gelang es ihnen auch, die freudig erregte Maſſe vollends zu fanatiſiren. Treitſchke glaubte auch an die öſter‑ reichiſchen Siege — und tröſtete die Freunde, die ihn auf den Bahnhof begleiteten, mit den Worten —: wenn auch Preußens Erhebung für diesmal mißlungen ſei, die gute Sache müſſe und werde am Ende doch ſiegen! — Er floh nach Baſel. Von dort ſuchte er auf dem linken Rheinufer das preußiſche Gebiet zu erreichen. Spät Abends kam er in Saarbrücken an — und fand zu ſeiner Verwunderung die Stadt feſtlich illuminirt — die ganze Bevölkerung in freudiger Er‑ regung durch die Straßen wogend. Vergebens fragte er, was es denn gebe; taub wie er iſt, verſtand er die Antworten nicht, die man ihm gab. In höchſter Aufregung fiel er im Gaſthof über die erſte Zeitung her, deren er anſichtig wurde, und las da ſtaunend die telegraphiſche Nachricht von der Schlacht bei Königgrätz.

26. Auguſt. Roggenbach kam zu mir — erwähnte aber ſeiner Flucht aus Baden nicht mit einem Wort. Er ſei hierher gekommen, ſagt er, weil er gern die geſchichtlich merkwürdigen Ereigniſſe ſeiner Zeit wirklich mit erlebt. Er wollte heute Abend wieder abreiſen in die Heimath.

Zum Diner ging ich in das Hôtel de France, um meinen Freund R. Bincke zu treffen.

Wir hatten uns gegenſeitig viel zu erzählen. Daß er bei dem Ausbruch des eben beendeten Krieges in Verzweiflung war und Bismarck's Politik auf das Allerſtrengſte verurtheilte — das hat er vollſtändig vergeſſen, gerade wie er ſeiner Zeit vergeſſen hatte, daß er gegen die Reorganiſation der Armee opponirt und gearbeitet hatte. Er glaubt jetzt mit der redlichſten Ueberzeugung von der Welt, von Anfang an für den Krieg geſtimmt zu haben.

Er erzählt mir von dem merkwürdigen und großartigen Umschwung, der sich hier neuerdings in der öffentlichen Meinung ergeben hat. — Georg Vincke ist fünf mal, an fünf verschiedenen Orten zum Abgeordneten gewählt worden.

Der Bürgermeister Grabow, eine Hauptperson in der Fortschrittspartei, und seit längerer Zeit Präsident des Abgeordneten-Hauses, hat die Wiederwahl zum Präsidenten diesmal zum Voraus abgelehnt: nicht etwa aus Großmuth, um den Frieden zu fördern, sondern lediglich im Interesse seiner — der Fortschrittspartei. Er hat nämlich — eben durch R. Vincke — sondiren lassen, wie wohl die Regierung seine Wiederwahl zum Präsidenten aufnehmen würde. Die Antwort des Ministeriums lautete sehr unzweideutig: wird Grabow wieder zum Präsidenten gewählt, so wird die Kammer aufgelöst! Auf eine Auflösung und neue Wahlen will es aber die Fortschrittspartei nicht ankommen lassen, weil sie sehr wohl weiß, daß ihre Mitglieder in diesem Augenblick keine Aussicht hätten, wieder gewählt zu werden — lieber verzichtete Herr Grabow zum Voraus auf den Präsidentenstuhl. — Die Fortschrittsleute treten jetzt überhaupt sehr zahm, gemäßigt und anspruchslos auf, damit nur ja die Kammer nicht aufgelöst wird, damit es nur ja nicht zu neuen Wahlen kommt.

Später am Tage besuche ich Treitschke, der seit seiner Flucht hier ist. — Er geht als Professor nach Kiel, wo er gewiß auch in politischer Beziehung sehr nützlich sein kann. Am liebsten wäre er nach Heidelberg gegangen. Bei näherer Ueberlegung aber hat er selbst gefunden, daß es dazu vor der Hand noch zu früh sei.

28. August. Ich mache einen Besuch bei Lord Augustus Loftus, bloß um zu sehen, wie der sich jetzt äußern würde. Hilf Himmel, das ist ein armer Wicht! — Ich weiß das zwar seit lange, doch hatte er mir noch nie einen so armseligen Eindruck gemacht, wie diesmal. — Er fühlt das Bedürfnis, von dem Kriege in Böhmen zu sprechen — und zwar mit entschiedenem Spott, um die Erfolge der preußischen Waffen so gering an wirklichem Werth, so unverdient und so ruhmlos als möglich erscheinen zu lassen. Wenn er auch zugab, daß „your men have faught beautifully", so sei doch die höhere Führung durchaus verwerflich gewesen; sie werde von

allen englischen Offizieren einstimmig getadelt; besonders die Theilung der beiden Armeen. „Success covers all" — aber Napoleon I. gegenüber würden wir sehr schlecht gefahren sein; — „the Duke of Wellington would have beat you!" — (NB. Was sich aber hinter diesem spottenden Tadel verbirgt — oder vielmehr nicht verbirgt, sondern sehr deutlich dadurch zu Tage kommt, ist, daß auch die Engländer mit Neid auf unsere Waffenerfolge sehen, so gut wie die Franzosen.)

So albern dieses Geschwätz auch war, setzte es mich doch einigermaßen in eine leichte Verlegenheit, weil doch etwas Wahres zum Grunde liegt, und ich nicht unbedingt widersprechen, was geschehen ist, nicht ohne Rückhalt vertheidigen mochte. Diesem Philister begreiflich zu machen, innerhalb welcher Grenzen die preußische Strategie zu tadeln wäre, inwiefern sie berechtigt war — das wäre ein vergebliches Bemühen! — Jede wirkliche Discussion müßte weit über seinen Horizont hinausgehen. — Sonst wäre ich wohl versucht gewesen ihm zu sagen, daß englische Offiziere nach Allem, was ich in England von Manövern gesehen habe, in meinen Augen nicht unbedingt competente Richter seien.

Lord Augustus verkündet dann im Propheten-Ton, das Bündnis Preußens mit Italien sei seiner eigensten Natur nach nur ein temporäres. Es habe nun seinen Zweck erfüllt — und damit sei es gelöst und zu Ende! — Dagegen würden Oesterreich und Italien binnen Jahresfrist die besten Freunde sein. (Er prophezeit damit, was er selbst und die Regierung Englands wünscht, das immerdar Oesterreich zum Verbündeten auf dem europäischen Festlande haben möchte.)

Napoleon III. sei sehr krank! — sagt Lord Augustus. — Das weiß ich auch. — Da ich den europäischen Frieden schlecht gesichert glaube und einen Krieg in ziemlicher Nähe voraussetze, wirft dieser großbritannische Staatsmann die ziemlich naive Frage auf: aber wenn Napoleon stirbt, wie dann? — Nun, dann giebt es wohl vor der Hand keinen Krieg!

30. August. — Ausgegangen. In der Straße begegnet mir mein alter vortrefflicher Freund General Brandt. Der tadelt auch

sehr entschieden die strategische Führung des Feldzuges, namentlich die Theilung der Armee.

Der Tadel, der diese Theilung von so vielen Seiten trifft, scheint mir über das billige und richtige Maaß hinaus zu gehen. Zur Zeit, wo die Theilung der Armee verfügt wurde, wußte man in unserem Hauptquartier, daß die österreichische Armee sich um Olmütz versammelte, und konnte demnach Zeit und Raum berechnen. Von Bautzen und Görlitz sind 14—15 Meilen nach Jung-Bunzlau und Gitschin; von Schweidnitz 14 Meilen nach Gitschin; von Glatz 9 Meilen nach Trautenau; — von Olmütz nach Königgrätz sind aber 21½ Meilen, und die entfernteren österreichischen Heertheile hatten noch weiter bis auf den Sammelplatz. Es kam also nur darauf an, daß man sich rechtzeitig in Bewegung setzte. Die preußische Armee konnte ganz gut auf der Linie Jungbunzlau — Gitschin — Trautenau vereinigt sein, ehe das österreichische Heer an der oberen Elbe eintraf, und hatte dabei die beste Aussicht das österreichisch-sächsische Corps, das an der Iser stand, unterwegs tüchtig zu schlagen. — Der eigentliche Fehler, der begangen worden ist, und der den Marsch zur Vereinigung für die Armee des Kronprinzen bedenklich machen konnte, besteht nach meiner Meinung darin, daß man diese Armee bis an die oberschlesische Neisse entsendet hatte.

Den Abend en très-petit comité bei General Moltke und seiner hübschen Frau. Da war nur ein höherer Beamter von der Seehandlung mit Frau und einem Sohn — Hauptmann Brandt (Sohn des Generals) — und ein Graf v. d. Gröben, Major im Generalstab.

Der eben beendete Krieg war natürlich Gegenstand des Gesprächs. — Von den Italienern war mit entschiedener Geringschätzung die Rede.

Vielerlei Einzelheiten der Schlacht bei Sadowa kommen zur Sprache, namentlich die Niederlage der österreichischen Reserve-Reiterei, die Moltke in der Umgebung des Königs gesehen hat und — wortkarg wie immer — beschreibt. — Moltke glaubt, Chlum sei im Laufe der Schlacht einmal wieder verloren gegangen. Gröben berichtigt diesen Irrthum als unmittelbarer Zeuge.

Strenger Tadel ergeht über General Bonin. Der hätte mit dem

1. Armee-Corps 1½ Stunden früher, als geschehen ist, in die Schlacht eingreifen können. — Der Flügel-Adjutant Graf Finckenstein, der dem Kronprinzen die Disposition zur Schlacht überbrachte, hatte Befehl den General Bonin von dem Beschlossenen in Kenntnis zu setzen und hat das auch durch einen Adjutanten Bonin's gethan.   Bonin konnte sofort aufbrechen, wartete aber, bis er den Befehl vom Kronprinzen erhalten hatte.

Die Intriguen des Hauses Sachsen scheinen zu beginnen. Wahrscheinlich von Sachsen dazu veranlaßt, wollte Oesterreich den Grafen Breuner hersenden, um für Sachsen zu interveniren, ist aber von Bismarck kurz abgewiesen worden durch Hinweisung auf den Artikel des Nikolsburger Friedens-Vertrages, dem zufolge Oesterreich sich in die Angelegenheiten Norddeutschlands gar nicht zu mischen hat. (NB. well done!)

Moltke sagt, man werde Sachsen in keiner Weise schlechter behandeln als die anderen Mitglieder des Norddeutschen Bundes, die während des Krieges Preußens Verbündete waren.   Den sächsischen Truppen werde man den Fahneneid erlassen und sie dem Könige von Preußen, als oberstem Kriegsherrn, bloß durch Handschlag verpflichten.

31. August. Hans Beseler[1]) kommt früh zu mir, zu berichten, daß seine Eltern verreist seien. — Interessant ist mir, was er über Schleswig-Holstein und die dort herrschende Stimmung zu sagen hat, denn seine Familie weiß dort in ihrem Heimathlande Bescheid.

Er sagt: In Schleswig ist jetzt Alles gut preußisch gesinnt; in Holstein sind es vor Allen die Dithmarsen (die den Herzog Friedrich gerade besonders feierten, als er zuerst auftrat!). — Der Augustenburger hat nur noch in Altona, besonders aber in Kiel einigen Anhang. — Im Hannöver'schen dagegen sieht es nicht gut aus, was die herrschende Stimmung betrifft.

Odo[2]) auf der Durchreise hier. Er geht zu seinem Regiment. Er ist wortkarg. Man muß ihm seine Erlebnisse abfragen, und dann berichtet er - schlicht und anspruchslos.

---

¹) Heute Abtheilungs-Chef im Kriegsministerium.   Der Herausgeber.
²) Aeltester Sohn Bernhardi's, damals Fähnrich im Litthauischen Dragoner-

So erfuhr ich denn nun auch mit einiger Mühe, für welche schlicht und recht, anspruchslos geübte That der Tapferkeit er zum Fähnrich befördert worden ist. Er habe weiter Nichts gethan, als seine Pflicht, meint er, es sei aber doch bemerkt worden. — Seine Schwadron war als Bedeckung einer reitenden Batterie commandirt und gerieth in der Schlacht bei Königgräß, einem Dorf gegenüber, sammt der Batterie in ein gewaltiges Kreuzfeuer der österreichischen Artillerie. Die Garde-Kürassier-Brigade hielt in der Nähe. Deren Commandeur fand, daß er ganz unnüßer Weise Leute und Pferde verliere, ließ mit Dreien rechtsumkehrt machen und führte die Regimenter weiter zurück in eine gedecktere Stellung. Die Dragoner bezogen die Signale auch auf sich, machten ebenfalls kehrt und gingen wie die Kürassiere ebenfalls im Trabe zurück. Die Offiziere riefen „Halt!" Ehe sie aber um die Flügel herum hinter die Schwadron kommen konnten, war diese schon eine Strecke weit zurückgetrabt. Doch brachten sie sie zum Stehen, ließen Front machen und brachten sie zurück zur Batterie. Da fanden sie meinen Odo. Der war ganz allein auf seinem Plaß geblieben, bei der Batterie. Er war seit sechs Tagen im Dienst und zum ersten mal in seinem Leben im Feuer. Auch wurde ihm das Pferd unter dem Leibe erschossen.

1. September. — Komáromy raubt mir wieder viel Zeit. Wir sprechen unter anderem auch davon, daß Victor Emanuel schönen Frauen gegenüber nicht immer schweigen kann. Als eine Schöne, die der Re galantuomo oft sieht, und die wahrscheinlich im österreichischen Solde steht, nannte Komáromy eine Fürstin Jablonowska, Tochter der übel berüchtigten Frau Solms — jetzt Madame Ratazzi — einer Verwandten der Buonaparte's. (Sie ist nämlich eine Enkelin Lucian Buonaparte's.) — Von dieser Fürstin Jablonowska hatte ich auch sonst schon gehört, ohne Genaueres über ihre Herkunft zu wissen.

Später bemerke ich im Restaurant, wo ich esse, Bethusy-Huc, der mit drei conservativen Herren in einem Cabinet speist. Ich seße

---

Regiment Nr. 1, bei dem er eingetreten war, als dasselbe auf dem Marsch nach Böhmen die Gegend von Cunnersdorf passirte. 1872 verstorben an den Folgen eines Lungenleidens, das er sich während des französischen Krieges zugezogen hatte, welchen er als Adjutant seines Regiments mit Auszeichnung mitmachte.

mich zu ihnen. — Bethusy meint, man müsse versuchen Bismarck mit dem Kronprinzen zu versöhnen; wer das wohl vermitteln könnte? — Etwa Friedberg? — Ich: Der gewiß nicht! — Es wird überhaupt schwer sein!

Die Indemnitäts=Erklärung und die Anfänge der Luxemburger Frage.

3. September. — Diner im Hôtel de France mit beiden Vincke's, Schwerin (dem Exminister) und Theodor Bethmann-Hollweg. Da werden die parlamentarischen Ereignisse besprochen. Es geht ganz gut damit. Bismarck hat ein Indemnitäts-Botum verlangt der eine Reihe von Jahren über ohne von den Kammern bewilligtes Budget geführten Regierung wegen. Das ist ihm heute mit 203 Stimmen gegen 75 bewilligt worden.

In Frankreich ist Drouyn de l'Huys vom Ministerium zurückgetreten. Das bedeutet, daß Napoleon III. für den Augenblick den Gedanken an den Krieg aufgegeben hat. Also vorläufig Friede.

5. September. — Diner im Hôtel de France. K. Vincke ist nicht da. Ich bekomme einen Platz zwischen zwei Conservativen, Herrn von Blankenburg und von Wangenheim. — Blankenburg sagt mir, da jetzt im Abgeordnetenhause die Wahl eines definitiven Präsidenten vorgenommen werden muß, habe er seiner Partei vorgeschlagen, den Präsidenten während der ersten vier Wochen der Sitzung, den Fortschrittsmann Herrn von Forckenbeck (der doch — wahrscheinlich — unter allen Bedingungen gewählt würde), einstimmig zum definitiven Präsidenten zu wählen —: „wenn er einstimmig gewählt wird, hört er auf, der Mann der Fortschrittspartei zu sein." — Die Idee sei seiner Partei aber so neu, daß sie sich nicht habe darein finden können. (NB. Daß ein Mann wie Blankenburg einen solchen Vorschlag macht, das sind in der That Zeichen und Wunder! Forckenbeck hat sich übrigens als ein ehrenhafter, unparteiischer Präsident erwiesen.)

6. September. — Gegen 11 Uhr ging ich zu Keudell, den ich wieder nicht traf. Da ich jedenfalls ausführlich auch mit Abeken sprechen muß, ging ich zu diesem (Behrenstraße Nr. 7, ein Gebäude, das auch dem Ministerium gehört), und da hatte ich ein stundenlanges, eingehendes Gespräch mit ihm.

Ich schildere ihm ausführlich die Lage und Verhältnisse in Italien — die piemontesische und nationale Partei — die Bestrebungen beider, namentlich in Beziehung auf die Ergebnisse, die dieser Krieg haben sollte. La Marmora hat den ganzen Krieg von Haus aus verdorben, indem er die Expedition nach Dalmatien hintertrieb, das aber hat er aller Wahrscheinlichkeit nach nicht aus bloßer Beschränktheit gethan.

Abeken fragt, was die Italiener bewogen hat, bei den Friedensunterhandlungen so übermäßige Forderungen zu erheben.

Ich: La Marmora wußte, daß bei uns Verdacht gegen ihn, gegen die Redlichkeit seiner Kriegführung rege geworden war. Er wußte ferner, daß Bismarck an den General Govone die Frage gerichtet hatte, was wir im Falle eines Krieges mit Frankreich von Italien zu erwarten hätten. Er konnte das Alles nur durch Barral oder Govone erfahren haben, folglich scheint auch Govone zu seinem persönlichen Anhang und der piemontesischen Coterie zu gehören. Doch ist allerdings möglich, daß Govone durch seine Instructionen angewiesen war nur mit dem kommandirenden General La Marmora zu correspondiren.

Sehr eigenthümlich und merkwürdig ist dagegen jedenfalls, daß La Marmora, der gar nicht mehr verantwortlicher Minister war, sich berechtigt glaubte Bismarck's Frage sehr entschieden ablehnend zu beantworten, ohne die leitenden Minister, Ricasoli und Visconti-Venosta, auch nur davon zu benachrichtigen, daß sie gestellt war. Diese Herren haben das erst später, zu ihrer großen Verwunderung von mir erfahren.

Ihre übertriebenen Forderungen bei den Friedensunterhandlungen haben die Italiener erhoben, weil sie auf die telegraphischen Depeschen vom 20. und 21. Juli hin glaubten unseren Wünschen entgegen zu kommen, wenn sie den sofortigen Abschluß des Friedens durch hochgesteigerte Forderungen hintertrieben.

Abeken: Das war ein Mißverständnis. Die Depesche vom

20. Juli sollte nur den Standpunkt bezeichnen, nicht einen Wunsch aussprechen. (NB. Wie hätte man das errathen können!!)

Ich: Mißverständnisse waren unvermeidlich, weil unsere telegraphischen Depeschen immer zu spät eintrafen, immer zu einer Zeit, wo sie zu den Umständen nicht mehr paßten. Sie wurden in Paris aufgehalten; ich bin überzeugt, mit Absicht und Berechnung. Man wollte dort, daß sie zu spät kämen.

Ueberhaupt — wie die Dinge stehen, scheint mir der Friede keineswegs gesichert.

Abeken erwartet den Krieg schon in einem Jahre. Was ist in diesem Falle von Italien zu erwarten?

Ich: Das ist sehr schwer zu sagen! — Wahrscheinlich wird der Muth zu einem Kriege mit Frankreich unter allen Bedingungen fehlen. Von der nationalen Partei hätten wir aber jedenfalls eine befreundete Neutralität zu erwarten, während die piemontesische Coterie, wenn sie zur Zeit am Ruder wäre, zu Frankreich neigen würde.

Abeken erzählt, daß man gern das österreichische Schlesien „gehabt" (NB. d. h. annectirt) hätte. — (NB. man? — wer denn?)

Ich: Das kann ich nicht begreifen; die ehemaligen Jägerndorfer und Troppauer Domänen sind jetzt Eigenthum des Fürsten Liechtenstein — in Teschen ist der Erzherzog Albrecht als Erbe von Sachsen-Teschen Hauptgrundbesitzer; das wären doch für einen König von Preußen sehr unbequeme Vasallen — und Katholiken und besonders katholische Pfaffen haben wir doch ohnehin schon mehr, als uns angenehm sein kann.

Abeken: Strategische Gründe sprachen dafür; indessen, man hat auch nicht darauf bestanden.

Ich: (NB. was könnten das für strategische Gründe sein?) — Indessen, da man nicht darauf bestanden hat, diskutire ich diesen Punkt nicht weiter, dagegen urgire ich die Nothwendigkeit die militärischen Kräfte Nord-Deutschlands in unserer Weise zu organisiren. Das ist vor der Hand das Dringendste.

Abeken ist damit einverstanden.

Ich begleite ihn bis zum Ministerium. — In der Straße begegnet mir Hans Beseler, der zu mir will.

Diner im Rheinischen Hof — dann zu Max Duncker. Unterwegs treffe ich in der Victoriastraße den Königs-Meyer. Der wußte Nichts von meiner Mission nach Italien und war sehr verwundert davon zu hören. Er ließ sich davon erzählen. — Ich fragte ihn meinerseits, ob er Gelegenheit gefunden hat seinem Wunsch gemäß in den Hospitälern thätig zu sein? — Nein! Die Königin ist hier geblieben, da hat er auch hier bleiben müssen! — Natürlich! — Da war er unentbehrlich! — Und in den Hospitälern wäre er wahrscheinlich sehr überflüssig gewesen.

Max Duncker erzählt mir, welchen Einfluß er auf die Feststellung der Friedensbedingungen geübt hat. — Der König wollte sich nach Westen hin mit Herstellung einer nothwendigen Verbindung der beiden Hälften des Staatsgebietes, der rheinischen und der östlichen Provinzen, begnügen, d. h. mit dem kurhessischen und dem Göttingischen Gebiet. Außerdem wollte er das altpreußische Ostfriesland zurückfordern, im Uebrigen aber den Welfen Georg V. wieder als Beherrscher der hannöverschen Lande einsetzen. Dagegen wollte er das österreichische Schlesien und das Königreich Sachsen als Preis des Sieges gewinnen.

Max Duncker hat nun Bismarck selbst sowohl als dessen Vertraute fortwährend darauf aufmerksam gemacht, daß es wesentlich darauf ankomme die beiden Hälften der preußischen Monarchie fest miteinander zu verbinden, zu einem zusammenhängenden Ganzen zu gestalten, nicht eine fremde, oder gar feindliche Macht wie einen trennenden Keil dazwischen zu haben. — Daß Sachsen dagegen ein Grenzland sei, das neben, nicht wie Hannover trennend mitten in Preußen liegt und für uns, eben deshalb, nicht von so wesentlicher Wichtigkeit ist; daß Oesterreichisch-Schlesien vollends uns zu gar Nichts helfen würde; daß wir uns folglich — da wir doch nicht Alles behalten und behaupten könnten, was das Glück der Waffen für den Augenblick in unsere Macht gegeben habe — für Hannover entscheiden, Sachsen aufgeben müßten.

Napoleon's III. Hin- und Herschwanken ist, wie Max Duncker berichtet, während dieser kritischen Zeit sehr seltsam gewesen. Sein Hauptfehler in der Rechnung war, daß er von der Voraussetzung

ausging, Oeſterreich werde Sieger bleiben, dann wollte er vermittelnd
einſchreiten — Preußen retten, und ſich dafür auf dem linken Rheinufer bezahlt machen.

Als er dann unter ganz anderen Bedingungen vermittelnd einſchreiten mußte, ſtellte er mit Abſicht und Berechnung Bedingungen,
von denen er erwartete und hoffte, daß Preußen ſie nicht annehmen
würde. Die Integrität des öſterreichiſchen Staates ſollte — abge-
ſehen von Venetien — unberührt bleiben, und die preußiſche Armee
nicht nach Wien gehen, Wien nicht beſeßen; ſo lauteten die Bedingungen, die er vorſchlug. (NB. Wenn Preußen dieſe Bedingungen
ablehnte, dann hatte Napoleon III. allerdings eine treffliche Handhabe, um weiter zu operiren; nicht ſowohl um ſofort in den Krieg
einzugreifen, was er doch ſchwerlich gethan hätte, als um für
Alles, was Preußen etwa über das durch dieſe Bedingungen bezeichnete Maaß hinaus verlangte, ſeinerſeits im Intereſſe des europäiſchen Gleichgewichts eine „Compenſation" in deutſchem Gebiet am
Rhein zu fordern.) — Da Preußen wider Verhoffen ohne Weiteres
auf dieſe Bedingungen einging, trat Napoleon ganz zuleßt ohne irgend
einen Vorwand mit dem Anſpruch auf eine ſolche „Compenſation"
hervor. — Damit iſt er ſehr beſtimmt abgewieſen worden. — Jeßt
wird, wie es ſcheint, über Luxemburg unterhandelt, das Frankreich
ſich aneignen möchte.

Ich mache die militäriſchen Gründe geltend, die nicht geſtatten
— es unmöglich machen Luxemburg den Franzoſen zu überlaſſen.

M. Duncker fordert mich auf, das auch Reudell gegenüber mit
dem gehörigen Nachdruck zu thun. Auf dieſe Veranlaſſung kommt
die Unvermeidlichkeit eines Krieges mit Frankreich zwiſchen uns zur
Sprache.

Ich: England arbeitet mit großem Eifer daran eine Ausſöhnung
Italiens mit Oeſterreich herbei zu führen und bildet ſich ein, man
könne auf dieſe Weiſe einen Dreibund von England, Oeſterreich und
Italien zu Wege bringen, der dann den europäiſchen Frieden ſichern
ſoll — und in dem politiſchen Stumpfſinn, der ihnen eigen iſt, ſehen
die Staatsmänner Englands nicht, daß ſie damit — wie die Dinge
zur Zeit wirklich liegen — an der Combination: Frankreich, Italien,

Oesterreich arbeiten; an einem Bunde, dem auch die klerikal-katholische Partei zujubeln würde, der gegen Preußen und gegen das protestantische Prinzip gerichtet wäre und den Weltfrieden in Frage stellen würde. Es fehlt eben in England das Verständnis für continentale Verhältnisse und die geschichtliche Bedeutung Preußens. Dieser Bund wird nun freilich nicht zu Stande kommen — aber es kommt nun darauf an, ob wir demnächst mit Frankreich allein, oder mit Frankreich und Oesterreich Krieg haben sollen.

M. Duncker: Wenn mit Frankreich und Oesterreich, dann gehen auch die süddeutschen Staaten mit gegen uns. Die Rheinbund-Erinnerungen sind dort sehr mächtig; nicht in der Bevölkerung, wohl aber an den Höfen und in den Armeen, grade wie in der sächsischen auch. Die Rheinbundzeit ist für sie die Periode des Ruhmes. — Doch enthalten die Friedensverträge mit den süddeutschen Staaten geheime Artikel, die gut sind.

Ich: Was bestimmen diese geheimen Artikel?

M. Duncker: Ja!! Sie können es sich denken; sagen kann ich es nicht!

Um 8 Uhr Abends ging ich in das Ministerium zu Reudell. Da hatte ich denn ein sehr langes Gespräch mit ihm.

Zuerst mußte ich ihn von der Lage der Dinge in Italien in Kenntnis setzen. Um die Gegenwart verständlich zu machen, mußte ich auf die jüngste Vergangenheit zurückgehen, von der Reudell nur unvollständig unterrichtet ist, da er damals noch nicht in den Geschäften war.

Ich erzähle: Da die Bedingungen des Friedens von Villafranca und Zürich nicht erfüllt, die vertriebenen Fürsten in Toscana, Parma, Modena, die päpstliche Herrschaft in Bologna, nicht wieder eingesetzt worden waren, wurde unter Leitung des Ministers Rechberg, oder vielmehr der Erzherzogin Sophie, schon zu Ende des Jahres 1859 ein weit reichender Reactions- und Restaurationsplan zwischen Oesterreich, Neapel und dem Papst verabredet. General Lamoricière trat in die Dienste des Papstes, um die Süd-Armee dieses Bundes zu commandiren.

Garibaldi's Zug nach Sicilien war der Gegenstoß, den Cavour

führte, und durch den er diese Combination durchkreuzte. Napoleon III.
gab seine Einwilligung zu diesem Zuge, nachdem Cavour ihn mit dem
Restaurationsplan bekannt gemacht hatte. Es war für ihn nicht
schwer zu durchschauen, daß da ein ihm selbst unter allen Bedingungen feindliches Element zu bekämpfen und zu vernichten war.
Mit dem Sturz des bourbonischen Throns in Neapel brachen die
Restaurations-Pläne Oesterreichs in sich zusammen.

Aber natürlich gaben Cavour und nach ihm Ricasoli, auch von
Frankreich verlassen, den Gedanken nicht auf Italien durch Mantua
und das Venetianische zu ergänzen. Auf Frankreichs Hilfe war dabei
nicht zu rechnen; ein Bündniß mit Preußen lag ganz außerhalb der
Combinationen, die man als mögliche erwägen konnte, und allein,
ohne Verbündete vermochte Italien jene Gebiete nicht zu erobern.

Da setzten die Staatsmänner Italiens ihre Hoffnungen auf
eine Insurrection des unzufriedenen Ungarns, mit deren Hilfe sie
ihren Zweck zu erreichen hofften. Sie blieben immer mit den ungarischen Patrioten in Verbindung und zwar mit den beiden Parteien,
die sich unter den Magyaren gegen Oesterreich aufzulehnen suchten:
mit den Aristokraten sowohl, als mit den ihnen feindlich gesinnten
Demokraten, an deren Spitze Kossuth stand und auch jetzt noch steht.
Es waren immer Agenten beider Parteien in der italienischen Hauptstadt, und die Verbindungen mit ihnen wurden immer, durch alle
Ministerien hindurch, durch den Staatssecretair Cerrutti unterhalten.

Eine erste Expedition Garibaldi's nach Dalmatien — oder an
die Küste von Albanien — war im Jahre 1862 geplant. Sie sollte zur
Insurgirung Ungarns führen, wurde aber durch England verhindert,
das den Orient nicht beunruhigt, die sogenannte Orientalische Frage
nicht in Fluß gebracht wissen wollte und den Zug durch seinen damaligen Gesandten am italienischen Hof, Sir James Hudson, sehr
peremptorisch untersagen ließ. Da Garibaldi sich aber nicht bewegen
ließ die Freiwilligen, die sich bereits um ihn geschaart hatten, wieder
auseinander gehen zu lassen, ohne irgend etwas unternommen zu
haben, wurde aus der Expedition nach Dalmatien jener Zug gegen
Rom, der bei Aspromonte endete.

Als La Marmora Minister-Präsident wurde, ignorirte er die

Verbindungen mit den ungarischen Malcontenten zunächst auf das Vollständigste; man kann sagen, er machte ihrem officiellen Dasein officiell ein Ende — vielleicht weil Beziehungen zu revolutionären Parteien bei der französischen Regierung nicht beliebt waren. — Im März dieses Jahres aber nahm gerade er, gerade La Marmora, diese Beziehungen entschieden und mit dem größten Eifer wieder auf. (Und was ich Reudell'n nicht zu sagen brauche, La Marmora war es, der erst Usedom für diese Combination gewann und dann bei unserer Regierung in Berlin den Vorschlag machen ließ, mit den unzufriedenen Ungarn gemeinschaftliche Sache zu machen — einen Vorschlag, der von der preußischen Regierung wiederholt abgelehnt wurde.) — La Marmora begann sogar die Ausführung dieses Unternehmens sofort einzuleiten, indem er die Freischaaren Garibaldi's sich bei Brindisi und Bari sammeln ließ, von wo die Küste von Dalmatien sehr leicht zu erreichen war, unter dem Schutz der italienischen Flotte. — Dann aber, kaum ein paar Monate später, ließ La Marmora plötzlich die ungarische Sache wieder auf das Vollständigste fallen — verleugnete sie sogar unbedingt und wollte weiter Nichts davon hören oder wissen. — Ob lediglich, weil er den Beistand der Ungarn nicht mehr für nöthig hielt, nachdem das Bündnis mit Preußen geschlossen war, oder aus anderen Gründen, mag dahin gestellt bleiben.

Als dann Ricasoli Minister-Präsident wurde, suchte La Marmora das Portefeuille der auswärtigen Angelegenheiten mit krampfhafter Anstrengung, fast mit Gewalt fest zu halten, um dennoch Herr der kommenden Dinge und des Ganges der Politik Italiens zu bleiben. Als er es aufgeben mußte, wußte er dennoch, da ihm die Leitung der militärischen Operationen überlassen blieb, die Expedition nach Dalmatien zu hintertreiben. Er machte sie dadurch unmöglich, daß er die Garibaldi'schen Schaaren von Brindisi und Bari abrief und in die Tiroler Gebirge warf, wo sie eigentlich Nichts ausrichten und leisten konnten; wo sie nur dazu dienten, in der Tiroler „Landes-Vertheidigung" einen Feind aufzustöbern und in die Schranken zu rufen, den man gar nicht gehabt hätte, wenn man ihn nicht in seiner engsten Heimath, in seinen Bergen aufsuchte.

Damit war aber die italienische Kriegführung überhaupt ver-

lich wird den Italienern überhaupt der Muth zu einem Krieg mit Frankreich fehlen — und wenn ihnen Napoleon Rom preisgiebt, so hat er darin ein sicheres Mittel, sie unter allen Bedingungen in Neutralität und Frieden zu erhalten. Von einem Ministerium Ricasoli haben wir aber doch jedenfalls zu gewärtigen, daß der Dreibund Frankreich, Italien, Oesterreich, an dem England in so thörichter Weise arbeitet, ohne es zu wissen, nicht zu stande kommt.

Was die sonstigen Pläne Frankreichs betrifft, erzähle ich, was ich von dem alten Herzog von Noer erfahren habe über den geheimen Vertrag zwischen Holland und Frankreich, dessen Gegenstand die Theilung Belgiens ist. Antwerpen soll dabei an Holland kommen, Luxemburg an Frankreich. Ein leeres Gerücht scheint es keineswegs zu sein, was man davon in politischen Kreisen spricht — denn als ich mir vor zwei Jahren erlaubte den König Leopold von Belgien zu warnen, und ihn von dem, was ich erfahren hatte, in Kenntnis zu setzen, schien er bereits darum zu wissen; er wies aber die Nachricht selbst keineswegs als unbegründet zurück; er gab sich nur das Ansehen sie leicht zu nehmen. — Aus wichtigen militärischen Gründen dürfen wir aber Luxemburg unter keiner Bedingung in Frankreichs Hände fallen lassen. Es ist ohnehin ein ungünstiges Verhältnis, daß uns bei Trier eine Festung ersten Ranges fehlt. Luxemburg und Saarlouis bilden, ohne diese fehlende Festung, keine militärische Stellung, und vorausgesetzt, daß wir einen Krieg mit Frankreich vertheidigungsweise zu führen hätten, wären wir genöthigt, die Festung, die uns bei Trier fehlt, gleich in den ersten Tagen des Feldzuges durch eine Schlacht zu ersetzen. Das Geheimnis der Vertheidigung liegt aber gerade darin, daß man die Möglichkeit habe die taktische Entscheidung bis zu einem selbstgewählten, günstigen Augenblick zu verzögern. — Ist nun aber Luxemburg vollends in französischen Händen, dann wird es bedenklich, die Schlacht bei Trier überhaupt zu wagen. Die preußische Armee könnte da leicht, mit der Schlacht, auch den Rückzug an den Niederrhein verlieren und von ihrer natürlichen Basis abgedrängt an den Oberrhein zurückgeworfen werden —: eine Gefahr, der sich eine preußische Armee — wie die politische Verfassung Deutschlands nun einmal ist — nicht aussetzen darf. — Wir könnten wohl

gezwungen sein das Land ohne Widerstand zu räumen, wenigstens
bis zu einem Punkt, auf dem uns der Rückzug an den Niederrhein
unter allen Bedingungen gesichert bliebe. — Und auch in einem
Kriege, den wir angriffsweise gegen Frankreich zu führen hätten, wäre
Luxemburg als Festung in französischen Händen sehr hinderlich.

Reubell schweigt zu dem Allen. Schon ein sicherer Beweis, daß
in den zwischen uns und Frankreich schwebenden Unterhandlungen
wirklich von Luxemburg die Rede ist. Mit um so größerem Nachdruck mache ich die Gründe geltend, die nicht gestatten diese Feste
den Franzosen zu überlassen.

Am Ende sagt Reubell: ich möge, was ich von dem geheimen
zwischen Frankreich und Holland geschlossenen Theilungsvertrag weiß
und von der militärischen Wichtigkeit Luxemburgs denke, schriftlich
einreichen. Mein mémoire müsse aber so kurz sein wie möglich,
damit Bismarck es vielleicht liest. Es sei möglicher Weise von solchen
Dingen die Rede in den schwebenden Unterhandlungen — ein solches
mémoire werde aber Eindruck machen, denn man sei von unserer
Seite „sehr fest" den Forderungen Frankreichs gegenüber.

Ich möge hervorheben: wenn Frankreich von uns Nichts weiter
verlange, als daß Preußen der Erwerbung Luxemburgs durch Frankreich einfach zustimme, ohne sich weiter dafür zu verwenden, und es
lediglich der französischen Regierung selbst überlasse die Abtretung
von Seiten Hollands zu erlangen, so läge darin schon ein sicherer
Beweis, daß Frankreich der Zustimmung Hollands bereits versichert
sei — und der Theilungs-Tractat demnach wirklich geschlossen. —
(NB. In der hier angedeuteten Weise wird also die Unterhandlung
von Seiten Frankreichs geführt. Preußen soll sich nur der Annec-
tirung Luxemburgs nicht widersetzen.)

Meine diplomatische Verwendung steht für jetzt nicht in Aussicht;
es ist nicht weiter die Rede davon gewesen.

Reubell sagt: meine Rücksendung nach Italien wäre ein
„désaveu" für Usedom gewesen „und das sollte es auch sein".
Uebrigens „wenn es Sie nicht drückt unter Usedom's Befehlen zu
stehen", könne ich jeden Augenblick nach Florenz zurückgehen. — Bismarck
wolle direkte Berichte von mir haben; im Kriege ließ sich das machen;

es war ganz natürlich sogar, daß ich aus dem italienischen Hauptquartier direkt an unsere Regierung berichtete; jetzt im Frieden weiß man die Form nicht zu finden, in der das, an dem Gesandten vorbei, geschehen könnte.

„Zu thun aber wird es noch genug geben!" — für mich näm-lich — meint Reubell.

8. September. — Geschrieben. — Dann hatte ich eine sehr lange Audienz beim Kronprinzen. Ich war pünktlich zur Stelle, mußte aber warten; der Prinz besuchte den verwundeten Obernitz, seinen ehemaligen Adjutanten.

Nun kommt der Kronprinz und erweist sich sehr gütig. Dann läßt er sich ausschließlich von Italien erzählen — kein Wort von den Siegen in Böhmen — kein Wort von den hiesigen Zuständen — kein Wort davon, daß er als Vicekönig in Hannover resibiren und Hof halten soll, da die Stadt gewöhnt ist Sitz eines Hofes zu sein.

Zum Abschied deutet er an, daß er mich gern in Erdmannsdorf sehen würde. Er geht nämlich wieder hin und bleibt bis zum 17. dort.

9. September. — Geschrieben. — Auf dem Wege zu Paul Rennenkampff treffe ich unter den Linden den Präsidenten Simson, der erzählt mir jubelnd, daß sein Sohn den Feldzug in Böhmen als Landwehr-Offizier mitgemacht und Gott sei Dank wenigstens einmal im Feuer gestanden hat. Es gehört zum Glück einer preußischen Familie, daß wenigstens einer davon im Kugelregen ge-standen hat. — Etwas theatralisch, wie Präsident Simson überhaupt ist — aber wahr! Darin liegt Preußens Größe, darauf beruht seine Zukunft.

12. September. — Abend bei Droysen. Der dicke Standes-herr Dyhrn erzählt: die Fürstin Biron von Curland, geborene Fürstin von Meschtschersky, correspondirt mit Personen des gegenwärtigen Hofkreises in Frankreich und theilt aus ihren Briefen mit, daß Napo-leon III. sehr betroffen und ganz aus dem Concept gebracht war durch die Siege der Preußen; besonders als er von den Erfolgen des Kronprinzen erfuhr, soll er in einer Art von Verzweiflung mit der flachen Hand auf den Tisch geschlagen und ausgerufen haben (unge-fähr) —: „Der künftige König auch noch bon général! il n'y man-quait plus que cela!"

Einzug der Garden in Berlin. Politische Zukunfts-Aussichten.
Abreise nach Cunnersdorf.

14. September. Ich betrachte die via triumphalis, die für
den Einzug der Garden vom Brandenburger Thor bis zum Schloß
eingerichtet ist. Am Thor sind Tribünen für den begrüßenden
Magistrat und die herkömmlichen weißgekleideten Mädchen errichtet.
Der Hauptschmuck dieser via triumphalis ist aber die lange Allee
eroberter Kanonen. Das neu errichtete 4. Bataillon des 2. Garde-
Regiments rückt eben ein. Es ist sehr schön. Die Formation der
4. Bataillone aller Infanterie-Regimenter macht dem Kriegsminister
Roon die größte Ehre. Mitten im Kriege und in so kurzer Zeit
bewirkt.

15. September. Oberst v. d. Osten begegnet mir unter den
Linden. Er erinnert mich an mein, beim Ausbruch des Krieges, zu
ihm gesprochenes Wort: „es darf nicht schlecht gehen! — das muß sich
jeder Einzelne sagen!" — Jeder Einzelne hat es sich gesagt, meint
Osten mit einem gewissen Stolz.

Abend bei Max Duncker. Da finde ich einen Professor —
einen Schwaben —, der aus Tübingen nach Greifswald berufen ist,
mit seiner Frau, den Oldenburger Diplomaten und Publicisten
Leverkus und den dicken Dyrhn.

Der Schwabe erzählt uns von dem künstlich angefachten Preußenhaß in Schwaben und von den Wühlereien der katholischen Pfaffen,
die ihn schürten. Die Pfaffen erwarteten auf den Bahnhöfen die
Militärzüge, stiegen mit ein, fuhren eine Strecke mit, theilten unterwegs Cigarren unter die Soldaten und hielten fanatische Predigten
gegen die Ketzer, gegen die Preußen. — Unmittelbar vor dem Krieg
nämlich, und während der ersten Zeit nach dem Ausbruch desselben
trieben sie ihr Wesen in dieser Weise.

Die österreichischen Sieges-Bulletins wurden geglaubt und mit
Jubel aufgenommen (NB. wahrscheinlich auch von den schwäbischen
Demokraten).

Unser Professor selbst hatte zu der Zeit eine Reise in Schwaben
gemacht mit einem Bahnzug, mit dem auch zwei „Herren" (Prälaten

der katholischen Kirche) fuhren. Diese Herren lasen auf einem Bahnhof mit lauter Stimme österreichische Sieges-Bulletins vor, und
dann konnten sie in der jubelnden Freude ihres Herzens nicht umhin
sich auf eben diesem Bahnhof „fest zu kneipen", so daß der Zug
zur festgesetzten Zeit ohne sie abfuhr. Aber man wurde gewahr,
daß sie zurückgeblieben waren; da mußte der Zug halten, um auf
sie zu warten, nachdem er schon eine Strecke weit gefahren war;
man wartete bis die beiden Diener des Herrn lachend und weinselig
angetaumelt kamen.

NB. Der Krieg war eben im innersten Kern, seiner weltge-
schichtlichen Bedeutung nach, ein Religionskrieg, gegen das protestantische Prinzip gerichtet. Die katholischen Pfaffen wußten das recht
gut. Und wie sehr fühlten sie sich bereits als Herren im Vertrauen
auf die österreichischen Sieges-Bulletins; wie sehr waren sie bereits
bloß dadurch, daß man diesen Bulletins glaubte, Herren im Lande!

17. September. Komáromy bei mir. Er erzählt mir Ein
und Anderes, das gewisse räthselhafte Begebenheiten der neuesten
Geschichte erklärt. Cavour hatte kurz vor seinem Tode eine Expe-
dition nach Dalmatien geplant, die Garibaldi ausführen sollte. —
Der Anschlag wurde dem Gesandten Englands in Italien, Sir James
Hudson, durch einen der eifrigsten ungarischen Patrioten, durch Franz
Pulszky, verrathen. Der sprach ganz unbefangen davon, weil er
glaubte, daß England mit dem Unternehmen einverstanden sei. Eng-
land aber erklärte sich darauf der italienischen Regierung mit großer
Energie dagegen und erzwang, daß die Sache aufgegeben wurde.

Etwas, und zwar wenig später, hatte Garibaldi noch einmal eine
Expedition zunächst nach Dalmatien vor, die räumlich viel weiter
gehen sollte. (NB. Es muß zu der Zeit gewesen sein, als der letzte
Aufstand in Polen vorbereitet wurde oder eben ausgebrochen war:
zu Anfang des Jahres 1863.) — Die Veranlassung dazu hatte der
Prinz Napoleon-Plonplon gegeben. Der stand mit den unzufrie-
denen die Erhebung vorbereitenden Polen in Verbindung und sendete
einen Agenten — Komáromy glaubt den Polen Boguslawsky — zu
Garibaldi, den zu einem Freischaarenzug nach Dalmatien zu bewegen.
Das eigentliche Ziel der Expedition war natürlich Polen — aber

Dalmatien, Ungarn ſollten ſich auch erheben und den weſteuropäiſchen Revolutionärs die Wege dorthin öffnen.

Die italieniſche Regierung, der die Sache zur Zeit nicht gelegen kam, ſuchte das Unternehmen zu hintertreiben, Garibaldi aufzuhalten — Garibaldi aber warb Leute, diesmal in Neapel!!! — Und es fand ſich auch Lumpengeſindel in ziemlicher Anzahl um ihn zuſammen. Garibaldi ließ ſich nicht bedeuten; die Agenten der italieniſchen Regierung vermochten gar Nichts über ihn. — Man ließ den ſogenannten General Eber — den ich ja auch kenne — aus England kommen. Der hat im Allgemeinen Einfluß auf Garibaldi — diesmal aber vermochte auch er nicht ihn zu bereden. — Endlich ließen ſich zwei bekannte leitende Mitglieder der „Actions-Partei" — Crispi und Mordini — durch Verſprechungen, die ihnen der Miniſter (Komáromy nennt Minghetti) in Beziehung auf die innere Politik der italieniſchen Regierung machte, bewegen zu Garibaldi zu reiſen und ihm zuzureden. Sie thaten es mit Erfolg. Die Expedition unterblieb.

Diner im Hôtel de Rome. Da erfahre ich, daß zwiſchen Preußen und Oeſterreich in dieſem Augenblick wieder eine große Spannung herrſcht von wegen der Geldforderungen Oeſterreichs an Italien — d. h. des Schuldentheils, den Italien mit dem Venetianiſchen übernehmen ſoll. Die Rückſendung der öſterreichiſchen Gefangenen iſt ſiſtirt. (NB. Das iſt recht; es wird auch zu dem unmittelbaren Zweck führen, aber nicht weiter — Oeſterreich wird in dieſem Punkt nachgeben.)

19. September. Etwas vor 11 Uhr zu Abeken. Ich ſage: Ich werde nun nach Hauſe reiſen, da für jetzt keine Verwendung für mich in Ausſicht ſteht.

Abeken: „Das glaube ich nicht; Graf Bismarck wünſcht bringend Sie zu verwenden."

Zu Barral. Dieſer Beſuch war abſolut nothwendig geworden, nachdem ich ihn am dritten Ort getroffen hatte. Eigentlich hätte ich wohl ſchon früher zu ihm gehen ſollen. Ich treffe den belgiſchen Geſandten Nothomb bei ihm. Wir ſprechen von dem Krieg in Italien.

20. September. In der via trumphalis ſind namentlich die Statuen der Boruſſia und die der Brandenburger Kurfürſten auf

der Terrasse vor dem Schloß, als improvisirte Bildwerke, die nur kurze Zeit über einem vorübergehenden Zweck dienen sollen, über- raschend gut und ein befriedigender Beweis, daß in der Berliner Kunstschule ein guter Styl durchaus herrschend geworden ist. Um 11 Uhr war ich auf meinem Platz, den Einzug der Truppen zu sehen, in der Nähe der Blücher-Statue. Der Platz war ein günstig gelegener. Der König nahm mit seinem zahlreichen und glänzenden Gefolge unmittelbar unter meiner Tribüne Stellung, um die Truppen an sich vorbei marschiren zu lassen. — Die offenen Wagen der Königin und der Prinzessinnen hielten ganz in der Nähe. Der Platz, der vor mir lag, ist großartig-schön; — die Masse der Zuschauer war unübersehbar, und Alle waren in freudig gehobener Stimmung; das Schauspiel selbst war ein erhebendes.

Der Zug kam heran in hellem Sonnenschein. Voran drei Reiter neben einander: Bismarck, Moltke und Roon. Sie waren unter der Victoria des Brandenburger Thores vom Magistrat begrüßt, von Mädchen bekränzt worden. Ihnen folgte zunächst ein Peloton auserlesener Mannschaft, das die eroberten österreichischen Fahnen und Standarten — einige dreißig an der Zahl — daher trug — und dann kam die Truppe, für heute die erste Garde-Division, die Kürassier-Brigade, Husaren und Ulanen, sammt der Artillerie, die dazu gehört — alle unterwegs reich bekränzt und mit Blumensträußen bedacht, die sie in die Flintenläufe gesteckt hatten. Sie wurden freudig begrüßt; — wo aber ein junger Offizier, den Degen in der Scheide, den verwundeten Arm in der Binde, an der Spitze seines Zuges marschirte — den begleitete vom Thor an der laut begrüßende Jubel des Volkes — und er war schon dort am Thor von Mädchen- händen mit Eichenlaub bekränzt worden. — Merkwürdig war beson- ders daß zwischen den Zügen Leute in Civil ungeordnet mitmarschirten: es waren Reservisten, die man bereits wieder entlassen hatte, die aber auch der Ehre des triumphirenden Einzuges theilhaftig sein wollten, ehe sie der Heimath zueilten. — Die Truppen kamen in dem Anzug daher, den sie auf dem Schlachtfelde getragen hatten; viele Offiziere hatten hohe Wasserstiefeln an, und die blanken Helm- beschläge waren meist noch mit schwarzer Farbe überzogen.

19*

Auch etwas Besonderes sollte sich begeben. Neben der Fahne
des 1. Bataillons vom 2. Garde-Regiment marschirte ein etwa zehn-
oder zwölfjähriger Knabe sehr stolz daher: ein Berliner Straßen-
junge, der mitgelaufen war, als das Regiment ausmarschirte. Er
hatte sich stets treu zu dem Regiment gehalten und sehr tapfer erwiesen. Durch den dichtesten Kugelregen hatte er den Verwundeten
auf dem Schlachtfelde den frischen Trunk Wasser gebracht, nach dem
sie verlangten. So war er der allgemeine Liebling des Regiments,
sowohl der Offiziere als ganz besonders der Mannschaft geworden.
Man hatte ihm für die heutige Feier eine alte Tambour-Uniform
angezogen, im Uebrigen schritt er barhaupt und barfuß gravitätisch
daher. Die Absicht seiner Gönner war natürlich die Aufmerksamkeit auf ihn zu lenken — und sie gelang! — Der König sprengte
in den Zug hinein, holte sich den Jungen heraus, von dem er offenbar wußte, und stellte ihn der Königin vor. — Es wird wohl für
ihn gesorgt werden.

Ich sah heute auch den Platz, auf dem das feierliche Tedeum
gesungen wurde — den Platz zwischen Schloß und Museum, in
seiner Vollendung. Ein leichter Pavillon mit einem Altar ist auf
dem Platze errichtet.

21. September. Um 11 Uhr war ich wieder auf meinem
gestrigen Platze an der Blücher-Statue, den zweiten Theil der Garde-
Truppen einrücken zu sehen.

Es war die Garde-Grenadier-Division, die heute einrückte. Das
Kaiser Franz-Regiment muß wohl mehr in das Gefecht gekommen
sein und größere Verluste erlitten haben als die Uebrigen: es war
bemerkbar — sichtlich — schwächer als alle anderen; auch marschirten
zwischen den Zügen mehr convalescirende Verwundete als in irgend
einem anderen. — Wie gestern ein Mecklenburger Jägerbataillon
als Repräsentant der mit Preußen Verbündeten einrückte, so heute
ein oder vielmehr das Coburgische Bataillon. Der Herzog von
Coburg-Gotha führte es, wie sich das gehört, selbst bei unserem
König vorbei; aber er hatte, wie sich das eigentlich nicht gehört, an
diesem hochfestlichen Tage, die kleine Generals-Uniform angelegt.
— Es folgten Dragoner, Ulanen und Artillerie.

Da man allgemein weiß, daß Graf Bismarck und dessen Politik bei dem Kronprinzen keineswegs in Gnaden stehen, fiel es auf, daß Beide ein längeres, anscheinend freundschaftliches Gespräch miteinander führten. Wahrscheinlich wurde dieses Gespräch geführt, damit es bemerkt werde.

Mir stand noch eine besondere Ueberraschung bevor: ich gewahrte — Cooper!! am Fuße der Tribüne. Den hatte ich hier nicht erwartet! — Er sagte mir, er sei hier im Auftrage einer Privatgesellschaft, die es sich zur Aufgabe gemacht habe die italienische Armee zur Annahme des Zündnadelgewehrs zu bewegen und damit auszurüsten. Ein Chemiker, Namens Lünnenschloß, habe sich erboten der Gesellschaft und durch sie der italienischen Regierung das Geheimniß des Zündspiegels oder vielmehr eines Zündspiegels, der dem unsrigen gleichstehe, zu verkaufen. — Ein richtiger Abenteurer dieser Cooper, der sich durch das Leben helfen muß und zu helfen weiß; da es mit der Politik und Kundschafterdiensten nicht weiter gehen will, soll industrielle Spekulation aushelfen.

Die abendliche Illumination mißglückte, da es regnete.

23. September. Um 11 Uhr zu Roon zu einem mir schriftlich gegebenen Rendez-vous. Ich habe ein zweistündiges Gespräch mit ihm.

Ich schildere zunächst die Lage der Dinge in Italien und die dortigen politischen Verhältnisse. Wir müssen uns, soviel es die Umstände erlauben, an die nationale Partei halten und wünschen, daß sie das Heft in Händen behält. Denn von ihr dürfen wir jedenfalls in dem Krieg mit Frankreich, der uns bevorsteht, eine befreundete Neutralität erwarten.

Mehr ist von Italien für uns freilich wohl unter keiner Bedingung zu hoffen. Auch wird sich Italien wohl demnächst aus Rücksichten der Sparsamkeit und auf Andringen des Parlaments in einen Zustand versetzen, in dem es gar nicht Krieg führen, d. h. an einem solchen, an einem ernsten Kriege gar nicht theilnehmen kann. Es wird seine Armee in solcher Weise reduciren, daß die Herstellung auf den Kriegsfuß sehr viel Zeit, sehr große Anstrengungen erfordern würde und einen finanziellen Aufwand, den Italien unter den gegenwärtigen Bedingungen kaum erschwingen könnte. — Viel wird dann auch davon abhängen, wie Napoleon sich in Beziehung auf Rom verhält.

Wir sind auf uns selbst angewiesen, darüber dürfen wir uns nicht täuschen. Eben deshalb scheint mir, bei der precären Lage der Dinge, die Organisation der militärischen Kräfte des gesammten nördlichen Deutschlands nach unserer Weise das Wichtigste und Dringendste von Allem, was zu thun ist.

Roon erwartet den Ausbruch des Krieges mit Frankreich im nächsten Frühjahr. Der Plan zur Organisation der Streitkräfte ganz Nord-Deutschlands ist bereits vollständig ausgearbeitet. Zum 1. April nächsten Jahres werden die neuen Armee-Corps schlagfertig dastehen.

Ich: Die Linientruppen ohne die dazu gehörigen Landwehren?

Roon: Mit den dazu gehörigen Landwehren! — Diese sollen aus den älteren Jahres-Contingenten der hannöverschen und hessischen Truppen gebildet werden. Man wird die Leute auf ein paar Monate einziehen, um sie auf das preußische Reglement einzuüben.

Ich erwähne beiläufig, in was für Angelegenheiten Cooper hier ist, und des Anerbietens, das der Chemiker Lünnenschloß der italienischen Regierung machen will oder schon gemacht hat.

Roon hat gar Nichts dagegen, daß die italienische Armee oder auch eine andere sich das Zündnadel-Gewehr aneignet, — daß Lünnenschloß der italienischen Regierung einen Zündspiegel seiner Erfindung mittheilt. Zündspiegel zu erfinden ist für die Chemie auf ihrem heutigen Standpunkte keine allzu schwierige Aufgabe. Einen solchen also hätte die italienische Regierung sich jedenfalls leicht verschaffen können. Das Geheimnis den Zündspiegel unverdorben zu erhalten liegt aber in der Art die Munition aufzubewahren ꝛc.

Ich: Wie ich die französische Armee kenne, ihre Disciplin, ihre Art den Dienst zu betreiben, wird ihr das Zündnadel-Gewehr eher schaden als nützen.

Roon ist derselben Meinung; die Sachen werden dort in Frankreich nur, so lange sie neu sind, mit Eifer betrieben; dann schlafen sie wieder ein, und Alles fällt in die alte Weise nachlässigen

Treibens zurück. So war es mit dem Scheibenschießen, mit dem man sich eine Zeit lang in der französischen Armee sehr viele Mühe gab — jetzt kümmert sich kein Mensch mehr darum! — Er, Roon selbst hat sich davon im Lager bei Chalons überzeugen können — „die Leute schossen wie die Schweine", und die Officiere äußerten sich sehr gleichgültig darüber.

Auch die österreichische Infanterie ist ungenügend ausgebildet. Da der Bürgermeister Giskra äußerte, „der Schlendrian" habe das Unglück im Felde verschuldet, antwortete ihm Roon: nein! der österreichische Reichstag habe es herbeigeführt, indem er auf übermäßige Sparsamkeit gedrungen, Degenfeld vom Kriegsministerium verdrängt und eine ungenügende allzu kurze Dienstzeit der Truppen erzwungen habe. (NB. Die Gelegenheit zu diesem Gespräch wird sich wohl zu Brünn ergeben haben. Was Roon anführt, mag wohl auch das Seinige beigetragen haben zu dem Unglück der österreichischen Waffen — aber der eigentliche Grund desselben liegt wohl etwas tiefer: — er liegt in den allgemeinen Cultur-Zuständen im österreichischen Staat.)

Ich sage ihm, welchen großen Antheil am Erfolge die öffentliche Meinung mit Recht ihm — Roon — persönlich beimißt; den raschen Organisationen, die fast ohne Beispiel sind.

Roon nimmt das an ohne falsche Bescheidenheit. Es führte ihn darauf, daß der König Schwierigkeiten machte in Beziehung auf die Formirung der vierten Bataillone, und zwar weil er glaubte, daß Nichts daraus werden könne. Auch soll dieser Zweifel ein Grund dafür gewesen sein, daß man dem Kriege mit Frankreich auswich. Als er dann eine Anzahl dieser vierten Bataillone fertig vor sich sah, sagte er zu Roon: „Das macht Lust gleich einen neuen Krieg anzufangen."

Roon war, eben weil er mußte, daß diese Neubildung vollständig gelingen mußte, als man Lundenburg erreicht hatte, der Meinung, daß man es, anstatt Frieden mit Oesterreich zu schließen, auf einen gleichzeitigen Krieg mit Frankreich müsse ankommen lassen. Er führte zur Zeit im Rath des Königs als Gründe für seine Meinung an: wie die Dinge thatsächlich eben ständen, genügten 150000 Mann

vollkommen, die Oesterreicher im Schach zu halten; den Rest könne
man schnell nach Metz werfen. Das wären — 300 000 Mann gewesen — und das wäre mehr gewesen als Frankreich uns den Augenblick entgegenstellen konnte.

Roon spricht dann über die französischen Zustände im Allgemeinen: mit Napoleon III. gehe es bergab, körperlich und geistig;
er könne nur noch mit dem rechten Fuß gehen, den linken schleppe
er nach. — Drouyn de l'Huys' Austritt aus dem Ministerium ist
ein vollständiger Bruch zwischen ihm und Napoleon. — Drouyn hat
zu dem Grafen Robert Goltz gesagt: „ich habe drei Dynastieen
kommen und gehen sehen; ich kenne die Symptome des nahenden
Falls, und ich ziehe mich zurück; — Sie werden mich verstehen!"
— (NB. Diese Worte beweisen jedenfalls, daß Drouyn de l'Huys
nicht darauf rechnet je wieder Minister zu werden unter dem Empire.)

Ich: Doch würde weder Napoleon's Tod noch ein revolutionärer
Umsturz in Frankreich den Frieden sichern, der in so vielfacher Weise
gefährdet ist. Was die Franzosen unter allen Bedingungen zum
Kriege treiben wird, ist die veränderte Weltlage, in der Frankreich
nicht mehr die bisherige Rolle spielen kann. Diese Rolle aber werden
die Franzosen nicht aufgeben ohne darum gekämpft, ja ohne wiederholt darum gekämpft zu haben. Gefährdet ist dann weiter der Friede
auch mittelbar durch manches Unfertige in unseren Zuständen, in
denen auswärtige Feinde wohl günstige Chancen sehen können. So
namentlich durch die Verhältnisse Sachsens! — Sachsen ist ein sehr
schlimmer Punkt in unseren neuen Organisationen. Ich halte im
Allgemeinen die halben Verhältnisse für vollkommen unhaltbar;
namentlich auch weil dergleichen nur lebensfähig sein kann, wenn
von beiden Seiten aufrichtig der beste Wille herrscht, und auf den
ist selten, in diesem Falle von Seiten Sachsens ganz gewiß nicht zu
rechnen.

Roon: Man muß sich Garantieen verschaffen und dafür sorgen,
daß es auch wirklich Garantieen sind — „man muß Schrauben
haben und gewiß sein, daß sie auch wirklich ziehen!"

Wir sind darüber einverstanden, daß wir die Süddeutschen für
jetzt in dem Norddeutschen Bund nicht brauchen können und unter

keiner Bedingung aufnehmen dürfen, da sie uns doch nur hochrothe Republikaner oder tiefschwarze Klerikale in das Parlament schicken würden.

Ich: Das Wesentliche sind und bleiben zunächst die militärischen Organisationen und der Credit von 60 Millionen. Sollte das Haus der Abgeordneten diesen Credit ablehnen, so muß die Regierung die Kammer auflösen. Sie kann, wie die Stimmung im Lande jetzt ist, der Wahlen so ziemlich sicher sein.

Roon: Die Regierung ist auch entschlossen das Abgeordnetenhaus aufzulösen, im Falle der Credit abgelehnt wird. Doch würde sie das nicht gerne thun, da die Auflösung aussehen würde wie der Anfang eines neuen Conflicts.

24. September. — Ich bekomme einen Brief von General Türr; er kommt aus Belgrad, geht nach Paris und Pallanza — und ist einen Tag hier unter eigenem Namen. Ich suche ihn auf im Hôtel de Rome, und wir verabreden eine Zusammenkunft für heute Abend.

Diner im Hôtel de France mit K. Vincke. Er erzählt: viele Abgeordnete bekommen jetzt eine Art von Drohbriefen von ihren Wählern und dringende Aufforderungen Alles zu bewilligen, was die Regierung verlangt.

Nach Tisch war ich zwei Stunden bei General Türr.

Türr klagt über die Ungarn; tadelt, daß sie sich auch nach der Schlacht bei Sadowa noch bedacht, daß sie sich auf die Nachricht von dieser Schlacht nicht augenblicklich in Bewegung gesetzt haben. Wenn sie in dem Augenblick einfach erklärten, daß sie sich von Oesterreich lossagten, war gar keine Macht da, die sie wieder unter Oesterreichs Botmäßigkeit hätte beugen können.

Ich: Die Ungarn mögen zu tadeln sein; doch aber haben die Italiener gewiß kein Recht sich erbittert über die Ungarn zu äußern, wie sie thun. Die Italiener haben nicht das Recht zu sagen, man habe Alles für die Ungarn gethan, und es sei vergeblich gewesen. Wer hat denn etwas für die Ungarn gethan? Die Italiener doch wahrhaftig nicht! — Die haben ihnen sogar in der Hauptsache geradezu nicht Wort gehalten; sie haben Garibaldi nicht nach Dalmatien geschickt.

Türr: ist damit einverstanden; er wird es den Italienern vor-
halten; er wird ihnen sagen: ihr wart organisirt, ihr hattet eine
fertige Armee und doch habt ihr 1859 Frankreich und dieses Jahr
Preußen gebraucht, und habt jedesmal auf die fremde Hülfe gewartet
— und nun wollt ihr euch darüber wundern, daß die Ungarn, die
nicht organisirt sind und keine Armee haben, Waffen verlangen und
etwas fremde Hülfe?

La Marmora hat übrigens die Sache in mehr als einer Weise
verdorben; auch dadurch, daß er ihn, Türr, ganz unnützer Weise
vierzehn Tage lang in Florenz zurückhielt, so daß er dann zu spät
nach Belgrad und nach Bukarest kam. Die Serben und die Rumänen
waren fünf Tage nach seiner Ankunft zum Angriff bereit; aber da
trat der Waffenstillstand ein, und es war zu spät! •

Wäre er, Türr, am 4. Juli an Ort und Stelle gewesen, wie
er ganz gut konnte, wenn ihn La Marmora nicht aufhielt, dann
wären die Serben am 10. mit 50 000 Mann über die ungarische
Grenze gegangen, und ein zweites eben so starkes Corps konnte später
folgen. Dem Fürsten Karl von Rumänien standen 20 000 Mann
in voller Bereitschaft zur Verfügung. Die Dinge hätten dann eine
ganz andere Wendung genommen.

Er, Türr, wird im nächsten Februar wieder herkommen und
zwar auf längere Zeit. — Er freut sich darauf mich dann wieder
hier zu treffen und meint, im kommenden Frühjahr, sobald die Dinge
wieder ernsthaft werden, müsse ich an die untere Donau gesendet
werden, nach Serbien und Rumänien.

Den Abend Hans Wachenhusen's Tagebuch gelesen. Es ist
bis zum Unglaublichen leer und erbärmlich. — Es ist entmuthigend
zu sehen, daß dergleichen vielfach gelesen wird und dem großen
Publikum genügt.

25. September. — General Türr längere Zeit bei mir. Er
reist heute Abend ab nach Paris. Wir setzten das gestrige Gespräch fort.

Er kommt darauf zurück, wie thöricht es war die Garibaldianer
von dem Wege nach Dalmatien, von Brindisi zurück zu rufen —
um sie nach Tirol zu werfen.

General Türr, dessen eigene Pläne dadurch theilweise durchkreuzt

wurden, wollte als Verwandter des Hauses Buonaparte es nicht
Wort haben, daß La Marmora diese unverzeihliche Verkehrtheit auf
einen Wink aus Paris begangen haben könnte. Er sagt, England
habe die Expedition nach Dalmatien hintertrieben. Das englische
Cabinet wollte sie nicht, weil es besorgte, daß der Orient darüber in
Bewegung, und die orientalische Frage in Fluß kommen könnte. Elliot
hat dem La Marmora in diesem Sinn zugeredet, besonders aber sei
Mrs. Cabogan veranlaßt worden ihren bekannten Einfluß auf La
Marmora zu solchem Ende geltend zu machen, und es sei auch mit
Erfolg geschehen. (NB. Das mag schon wahr sein. Es ist sogar
in solchem Grade wahrscheinlich, daß gar kein Zweifel aufkommen
kann, so wie es als Thatsache berichtet wird. Es mögen wohl beide,
England und Frankreich, darauf hingearbeitet haben, daß die Expedition
nach Dalmatien unterblieb.)

Später war Major von Schoen bei mir. (Auerswald's Neffe.)
Jetzt Major bei den schwarzen Husaren (den 2.). Er ist auf der
Durchreise hier, geht zum Regiment und kommt aus Erdmannsdorf,
wo er vier Wochen lang, eingeladener Weise, bei dem Kronprinzen
und der Kronprinzessin gewesen ist. Man wollte ihn im Hause des
Kronprinzen als Angestellten haben, da dort eben große Veränderungen
vorgehen. Der Hofmarschall Heintze und der Kammerherr Fürsten-
stein gehen beide ab. — Aber Adjutant des Kronprinzen kann Schoen
nicht werden, die Stellen sind besetzt. Kammerherr der Kronprinzessin
will er nicht werden, weil ihm an seiner militärischen Carriere gelegen ist, die er nicht aufgeben will, — Hofmarschall noch weniger,
unter anderen auch weil er wahrgenommen hat, daß die Kronprinzessin zwar eine sehr kluge Frau ist aber auch eine sehr genaue
Hausfrau.

Schoen hat Recht. Ich muß es aber doch bedauern, daß er
nicht in das Haus des Kronprinzen eingetreten ist. Ein neues Element
in der Umgebung des Thronfolgers thäte gar sehr noth. Das meint
auch Schoen. Die Kronprinzessin hat während ihres Aufenthaltes
in Erdmannsdorf unseren Landrath ziemlich schonungslos behandelt
aus keinem ersichtlichen Grunde, als wohl nur weil er, allerdings
mit großem Eifer, der reactionären Partei angehört. Schoen hielt

es für nöthig anzudeuten, daß man einen königlich preußischen Beamten nicht lediglich aus Partei-Rücksichten in solcher Weise behandeln dürfe.

Natürlich besprechen wir auch den Gang und die Ereignisse des
Krieges. Schoen sagte mir, der Rückzug des 1. Armeecorps von
Trautenau sei geradezu eine Flucht gewesen. General Hartmann
habe sie mit seiner Cavallerie-Division aufgehalten. Uebrigens habe
sich Hartmann allerdings nicht vollständig bewährt. Das habe darin
seinen Grund, daß er nicht energisch sei gegen seinen Stab und
ihn nicht in Ordnung zu halten wisse. Die jungen Ordonnanz-
Offiziere, die er abfertigt, die Befehle überbringen sollen, treiben,
anstatt sich zu beeilen, nach Lust und Gelegenheit andere, unnütze
Dinge, hetzen sich mit einer feindlichen Patrouille herum oder
dergleichen. Hartmann läßt das freundlich und wohlwollend zu. Das
ist ein Fehler, und deshalb, meint Schoen, sei er nicht geeignet ein
höheres Commando zu führen, aber er wäre ein vorzüglicher Chef des
Generalstabs.

Diner im Hôtel de France, wo sich außer der gewöhnlichen Gesellschaft heute auch General Steinmetz eingefunden; ein magerer
Mann kaum mittlerer Größe, dem man weder seine Feldherrn-Gaben
ansieht, noch die Strenge, die ihn unbeliebt macht. R. Vincke
(Olbendorf) stellte mich ihm vor. Er sagte mir, daß er mich aus
meinen Werken kenne.

Den Abend bei Max Duncker, zuerst mit ihm allein — seine
Frau ist nach Halle gereist — später kam Graf Dyhrn.

Wir besprachen die parlamentarischen Ereignisse. Da machen
sich die Siege im Felde gewichtig geltend. Der Credit von 60 Millionen Thalern und der Staatsschatz sind heute im Abgeordneten-
Hause mit großer Stimmenmehrheit bewilligt worden. — Graf
Schwerin hat im Hause feierlich ein förmliches „Pater peccavi!"
vorgetragen; er gesteht, im Irrthum gewesen zu sein, indem er Bismarck
und seiner Politik Opposition machte. — Max Duncker hält das für
wichtig, namentlich auch des Kronprinzen wegen, auf den das Eindruck
machen könnte.

Dyhrn wird dadurch veranlaßt zu erzählen: der Kronprinz habe sich mit Bismarck versöhnt; er habe es selbst unserm Freunde K. Vincke gesagt. (NB. Mir war aufgefallen, daß der Kronprinz sich am 2. Tage des Einzuges der siegreichen Truppen lange und eifrig mit Bismarck unterhielt.)

Auch der Prinz — oder Herzog — Friedrich von Augustenburg und die Fehler, die er begangen, werden besprochen. Sein letzter Schritt, daß er nämlich mit den Oesterreichern aus Kiel abzog, was doch so ausgelegt werden mußte, als ob er durch einen Sieg Oesterreichs und die Niederlage Preußens zum Ziel zu gelangen wünschte und hoffte —: dieser Schritt hat ihm selbst beim Kronprinzen geschadet.

Der katholische Klerus in Oberschlesien hat sich, wie Ohßrn berichtet, während dieses kurzen Krieges sehr zweideutig benommen. Der Fürst-Bischof Förster von Breslau namentlich hat viel Geld nach Wien remittirt — ist von Seiten unserer Regierung darüber befragt worden — und hat darauf erklärt, er habe noch Annaten u. s. w. nach Rom zu zahlen gehabt. Man hat ihm das gelten lassen. (NB. Der diesjährige Krieg war eben, wie der siebenjährige, eine Fortsetzung und hoffentlich der Abschluß des dreißigjährigen. Die katholischen Pfaffen haben das gefühlt so gut wie unser Einer.)

Endlich kommen auch die Chancen eines neuen Krieges — der nicht unmöglich ist — zur Sprache. Max Duncker sagt mir: „die süddeutschen Staaten sind vinculirt."

26. September. Diner im Hôtel de France — die gewöhnliche Gesellschaft, außerdem General Steinmetz und der sogenannte Königs-Meher, der Friedens-Agitator. Dieser Letztere als K. Vincke's Gast.

Bei Tisch war General Steinmetz mein Nachbar. Ich fragte ihn, ob der Rückzug des 1. Armee-Corps von Trautenau wirklich so schlimm gewesen sei, wie er mir geschildert worden ist. — Steinmetz gab ausweichende Antworten: er wisse es nicht! — sei zu entfernt gewesen, um es wissen zu können u. s. w. — Das war im Grunde hinreichend — dann aber fügte er auch noch hinzu: daß Bonin an der Spitze seines Armee-Corps bleibe, sei eine Folge der „Pietät" des Königs für Alles, was mit dem Andenken an seinen Vater zusammenhängt. (NB. Bonin war Flügel-Adjutant bei Friedrich Wilhelm III.)

Mir ſcheint das in dieſem Fall kein genügender Grund, ein ſo wichtiges Commando in unfähigen Händen zu laſſen.

Steinmetz giebt das zu, meint aber, dieſe Pietät hänge doch mit den ſchönſten Gemüths-Eigenſchaften des Königs innig zuſammen.

K. Vincke, mein Nachbar zur anderen Hand, ſagt bei der Gelegenheit, unmittelbare Augenzeugen, Garde-Offiziere, hätten auch ihm den Rückzug nach Trautenau als eine vollſtändige Flucht geſchildert.

27. September. Diner im Hôtel de France, wo ich die gewöhnliche Geſellſchaft finde, auch General Steinmetz. Außerdem war auch noch Herr von Helldorf aus Gera da, fürſtlich Reußiſcher Offizier und Adjutant des Erbprinzen Reuß „jüngerer Linie". Er war mein Nachbar; ich kenne ihn von Gotha her. — Er iſt hergeſendet, einen Commandeur für die Armee „ſeines engeren Vaterlandes", d. h. für das Fürſtlich-Reußiſche Bataillon zu erbitten. Man vertröſtet ihn auf die allgemeine Reorganiſation der Armee des Norddeutſchen Bundes.

Wir kommen natürlich auch auf den Herzog Friedrich von Auguſtenburg und die von ihm begangenen Fehler, die nothwendiger Weiſe zum Schiffbruch ſeiner Sache führen mußten. Helldorf ſagt, daß er überall, nicht bloß in Preußen, entſchieden verurtheilt wird. Nur ſein Freund, der Erbprinz Reuß jüngere Linie, halte noch „dem Gefühl nach" zu ihm, ſonſt Niemand.

Auch der Herzog von Coburg habe ſich von ihm losgeſagt. (NB. Das will viel ſagen.)

Nach Tiſch zu G. Beſeler, Politik beſprochen.

6. October. — Zuerſt ging ich nun zu Abelen. Ich finde ihn ſehr beſchäftigt, unterlaſſe aber doch nicht ihn auf die Haltung der holländiſchen Zeitungen aufmerkſam zu machen; auf die Art, wie ſie von Luxemburg ſprechen, von dem preußiſchen Beſatzungsrecht dort u. ſ. w. — und darauf, was dieſe Haltung bedeutet: daß nämlich dieſem Treiben ein älterer Plan, Belgien zu theilen, zum Grunde liegt.

Und nun brachte ich einige Stunden bei Max Duncker zu; mit ihm allein in Geſprächen, die mir nur zu viel zu denken geben.

Er ſagt: der Kronprinz beharrt auf ſeinem früheren Stand-

punkte. Auch die großen Begebenheiten der allerneueſten Zeit und
die reuige Umkehr des Grafen Schwerin haben Nichts über ihn
vermocht. Zwar ſagt er jetzt, daß er der auswärtigen Politik Bismard's
zuſtimme, aber nicht ſeiner inneren Politik. Er ſcheine nicht zu wiſſen,
daß die Fortſchrittspartei infolge der großen Ereigniſſe dieſer letzten
Wochen „den Boden unter den Füßen verloren hat". —

Es war im Plan den Kronprinzen als Vicekönig nach Hannover
zu ſenden und dort reſidiren zu laſſen. Das wäre in mehr als einer
Beziehung zweckmäßig geweſen, da Stadt und Land dort gewöhnt ſind
einen Hof in ihrer Mitte zu ſehen. Die Sache hat ſich aber zerſchlagen,
weil der Kronprinz die Annahme dieſer Stellung von unmöglichen
Bedingungen abhängig machte. Er erklärte, er müſſe dort in Hannover
ganz nach ſeinem eigenen Sinn regieren, ſeine Räthe, ſeine Regierung
ganz frei wählen können.

General Manteuffel, der immer darauf ausgeht Bismard zu
verdrängen, um dann an ſeiner Stelle im Sinne der äußerſten
Rechten zu regieren — iſt jetzt der vor allen gefährliche Mann. Er
hat das Commando des ſechſten Armee-Corps, das ihm angeboten
worden iſt, abgelehnt und geht für jetzt wieder nach Schleswig.
Dort thut er großen Schaden u. A. auch dadurch, daß er den
Civil-Gouverneur Zedlitz im Amt erhält, den Bismard entfernen wollte.

Daß der Krieg im kommenden Frühjahr wieder ausbricht, wird
immer wahrſcheinlicher, die Haltung Oeſterreichs immer feindſeliger.
Die Ernennung des Grafen Goluchowski zum Gouverneur von
Galizien iſt eine Demonſtration gegen Preußen. Sie bedeutet, daß
Oeſterreich ſich mit den ewig unzufriedenen Polen gegen Preußen
zu verbünden hofft.

Die Ernennung des Sachſen Beuſt zum öſterreichiſchen Miniſter
der auswärtigen Angelegenheiten beſprochen; „das iſt der Krieg!"
ſagt Max Duncker — und doch wird ſie in der miniſteriellen und diplo-
matiſchen Welt kaum noch bezweifelt.

Auf Italien iſt in dem neuen Kampf, der uns bevorſteht, nicht
zu rechnen — und doch können wir es mit Oeſterreich und mit
Frankreich zugleich zu thun bekommen.

Es ſtehen uns ſchwere Zeiten bevor! — Beſſer — ſage ich —

man hätte den Kampf gleich jetzt bis auf das Aeußerste fortgesetzt und ausgefochten! — Das wäre nicht unmöglich gewesen.

7. October. Da man es nunmehr als ausgemacht ansieht, daß der Dresdener Intrigant Beust Minister der auswärtigen Angelegenheiten und somit der leitende maßgebende Minister in Oesterreich wird, wird es natürlich um so mehr bemerkt, daß die officiösen österreichischen Zeitungen in Beziehung auf den nun mit Italien geschlossenen Frieden und die gänzliche, endgültige Auseinandersetzung mit der italienischen Nation, die er sanctionirt, vor Allem hervorheben: nun habe Oesterreich eben in Folge des Friedens die Hände frei gegen Preußen.

Allgemeine Verwunderung erregt es, daß der Welfe Georg V. seine bisherigen hannöverschen Beamten ihres Eides entlassen hat. Das hatte Niemand erwartet. Der Mann ist eben ganz unberechenbar.

8. October. Um Keudell sicher zu treffen, ging ich heute schon vor 11 Uhr zu ihm, und ich traf ihn wirklich. Ich machte ihn vor Allem auf die holländischen Zeitungen aufmerksam, auf ihre Aeußerungen in Beziehung auf Luxemburg und die Pläne einer Theilung Belgiens, die diesen Aeußerungen zu Grunde liegen. — Keudell wußte Nichts davon und war sehr verwundert. — Er sagt mir, er habe von dem Briefe Gebrauch gemacht, in dem ich auseinander setzte, aus welchen militärischen Gründen wir Luxemburg nicht aufgeben, jedenfalls nicht in die Hände Frankreichs fallen lassen dürfen. Das heißt, er hat diesen Brief Bismarck vorgelegt, wozu er bestimmt war. Bismarck hat sich „ausgeschwiegen" über den Inhalt dieses Briefes. (Ich hatte ein diesbezügliches kurzes Memoire ausgearbeitet und im auswärtigen Amt abgegeben.) Dann sagt mir Keudell auch: „Der Ausbruch des Krieges im kommenden Frühjahr sei gar nicht zu bezweifeln."

Geh.-Rath Kehler, der mir in der Straße begegnet, erzählt, was sich in Beziehung auf den 60 Millionen-Credit begeben hat. Bockum-Dolffs ist erst eben zu Kehler, dann zu dem Geh.-Rath Wagener (Dummerwitz) mit der Bitte gekommen, sie möchten Bismarck bewegen im Abgeordnetenhause zu erscheinen und persönlich Antheil an der Debatte über den verlangten Credit zu nehmen; nur ihm persönlich wolle das Haus ein solches Vertrauen gewähren.

Das ist die Stellung, die Bismarck jetzt hat der Nation gegenüber, er, den die Fortschrittspartei noch vor wenigen Wochen mit leichter Mühe beseitigen zu können glaubte!

9. October. Abreise nach Cunnersdorf.

––––––––

Der Winter 1866/67 und der Wahlkampf zum constituirenden Reichstag.

Aus den durch die bedeutenden Zeitereignisse lebhaft bewegten Kreisen der Hauptstadt in die Cunnersdorfer Einsamkeit zurückgekehrt, nahm Bernhardi seine gewohnten wissenschaftlichen Beschäftigungen wieder auf. Von Zeit zu Zeit orientirten ihn die Freunde über die Entwickelung der politischen Lage. Die Aufzeichnungen aus dieser Periode sind verhältnismäßig wenig zahlreich.

16. October. Gelesen, geschrieben, den ganzen Tag nicht aus dem Hause. — Gervinus, VII. Band. Es ist wunderbar anzusehen, was der Mann zusammenschreibt; wenige von den wenigen, die sich durch diese Sündfluth von Langeweile hindurcharbeiten, geben sich wohl präcise Rechenschaft davon. Er verlangt Seite 181, Oesterreich und Preußen sollen bei den Kleinstaaten die Stelle der Kinderwärterinnen übernehmen; sie sollen die holden Kleinen, um derentwillen die Welt da ist, hegen und pflegen und schützen; dazu sind Oesterreich und Preußen da; ihr Dasein hat weiter gar keinen Zweck. — Dabei sollen sie sich aber beileibe keine Autorität über die Kleinstaaten anmaßen; zum Dienen bestimmt, sollen sie sich vielmehr von den holden Kleinen beherrschen lassen, wie die Wärterinnen vornehmer und verzogener Kinder allerdings mitunter müssen.

Ihre Politik hätte sein sollen: „Die von jeher getheilten Staaten und Bevölkerungen, welche Europa in seiner Mitte vom äußersten Norden bis zum äußersten Süden durchschneiden, beschützend gegen die Staaten-Kolosse in West und Ost zu erhalten; von diesen Heerden der Kultur, die die natürlichen Vermittler des Weltfriedens sind, die

Impulse des Geistes und der Beweglichkeit willig zu empfangen und ihnen dafür die Kraft, der sie bedürftig sind, uneigennützig zu leihen; den Bund, in den sie gestellt waren, wie es in der Natur der Sache lag, wie es sich die leitenden Staatsmänner fremder Mächte" — die treuen Seelen — „gerne gedacht hätten, im Interesse und zum Schutz wesentlich der Staaten zu leiten, die des Bundes am meisten bedurften, der kleinen Staaten, um derentwillen er allein geschlossen war."

Also nicht um der deutschen Nation willen war der Bund geschlossen. — Welcher Art waren nun aber nach Gervinus' eigenem Urtheil die „Impulse", die Preußen und Oesterreich von diesen „Heerden der Civilisation" erhalten könnten? — Ecce!

S. 171: „Die innewohnenden (sic) Schäden aller (sic) kleinstaatlichen Existenz brachen daher jetzt wie eine nicht zu hemmende Seuche hervor: die Beschränkung der Ansichten und Aussichten, die Verengung der Herzen, die stumpfe Befriedigung bei kleinlebigen Verhältnissen, die Erstickung des Nationalsinnes unter dem Stammgeiste, die Muth- und Gedankenlosigkeit, die einen überkommenen Zustand als einen unausweichlichen hinnimmt."

Merkwürdig ist, wie so viele Lebensverhältnisse durch das bestimmt werden, was man im Handel Credit nennt. Sollte im kommenden Jahr wieder ein Krieg ausbrechen, so wird er bei Weitem nicht so viele Zweifel in das Land werfen, bei Weitem nicht so große Störungen in den Verkehrs-Verhältnissen hervorrufen als dieses Jahr: einzig und allein weil man jetzt Vertrauen zur Armee, zur Regierung, oder vielmehr zu Bismarck und zum Erfolg hat.

19. October. Pertz „Gneisenau". — Der Operationsplan, den Scharnhorst und Gneisenau im April 1813 entworfen haben, und der da (II. 573—578) mitgetheilt wird, läßt sich gar nicht vertheidigen — selbst unter den Bedingungen nicht, die da vorausgesetzt sind. Es ist da allgemeiner Begeisterung, Volks-Erhebung u. s. w. eine Bedeutung beigelegt, die sie nun einmal in dieser nüchternen Alltags-Welt leider nicht haben — oder wenigstens nicht in der Art, — und besonders ist angenommen, daß eine Volks-Erhebung augenblicklich wirksam wird, ohne daß beachtet würde, wie viel Zeit dazu gehört einen solchen Volksaufstand zu sammeln, zu bewaffnen und

auszurüsten, zu ordnen und in der Weise einigermaßen zu diszipli-
niren, daß er für den großen Krieg brauchbar wird, oder so in
schwunghafte Bewegung zu bringen, — wo das überhaupt möglich ist
— daß er wirklich Einfluß auf den großen Krieg übt.

Was für ein Grund lag wohl vor anzunehmen, daß Napoleon
von Erfurt nach Eisenach und gegen Cassel umkehren werde, wenn
Blücher und Wittgenstein um den Harz herum nach Cassel liefen?
Wer Napoleon kannte, mußte eher erwarten, daß er — unbekümmert
darum, daß eine seiner Verbindungslinien mit Mainz bei Cassel
momentan bedroht war, während die andere über Hof und Würzburg ihm gesichert blieb — gerade vorwärts über Wittenberg auf
Berlin ging — und wie dann? — Waren die Heere der Verbündeten getheilt, zur Hälfte an der Elbe, zur Hälfte bei Cassel oder
auf dem Wege dahin — Napoleon aber zwischen ihnen auf der Linie
Erfurt, Leipzig, Wittenberg, Berlin, und seine Festungen Magdeburg,
Cüstrin und Stettin entsetzt, — dann kamen jene beiden Hälften in
diesem Leben gewiß nicht wieder zusammen!

So wie die Dinge wirklich lagen, mußte sich aber Alles noch
viel schlimmer gestalten. Am 29. April, an dem Tage, an welchem
Napoleon Weißenfels erreichte, konnten Blücher und Wittgenstein,
wenn sie Scharnhorst's Plan befolgten, noch nicht weiter sein, als
in der Gegend zwischen Bernburg und dem Fuße des Harzes:
weit genug, um in eine mißliche Lage zu kommen, aber weitaus
nicht weit genug, um irgend einen Druck auf Napoleon's Verbindungslinien auch nur in Aussicht zu stellen — und schwerlich hatten
sie bis dahin entscheidende Vortheile über den Vicekönig Eugen erfochten. Blieb Napoleon im Vorrücken, wie er ohne Zweifel that,
so konnte er möglicher Weise Dessau erreicht und die Elbbrücken der
Verbündeten im Besitz oder zerstört haben, ehe sie dahin zurück zu
kehren vermochten — und in welche Lage kamen sie dann? — was
wurde aus ihnen? — Wenn sie nicht ganz zu Grunde gingen, kamen
sie wohl gewiß nicht ohne schwere Verluste über die Elbe zurück und
Berlin ging verloren.

20. October. Lippe-Weißenfeld „Westpreußen unter Friedrich
dem Großen" zu Ende gelesen. Das Buch ist geistreich geschrieben.

20*

Die Thatsachen aber sind schlecht gruppirt, so daß am Ende kein präcises Bild dessen entsteht, was durch Friedrichs vierzehnjährige Verwaltung geleistet war. Dagegen bleibt der Eindruck einer seltenen, beinahe beispiellosen Pflichttreue, einer ungeheueren Energie, einer merkwürdigen Klarheit im Denken, Wollen und Handeln Friedrichs, und einer Kenntnis des Lebens, zu der ein Fürst schwerer gelangt als ein anderer Mensch.

24. October. Zeitungen. Der Frieden mit Sachsen ist geschlossen — d. h. mit anderen Worten, Sachsen hat sich den gestellten Bedingungen gefügt. Das eröffnet einige Aussicht auf Erhaltung des Friedens im Allgemeinen. Hätte Sachsen Aussicht auf baldige Unterstützung, so würden seine Fürsten und Staatsmänner wohl gesucht haben die Dinge bis zum Frühjahr in der Schwebe zu erhalten. Sie würden dann wohl kaum in die Auflösung der bisherigen sächsischen Armee gewilligt haben.

30. Oktober. Bei dem Buchhändler Rosenthal; er ist ein Jude aus Hessen und bemerkt, daß seine Heimath nun auch zu Preußen gehört (Kurhessen). — Er ist natürlich Demokrat, sagt mir aber doch, die Stimmung sei so ziemlich vollständig umgewandelt im Lande — sehr viele Leute sagten jetzt, sie wollten gern noch einmal fünf Jahre lang eine Regierung ohne Budget haben, wenn das Resultat wieder ein solches ist! — So bestimmbar ist die Menge.

Den Abend kommt der Kutscher August Geppert und zeigt uns eine schöne Porzellan-Tasse mit der goldenen Aufschrift: Dem tapferen August Geppert. — Die Gemeinde Fischbach, in der er geboren ist, hat jedem ihrer Angehörigen, der aus dem Felde heimgekehrt ist, eine solche Tasse verehrt.

8. November. Beust österreichischer Minister! — Uebrigens ist diese Ernennung, selbst abgesehen davon, daß sie in Preußen als eine Demonstration angesehen werden muß, in jeder Beziehung eine arge Thorheit. Oesterreich braucht, um seine Wunden zu heilen und seine inneren Wirren zu lösen, einen ernsten gewiegten Staatsmann — einen Mann, der gründliche Kenntnisse und gewichtige Erfahrungen auf dem Gebiete der Staats- und Volkswirthschaft hat

— nicht einen mehr oder weniger rührigen und gewandten Minister der auswärtigen Angelegenheiten! — Und nun vollends einen solchen nichtigen Salon-Schwätzer!

9. November. Zeitungen; Reorganisation der Armee in Frankreich. — Man scheint hin und wieder selbst in Frankreich zu glauben, daß etwas wie eine Nachahmung unseres Systemes versucht werden solle. Das kann und wird aber in Frankreich nicht geschehen — am allerwenigsten in dem napoleonischen Frankreich; das Volk in Waffen kann der Cäsarismus nicht brauchen — und zu wirklicher allgemeiner Wehrpflicht läßt sich die Bevölkerung Frankreichs wohl nicht ohne Gefahr zwingen.

Es wird nichts Wesentliches geändert werden; man will die Armee einfach verstärken, und damit Frankreich nicht gar zu sehr erschrickt über die neuen Millionen, die es kosten soll, nennt man es Reorganisation.

Brief von Max Duncker, der eben aus Baden zurückgekehrt ist. —

„Von den Zuständen Süd-Germaniens ist nicht viel Tröstliches zu melden. Das beste Zeichen ist eine gewisse in dem württembergischen, ja sogar in dem bayerischen Offizier-Corps hervortretende Neigung für den Anschluß an Preußen. Im Uebrigen hoffen der Kurfürst von Hessen, wie der Herzog von Nassau sammt Georg V. im Laufe des nächsten Jahres ihre Posten wieder einnehmen zu können; Königin Olga verharrt in heftiger Opposition und der Bayerfürst wird täglich schwächer an Verstand. In Wien hofft man, daß die kriegerischen Triebe der Franzosen, der Neid auf Preußen und die Klerikalen in ihrem Eifer für Rom und Wien, unterstützt von Eugenie, den Kaiser endlich fortreißen und zum Bunde mit Oesterreich bestimmen sollen.‟

Es steht schlimm in der Welt! — Wir werden noch schwere Stürme zu bestehen haben, ehe Preußens Größe und damit Teutschlands Sicherheit fest begründet ist! —

11. November. Sonntag und Friedensfest. Schönes Wetter. Die Erde mit Schnee nicht sowohl bedeckt, als bestreut. — Die Gemeinde Cunnersdorf giebt ihren Angehörigen, die den Feldzug mit

gemacht haben, ein Festmahl und ich war, als Mitglied der Gemeinde, auch dazu eingeladen.

Versammlung frühmorgens. Die Krieger wurden von den Mädchen des Dorfes bekränzt, und eine Fahne voran ging dann der Zug unter Trommelschlag zur Kirche. Mädchen trugen dabei eine lange Guir- lande von Tannenreisern und Herbstblumen um die sämmtlichen Krieger, die darin eingeschlossen waren. — Nach dem Gottesdienst war ein Diner im Landhäuschen.

14. November. Zeitungen. Die vielbesprochene „Reorgani- sation" der Armee in Frankreich scheint sich nach und nach als ein bloßer Vorwand zu einer tüchtigen Anleihe darzustellen — die man haben will, um auf alle Fälle vorbereitet zu sein. — Morning Post, Napoleon's bezahltes Organ in England, denuncirt ein preußisch- russisches Bündnis, das gewiß Entsetzliches in Beziehung auf die orientalische Frage bezwecke, und folgert, daß eine entente cor- diale — ein Bündnis der beiden Westmächte in dieser Gefahr mehr als je geboten sei. — Der König von Dänemark kündigt in seiner Thronrede an, daß Napoleon den Dänen Nord - Schleswig wieder verschaffen werde. Es braut sich von mehr als einer Seite aller- hand Unheimliches zusammen! —

Abend Heinrich von Treitschke „historische und politische Aufsätze vornehmlich zur neuesten deutschen Geschichte" zu Ende ge- lesen. Viel Geist und eine echte, umfassende und tiefe Bildung. — Nur hin und wieder scheint mir gewissen Tagesmeinungen, mit denen er doch eigentlich im Widerspruch steht, etwas mehr nachge- geben, als billig. — Aber welch' ein reicher Geist — welch' ein Jammer, daß ein solcher Mensch durch seine Taubheit so gut wie ganz von der Ge- sellschaft ausgeschlossen ist! — Geistreich ist er in einem höheren Grade als z. B. Häusser — in einem höheren Grade selbst als Droysen.

30. November. Ich lese Raumer's „Beiträge zur neueren Geschichte", um zu sehen, ob sich etwas für die Geschichte Rußlands Brauchbares darin befindet, und da ich nun einmal die üble Ge- wohnheit habe Schriftsteller so viel als möglich im Ganzen zu lesen, habe ich auch den ersten Band gelesen, der von Maria Stuart handelt.

Wenn Herr Hackländer oder Hans Wachenhusen Geschichte

schreiben wollten, so würde es wohl ungefähr so ausfallen. Louise Mühlbach steht schon höher. — Der arme Raumer versteht nicht einmal englisch und französisch genug, um die Aktenstücke gehörig benützen zu können.

4. December. Brief von G. Beseler aus Berlin; klagt über die öffentlichen Zustände, in denen seit Bismarck's Abwesenheit „eine Stagnation" eingetreten ist; es ist fast zu fürchten, daß die Mittelmäßigkeiten, die jetzt das große Wort haben und die Unfähigkeit der meisten Minister das große Werk des Sommers ernstlich gefährden. — Bismarck ist zurück, aber sein Zustand soll kein günstiger sein; die Aerzte sprächen von der Nothwendigkeit eines Aufenthaltes in Italien. Das wäre schlimm — aber glücklicher Weise ist G. Beseler etwas Schwarzseher von Profession.

11. December. Brief von Bunsen aus Florenz. Versucht auch Politisches mitzutheilen — von Persano, der in seinem ersten Verhör sehr kleinlaut geworden sein soll — von Fleury, der nach Florenz gekommen sein soll, um zu bewirken, daß die italienische Armee gleich der französischen reorganisirt werde (Oh!!) — und von der Sitzung des italienischen Parlaments, die sehr stürmisch sein würde, weil das Publikum durchaus über Custozza und Lissa klare Auskunft haben wolle.

19. December. Erfahre, daß das Haus der Abgeordneten gestern das Budget angenommen hat.

21. December. Begegne Herrn Kießling. Der sagt mir, daß die Liberalen damit umgehen mich in das Parlament des Norddeutschen Bundes zu wählen.

1867.

2. Januar. Mildes Wetter. Brief von K. Vincke: ob ich geneigt wäre, als Militär-Bevollmächtigter nach Florenz zu gehen?

Soll vertraulich antworten; er wird gegen Niemand davon Gebrauch machen als gegen den, der die Frage gestellt hat.

Ich habe keineswegs ein großes Verlangen meine wissenschaftliche Thätigkeit wieder einzustellen und meine Familie zu verlassen. Ich antworte, daß ich die Frage nicht einfach mit Ja oder Nein beantworten kann, sondern zunächst wissen muß, wer sie stellt.

5. Januar. Brief von Vincke. Moltke iſt es, wie ich vermuthete, der fragt, ob ich nach Florenz gehen möchte.

6. Januar. Brief von Uſedom vom 30/12. 66.: „Die Waffen ruhen nun auch hier, das ſchlecht geführte Schwert iſt in die Scheide zurückgekehrt und wird dieſelbe vermuthlich ſobald nicht wieder verlaſſen. L'Italie se receuille und faßt alle möglichen guten Vorſätze vernünftig zu ſein, zu lernen und zu erwerben.

Allein es wird langſam gehen, bis die national‑ökonomiſche Entwickelung des Volkes pari passu mit der raſch aufgelegten Schulden‑ und Steuer‑Maſſe geht. Denn nur durch vermehrte Production kann dieſes Mißverhältnis balancirt werden: durch Sparen gewinnt man wenig am italieniſchen Budget. Mehr als die Hälfte der Ausgaben (Zinſen der Staatsſchuld, Eiſenbahn‑Garantien, Penſionen u. ſ. w.) kann ohne Bankerott gar nicht reducirt werden. Die andere kleinere Hälfte ſchwerlich ohne Beeinträchtigung des öffentlichen Dienſtes. Die Sparwuth fällt zunächſt über die Armee her. Die Cadres zu vermindern hat man doch nicht den Muth; Dienſtzeit und Präſenz‑ſtand zu benagen geht auch nicht über einen gewiſſen Grad, wenn das Syſtem tüchtige Soldaten und hernach tüchtige Bürger liefern ſoll. Denn die Regeneration Italiens wie ſeine Unification beruht ja zum guten Theil auf der Bildungsſchule, welche die Bevölkerung während ihrer Militärzeit durchmacht. Am Material möchte man wohl ſparen, aber die theuren Contracte für raſche Anſchaffungen ziehen ſich auch in die weniger drangvolle Friedensepoche hinüber, vermöge der in der Bureaukratie herrſchenden Corruption. Es bleibt alſo, wie geſagt, nur vermehrter Nationalerwerb übrig, und auch hierfür iſt wohl nur durch vermehrte Volksbildung Ausſicht vorhanden. Die Kloſtergüter von 1800 Millionen Werth ſind ſchwer verkäuflich, weil der Pfaffe den Nachbarn einredet, Gott ließe hernach Nichts darauf wachſen, oder, wenn einer dennoch kauft, daß er keine Abſolution bekommt oder wohl gar von einem zelante über den Haufen geſtochen wird. Was wollen Sie mit ſolchen Zuſtänden machen? es hilft nichts Anderes, als ſie eben durch zu machen. Maſſimo Azeglio hatte wohl Recht, zu ſagen: „l'Italia è fatta — facciamo adesso gli Italiani“. . . . .

Ricasoli hat durch vernünftiges Auftreten und vorsichtiges Handeln viel Terrain gewonnen. Wenn er jetzt — wie behauptet wird — die Reste des französisch-piemontesischen La Marmora-Ministeriums, die er bei seinem Eintritt mitnehmen mußte, ausscheidet und mehr Nationalgesinnte hinein nimmt, so gebietet er über eine sehr große Majorität in der Kammer und kann lange Minister bleiben. Für Preußen ist er auch sehr nöthig, indem nur durch ihn und die Nationalpartei das Zustandekommen der Tripel-Alliance Frankreich-Italien-Oesterreich verhindert werden kann, wonach die Französisch- und Clerical-Gesinnten streben. Für die Abtretung des Trentino möchte sich unter einem anderen Ministerium Italien leichter zu dieser Tripel-Alliance bewegen lassen. Dies zu hindern muß uns keine Anstrengung zu groß sein. Allein wir debütiren schlecht zu diesem Zweck, wenn wir uns darauf einlassen Napoleon's Interventions-Politik in der römischen Frage mit zu machen, und uns damit ganz muthwillig den Nationalhaß Italiens zuzuziehen: Frankreich als übermächtiger Nachbar wird sich Italiens Mitgehen meistentheils erzwingen können, wir dagegen sind nur auf unsere Popularität im Lande angewiesen. . . .

Ich verstehe nicht, woher uns die clericale Anwandlung kommt, uns zu Gunsten der Temporalgewalt unser italienisches Verhältnis zu verderben. Wenn Sie nach Berlin kommen, so tritt Ihnen vielleicht etwas über die geheimen Einflüsse entgegen, die hier nothwendig gewirkt haben müssen. . . . Ich bin leider über Berlin sehr wenig orientirt, da ich zuerst wegen der Wiener Friedens-Unterhandlungen und dann wegen der Venetianischen Feste nicht fort konnte; jetzt aber ist es zu spät im Jahr für einen mit Gicht Behafteten. . . . Große Freude habe ich aus der Ferne über den Friedensschluß zwischen Ministerium und Kammer, welcher uns zugleich die Möglichkeit einer Verständigung mit Nord- und hoffentlich auch mit Süd-Deutschland eröffnet. Der wieder erwachte Partikularismus nebst Sachsen- oder gar Hessen-Treue ist indeß eine merkwürdige Erscheinung für uns, die wir 1848 und manche späteren, unitarischen Zeiten im deutschen Volk erlebt haben. Es ist eben ein „dummes Volk" und kann sich die Zeichen der allergreifbarsten Gegenwart nicht deuten. Das Nord-

Parlament „wird wohl das ganze Deutſchland" wollen, aber iſt das
gänzlich verworrene Süd-Deutſchland zu irgend etwas reif, ohne
Gewalt? und können wir letztere anwenden? In dieſer Confuſion
iſt wohl noch nicht klar zu ſehen; ich wünſche nur, daß Bismarck bei
ſeinem ärztlichen Regime verbleibt. Würde er Invalide, ſo ſtünden
dem preußiſchen Staat ernſtliche Gefahren bevor. Nur er kann ſie
überwinden. . . . Hier im Parlament haben wir die heftigſten Inter-
pellationen wegen der ſchlechten Kriegführung La Marmora's und
ſeiner piemonteſiſchen oder franzöſiſchen Partei zu erwarten. Er wird
ſich heraus zu ziehen ſuchen, indem er ſich hinter den König verſteckt,
welcher die bekannten Telegramme „déſaſtre complet" u. ſ. w. an
Cialdini und Garibaldi geſchickt hat. Doch wird ihm bewieſen werden, daß er durch das Venetianiſche National-Comité von dem
forcirten Marſch der 30000 Oeſterreicher vom linken Etſchufer nach
Verona rechtzeitig unterrichtet war und dennoch in zerſtreuter Marſch-
ordnung durchs Quadrilatère hinburchzog. An tradimento mag man
nicht glauben, aber — wenn nicht — was ſoll man denn von dem
menſchlichen Verſtande denken? Nur wenn, wie hier, die maßloſeſte
Selbſtüberhebung und Eigenſinn ſich zu vollendetem Blödſinn und
Kopfloſigkeit geſellen, wird ſo etwas möglich. . . . Haben Sie wohl
daran gedacht, vermöge Ihres Tagebuches und außerordentlichen Ge-
dächtniſſes, die Erinnerungen aus dem italieniſchen Hauptquartier dieſes
Sommers ſich zuſammen zu ſtellen? Kein Menſch könnte, ſo wie Sie,
die wahre Geſchichte dieſer Dinge ſchreiben. Ich würde Ihnen, was
ſie wünſchen, namentlich aus den Parlaments-Debatten ſchicken. . . .

Wenn Sie nach Berlin kommen, werden Sie hoffentlich für
unermüdliches, unausgeſetztes Soldaten-Machen ſorgen.
Das ſcheint mir vor der Hand das Nothwendigſte . . . . ."

Aus Hirſchberg erfahre ich, daß der Landrath eine Wahlver-
ſammlung ausgeſchrieben hat, um die Candidaten zu beſprechen.

7. Januar. Zu meiner Ueberraſchung erhielt auch ich vom
Landrath eine Einladung zu der Beſprechung morgen. Die gedruckte
Einladung kündigt an, daß der Regierungspräſident, Graf Zedlitz,
der Verſammlung beiwohnen wird. Wie unziemlich! Dagegen iſt
das Circular dieſes Mal nicht an eine Partei gerichtet.

9. Januar. Brief von G. R. Theremin in Bismarck's Auftrag. Bismarck wünscht mich in diesen Tagen zu sprechen. Irgend eine Mission steht für mich in Aussicht, und da liegt wieder am nächsten an diejenige zu denken, die mir Moltke zugedacht hat; die wäre mir aber eben nicht recht.

Der alte General v. Heydebrand ist, wie ich höre, Feuer und Flamme und erklärt: „Bernhardi muß gewählt werden und kein Anderer." Bald darauf kam Aschenborn zu mir, von den Liberalen gesendet, und fragte mich, ob ich eine Candidatur annehmen wolle? — Ich antwortete, daß ich im Allgemeinen keine große Neigung für eine parlamentarische Thätigkeit habe und meine wissenschaftlichen Arbeiten nicht gerne liegen lasse, daß ich aber dem ungeachtet in diesem Falle für Pflicht halten würde anzunehmen, wenn ich gewählt werde.

10. Januar. Abends Abreise nach Berlin.

11. Januar. Berlin, freudig empfangen im Rheinischen Hof. — K. Vincke in der Straße; ist sehr erfreut mich zu sehen und redet mir lebhaft zu für meine Wahl in den Reichstag zu sorgen. Kehler erzählte mir, daß es mit Bismarck's Gesundheit noch immer sehr schwach steht. Reubell ist nach Mentone gegangen, angeblich auf Urlaub, eigentlich aber um „das Terrain" zu recognosciren für Bismarck, der sich dort unter einem milden Himmel ausruhen soll, sobald die Geschäfte es zulassen.

12. Januar. Zu Max Duncker. Die Lage besprochen. Was die allgemeine Lage anbetrifft, ist M. Duncker sehr entschieden dafür, daß ich mich womöglich in den Reichstag soll wählen lassen, um so mehr, da er einen sehr starken und sehr bedenklichen Widerstand voraussieht, dem die Regierung begegnen wird, und der sich an mehreren Stellen vorbereitet.

Scheel-Plessen, der Schleswig-Holstein regiert, hat sich in letzter Zeit der Augustenburgischen Partei angeschlossen — wahrscheinlich glaubt er sie zu gewinnen; aber das wäre eine arge Täuschung, denn weder der Erbprinz von Augustenburg noch die Holsteinischen Partikularisten haben ihre Pläne und Hoffnungen aufgegeben. Ihre Taktik ist jetzt: „sich die preußischen Institutionen vom Leibe zu halten" — ihre verwickelten mittelalterlichen Ordnungen in Ver-

waltung- und Rechtspflege zu behaupten — und ſo ihre vom preußiſchen Staat ſcharf geſonderte Provinzial-Exiſtenz zu bewahren, damit ſie dann wieder dereinſt ohne heftigen Stoß, ja ohne Mühe
aus dem preußiſchen Staatsverband losgelöſt werden „und ihrem
Herzog in die Arme ſinken können“. — Scheel-Pleſſen, der ſelber
ein Partikulariſt iſt, geht ſehr lebhaft darauf ein die „berechtigten
Eigenthümlichkeiten“ des Landes zu wahren.

(NB. Die Auguſtenburger Partei, die ſich im Jahre 1863—64
für enragirt demokratiſch gab und die Verfaſſung von 1848 auf ihre
Fahne ſchrieb, tritt alſo jetzt für die mittelalterlichen, geſellſchaftlichen
Ordnungen in die Schranken. — Ohne Zweifel hat der Erbprinz
von Auguſtenburg ſeine Anhänger in Holſtein ihrer Verpflichtungen gegen ihn entlaſſen, damit ſie ſich in den Reichstag
wählen laſſen können, um dort die „berechtigten Eigenthümlichkeiten“ des Landes zu verfechten; das iſt mir
jetzt klar.)

General Manteuffel wird wahrſcheinlich in den Reichstag gewählt, denn er iſt in den Elbherzogthümern populär; ob Scheel-
Pleſſen „durchkömmt“, iſt die Frage, denn er iſt nicht beliebt.

Dieſelbe Taktik wird natürlich auch die Hannöverſche Ritterſchaft im eigenen Intereſſe wie in dem Georg's V. befolgen; auch
ſie wird für die berechtigten Eigenthümlichkeiten des Landes kämpfen
— im Verein mit der Mecklenburgiſchen Ritterſchaft und den An-
hängern des Hauſes Wettin. — Dieſen Widerſtand zu brechen iſt
die Hauptſache, und deshalb dürfen aus den alten Provinzen nicht
zu viele von den Conſervativen in den Reichstag kommen, die aus
Standes-Sympathien geneigt ſein könnten mit den Königlich-Sächſiſchen
Kammerherren, dem Hannöverſchen und Mecklenburgiſchen Adel und
den Vertheidigern mittelalterlichen Unweſens in den Elbherzogthümern gemeinſchaftliche Sache zu machen.

So meint M. Duncker. Er ſelbſt wird wohl in Halle gewählt
werden.

Unter den Linden — auf dem Wege zu Etzel — begegnete mir
Camphauſen; lange mit ihm umhergegangen. Er redete mir auch
bringend zu, für meine Wahl in den Reichstag zu ſorgen, und gab

mir dabei einen sehr praktischen Wink: ich soll mit Eulenburg sprechen, damit die Landräthe die Weisung erhalten sich meiner Wahl nicht zu widersetzen. (NB. das muß Abeken vermitteln.)

Camphausen sagte mir vorhin, daß es mit den Unterhandlungen mit den Staaten des Norddeutschen Bundes nicht recht vorwärts will. Sie jammern über die Leistungen, die ihnen zugemuthet werden, und wissen nicht, wie sie das Geforderte finanziell erschwingen sollen. — Sie möchten eben wie bisher begünstigt, ohne eigenes Zuthun, lediglich durch uns vertheidigt sein, so daß wir auch ganz allein die Kosten der Vertheidigung aufzubringen hätten. — Die finanzielle Schwierigkeit hat darin ihren Grund, daß die Mittel in den Kleinstaaten vorzugsweise auf die unwesentlichen Dinge, z. B. auf eine möglichst glänzende Hofhaltung, verwendet werden. In allen diesen Staaten kostet der Hof eben so viel und mehr selbst, als die ganze Armee. Da liegt das Mißverhältnis. Die Kleinstaaten sind eben unfähig ein wirkliches Staatsleben zu führen; Erzeugnisse des Mittelalters können sie eben nur sein, was sie im Mittelalter sein sollten und waren: die materielle Unterlage — so zu sagen das Piedestal einer fürstlichen Existenz. Camphausen meint: „es geht mit ihnen zu Ende."

13. Januar. Leichter Frost, angenehmes Wetter. Zu Moltke; sage ihm, daß mich ein Brief Bismarck's herbeschieden hat. Er fragt ob ich wisse, was Bismarck von mir wolle? — Nein! — Er wisse es natürlich auch nicht, zu meiner Notiz aber wolle er mir sagen, daß er mich zum Militär-Bevollmächtigten vorgeschlagen hat nach Florenz.

Ich bemerke darauf, es frage sich aber, ob es in diesem Augenblicke nicht wichtiger sei, daß ich in den Norddeutschen Reichstag gewählt werde — berührte, wie es bei uns mit den Wahlen steht — und Moltke entscheidet sich bald dafür, daß meine Wahl für den Augenblick viel wichtiger sei als meine Sendung nach Florenz; damit habe es keine Eile, die Stelle dort könne ganz gut einige Zeit unbesetzt bleiben. Er selbst, in Memel und hier in Berlin als Kandidat vorgeschlagen, werde auch nicht ablehnen im Fall die Wahl auf ihn falle, obgleich ihm eine parlamentarische Thätigkeit eben so sehr

zuwider ſei wie mir; aber ich habe Recht, die Sache ſei diesmal
zu wichtig, man dürfe nicht ablehnen — jedenfalls ſchließe man durch
die angenommene Wahl ein böſes Element aus, das ſonſt an die
Stelle kommen könne. So ſei ſein Gegenkandidat in Memel Dr.
Johann Jacoby, und in Berlin Schulze-Delitzſch.

Es ſchien, als ſollte, auch wenn ich gewählt werde, die Stelle
in Florenz offen und mir vorbehalten bleiben.

Dann ſagte mir Moltke, die Oeſterreicher ſendeten unbegreiflicher
Weiſe ſehr viele Truppen nach dem weſtlichen Galizien — dem
Ruthenen-Lande; es ſeien dort ſchon bedeutende Maſſen, und nun
gingen abermals acht Tage lang Eiſenbahnzüge mit Truppen dorthin; man wiſſe ſich das nicht zu erklären, denn gegen die ruthe-
niſchen Bauern könnten ſo großartige Anſtalten nicht nöthig ſein. —
Die Ruſſen ihrerſeits träfen gar keine Gegenanſtalten. — Ob vielleicht die orientaliſche Frage dieſe vorbereitenden Maßregeln ver-
anlaſſe?

Das iſt mir nicht wahrſcheinlich. Dann würden die Oeſterreicher ihre Truppen wohl eher im ſüdlichen Ungarn und in Siebenbürgen konzentriren.

Etzel beſucht. Etzel wußte, daß ich den Winter 1864 in England
zugebracht habe, ſeitdem hatte er von meinen Erlebniſſen Nichts weiter
erfahren — und da war er verwundert von meiner Sendung nach
Italien zu hören. Ich mußte viel davon erzählen, hauptſächlich aber
war ihm darum zu thun, mir von ſeinem Feldzug in Böhmen zu
berichten, und es ergab ſich, daß er mit ſich ſelbſt eigentlich nicht
zufrieden iſt; er hat weniger geleiſtet, als er ſich ſelbſt zugetraut hatte
— es iſt ihm, als hätte er ſich ſeiner Aufgabe und den Umſtänden
nicht ganz gewachſen gezeigt, und er fühlt ſich gedrückt.

Mittelbar lag in ſeiner Erzählung das Geſtändnis, daß er, und
überhaupt die Elb-Armee, bei Königgrätz mehr hätte leiſten können und
ſollen. Er rechtfertigte oder erklärte das dadurch, daß man auf dem
rechten Flügel — bei der Elb-Armee — von dem Gange der Schlacht
im Allgemeinen eigentlich Nichts wußte und überwiegend in der Vorſtellung befangen war, ſie gehe ſchlecht. Als dann der Wendepunkt
eintrat und auch auf dem rechten Flügel ſichtbar wurde, hatte man

doch keine Ahnung davon, daß der Erfolg der preußischen Waffen ein so vollständiger, die österreichische Armee so gänzlich zersprengt und gebrochen sei.

Auch machte Etzel geltend, daß er nur eine schwache, aus mancherlei ihm fremden Truppentheilen zusammen gewürfelte Division gehabt habe.

Daneben aber gestand er, daß die Wirklichkeit denn doch etwas ganz Anderes sei, als die Vorstellung davon. Kein vorhergegangenes Studium könne einen ausreichenden Begriff davon geben. —

14. Januar. Geschrieben. — Um 2 Uhr — wie ein gestern erhaltenes Schreiben verlangte, zu Bismarck.

Der empfing mich in Militär-Uniform, die er aus Gesundheits-Rücksichten jetzt immer trägt, um bis oben zugeknöpft zu sein.

Er fragt, ob ich geneigt wäre auf längere Zeit nach Italien zu gehen? — und fügt nach einigem Hin- und Herreden hinzu, daß ich als Militär-Bevollmächtigter nach Florenz zu gehen hätte.

Ich: General Moltke hat mir schon davon gesprochen; indem wir aber die Sache überlegten, kamen wir sehr bald auf die Frage, ob es nicht für den Augenblick wichtiger wäre, daß ich in den Norddeutschen Reichstag gewählt werde? —

Bismarck: „Hm, da kommen wir freilich auf ein ganz anderes Feld."

Ich schildere die Lage bei uns, daß Stolberg von Jannowitz abgelehnt hat, Zeblitz wahrscheinlich nicht durchkommt, und möglicher Weise, wenn ich ablehne, Jemand gewählt wird, der der Regierung unbequem werden könnte.

Bismarck: Das Alles sei allerdings zu erwägen. Er setzt auseinander, wie meine Sendung nach Italien zu verstehen sei. — Es sei für uns wichtig von dem Zustand der italienischen Armee in zuverlässiger Weise unterrichtet zu sein — nicht etwa, weil wir sie möglicher Weise könnten zu bekämpfen haben, sondern im Gegentheil, damit wir wissen, was wir vorkommenden Falles von ihr zu erwarten haben. Das sei indessen nicht die Hauptsache. Usedom's Berichte seien unzuverlässig und zu Nichts zu brauchen. Usedom sei ein sehr liebenswürdiger Mann — ein liebenswürdiger Feuilletonist — der

sehr angenehm Conversation mache — aber kein Staatsmann. Er
erzähle in seinem Berichte nie die Dinge selbst, sondern spreche immer
nur seine Ansicht von den Dingen aus, ohne zu sagen, worauf sie
denn begründet sei, so daß man sich ein eigenes Urtheil nach seinen
Depeschen gar nicht bilden könne. — Und noch dazu schwanken seine
Darstellungen hin und her von einem Extrem zum andern.

Einmal sei Alles couleur de rose — und acht Tage darauf
schreibt er dann wieder, in Italien sei Alles verloren, wenn man dem
König nicht den Schwarzen Adler-Orden sende. Man brauche aber
präcise und zuverlässige Berichte aus Italien — ich kennte dort Land
und Leute — mit einem der Untergebenen, einem der Sekretäre unmittelbar zu correspondiren, das sei gegen die bestehende Ordnung
und überhaupt nicht thunlich; von denen könne man sich nicht besondere Berichte einsenden lassen. Usedom sei aber auch nicht zu
beseitigen; ihn ohne weitere Umstände zur Disposition zu stellen, dazu
könne der König sich nicht entschließen; dazu sei der Herr zu rücksichts-
voll, und er, Bismarck, vermöge nicht ihn dahin zu bringen. — Da
man nun auch von den Sekretären nicht besondere Berichte einfordern
könne, sei eben nur die Correspondenz mit dem Militär-Bevollmächtigten übrig, der selbständig und unabhängig neben dem Gesandten
stehe, und da unsere beiden militärischen Autoritäten „Roon und
Moltke" mich zu dieser Stellung vorgeschlagen hätten, sei er selbst
natürlich sehr gern auf meine Anstellung eingegangen.

Ich: „Das ist eine sehr schwierige Stellung, die mir zugedacht
ist, und doppelt schwierig für mich wegen der langjährigen, freundschaftlichen Beziehungen, in denen ich zu Usedom stehe." — Meine
Lage und meine wissenschaftlichen Arbeiten erörtert; sie sind mir wichtig
als Mittel, meinen Kindern, denen ich nur ein sehr geringes Vermögen
hinterlassen kann, einen bekannten und geachteten Namen zu hinterlassen
— und ich habe nur noch wenige Jahre vor mir, um sie zu vollenden.
Ich gebe also sehr viel auf, wenn ich sie liegen lasse, um eine Mission
zu übernehmen — und kann das nur thun, wenn die Sache, um die
es sich handelt, von solcher Wichtigkeit ist, daß die Annahme Pflicht wird.
— Es fragt sich nun, ob die Wahl in den Reichstag nicht für jetzt
von überwiegender Wichtigkeit ist.

Bismarck: Otium cum dignitate. Wenn mir daran gelegen sei, würde ich es aber im Reichstag auch nicht finden.

Ich: Das weiß ich natürlich wohl; und eine parlamentarische Thätigkeit sei mir sogar von allen erdenklichen eine der allerunangenehmsten; ich trage gar kein Verlangen darnach; aber die Sache scheine mir diesmal so wichtig, daß die genannten Rücksichten schweigen — wie in jedem Fall von gleicher Wichtigkeit.

Bismarck: „Hm! si le coeur ne vous en dit pas pour l'Italie" — er sei abergläubisch; oft wenn er sich die Dinge auch noch so gut überlegt und berechnet habe, und es trete ihm dann eine unerwartete Schwierigkeit in den Weg, habe er den Instinkt, es solle wohl nicht sein. — Ich möge denn also versuchen mich wählen zu lassen. — Die Sendung nach Italien — das sei nicht „eine Sache von Wochen, von Monaten" — (NB. sollte heißen, sie könne Wochen und Monate aufgeschoben werden). — Wenn ich bei den Wahlen „durchfalle" (lachend) könnten wir wieder von der Sache sprechen — und das Weitere werde sich finden; die Stelle in Florenz werde inzwischen offen bleiben.

Ich fragte auch, wann die Wahlen stattfinden würden?

Bismarck: Am 12. Februar; das sei allerdings viel später, als er gewünscht hätte — zu spät eigentlich — aber was wolle man! — während seiner Abwesenheit und Krankheit sei eben gar Nichts geschehen. — „Die Geheimräthe haben sich unter einander gezankt, die Minister haben unter einander binirt, weiter ist gar Nichts geschehen." — Ich könne gar nicht ermessen, was es für eine Plage sei sieben Menschen in Ordnung zu halten, die alle miteinander von der Sache Nichts verstehen.

(NB. Die Minister natürlich; in der Eile zählte er aber sich selbst und Roon mir, sonst sind ihrer nur fünf.)

So wurde ich ungemein freundschaftlich entlassen, aber mit einem peinlichen Gefühl im Herzen; ich klammere mich an die Wahl zum Reichstag, um von der Sendung nach Florenz loszukommen; die Herren lassen mich aber nicht los, sie sind so versessen darauf, daß ich nach Florenz gehen soll, daß sie die Stelle — Reichstag oder nicht — für mich offen lassen — und wenn ich im Reichstag die Qualen des Fegefeuers durchgemacht habe — dann soll ich doch von

Familie und Wissenschaft fort in die schwierige und sogar zweideutige Stellung nach Italien. — Wenn ich aber entschieden und kategorisch Nein! sage, verschließe ich mir den Weg zu jeder staatlichen Verwendung für immer!

Morgens früh hatte ich einen Brief von Herrn v. Raumer: er habe mich als Candidaten vorgeschlagen; da ich aber in den entfernteren Gegenden des Wahlkreises wenig bekannt sei, bitte er mich, ihm einen Brief zu schreiben, den er vorzeigen könne, und in dem mein politischer Standpunkt bezeichnet wäre.

Ehe ich mich zu Bismarck verfügte, war auch Cooper bei mir gewesen und sprach mir viel von Kreta. Er behauptet Koroneos, den Leiter des griechischen Aufstandes auf der Insel, genau zu kennen und meint, an allen Siegen der Türken dort sei kein wahres Wort; „es falle den Griechen gar nicht ein" sich auf ernsthafte Gefechte mit den Türken einzulassen; sie führen einen Guerilla-Krieg und weichen jedem entscheidenden Zusammentreffen mit dem Feinde aus. Uebrigens seien Thessalien und Macedonien bereit sich auf einen Wink von Koroneos ebenfalls zu erheben.

Die „orientalische Frage" ist in Fluß gerathen, der Orient in einer weitreichenden Bewegung, das ist gewiß; durch bloßes Ignoriren oder ausdrückliches Leugnen, wie von den Tuilerien aus versucht wird, läßt sich die Sache nicht ungeschehen machen, so unbequem sie sein mag.

Ebenso versichert Cooper, die österreichischen Truppensendungen nach Galizien seien weder gegen Rußland noch gegen die ruthenischen Bauern gerichtet, sondern gegen Ungarn, das in Folge der neuesten Maßregeln Oesterreichs, namentlich des neu octroyirten Wehrgesetzes, durchaus zum Aufstande reif sei. — Das hat allerdings sehr viel für sich und möchte richtig sein.

16. Februar. Um 7 Uhr — bestellter Weise — bei dem Minister Eulenburg; berichte, daß meine Sendung nach Italien aufgeschoben wird, damit ich in den Reichstag gewählt werden kann. Er möge nun die beiden Landräthe verständigen, daß meine Wahl der Regierung erwünscht wäre. (NB. Mich amüsirt dabei der Gedanke, wie überaus unangenehm ein solcher Auftrag unserem Landrath sein wird.)

Das soll geschehen. Eulenburg fragt, was überhaupt für Aussichten seien? — Die Wahlen werden diesmal gut ausfallen. —
Eulenburg hofft das auch, glaubt aber doch nicht daraus folgern zu
dürfen, — wie mehrfach geschehe — daß in dem allgemeinen Stimmrecht nun das unfehlbare Mittel gefunden sei, immer gute Wahlen
zu erhalten. — Das glaube ich auch nicht.

Zu Droysen; da falle ich unvermuthet in eine große Abend-
gesellschaft hinein. — Die Familie da — Prof. Haym — Harbou,
den ich kennen lerne u. s. w. — Max Duncker und Frau — Beseler's
Familie — C. Lorentzen mit den Seinigen.

17. Januar. Zu meiner Ueberraschung kommt General Gersdorff zu mir — der jetzt die Division in Cassel kommandirt. — Er
erzählt mir von dem Feldzug in Böhmen, wo er mit seiner Brigade
nur einmal ins Feuer gekommen ist, nämlich bei Königgrätz; von
dem großen Kavalerie-Gefecht gegen Ende der Schlacht, und wie er
durch das aus großer Nähe in die Flanke der österreichischen Küraffiere
abgegebene Feuer das Beste zur Entscheidung gethan habe, obgleich er
zur Stelle nur 3 Compagnien und eine Vierpfünder-Batterie bei
sich hatte.

Gersdorff ist ein sehr tüchtiger Soldat. Abends Abreise nach
Cunnersdorf.

18. Januar. Cunnersdorf. Der Landrath hat in das offizielle Kreisblatt vom 10. einen wahrhaft unsinnigen, wirklich unglaublichen Artikel einrücken lassen, in welchem er die Conservativen auf-
fordert, sich zahlreich bei den Wahlen zu betheiligen; Bismarck's
Absicht sei die Verfassung zu vernichten vermöge des Reichstags;
darin müßten ihm die Conservativen nun beistehen. — Darauf sind
die Liberalen sehr böse geworden, ja auf das Tiefste empört und
meinen, wenn es so gemeint ist, müßten sie eben einen Fortschrittsmann wählen, der die Verfassung unter allen Bedingungen vertheidigt. — Aschenborn, der meine Wahl für unfehlbar hielt — glaubte
sie unmöglich, sowie er aus einer Versammlung der Liberalen zurückkehrte, die nach der Veröffentlichung jenes Artikels stattgefunden hatte.
— Von conservativer Seite ist Zedlitz-Tiefhartmannsdorf aufgestellt
worden.

21*

Mir wäre in dieſem Augenblick eine Wahl ſehr erwünſcht, ſchon um mich von der Sendung nach Italien los zu machen. Ich muß mich alſo vor allen Dingen orientiren und ſehen was noch zu machen iſt.

21. Januar. Das Breslauer liberale Wahl-Comité hat mittlerweile den Profeſſor Röpell den hieſigen Wählern als Candidaten empfohlen, und er iſt jetzt der Candidat der Liberalen. Ich ſehe wohl, woran es liegt, daß ich bei Seite geſchoben werde. Das Coterie-Weſen iſt mächtig bei den Wahlen, und wer ſich gleich mir fern und frei davon hält, kann kaum gewählt werden. Die hieſigen Liberalen haben ſich an das Breslauer Comité gewendet, um zu wiſſen, wen ſie wählen ſollen, und das Comité hat natürlich ſofort eines von ſeinen eigenen Mitgliedern vorgeſchoben. Ich habe eben verſäumt mich mit dem Breslauer Orakel in Verbindung zu ſetzen.

An Bismarck perſönlich geſchrieben; ſchicke ihm ein Exemplar von dem Artikel des Landraths, weil er perſönlich darin compromittirt iſt.

22. Januar. Brief von Raumer; der iſt im Schönauer Kreis geweſen und meldet mir, daß Zeblitz, der dort einen ſtarken Anhang habe, nicht zurücktreten wolle; da iſt er ſelbſt mit ſeinem Anhang für Zeblitz zu ſtimmen entſchloſſen.

Mit meiner Wahl ſcheint es nun vorbei; ich kann nicht leugnen, daß mir das ſehr peinlich iſt.

29. Januar. Brief von Raumer, der mir meldet: Zeblitz von Tiefhartmannsdorf, der nun aus Berlin zurück iſt, bedauert nach den Erkundigungen, die er dort eingezogen hat, unendlich, daß er meiner Candidatur in den Weg getreten iſt. Jetzt ſei es für ihn zu ſpät, zurückzutreten. — Als ob es je zu ſpät ſein könnte etwas Vernünftiges und Zweckmäßiges zu thun.

Das Donnerwetter, das über den Landrath gekommen iſt, muß ein ſehr nachdrückliches geweſen ſein, da es par ricochet ſelbſt auf Zeblitz einen ſolchen Eindruck gemacht hat.

30. Januar. Raumer beſucht früh am Tage. Zeblitz hat ihm geſchrieben: er iſt überzeugt, daß ich hätte nützlicher ſein können als er, der die Regierung nur durch ſein Botum, nicht durch ſeine

Talente unterstützen könne — er habe in Berlin die Ueberzeugung gewonnen, daß mir eine hohe Stellung im Staat zugedacht sei; aber er könne nun nicht mehr zurücktreten, denn der ganze Schönauer Kreis wolle ihn wählen — und es sei zu spät die Leute jetzt noch für einen Anderen umzustimmen. Der Minister Roon habe sich besonders energisch für meine Wahl ausgesprochen — Herr v. Zeblitz wolle mich besuchen.

Der Landrath hat seinen famosen Artikel verleugnen müssen. Er hat in einem neuen mit seinem Namen unterschriebenen Artikel nicht allein erklären müssen, daß jener erste ohne sein Wissen in das Kreisblatt gekommen ist, — sondern er muß die Grundsätze verleugnen, die darin gepredigt werden und sich für constitutionell und verfassungstreu ausgeben. Das muß ihm sehr sauer angekommen sein! — Das Gewitter, das über ihn hereingebrochen ist, muß ein sehr schweres gewesen sein.

Raumer sagt mir, jener unglückliche Artikel sei aus dem ultrareaktionären „Volksboten" entlehnt; der Landrath sei aber allerdings für dessen Aufnahme in das offizielle Kreisblatt verantwortlich, da er dem Buchdrucker, bei dem das Blatt gedruckt wird, ein für alle Mal gesagt hat, Artikel aus dem Volksboten könne er jederzeit aufnehmen.

31. Januar. Der Landrath, der aus Berlin zurück ist, bedauert am allermeisten, daß ich nun doch nicht gewählt werden soll — aber leider sei es zu spät. Er behauptet, der nun von allen Seiten verdammte Artikel sei während seiner Abwesenheit in das Kreisblatt gekommen.

1. Februar. Raumer's „Beiträge zur neueren Geschichte" zu Ende gelesen. Dazu gehört auch Ausdauer. Es wäre wunderbar, wenn die Archive Englands und Frankreichs nichts Bedeutenderes enthielten als das, was Raumer ausgezogen hat. Vollkommen unerträglich aber sind seine eingestreuten Betrachtungen, in denen er nicht über die flachsten Gemeinplätze hinauskommt, und der dünkelhafte Orakelton, in dem diese Gemeinplätze vorgetragen sind.

Gefährliche politiſche Zuſtände Europa's.   Eröffnung des
Norddeutſchen Reichstages.

Nachdem Bernhardi's Wahl unmöglich geworden war — im Weſentlichen
durch allerhand lichtſcheue Machenſchaften der Liberalen, die ihn wohl als Candidaten wünſchten, dann aber fallen ließen, weil ſie ihn' nicht für fortgeſchritten
genug in ſeinen Anſichten hielten und wahrnahmen, daß auch ein Theil der Conſervativen für ihn zu ſtimmen bereit war — ging er Anfangs Februar nach Berlin
zurück, um ſeine archivaliſchen Studien wieder aufzunehmen — ward aber bald
von Neuem in die politiſche Bewegung hineingezogen.

6. Februar. Schauſpielhaus. Brutus und Collatinus von
Lindner, ein Trauerſpiel, von dem jetzt einigermaßen die Rede iſt.
Ich halte aber nur wenig Scenen aus. Nichts als grell gefärbte
Tugend und Bosheit — wie ein illuminirter Holzſchnitt — und
hohle pomphafte Deklamation. Unſere Schauſpieler ergehen ſich
unter allen Bedingungen am liebſten in unbändiger, möglichſt ver-
kehrter, möglichſt falſch accentuirter Deklamation; hier war ihnen
nun die ſchönſte Bahn eröffnet für tolles Rauſchen und ſinnloſes
Poſaunen. Auch leiſteten ſie darin das beinahe Unmögliche. Die
Darſtellung wurde eine unſinnige Carricatur der franzöſiſchen Dar-
ſtellungsweiſe; es war zum Davonlaufen — und ich lief auch davon.

11. Februar. Cooper bei mir; zeigt mir einen ſehr merkwürdigen Brief von einem Garibaldi'ſchen Offizier Namens Blackey,
der erzählt, daß er aus Kreta zurückgekommen iſt, um ſich mit Garibaldi zu beſprechen — wie Garibaldi für Preußen und Bismarck
ſchwärmt u. ſ. w. — dann:

„Now I come to the real purpose of my writing" — der
Schreiber ſetzt dabei voraus, daß Cooper von anderer Seite bereits
unterrichtet iſt; dem iſt aber nicht ſo; Cooper hat von Niemandem
ſonſt Briefe verwandten Inhalts erhalten.

„By this time you will know from other quarters, what
is to happen in a month or two. They are all on their
places in Stambul. If one coup does not succeed, the next
will, and the whole botega of Islam will come to offer fight.
Every thing is prepared to accept it and to finish once for
ever and courageously, what western hypocrisy and diploma-

tical duplicity never could nor will do. — There is no fear for any of the powers interfering in favour of the Islamites; it will, it must be all the revers. Helenion (Griechenland) is strong, very strong, and every thing well organized to come to final terms with Stambul. Things are thus arranged, that the Turks will rise against the Christians, and the first blow will be the signal to a general rising in the whole of European Turkey. — The motive, why the fanatics will rise against the „infidels", is no subject to be written in a letter, but thou wilt guess what it is. (Cooper verräth es nicht.) The Christian population in Stambul is quite strong enough to match the Islamites, and Epirus, Albany, Macedon and We (die Garibaldianer) will do the rest."

„I will have to be in Nauplia by the first of March, where I shall meet with Germanos, Mavromichalis and others. Before I leave Italy, I wish to know, what you intend doing, and what in the whole your intentions are. You will not neglect writing to the „Casino" (die Central=Direction der Garibaldianer zu Neapel) and tell us all about yourself and Germany."

„Little Caspari was shot in the fight at Arcady and died three days after in the hands of the Turks. Coroneos is keeping the island with 6000 men and the blockade of the Turks is broken every day on all sides by our runners, so that we are perfectly au courant of all, what is happening there. I shall write again, before I leave and give you more particulars, but we expect of you to come up to the name, we all honour you with."

Anfang März müßten wir demnach auf einen großen Schlag in Konstantinopel gefaßt sein. — Die Garibaldianer nicht nur, sondern die ganze italienische Actions-Partei, die hinter ihnen steht, und auch wohl noch andere revolutionäre Elemente aus dem übrigen Europa haben dabei die Hände im Spiel, das ist einleuchtend. — Der Erfolg ist wohl nicht so sicher, als die Leute glauben. — Auf den Schlag in Konstantinopel kommt es zunächst an. Mißlingt der, so wird die Erhebung in Epirus ꝛc. wohl nur theilweise und unsicher stattfinden. Jedenfalls haben die Türken wenigstens vor ihren griechischen und rumänischen Gegnern die Tapferkeit voraus. — Wie dem aber auch sei, der Brief läßt einen Blick in das Treiben thun und ist wichtig genug, um Bismarck mitgetheilt zu werden. Dazu behalte ich ihn in Händen.

Nach Tisch ist Max Duncker bei mir; ich lese ihm Cooper's Brief vor, der vom 29. Januar aus Neapel datirt ist. Er findet ihn auch so wichtig, daß er Bismarck mitgetheilt werden muß. Er erzählt von den Wahlen, die sehr conservativ auszufallen drohen.

Um 9 Uhr zum Kronprinzen — assemblée wird das Ding genannt — eine Wiederholung der Soirée von neulich — denn der Kronprinz muß des beschränkten Raumes wegen immer seine Soiréen gleichsam spalten und jedesmal nur die Hälfte der Gesellschaft laden. Als man sich trennte, hielt mich Prinz Wilhelm von Baden noch auf der Treppe mit einem längeren Gespräch fest. Auch stellte mir der kleine Caprivi seinen Bruder, Major im Generalstabe, vor.

13. Februar. Besuch bei Moltke, der mir sagt, die Oesterreicher schienen Unruhen im Orient zu befürchten; sie sammeln Truppen an der Ostgrenze ihres Reiches, in Galizien, in Siebenbürgen und an der unteren Donau. — Meint, mit Beust werde es trotz seiner scheinbaren Erfolge binnen Kurzem in Oesterreich ein schmachvolles Ende nehmen; er werde mit Schimpf und Schanden weggejagt werden.

Zu dem russischen Staatsrath Grimm; ich wollte Karten abgeben, unglücklicher Weise stand er selbst im Vorzimmer, und rief mir zu: „kommen Sie nur gleich selbst herein!" — Gespräch über die Ereignisse des vergangenen Sommers; er versichert, daß die Russen nicht weniger neidisch gewesen seien als die Franzosen. Anekdoten von Adlerberg, der die Erfolge der preußischen Waffen durch blindes Glück und Zufall erklären wollte. Abends en petit comité bei der Kronprinzessin.

14. Februar. Um 11 Uhr zu Keudell, theile den orientalischen Brief mit, der großen Eindruck macht; Keudell will ihn augenblicklich dem Grafen Bismarck mittheilen — und ist sehr verwundert, daß gerade die Garibaldianer „die Pechfackel in das Pulverfaß werfen" wollen. — Uebrigens sagt er mir, daß „überhaupt viel gemunkelt

wird in der Welt". Oesterreich sucht eine Tripel-Allianz mit Frankreich und Italien; die Versöhnung mit Ungarn ist die Einleitung dazu; denn bei den ersten annähernden Schritten, die Oesterreich in Paris gethan hat, wurden seine Diplomaten bedeutet, daß man sich auf Nichts einlassen könne, so lange die Dinge im Innern Oesterreichs so bedenklich stünden. Die Aussöhnung mit Ungarn wurde als die Vorbedingung jedes Bündnisses bezeichnet — und, indem Napoleon die österreichische Regierung aufforderte sich vor Allem mit Ungarn zu versöhnen, übte er zugleich auf die Ungarn einen starken Druck. So ist das Abkommen zwischen ihnen und der österreichischen Regierung zu Stande gekommen.

(NB. Also diese noch immer etwas problematische Versöhnung mit Ungarn, um die Beust hin und wieder bewundert wird, ist nicht einmal sein Werk. Nicht er, Napoleon hat die Sache gemacht! — Französischer Druck, nicht Beust's Beredsamkeit hat das Wunder gethan.)

„Auch in Dänemark sucht Frankreich Anknüpfungen". (NB. Mir wird klar, daß es sehr bunt aussieht in der Welt! — Das sind Vorbereitungen zu einem gewaltigen Kriegsgewitter, das sich über Preußen zusammenziehen soll! — Und nun die orientalische Frage dazu!)

Reubell bespricht auch die Ministerkrisis in Italien mit mir.

Ich: Das günstigste Ergebnis für uns wäre, wenn es Ricasoli gelänge sich zu behaupten, indem er sein Ministerium modifizirte und alle piemontesischen und klerikalen Elemente daraus verbannte. Damit wäre nothwendig verbunden, daß die Regierung das Gesetz über die Freiheit der Kirche fallen ließe und ein verändertes Gesetz in Beziehung auf die Kirchengüter vorlegte. — Sollte die sogenannte Actions-Partei, etwa mit Crispi und Morbini an der Spitze, an das Ruder kommen, so würde sie sofort mit vollen Segeln in die orientalischen Dinge, in die Umtriebe der Griechen und ihrer Freunde, der Garibaldianer, hinein treiben. Sie würde hoffen dabei Dalmatien, als eine ehemalige Dependenz Venetiens, zu gewinnen.

Reubell: Ist von der Actions-Partei zu befürchten, daß sie auf die Tripel-Allianz mit Oesterreich und Frankreich eingeht?

Ich: Nein! gewiß nicht! — Darauf würden sich nur die Klerikalen und Piemontesen einlassen, die gewohnt sind sich ihr Vaterland von Frankreich abhängig zu denken und in Frankreich die
natürliche Schutzmacht Italiens zu sehen. — Der Actions-Partei dagegen ist Frankreich grenzenlos verhaßt, weil es den Italienern Rom
vorenthält; sie würde auf jede Weise von Frankreich loszukommen
suchen. — Behauptet sich Ricasoli, oder kommen Crispi und Mordini
an seine Stelle, dann kommt die Tripel-Allianz gewiß nicht zu
Stande; wird dagegen La Marmora wieder Minister, dann ist sie
wahrscheinlich; würde vollends Ratazzi Minister, dann müßten wir
sie wohl als abgeschlossen und unterzeichnet ansehen. — Auch meine
Wahl besprochen. Keudell weiß, wie es damit zugegangen ist. Ich
frage, ob ich bei etwaigen Nachwahlen nicht irgendwo eingeschoben
werden könnte. Keudell antwortet: Es ist Princip der Regierung
sich nicht direct und von Autoritätswegen in die Wahlen einzumischen;
die Regierung empfiehlt daher nie einen Candidaten; nur, wenn aus
einem Wahlkreis hier angefragt wird, ob diese oder jene Wahl der
Regierung genehm sei, wird bejahend oder verneinend geantwortet.
Nach Italien könne ich übrigens jeden Augenblick gehen, wenn ich
wolle.

Max Duncker in der Straße. Mit ihm umhergegangen. Die
drohende Lage Europa's ist ihm bekannt; er weiß auch was in Oesterreich vorgeht; Napoleon hat dort in Wien auf Herrn v. Beust ver-
wiesen, als auf den Mann, der die verwirrte Lage ordnen könne —
und zwar in so bestimmter Weise, daß er es ist, der ihn zum österreichischen Staatskanzler gemacht hat! — Sollte die Allianz zwischen
Oesterreich und Frankreich zu Stande kommen, so würde eben Rußland sich uns anschließen, und dann könnten wir jedenfalls den Ereignissen ruhig entgegen sehen; übrigens werde Napoleon III. wohl
kaum der orientalischen Frage wegen in einen allgemeinen Krieg eingehen; er sei da in eigenthümlicher Weise engagirt; eher Polens
wegen, das er 1863 habe im Stich lassen müssen. — Mit der for-
mellen Versöhnung mit Ungarn, die Napoleon bewirkt habe, sei
wenig geschehen; Beust's Schwierigkeiten würden erst anfangen, wenn
das ungarische Ministerium wirklich da und in Thätigkeit ist.

Bei Frau von Bethmann-Hollweg. Man ist sehr alarmirt der Wahlen wegen, weil die hiesigen schlecht ausgefallen sind, und sehr verwundert, daß ich nach wie vor im Ganzen ein günstiges Resultat derselben mit Zuversicht erwarte. Abends Hofball. Die Säle nicht so gefüllt wie gewöhnlich. Es fehlen viele Leute, die der Wahlen wegen noch in den Provinzen sind. Während ich im Weißen Saale stand, rannte Bismarck in großer Eile vorbei, streckte mir aber, als er mich gewahr wurde, die Hand entgegen, schüttelte sie mir, daß mir die Schulter weh that, und dankte für die Mittheilungen aus dem Orient, die sehr interessant seien. Auch fragte er, wie es mit Italien stehe.

Graf Pfeil weiß um die Geschichte meiner Wahl; er hat von des Landraths berühmtem Artikel gehört. Erzählt: er stand am Ordensfeste unmittelbar in der Nähe, wie Bismarck es Zedlitz in der dringendsten Weise nahe legte, zurück zu treten — so daß Zedlitz am Ende meinte: „Ja, wenn Sie mir ausdrücklich sagen, ich soll zurücktreten, dann werde ich es thun!" — Bismarck antwortete darauf: ausdrücklich und von Autoritätswegen könne er einem Mann, der zur Regierungspartei gehört, nicht sagen, daß er zurücktreten solle; er könne nur wiederholen, daß meine Wahl der Regierung in hohem Grade erwünscht sein würde. — Es ist kaum zu begreifen, daß Zedlitz danach nicht zurückgetreten ist.

Droysen begegnet. Wir sprechen von der Kronprinzessin. Er meint, sie habe ihre Popularität vollständig eingebüßt. (In den Provinzen steht es damit noch nicht ganz so schlimm.) Bei Tisch treffe ich General Alvensleben.

Ich frage, warum General Manteuffel seinen Abschied genommen hat? — Alvensleben meint, das lasse sich wohl erklären, wenn man so viel gethan habe, wie Manteuffel, „und dann an höchster Stelle etwas wie Undank wahrzunehmen glaube". — Daß Manteuffel sich mit Undank belohnt glauben könnte, war eine mir durchaus neue Anschauung! — Aus der Zeitung sehe ich, daß in unserem Kreise Röpell gewählt ist.

17. Februar. Abend bei Bethmann-Hollweg. Keudell sprach mir von meinem orientalischen Brief, der immer wichtiger genommen wird, wie es scheint. Er fragte in Bismarck's Auftrag, ob man

diesen Brief unseren Gesandtschaften und den fremden Regierungen mittheilen könne — ohne Gefahr, sich selbst die Quelle zu verschließen, aus der diese Nachrichten kommen.

Ich antwortete: den Gesandtschaften unbedingt, denn der Brief ist mitgetheilt worden, damit unsere Regierung nicht „au dépourvu" von den Ereignissen überrascht wird; ob auch den fremden Regierungen? — kann ich nicht beurtheilen; nur Graf Bismarck kann übersehen, inwiefern das in unserem Interesse liegt. (NB. Es kommt nämlich darauf an, ob es in unserem Interesse liegt die Bewegung in Konstantinopel zu hintertreiben oder nicht.) — Uebrigens hat mein Gewährsmann allerdings um Discretion gebeten, damit er nicht das Vertrauen seiner Partei verliert.

Nach einigem Hin- und Herreden blieben wir dabei stehen, daß der Brief wohl den preußischen Gesandtschaften, nicht aber den fremden Regierungen mitgetheilt werden solle. Rheinbaben erzählt mir, daß Manteuffel verstimmt sei, weil er keine Dotation bekommen hat. Er meint, er habe eine Armee commandirt, ebenso gut wie die anderen Herren. Auch Anderes hat ihn verdrossen. Seine bisherige Stellung in Schleswig-Holstein war allerdings die eines Vicekönigs. Jetzt sollte er, da die Regierungsverhältnisse dort nunmehr geregelt werden, auf die normale Stellung eines commandirenden Generals zurück treten und sich mit dessen Gehalt begnügen. Die Regierung hatte wohl erwogen, daß ihm diese veränderte Stellung an demselben Ort nicht angenehm sein könne, und ihm deshalb ein anderes Armee-Corps angeboten. Das hat er aber abgelehnt und es vorgezogen ein Jahr auf Urlaub zu gehen. Nach Ablauf desselben, meinte Rheinbaben, würde er aber wieder zurückkehren und seine Stellung als erster General-Adjutant des Königs einnehmen: ohne Zweifel zu Bismarck's großem Verdruß.

18. Februar. Besuch bei Beseler, der die Zustände in Schleswig-Holstein im Allgemeinen für befriedigend hält, obgleich die Regierung namentlich in Beziehung auf die dort verwendeten Personen nicht ganz unbedeutende Fehler begangen hat. — Selbst Scheel-Plessen ist nicht in jeder Beziehung der rechte Mann für seine Stelle — besonders aber ist es ein Mißgriff, daß man Zedlitz in den Herzogthümern läßt.

Daß man in den Herzogthümern zwei Dänen und im übrigen lauter Augustenburger zum Reichstag gewählt hat, findet Beseler nicht bedenklich, auch nicht, daß Francke und Schleiden darunter sind. Es bedeute Nichts; es sei gleichsam nur das letzte Zeichen von Anhänglichkeit, das man dem Herzog in den Herzogthümern habe geben wollen; damit werde die Sache nun abgeschlossen sein. Francke sei „gebrochen", Schleiden aber „wisse den Thatsachen Rechnung zu tragen"; den beiden Dänen werde man freilich die Reden, die sie auf dem Reichstag halten sollen, fertig aus Kopenhagen zusenden; aber sie seien unbedeutende Leute ohne Bildung und gar nicht im Stande wirklich mit diesen Reden hervorzutreten. (NB. Ich möchte dennoch nicht dafür stehen, daß Francke mit einem Augustenburgischen Protest hervortritt; erwarte vielmehr, daß er es thun wird.)

Daß dem Herzog von Augustenburg, wie Beseler sagt, „bitteres Unrecht" geschehen ist, kann ich nicht leugnen, aber wir sind auch darüber einig, daß er es selbst fast mit Gewalt herbeigeführt hat. — Die fabelhaften Fehler, die Samwer begangen hat, erklärt er durch einseitige juristische Bildung etwas zu ausschließlich. Die wunderliche Charakterschwäche Samwer's ist wohl die Hauptsache.

Gneist ist in diesen Tagen bei Beseler gewesen, und zwar, nachdem er in drei verschiedenen Wahlkreisen mit einem gewissen éclat durchgefallen ist, in sehr „gedrückter Stimmung".

Es ist heute ein Ball bei dem Prinzen Friedrich Karl.

19. Februar. Um 5 Uhr Diner bei der Königin, zu dem ich zu meiner nicht geringen Ueberraschung geladen war — noch dazu in Abwesenheit des Königs.

Ich saß bei Tisch zwischen Grolman und Wolf-Metternich; die Königin nahm nach Tisch Gelegenheit einige Worte über die Leiden des Krieges mit mir zu sprechen. — Die Kronprinzessin beschäftigte sich ausschließlich mit dem künftigen Mac-Callum-More.*) Mit einem Mal lief sie plötzlich von dem weg zu mir und fragte, wo das Wort „Halleluja!" her sei, und was es bedeute? — (Ich soll ohne Weiteres

---

*) Marquis of Lorne, Sohn des Herzogs von Argyll.

Alles wissen!) — Das Wort ist jedenfalls hebräisch — zu erklären
weiß ich es nicht. Sie hat es gestern vielfach gehört; nämlich sie
hat gestern einem jüdischen Gottesdienst beigewohnt; der sei sehr
schön gewesen — sehr schön — besonders die Musik viel schöner
als der Domchor. — Das Gespräch kam darauf, wie schlecht man
die Juden in früheren Zeiten behandelt habe; sie nannte Isaak
von York, dem man die Zähne ausgezogen habe.

Ich leugnete nicht, daß man schlecht genug mit ihnen umgegangen
sei, fügte aber hinzu, daß sie jetzt um so stolzer das Haupt erheben,
und da die Kronprinzessin das ganz in der Ordnung finden
wollte, erwiderte ich, daß ich zwar den Juden durchaus nichts Böses
wünsche, doch aber auch selbst nicht gern verfolgt sein möchte — und,
wenn das so fort gehe, könnten wir eine Verfolgung der Christen
durch die Juden erleben. — Abend bei Max Duncker.

Es sind hier in Berlin sechs feuerrothe Demokraten gewählt
worden: darunter der Erzdemokrat Lasker, der demokratische Jesuit
Waldeck, Schulze-Delitzsch, der Preußen den Großstaat-Kitzel aus-
treiben will.

M. Duncker erklärte mir auch, wie es mit dem jüdischen
Gottesdienst zusammenhängt. Die Verwaltung der Baruch-Auer-
bach'schen jüdischen Waisenhäuser hatte schon lange danach gestrebt,
daß der Kronprinz das Protektorat dieser Stiftung übernehmen sollte.
— Max Duncker hatte sich nach den Verhältnissen erkundigt und
ermittelt, daß die Stiftung sehr reich ist und gar keines Protektors bedarf — daß es also den Leuten lediglich um eine Befriedigung ihrer
Eitelkeit zu thun war, und darum, möglicher Weise politischen Einfluß zu gewinnen. Er hielt den Kronprinzen ab, sich auf die Sache
einzulassen.

Seitdem nun aber Friedberg den politischen Vortrag bei dem
Kronprinzen hat, hat sich die Sache geändert. Friedberg hat sogleich
dafür gewirkt, daß der Prinz das Protektorat der Stiftungen annahm.
— Da hat er mit der Kronprinzessin dem Gottesdienst der Juden
beigewohnt, und die Juden sind klug genug, ihnen mit orientalischer
Ueberschwenglichkeit die größten Schmeicheleien ins Gesicht zu sagen.
Natürlich werden sie vorzugsweise deshalb bewundert, weil sie ihre

Zeit verstehen — die Zukunft erkennen — dem Fortschritt huldigen. Das läßt sich denken.

Friedberg hat es auch eingerichtet, daß der Kronprinz im National-Invaliden-Verein vielfach mit Virchow und Twesten zusammen kommt.

Ich erfahre, daß morgen Leopold Ranke's fünfzig-jähriges Doctor-Jubiläum gefeiert wird. — Ich sichere mir einen Platz dabei.

20. Februar. Um 3 Uhr bin ich im Englischen Hause, wo die Feier stattfindet, und sehe mich in zahlreicher Gesellschaft von Historikern, denn von nahe und fern sind Ranke's ehemalige Schüler herbeigekommen. Von hiesigen traf ich da Max Duncker, Droysen, Köpke, Gneist und den Veteran Friedrich von Raumer. — Von Leuten, die nicht zum Handwerk gehören, Savigny, Abeken, G.-R. Romberg u. s. w. — Von Fremden lernte ich Stälin und Pauli aus Tübingen kennen. — Auch der russische Staatsrath Grimm fehlte nicht.

Der Jubilar, der sehr vergnügt aussah, kam etwas spät; man setzte sich endlich; ich hatte einen guten Platz zwischen Droysen und Köpke gewonnen. Der Minister Mühler, der erst kam, als man schon bei Tische saß, brachte das Wohl des Königs aus, Raumer in längerer, ganz hübscher Rede das Wohl des Jubilars, der ältere Bruder Ranke's die Gesundheit Raumer's. Dann ließen sich, nachdem so die offiziellen Toaste erschöpft waren, noch allerhand Menschenkinder mit Rede und Hoch! vernehmen — unter anderen auch der Staatsrath Grimm, der vom König Wilhelm sprach, der den deutschen Michel aus dem Schlafe geweckt habe, und mit einem Hoch auf Ranke und Raumer endete, die er schlechtweg so nenne, da man ja auch nicht Herr von Livius oder Herr von Tacitus sage.

Köpke erzählte mir viel und in interessanter Weise von der allgemeinen Feigheit, die sich hier in Berlin unter den Philistern kund gegeben hat. — Droysen stand plötzlich auf vom Tisch — und kam erst genau nach einer Stunde wieder, um seine Mahlzeit zu vollenden. Er hatte inzwischen an der Universität eine Vorlesung gehalten.

Während der Tafel brachten Telegramme Grüße aus weiter Ferne; darunter eines von einem Verein junger Leute aus De-

brechen und ein anderes von serbischen Offizieren und Studenten
aus Belgrad gesendet. Dieses letztere war sehr merkwürdig. Die
jungen Serben sprachen darin die Hoffnung aus, daß Ranke, der
den Beginn des Kampfes der Serben um ihre Freiheit gesehen, auch
noch die Vollendung des Werkes erleben werde. — Das
stimmt sehr gut zu Blackeh's Brief!

22. Februar. Zu Philipsborn, in sein Kabinet, der mich zu
sprechen gewünscht hatte. — Er spricht von Oesterreich, ob ich glaubte,
daß Beust durchbringen, daß die Reconstruction und Neubegründung
des Reiches gelingen wird? — Das glaube ich nicht; damit, daß man
den Ungarn einfach den Willen thut, ist noch gar Nichts gewonnen;
nun fangen die Schwierigkeiten an, die sich bei der Finanzfrage sofort
offenbaren werden, wenn z. B. Ungarn ⅓ der österreichischen Staats-
schuld übernehmen soll, wie es nach Ausdehnung und Bevölkerung
müßte, in seiner gegenwärtigen Armuth aber in der That nicht kann
und außerdem nicht will. — Zudem will ich wohl glauben, daß es
in Ungarn eine starke Partei giebt, die durch die gemachten Concessionen, durch die gewährte Autonomie zufrieden gestellt ist und
nun ruhig unter den Schutz der hergestellten Verfassung leben will;
eben so gewiß aber giebt es in Ungarn eine starke Partei, die mit dem
Hause Habsburg unwiederbringlich und bis zur Unmöglichkeit einer
Versöhnung verfeindet ist; diese wird in den gemachten Concessionen,
in der wiedergewonnenen Verfassung, nur eine Waffe sehen für weiter
gehende Pläne vollständiger Emancipation, und sie wird die Verfassung lediglich als Waffe in diesem Sinne handhaben und ver-
werthen. Dazu kommen dann noch der Widerstand der Deutsch-
Oesterreicher und die maßlosen Ansprüche der Czechen — und die
unendlichen Forderungen der Polen, und die gerechte Unzufriedenheit
der Russen (Ruthenen) — dieser Schwierigkeiten soll nun ein ober-
flächlicher Witzling wie Beust Herr werden, ohne auch nur gewiß zu
sein, daß ihn das unredliche und unfähige Beamtenthum unterstützen
wird, während ihm die geschlossene Phalanx der Aristokratie feindlich
gegenübersteht. Ich sehe nicht, wie das gelingen könnte.

Philipsborn sagte, ich möchte wohl Recht haben, aber die Berichte unseres Gesandten in Wien, Werther, lauten ganz anders;

der sieht Alles im günstigsten Lichte — wiederholt beständig, Oesterreich habe unerschöpfliche Ressourcen und eine solche Macht der Cohäsion,
daß es dennoch zusammenhalten und siegreich aus allen Schwierigkeiten hervorgehen werde. Dem Allen sei nicht zu glauben; wenn
ich auf sechs Monate nach Wien gehen wollte, würde man wohl bald
klar sehen in den Zuständen Oesterreichs. — Daß ich nach Italien
gehen soll, weiß Philipsborn: ob ich etwas dagegen hätte, auf
einige Zeit nach Wien zu gehen!

Ich: Nein! — Vielleicht ließe sich auch beides verbinden; ich
könnte auf dem Wege nach Italien einige Zeit in Wien verweilen.

24. Februar. Ein großer Tag in der Geschichte Preußens,
Deutschlands und Europa's — und ich bin nicht dabei! — Zu allem
Ueberfluß war Dr. Röpell so naiv mich vor der Eröffnung des Par-
laments zu besuchen. Er trat bei mir ein, das liebenswürdigste
Lächeln auf den Lippen, und fragte: „Kennen Sie mich noch?" —
Ich begrüßte ihn als meinen Doppelgänger — und, da er verwun-
dert wissen wollte warum, sprach ich nach Verdienst von der Hirsch-
berger Wahl und dem Benehmen des Breslauer Comités dabei.
Röpell wurde von dem lebhaften Verlangen ergriffen wieder hinaus
zu kommen aus meinem Zimmer. Ich ließ ihn auch bald laufen.

Angenehmer war mir, daß Carl Schede mich besuchte, der auf
einige Tage aus Merseburg hier ist. — Dann kam auch der Lega-
tions-Secretär Neumann.

Im Archiv gearbeitet. — Kehler war im Weißen Saal gewesen
und hatte der Eröffnungsfeierlichkeit beigewohnt. Die Thronrede soll
einen guten Eindruck gemacht haben.

———

Wirren im Orient. Weitere Entwickelung der Luxemburger
Frage. Annahme der Bundes-Verfassung im Reichstage.

24. Februar. Unter-Staats-Secretär Thile spricht mit mir von
meinen Berichten aus Italien, durch die man eigentlich erst über die
dortigen Verhältnisse aufgeklärt worden sei. Namentlich über La

Marmora ſei man ganz im Irrthum geweſen; erſt in der allerletzten
Zeit habe ſich Uſedom über ihn deutlich ausgeſprochen.

Ich ſehe nun wohl, wie die Sache zuſammenhängt. Uſedom hat
nicht beſtimmte Auskunft gegeben, theils weil er La Marmora als
Militär nicht zu beurtheilen wußte — theils und wohl hauptſächlich,
weil er unſerer Regierung nicht dadurch, daß er die
Dinge ſchilderte, wie ſie waren, den Muth zu einem Bündniß
mit Italien benehmen wollte. An dieſem Bündniß war
ihm vielleicht mehr noch im Intereſſe Italiens als in dem unſrigen
gelegen.

26. Februar. Ich leſe Holleben's Aufſatz über eine eventuelle
Concentrirung der italieniſchen Armee und ſchreibe einige Bemerkungen
dazu. — Damit zum Generalſtab. Verdy — einen Major Löwe —
und Hauptmann Holleben dort geſehen. Es war von der Möglichkeit eines Krieges die Rede; daß Napoleon III. den Frieden zu erhalten ſuchen wird, bis die Pariſer Ausſtellung vorüber iſt, daran
iſt nicht zu zweifeln —: ob es ihm aber möglich ſein wird, daran
zweifelte außer mir auch der Major Verdy und zwar, weil der
Orient in Bewegung iſt, und man nicht weiß, wie weit die Bewegung reichen kann.

Im Archiv, gearbeitet. — Brief von Keudell; ich hatte nämlich gefragt, ob bei den Nachwahlen nicht ein Platz zu finden ſei? — Antwort: Er hat mit Eulenburg geſprochen, wenn aus einem Wahlkreis
meinethalb eine Frage an das Miniſterium ergeht, wird eine mir
günſtige Antwort gegeben werden. — Keudell fügt eine Liſte der Nachwahlen hinzu die ſtattfinden, darunter eine in Cöslin — an Moltke's
Stelle — und eine in Caſſel — an Oetker's Stelle.

1. März. Cooper wieder bei mir. Er erzählt mir, daß Garibaldi ſeinen Sohn Menotti nach Griechenland geſendet hat. — Ein
Ungar, der hier lebt, ehemaliger Garibaldi'ſcher Offizier, hat das
brieflich aus Italien erfahren.

2. März. In der Thüre meines Hôtels treffe ich Guſtav
Freytag, der eben im Begriff iſt zu einem Diner zu Bismarck zu
fahren. Freundſchaftliche Begrüßung. — Aus wenigen Worten, die
wir wechſeln, erſehe ich, daß er nicht ganz zufrieden iſt mit der Art

und Weise, in der hier die Angelegenheit des Norddeutschen Bundes und des Reichstags angesehen und betrieben wird. Es ist ihm nicht recht, daß man die Verfassung schnell angenommen, die Sache rasch beendigt zu sehen wünscht. Er ist in der Hoffnung hergekommen, wie es scheint, an einer schönen, breiten Berathung Theil zu nehmen.

Cooper bei mir wie gewöhnlich, erzählt mir aber diesmal etwas Wissenswerthes, nämlich: einige junge Italiener, die hier an der Universität studirten, daheim aber mit der Actions-Partei in Verbindung standen, **sind abberufen worden von ihren politischen Freunden, um an den kommenden Dingen Theil zu nehmen; man hat ihnen Corfu als rendez-vous bezeichnet.**

Duncker erzählt mir dann, im Reichstage gehe es bis jetzt so ziemlich; die Präsidentenwahl sei befriedigend ausgefallen, und in der alt-liberalen Partei werde wohl die Vernunft vorwaltend bleiben — „der Schlimmste von Allen" — nämlich Simson — sei ja nun „unter die Haube gebracht" — und auf dem Präsidenten-Stuhl unschädlich gemacht.

Der muß also doch schon bedenkliche Symptome von Sorge für correctes Budget-Recht und dergleichen verrathen haben.

3. März. Mit Abeken besprach ich die Dinge im Orient; die von mir mitgetheilten Nachrichten seien wohl gegründet: „die Symptome mehren sich." — Mustapha-Pascha, der jüngere Bruder des Pascha's von Egypten, wird, wie es scheint, bei den Unruhen, die sich dort vorbereiten, eine bedeutende Rolle spielen. Er ist unzufrieden, weil ihm die Aussicht genommen ist seinem Bruder in der Herrschaft über Egypten zu folgen, da nach den neuesten Bestimmungen nicht mehr der Senior der Familie das Paschalik übernimmt, wenn es erledigt ist, sondern der Sohn dem Vater nach europäischem Princip folgen soll. — Da hat sich Mustapha-Pascha an die Spitze einer jung-türkischen Partei gestellt.

In Arabien stehen die Wahabiten in Waffen. Schon Palgrave sagte mit Bestimmtheit voraus, daß in Arabien ein Aufstand bevorstehe. Die Araber wollen sich dem verhaßten Joch der Türken entziehen; es handle sich um die Gründung eines arabischen Reiches an beiden Ufern des rothen Meeres.

5. März. Ball im Schloß.

Graf Dyhrn traf ich nach dem Souper in sehr aufgeregter Stimmung; er sprach mit Emphase davon, daß er seinen Namen zum Opfer bringe, um die Regierung zu unterstützen und den Nord- deutschen Bund zu Stande zu bringen; er wisse, daß er seinen Namen daran wage, denn Niemand könne ihm eine Garantie dafür geben, daß Bismarck die Größe und Macht des preußischen Staates nicht bloß deshalb wolle, um dann alle constitutionelle Freiheit erdrücken zu können. — Aber geschehe das, dann werde er rücksichtslos alle Briefe drucken lassen, die er erhalten habe u. s. w. —

Was für abenteuerliche Vorstellungen! — Und was für unnütze Sorgen um die constitutionelle Freiheit, von der uns die allge- meine Zeitströmung eher zu viel als zu wenig bringen wird.

Mein Freund aus Nassau, Herr von Schwarzloppen, zeigte sich dagegen sehr befriedigt von seiner neuen Stellung als preußischer Staatsbürger.

Der Kronprinz sprach mir von meiner Reise nach Italien, als sei sie eine ausgemachte Sache.

Auf dem Ball redete mich unter anderen auch Francke an — gothaischen Andenkens — und fragte, ob ich mich seiner noch erinnere; wir gedachten unseres letzten Zusammentreffens; ich äußerte, die Dinge haben sich etwas anders gewendet, als wir damals dachten; er wich mir aber aus mit der Bemerkung: es sei vielleicht besser so!

Auch N. Bennigsen redete mich an und zwar gleich mit der Bemerkung, daß ich im vergangenen Frühjahr die „Leistungsfähig- keit" hier (d. h. des Ministeriums Bismarck's) allerdings „besser taxirt" hätte als er.

6. März. Cooper früh bei mir mit einem lang erwarteten Brief von Blakey. Der ist allerdings sehr wichtig.

Naples 26. February.

Erst lange und leidenschaftliche Declamationen gegen England im Allgemeinen und Mr. Layard insbesondere. Den Mann und seine Reden im Unterhause nimmt Blakey wichtig in einem Grade, der für den besser Unterrichteten etwas Komisches hat. Dann:

I am to leave here on the morrow, and thou mayest be-

lieve me, that I am quite bewildered on account of all, what has
fallen to my lot to compete with. I am going by steamer to
Messina, where I have to wait, till the sailing schooner with the
men shall have arrived from Naples, then embark on her with
some score of men from Sicily. Another vessel is to start from
Brindisi or Bari with 200 and some, all old good hands from
the Volturno and Milazzo. We are to sail under Yankee colours
and be in Nauplia with utmost speed. Valgoni is to have
another transport following mine from Brindisi or Bari. We
have 5492 men on the rolls and by one month more we shall
have double this number. We have six schooners and two
briggs running between here and Helion, but I am afraid these
means of transport won't be sufficient to have our Latin-divi-
sion into Morea in good time. Cameron and L. L. o! (Larini)
are endeavouring to have one of the steamers of (the) Syra
and Hydra-Compagny, but I doubt they will have one; Giuseppe (Garibaldi) proposed to have one of R.: Genova and I
think this the best plan to have them all over, and if only to
Navarino; from thence we could march them with ease and
without noise to Kalamata, and thence to Gideon and Sparta.
If the Genuese enter the plan it is and can be only by the
intercession of Him (Garibaldi natürlich); at all events the Pan-
crazios (eine griechische Dampfboot-Gesellschaft) are at our disposal,
and with them any thing can be done by way of providing
handsomely.

There is no lack of cash! every one is doing his duty —
even more than duty! — for there have been cases, where the
King's collectors could nod get the imposts voted by the chambres, but the same parties refusing these imposts come now
readily forward with more as (!than!) could have been expected
from them. It is alltogether a marvel how the most ignorant
of Hellenic race have become imbibed with the patriotic idea
that the last, the utmost must be waged in order to redeem
the glory of the nation and become a free and prosperous
Christian community. I must add to this, that the national

clergy has (!have!) done, what allmigthy god had charged them
with, they without exception have fulfilled the noble mission
of our creed. This is morally and practically the case throughout Hellenic Christendom. Thou wilt take it certainly as a
matter of course, that religion is our greatest stimulant against
the Islam, and on that ground the young and the aged will
take to the kilt and killer and be once more, what of yore
they were—a great and noble nation.

I am now to answer upon what thou art questioning me,
hoping my explanations will satisfy and induce you to come
and join your old faithfull friends. You question, as to what
Montenegro, Herzegowina, Bosnia, Servia are to do, while we
march from Epirus into Macedon and from Albania into Bosnia.
Well there, I guess, there will be a general rising in all these
provinces; you know well enough what they are prepared for,
ever since Germanos has been amongst them. You know what
J. B. Liège and Malesherbe (Gewehrfabriken zu Lüttich) have been
doing during these last four years, and how the Turks have
no idea, of what has been carried on under their very beards.
So you may be at ease about the demeanour of these provinces; in each of them the comities of propaganda have done
wonders in the way of organising the people. As for Walachia
and Moldavia a strict reserve is to be observed. It will
greatly depend on the interpretation of Prince Charles' allegiance to the crescent. If Prince Charles takes his allegiance
to them, to be at the point of the sword and join his troops
to the crescent accordingly, then his cause might become very
much compromised. But if Charley can manage to behave as
a Christian Prince, his future will and must be the most glorious and mighty, for I may as well tell thee, that the Christians
in Romelia and in the whole of the Balcan countries look
with enthusiasm to the doings of this glorious youth, because
he has shown much sense of initiative and personal example
of independence of character. Besides there is a very strong
notion on all sides of the wholesome influence, the régime of

a prussian Prince must have in the East. We are linked to the principalities by many a tie, but chiefly by that of strife „for Civilisation“ of the Christians in the East and their complete emancipation from the tyrant of Stambul.

As for Montenegro and Servia things are quite different. They'll come to open war against the crescent as soon, as the first signal is given on the tops of the mountains. — Danielowic is to bring some of the Volturno men to the black mountains, who will be joined by Romulus from Albania with a brigade of Latiners. But to give thee an exact plan of action is utterly impossible, for, allthough things are arranged pretty near to go into action, it greatly will depend upon the dispositions Smolensk (der griechische Kriegsminister) is to take, when all shall be ready. Now take to mind, that Smolensk is to command the movement from up the Thebean valley into Epirus and march direct to Salonic, whereas Janina is to be marched on by Cazokos from — !! Now, friend of my soul, I trust into a letter, what I ought not to trust unto my father! but alas! the force of heart for thee is stronger, than human things may command.

M(eno)tti is to be with us, his father desires him to be to Roncallo — Missori, Rubeschini are to embark with him between this and the 16th next. By this time we hope to have effected the transport from the latin to Helion's shores, and by this time we hope to see thee among us.

The latin division will number to about 10000, and as a matter of course they must be commanded by Volturno officers. Black M. (Mavromichalis) is to have the command of the Latiners as soon, as the junction of the different expeditions shall have been effected.

Thou wilt conceive, how difficult it will be to march these different bodies from the place of their sbarco through the mountains of Albania to the places of concentration. It is evident, that such marching only can be directed by men who commanded in Sicily and Calabria during our time in 60. Shall I now mention, that thou art known to have been exploring

the whole of Albania and therefore, that thou art much desired
to be with us and take the command of one column. Surely
the natives have direction to join these bodies of Latiners and
march with them, but the Turks have detachements throughout
Albania and precipitous fighting must ensue with most of these
bodies. It had been intended to have them all shipped into
Morea, but only 3000 are to be taken to Navarino and Kalamata. All the rest is to go to Albania by sbarcos via Corfù.
I will take with me to Nauplia about 300 men and Valgoni the
same number. We will take stores from Nauplia to the settentrione
and unite with the sbarcos from Navarino, who will come up
by Sparta and bring the mountaineers (die Mainoten) with them
as well as the Kaziaken from Kistris, who will be commanded by
young and glorious Germanos. We are then likely to fall into
Albania from the south, in order to assist the sbarcos from Corfù.

Crete is all right and Coroneos doing masterly his duty.
In Stambul every thing is ready, the Turks are exasperated
and ready likewise. They keep the line Janina-Salonic with
four divisions in complete order of campaign. One division
they have scattered all over lower Albani and in the mountains. Fetic Pasha keeps Macedon with one division. Accor-
ding to what we heard last, they are concentrating some
corps on the line northeast Salonic to Stambul. All right.

Ich ſchrieb dieſen Brief natürlich ſofort ab und gab meine Copie
ſelbſt in Bismarck's Vorzimmer ab, wobei ich dem Kammerdiener
einſchärfte, ſie ſofort in die Hände des Miniſters gelangen zu laſſen.
Ich glaube, daß die Türken in Conſtantinopel ſelbſt des beabſichtigten
Aufſtandes Herr werden und Sieger bleiben. Cooper will das nicht
zugeben; er meint, die Griechen hätten auch da die Ueberzahl. Mag
ſein — aber die Türken ſind tapfer und die Griechen ſind es nicht.

Mit Max Duncker einen Theil des Heimwegs gewandert. Ich
erzähle ihm von meinem heutigen Brief — er mir von der Unver-
nunft der kleinen alt-liberalen Fraction, die mit ſich ſelbſt nicht
in das Reine zu kommen weiß. Simſon wollte, die ganze Fraction
ſolle ſich der national-liberalen Partei anſchließen, um dieſe „zu

corrigiren". — Mit Mühe hat Max Duncker das abgewehrt. — Schwerin-Putzar ist in seiner Beschränktheit und seinem Eigensinn ganz befangen in dem Gedanken, daß dem Budget-Recht des preußischen Parlaments Nichts vergeben werden darf. In der letzten Fractions-Versammlung ist es zwischen Schwerin und G. Vincke zu einem so heftigen Zank gekommen, daß Vincke davongegangen ist.

8. März. Cooper bringt mir einen merkwürdigen Brief; er ist von einem Italiener, einem Garibaldianer, der sich in Petersburg aufhält, wie es scheint als politischer Agent, und der dem serbischen Minister der auswärtigen Angelegenheiten berichtet. Der Brief ist in Abschrift nach Corfu mitgetheilt und von dort aus einem Italiener Namens Terrasecca gesendet, der hier in Berlin medicinische Collegien hört, jetzt aber abgerufen ist nach dem Sammelplatz Corfu.

Corfù, 25. Febraio. La Russia non è punto disposta ad aggiornare continuamente la soluzione della questione d'Oriente. Essa non vuol più sentir parlar della conciliazione fra i Turchi ed i Cristiani. — I Cristiani attengano la loro indipendenza colle armi, se lo possono. La Russia veglierà solamente a che le potenze straniere non intervengano in questa guerra tra la porta ed i suoi sudditi, perchè se queste intervenissero, la Russia sarebbe obbligata di prendere attivamente la difesa dei Cristiani. — La Russia desidera che la Turchia europea venga sostituita da tre stati federativi, cioè la Serbia, la Rumania, e la Grecia, con governo centrale a Constantinopoli.

Contemporaneamente si confermano da Syra e Corfù le notizie dello recente vittorie dei Cretensi, e tutte le notizie sono concorde nell' asserire, che l'insurrezione va guadagnando terreno nella Tessaglia e nel Epiro, per modo che, se si considera, che da una parte la lotta diventa ogni giorno più grave e ardente, che dall' altra la Russia si adopera con ogni mezzo per provocare una generale esplosione, e che intanto la Porta del canto suo si ricusa a tutto quello, che potesse ancora rendere possibile una conciliazione, si ha sempre maggiore razione di temere vicina una conflagrazione in cui tutta l'Europa verrebbe trovarsi più o meno implicata.

9. März. Den italienischen Brief abgeschrieben und von einer Uebersetzung begleitet an Reubell gesendet.

Diner früher wie gewöhnlich und deshalb an der table d'hôte. Da näherte sich mir Herr v. Schwarzkoppen und sprach mir vom Reichstag; er meinte, die Sache gehe gut; die Annahme des Verfassungs-Entwurfs sei nun wohl als gesichert anzusehen. — Da ich zur Eile ermahnte, weil die Deutschen die Eigenschaft haben — wenn sie auch in einer vernünftigen Stimmung zusammen kommen — unvernünftig zu werden, wenn sie lange beisammen sind, erwiderte er lächelnd: zur Beschleunigung werde schon der Umstand beitragen, daß die Herren keine Diäten beziehen.

10. März. Wie sich die Zeiten ändern. Cornelius ist gestorben! Wie würde das Ereignis vor Jahren, als Berlin durchaus ästhetisch war, alle Welt bewegt und in Anspruch genommen haben. — Jetzt wird es so gut wie gar nicht bemerkt.

13. März. Cooper kommt. Er erzählt mir, daß Münchhausen den Grafen Bismarck gefordert habe.

Kehler sagt: der König hat sich ins Mittel gelegt in der Bismarck-Münchhausen'schen Angelegenheit; sie ist beendigt; zum Schluß hat Herr von Münchhausen der Frau v. Bismarck einen Besuch gemacht.

(Bismarck hatte auf die Forderung des Herrn v. Münchhausen geantwortet: er habe seine Rede in den stenographischen Berichten wieder durchgelesen, aber Nichts darin gefunden, wodurch Herr von Münchhausen sich persönlich beleidigt glauben könne. Wenn Herr von Münchhausen ihn etwa anderer Ursachen wegen fordern wolle, so stehe er zu Befehl; nur jetzt gerade habe er keine Zeit — etwas später — nach dem Schluß des Reichstages.)

Landrath Schmalz besucht mich. Wir sprechen über Rußland; er sagt, der Haß gegen die Fremden, namentlich gegen die Deutschen, tritt so leidenschaftlich hervor unter den Russen, daß ein Deutscher große Mühe hat sich in irgend einer Stellung zu behaupten. Die Akademie der Wissenschaften ist auf ein sehr niedriges Niveau heruntergekommen.

17. März. Langes Gespräch mit Abeken — Cooper's wegen;

Bismarck möge sich nun entscheiden, ob er den als Agenten nach dem Orient senden will, damit ich dem Cooper einen bestimmten Bescheid geben kann. Ich erwähnte bei dieser Gelegenheit, daß Cooper vielfach von Usedom verwendet worden ist und Zeugnisse von dem aufweisen kann; aber Abeken meinte lächelnd, meine Empfehlung werde bei Bismarck jedenfalls mehr gelten als die von Usedom. Uebrigens hob er hervor, daß wir jedenfalls nur einen Beobachter im Orient haben wollen, nicht etwa einen agent provocateur, da wir kein direktes Interesse haben den Aufstand zu schüren, so wenig als ihn zu hemmen.

Ich sprach die Ueberzeugung aus, daß man wenigstens zunächst das Feuer wohl von allen Seiten sich selbst überlassen wird; da England sich ganz gewiß nicht einmischt, und Napoleon sich eben deshalb nicht auf ein Wagestück einläßt, das ihm nur im Verein mit England unbedenklich scheinen würde; Oesterreich kann Nichts thun — und Rußland wird sich nicht einmischen, aus Besorgnis die Intervention der Westmächte zu provociren.

Abeken antwortete, bei der russischen Regierung zeige sich die Besorgnis, daß bei der Länder-Vertheilung in der Balkan-Halbinsel die Griechen auf Kosten der slavischen Völkerschaften begünstigt werden könnten — und sie werde sich einem solchen Beginnen wohl widersetzen.

Für die Christen in den asiatischen Provinzen der Türkei sei „ein gewaltiger Rückschlag" zu fürchten.

18. März. R. Vincke sagte mir, daß der Reichstag mit großer Majorität Diäten für die Mitglieder desselben fordern werde. — Ich sagte darauf, daß Bismarck in dieser Beziehung nicht nachgeben darf, und wenn der ganze Reichstag sich einstimmig für Diäten erklärt — und daß er es auch nicht braucht: denn die Verantwortung das ganze Werk über diesen Punkt zum Scheitern zu bringen, wird doch am Ende Niemand übernehmen.

Sänger und Roggenbach, mit denen ich nach Hause wanderte, machten mit Recht darauf aufmerksam, wie gefährlich die Diäten gerade in Verbindung mit dem allgemeinen Stimmrecht seien. Hätten die Mitglieder des Reichstags Diäten, dann würden die Städte natürlich so demokratisch wie möglich wählen — in den Land-

bezirken aber könnte es vorkommen, daß wieder Leute gewählt würden,
die ſich in den Zwiſchenſtunden, für die Zeit, die nicht durch ihre
parlamentariſche Thätigkeit in Anſpruch genommen iſt, als Haus-
burſchen vermietheten, wie das 1848 vorgekommen iſt.

20. März. Die politiſchen Verwickelungen werden complicirter.
— Die Holländer agitiren längſt, wir ſollen unſer Beſatzungsrecht
in Luxemburg aufgeben, natürlich damit ſie die Feſte den Franzoſen
abtreten können. — Nun verlautet, der König von Holland habe in
ächt neu-oraniſcher geldgieriger Weiſe Luxemburg, das allerdings dem
Holländiſchen Staat noch nicht einverleibt iſt, nach mittelalterlichen
Anſchauungen als ſein Privat-Eigenthum behandelt und an den
Kaiſer der Franzoſen — verkauft — für 300 Millionen Franken,
die natürlich nicht dem holländiſchen Staatsſchatz zu Gute kommen,
ſondern das Privat-Vermögen des Hauſes Naſſau-Oranien vermehren
ſollen.

Wir behaupten unſer Recht, widerſprechen — der Botſchafter
Benedetti hat einige kriegeriſche Redensarten fallen laſſen: man
wolle nur erſt die Induſtrie-Ausſtellung vorüber gehen laſſen,
dann werde man beſtimmter ſprechen. — Als Antwort darauf läßt
nun Bismarck heute die bisher geheim gehaltenen Schutz- und Trutz-
Bündniſſe mit Bayern und Baden officiell im Staats-Anzeiger
drucken, durch die uns die Streitkräfte des ſüdlichen Deutſchlands
für jeden Krieg zur Verfügung geſtellt werden.

Wir können und werden einem Kriege Luxemburgs wegen nicht
ausweichen. — Kann und wird Napoleon ausweichen? — Ich zweifle!
— und ſo ſieht es denn gar ſeltſam und gewitterhaft aus in Europa.

Abends hielt ich bei Profeſſor Trendelenburg einen Vortrag über
den Krieg von 1866. Anweſend waren die Profeſſoren Tweſten,
Beſeler, Dove, Lepſius, Max Duncker, Hanſen und Andere. Ich
ſchickte eine Einleitung voraus, in der ich auseinanderſetzte, daß der
abſolute, der unbedingte Krieg, wie man ihn ſich abſtract denken kann,
in der Wirklichkeit nie zur Erſcheinung kommt, — daß der wirkliche
Krieg immer mehrfach bedingt iſt und ſich innerhalb conventioneller
Grenzen bewegt, die enger und weiter gezogen werden, je nachdem
die Leidenſchaften der Bevölkerungen weniger oder mehr durch den

Krieg und seinen Gegenstand erregt sind, je nachdem der Krieg tiefer
in das Volksleben eingreift oder nicht.   Daß eben deswegen jeder
weltgeschichtliche Krieg diese conventionelle Grenze anders zieht und
überhaupt seine eigene Kriegsweise schafft, die aus dem größeren oder
geringeren, unmittelbaren oder mittelbaren Antheil der Bevölkerung
am Kampf, aus der Gesammtheit der socialen Zustände und nicht
zum geringsten Theil aus dem jedesmaligen ökonomischen Zustand
der betreffenden Staaten und Völker hervorgeht. — Die Mittel-
mäßigkeit hält dann jedesmal die Kriegsweise, wie sie durch den letzten
epochemachenden Krieg ausgebildet worden ist, für den absoluten, den
unbedingten Krieg. — Ich ging darauf über, daß gegenwärtig alle
Staaten in Europa ihren militärischen Haushalt darauf eingerichtet
haben die größtmöglichsten Streitkräfte gleichzeitig in Thätigkeit
setzen zu können; daß dies aber natürlich nur auf Kosten der
möglichen Nachhaltigkeit der beabsichtigten Anstrengungen möglich ist,
und daß daher die Kriege der Gegenwart im Allgemeinen den Character von Invasionskriegen haben müssen, die auf dem kürzesten
Wege und in kürzester Zeit zur Entscheidung drängen.   Diesmal sei
es doppelt nothwendig gewesen den Krieg in diesem Sinne zu führen,
damit nicht andere Mächte Zeit gewännen, sich einzumischen.

So sei die Lage auch wirklich aufgefaßt worden; man habe sich
entschlossen das westliche Deutschland zu vernachlässigen, um eine
ausreichende Macht für den Krieg in Böhmen zusammen zu halten,
wo die Entscheidung lag, und habe erkannt, daß man den gesammten Feldzug auf das rechte Ufer der Elbe und Moldau verlegen müsse, weil uns da die sämmtlichen Festungen Oesterreichs nicht
hinderten, bei deren Anlage die mißverstandenen Erfahrungen des
siebenjährigen Krieges maßgebend gewesen seien, und eine Kriegführung
vorausgesetzt worden wäre, die mit beschränkten Mitteln mäßige Ziele
erstrebt.   Berathungen über die beiden möglichen Operationslinien
aus der Oberlausitz auf Wien oder aus Oberschlesien über Ober-
berg auf Wien. — Gang des Feldzugs. — Benedek's Pläne bei
Josephstadt, wo er erst den Kronprinzen durch entsendete Trupps
aufhalten und mit seiner Hauptmacht auf den Prinzen Friedrich
Carl fallen wollte — was die Niederlagen Ramming's, Erzherzog

Leopold's und Gablenz' unmöglich machten — dann umgekehrt be-
abſichtigte auf den Kronprinzen los zu gehen, während Clam-Gallas
den Prinzen Friedrich Carl abhalten ſollte — was in Folge der
Niederlage bei Gitſchin aufgegeben werden mußte. — Schlacht bei
Königgrätz. — Die weiteren Ereigniſſe bis zum Waffenſtillſtand. Auf
den Feldzug in Italien konnte ich nicht mehr eingehen; ich hatte
ohnehin ſchon zwei Stunden geſprochen.

21. März. Ein junger Smolenski, Sohn des griechiſchen Kriegs-
Miniſters, als Studirender hier in Berlin, hat Briefe aus Athen,
denen zufolge die erſte Abtheilung der Garibaldianer
bereits von Corfu aus in Albanien gelandet iſt. Das
ſchrieb ich ſofort an Keudell.

24. März. Cooper bringt mir eine kleine Zeichnung, die
Stellung der Griechen und Garibaldianer am 14. März — die
ſtrategiſche Stellung verſteht ſich — die ich an Keudell ſchicke. — Abend
bei Gräfin Brühl. Zahlreiche Geſellſchaft. Die Gräfin ſagte mir,
daß man in Baiern ſehr conſternirt iſt über das Schutz-
und Trutz-Bündnis mit Preußen, das nun veröffentlicht
worden iſt. — Beſonders der Umſtand, daß man jeden Krieg Preußens ohne Weiteres mitzumachen und im Fall eines Krieges ſich
vollſtändig unterzuordnen habe, erregt die Leidenſchaften in hohem
Grade. — Freilich! wo bleibt da die Trias-Idee, die in der Augs-
burger Allgemeinen noch ganz vor Kurzem wieder auftauchte! —
Gerade die Armee iſt indeſſen bei Weitem weniger aufgeregt dadurch,
als man vielleicht erwarten konnte; ſie nimmt die Sache in ziemlich
gleichgültiger Faſſung; ſehr aufgebracht iſt dagegen das Beamtenthum — der altbaieriſche Adel — und vor Allem der katholiſche
Klerus. (NB. Das läßt ſich denken; auch ſehen wir, daß die Leute,
ſchon ehe ſie um dieſen Vertrag wußten, ſehr eifrig an Bomhard's
— d. h. Hohenlohe's Sturz arbeiteten.)

Seltſam — ſchon im vergangenen Herbſt, als ich mich mit den
Friedensſchlüſſen unzufrieden zeigte und die Beſorgnis ausſprach, die
Süddeutſchen würden bei nächſter Gelegenheit wieder die Waffen
gegen uns ergreifen, ſagte mir Max Duncker, die Süddeutſchen
ſeien gebunden durch geheime Artikel der Friedens-Verträge. Daran

hatte ich die ganze Zeit her nicht weiter gedacht, ja ich hatte es vergessen. Erst jetzt ist es mir wieder gegenwärtig. — Ich habe doch
sonst ein gutes Gedächtnis.

27. März. Abend bei Bismarck — ich dachte, es wäre ein
rout — und siehe! — es war ein Ball. — Der ganze Königliche
Hof — König, Königin und alle Prinzen — großes Gedränge —
das ganze diplomatische Corps — gewaltige Hitze.

Bismarck dankte mir für das Kärtchen, das ich ihm gesendet
habe — es sei sehr interessant; er habe sich die Sache nicht so
gedacht. — Mit Abeken und Keudell Cooper's wegen gesprochen; er
soll nun wirklich als geheimer Agent nach dem Orient gesendet werden.

Dem Herrn von Schwarzkoppen erkläre ich die militärische
Wichtigkeit Luxemburgs, von dem jetzt in so bedenklicher Weise die
Rede ist. — Längeres Gespräch mit Lowther — der seine Feindschaft
gegen Morier nicht verbergen konnte, da ich nach diesem fragte. —
Um 12 Uhr ungefähr nach Hause.

29. März. Cooper war bei mir, ehe er zu Keudell ging, wo
ich ihn für dieses Gespräch gehörig instruirte, und dann wieder, nachdem er dort gewesen war. — Es findet sich glücklich, daß er gleich
über eine Frage, die unsere Diplomaten beschäftigt, Auskunft zu geben
wußte. — Keudell wußte sich nicht zu erklären, woher die Banditen,
die griechischen Insurgenten, das Geld zu allen Expeditionen nehmen.
Cooper wußte Auskunft zu geben: die Griechen sammeln seit
1842 einen Emanzipations-Fonds, zu dem nicht nur die wohl-
habenderen Leute im Königreich Griechenland beisteuern, sondern auch
die reichen griechischen Bankiers in Salonichi, Konstantinopel, Odessa,
Smyrna, — überall, selbst in Amerika; Sina in Wien soll allein
nach und nach gegen 2 Millionen Drachmen beigetragen haben.

Theodor Bethmann-Hollweg begegnet; der ließ sich die militärische Bedeutung Luxemburgs erklären und sagte, Moltke habe
auch sehr bestimmt erklärt, daß wir diesen Punkt nicht
entbehren können.

Merkwürdig war mir die große, unbedingte Bewunderung Bismarck's, in der sich Th. Bethmann-Hollweg erging — die übrigens
jetzt auch sein Vater ausspricht — und dann die große entschiedene

Zuversicht, mit der er einem möglichen Krieg mit Frankreich ent-
gegensieht; er meint, es werde allerdings mehr Mühe kosten die Franzosen zu schlagen als die Oesterreicher — aber schlagen würden
wir sie doch! — Ich glaube, diese Zuversicht herrscht ziemlich
allgemein.

29. März. Max Duncker zeigte sich unruhig Luxemburgs
wegen; er fürchtet, wir könnten das Land aufgeben und meint, vor
allen Dingen dürfe Preußen seine Rolle als Oberhaupt und Schirmvogt Deutschlands nicht damit anfangen, daß es ein deutsches Land
weggiebt. Das wäre eine moralische Vernichtung Preußens.

30. März. Ich äußerte gestern gegen Max Duncker, daß mir
Napoleon's Thron wankend zu werden scheint; er erwiderte, Napoleon III. scheine das selbst zu fühlen, und eben darum müsse man
erwarten, daß er fest auf Luxemburg bestehen werde, denn Napoleon
soll in der Vorstellung befangen sein, daß er sich jetzt in derselben
Lage befinde, in der Louis-Philippe 1847 war, und daß er etwas
thun müsse, um sich heraus zu reißen. Freilich! er hat Mexico in
Vergessenheit zu bringen und muß irgendwie maskiren, daß er im
Orient die Politik des Krimkrieges nicht wieder aufnehmen kann, daß
er die Dinge dort muß gehen lassen, wie sie wollen und können, und
wenn das Ergebnis zu Rußlands Gunsten ausfiele.

31. März. Wie ich erfahre, wird Bismarck morgen im Reichstag Luxemburgs wegen interpellirt werden; zwei Fractionen wollen
interpelliren: die Conservativen und die National-Liberalen. Die
Conservativen haben bei Bismarck angefragt deshalb; er hat geäußert,
die Interpellation sei allerdings gerechtfertigt; Luxemburg sei ein
deutsches Land und der Reichstag — die Nation — hätte ein Recht
zu fragen und zu wissen, was damit wird. Allerdings werde ihn die
Interpellation etwas in Verlegenheit setzen, und er werde für jetzt
nicht viel darauf antworten können. — Die Conservativen fragten
darauf, ob sie die Interpellation ganz unterlassen sollen? — Antwort: Nein! — aber sie sollen sie den National-Liberalen überlassen,
damit es nicht aussehe, als ob die Regierung sie sich bestellt habe.

(NB. Ich bin überzeugt, daß die National-Liberalen auch — durch
Bennigsen — Rücksprache mit Bismarck genommen haben, und daß

dem die Interpellation erwünscht ist. Es ist ihm ohne Zweifel erwünscht dem Herrn Benedetti sagen zu können: „Sie sehen wie die Sachen stehen, wie die herrschende Stimmung ist; ich kann nicht, selbst wenn ich wollte!")

Abend bei der Gräfin Brühl. Sehr zahlreich. Abeken gesprochen. — Abeken ist eigentlich verwundert, daß der Aufstand in der Türkei nicht bereits die großen Dimensionen angenommen hat, die wir erwarten müssen, und erwartet jetzt den Ausbruch zu den griechischen Ostern.

Ich glaube auch, daß wir zu der Zeit große Ereignisse erwarten können — um so mehr, da Ostern mit dem Bairam der Türken zusammenfällt. — Seltsam ist es, daß die Regierungen von England und Frankreich gar keine Ahnung von dem zu haben scheinen, was im Orient vorgeht. Denn wüßten sie es, wie könnte dann Frankreich glauben, daß die Sache mit der Cession Candia's abzumachen wäre, — oder wie könnte England vollends nach wie vor auf dem Standpunkt seiner Philister-Politik verharren und wähnen, der status quo sei in der Türkei auch jetzt noch zu erhalten. — Rußland dagegen ist unterrichtet, das sieht man, und auch die italienische Regierung scheint zu wissen, was vorgeht.

Abeken meint auch, daß Napoleon's Thron sehr untergraben ist, daß die Dinge in Frankreich sehr schlecht stehen, daß aber gerade dieser Umstand Napoleon bestimmen könnte, sich in den Krieg zu stürzen.

1. April. Einen Augenblick im Archiv.

Vorher war Cooper bei mir. Er wollte schon seit einiger Zeit bemerkt haben, daß es hier von französischen Spionen wimmelt; besonders war ihm ein angeblicher Maler Gérard, der aber wenig malt, sehr verdächtig.

Reudell, den ich treffe, wußte bereits, daß französische Spione sich hier herumtreiben — kann aber nicht begreifen, was sie eigentlich wollen, und hat Cooper aufgetragen womöglich zu ermitteln, was der Gérard eigentlich hier treibt. — Besuch bei Twesten.

2. April. Zu Haus, Zeitung gelesen. Ich hatte schon von Toeche gehört, daß es bei der Interpellation heute im Reichstage sehr

patriotiſch zugegangen iſt. Bismarck's Worte haben einen kriegeriſchen
Hintergrund und laſſen eine drohende Sachlage erkennen.

Abend beim Kronprinzen, Geſellſchaft von etwa 60 Perſonen.
Eines jener nominalen Concerte, wo ein unglückliches Menſchenkind
am Flügel ſitzt und etwas Beliebiges klimpert, während kein Menſch
aus der in mehreren Salons vertheilten Geſellſchaft ſich auch nur das
Anſehen giebt zuzuhören. Das klimpernde Menſchenkind war diesmal
weiblichen Geſchlechts; eine Holländerin, wie man mir ſagt. Aber
ſelbſt der Kronprinz und die Kronprinzeſſin machten ihre tournée mit
Klavierbegleitung. Beide unterhielten ſich übrigens ſehr liebenswürdig
mit mir.

Aus der gelehrten Welt ſah ich da Pertz, den Augen-Gräfe —
und Virchow. Ich ſprach gegen Sänger meine Verwunderung darüber
aus, daß der hier iſt — ein Mann der entſchiedenſten Oppoſition
im Hauſe des Kronprinzen. — Sänger antwortete mit einer Bitterkeit, die an Wuth grenzte: „O der iſt ein intimer Freund der Kronprinzeſſin!" — Auch der kleine Maler Menzel war da.

3. April. Diner an der table d'hôte neben Guſtav Freytag;
vielerlei beſprochen. Samwer, mit dem er ziemlich auseinander gekommen iſt, hat keine Ahnung von den unendlichen Fehlern, durch
die er die Angelegenheiten des Auguſtenburgers zum Scheitern gebracht hat; er glaubt lediglich, daß alle ſeine ehemaligen
Freunde an ihm und ſeinem Herzog zu Verräthern geworden ſind.

Uebrigens hat Samwer ganz und gar nicht aufgehört gefährlich zu ſein; denn mit den Coburgiſchen Fidei-
Commiß-Angelegenheiten beauftragt, ſteht er fortwährend mit der
Königin von England in Beziehungen und genießt nach wie vor
deren unbedingtes Vertrauen. Dieſes Verhältnis übt einen Einfluß,
der freilich ſehr weit reicht! — ich mochte gegen Freytag nicht einmal ausſprechen wie weit.

Politik. General Kamele ſagte mir geſtern beim Kronprinzen, daß
die holländiſche Regierung jede Unterhandlung der Abtretung Luxemburgs wegen desavouirt. — Daß die Holländer die Sache auf dieſe
Weiſe auf ihren breiten Rücken nehmen und ſich ſelbſt ein Démenti

geben, war allerdings das einzige Mittel, dem Krieg für den Augenblick zu entgehen. — Bei einigem Nachdenken sagt man sich aber
leicht, daß die holländische Regierung das wohl schwerlich gethan hat,
ohne die Weisung dazu aus Paris erhalten zu haben; Napoleon III.
würde es sonst gewaltig übel genommen haben. — Für jetzt also
läßt Frankreich die Sache fallen, damit die Industrie-Ausstellung nicht
gestört wird. — Daß man sie nachher wieder aufnehmen wird, das
geht deutlich genug aus der perfiden Art hervor, wie die officiösen
Zeitungen in Paris Bismarck's Rede übersetzen und commentiren.
— Dem Krieg sind wir damit nicht entgangen — leider!

5. April. Abends Sybel bei mir. Vielerlei besprochen. Er
beklagt, daß der Reichstag heute das Forckenbeck'sche Amendement in
der Militär-Frage angenommen hat, das den Militär-Etat nur auf
fünf, nicht auf zehn Jahre feststellt. — Doch nur mit acht Stimmen
Majorität; — dieses Votum wird der Reichstag bei der Schlußberathung natürlich wieder hinunterwürgen müssen.

6. April. Eduard Ungern-Sternberg bei mir. Erzählt von
Kiel, wo er die letzte Zeit gelebt hat. — Der Augustenburger soll
dort jetzt ganz vergessen sein; man denkt gar nicht mehr an ihn;
aber die verschiedenen Parteien sind dennoch mehr als je miteinander
verfeindet und hassen sich auf das Giftigste. — Aus dem engen,
particularistischen Gesichtskreis können die Leute noch nicht hinaus;
ihr Gezänk unter einander ist in ihren Augen Weltgeschichte, und
über die Grenzen der Herzogthümer hinaus schweift der Gedanke nie.
Den Leuten von der ehemaligen Augustenburger Partei ist es dadurch gelungen sich in den Reichstag wählen zu lassen, daß sie den
Leuten dort weisgemacht haben, sie würden in der Militär-
Gesetzgebung ein-jährige Dienstzeit durchsetzen. — Ein
zweites Mal werde ihnen das nicht gelingen, meint E. Ungern-Sternberg.

Die Erbprinzessin von Augustenburg lebt noch immer in Kiel.
Sie und ihr Gemahl haben Pläne und Hoffnungen noch nicht aufgegeben, meint Ungern-Sternberg. Sie hoffen auf einen europäischen
Krieg, der sie zu regierenden Herrschaften in den Herzogthümern
machen soll. — Gerade wie sie im vergangenen Jahre ihre Herrlich-
keit von Oesterreich erwarteten.

23*

7. April. Julian Schmidt mit seiner Frau getroffen; der äußert sich sehr ungehalten über den Reichstag und die Annahme des Forckenbeck'schen Amendements. — Da ich sage, bei der Schlußberathung werden die Leute dieses Votum einfach wieder hinunterwürgen müssen — erwiedert er: ja! wenn es gelingt sich mit den Regierungen über das zehnjährige Militär-Budget zu einigen! Aber die particularistischen Bestrebungen der Fürsten gewännen wieder „Aufwasser“ durch die Opposition des Reichstags! — Ich fürchte das nicht; Sachsen ist mit seiner Militär-Organisation bereits fertig und hat sie schon durch seine Stände sanctioniren lassen; die andern sind zu sehr in der Hand Preußens, um sich regen zu können.

Auf dem Leipziger Platz Philipsborn begegnet, der sich sehr kriegerisch ausspricht; der Krieg sei unvermeidlich, da sei es nicht wohlgethan die Wahl des Augenblicks, wenn es ihnen genehm ist, den Franzosen zu überlassen; Holland habe den Luxemburger Handel desavouirt, weil Napoleon den Krieg bis nach der Industrie-Ausstellung verschieben wolle: da müßten wir gerade im Gegentheil ihm und seinen Parisern die Industrie-Ausstellung verderben — „mitten in die Industrie-Ausstellung hinein!“

Archiv, Kehler. — Die französischen 3 Procentigen sind gestern an der Börse um 2 Proc. gefallen — daraufhin sind auch hier alle Papiere heruntergegangen, und es haben sich in der Stadt die wunderbarsten Gerüchte verbreitet: Napoleon sei erschossen worden; — Napoleon sei schwer verwundet; — Volksaufstand in Paris; — die strikes der Pariser hätten solche Dimensionen angenommen, daß Napoleon's Thron gefährdet sei; — jedenfalls sei die Industrie-Ausstellung geschlossen.

Von dem allen ist wohl selbst das gelindeste nicht wahr; aber es spricht sich darin das allgemein herrschende Bewußtsein einer sehr unsicheren Weltlage aus.

Die Gräfin Brühl fragte mich, wie sich die politischen Ereignisse entwickeln würden; ich sei ihr politischer Barometer, denn im vergangenen Frühjahr hätte ich sehr richtig vorausgesagt, was geschehen ist; an der Unvermeidlichkeit des Krieges zweifelt sie auch nicht — aber wird er gleich jetzt losbrechen? — und welche werden die Chancen sein? —

Ich sagte, daß wir den Krieg nicht zu fürchten brauchen; daß selbst in dem durchaus unwahrscheinlichen Fall eines austro-französischen Bündnisses die Chancen gleich blieben, da uns alsdann Rußland zur Seite stehen würde 2c. — Die Gräfin fragt Windham, von der englischen Gesandtschaft, der daneben stand, was England thun werde?

Wie man eben zu Zeiten schneller handelt, als denkt, nahm ich dem das Wort vor dem Munde weg, ohne es mir eigentlich vorgenommen zu haben, und antwortete anstatt seiner: „durchaus gar Nichts!" — Die Geringschätzung der englischen Politik trieb mich dazu. — Windham bestätigte aber vollkommen arglos meine Worte recht ausdrücklich: England sei vielfach beschäftigt — der Conflict mit Spanien — (welch' eine weltgeschichtliche Begebenheit) —. Und Nordamerika! — die unsicheren Verhältnisse dort! — Die Vereinigten Staaten würden sich nun ohne Zweifel zu einer gewaltigen Macht entwickeln und bald einen sehr nachdrücklichen Einfluß auf die Angelegenheiten Europa's ausüben; — ja er sprach von Canada, als sei es schon verloren, und sehr deutlich wollte durchschimmern, daß England Canada nicht einmal vertheidigen wird, man wird sich alle Besitzungen in Nordamerika geduldig abnehmen lassen, weil man die Vertheidigung als hoffnungslos ansieht.

8. April. Etzel bei mir. Die Wahrscheinlichkeit eines Krieges mit Frankreich besprochen; auch Etzel sieht dem mit der vollständigsten Seelenruhe entgegen und sprach die Ueberzeugung aus, daß wir den Franzosen durchaus gewachsen sind. — Diese Zuversicht, die jetzt ganz allgemein herrscht, verdanken wir lediglich den Erfahrungen des vergangenen Jahres — und es ist wirklich etwas darauf zu geben, da diese Zuversicht einen ruhigen, besonnenen Charakter hat, ja einen bescheidenen, fern von allem Uebermuth, von aller Großsprecherei.

Nach kaufmännischen Briefen hat vor den Tuilerien ein Arbeiter-Auflauf stattgefunden, bei dem geschrieen worden ist: à bas la Prusse! — Ob der wohl angestiftet war? fragt Etzel, — ich glaube ja! und zwar von den Orleanisten; von Thiers und Consorten.

Zeitungen: Ricciotti Garibaldi ist mit 150 Genossen aus Griechenland nach Italien zurückgekehrt, der Zufluß der fremden Abenteurer in Griechenland hat aufgehört. Ohne Zweifel

wird in Italien eine Bewegung gegen das Ministerium Ratazzi vorbereitet.

10. April. Zu Reubell, ihm zu sagen, daß ich Ende dieses
Monats oder Anfang Mai bereit bin nach Italien zu gehen. Er hat
die Sache einstweilen ruhig liegen lassen. — Es ist ihm sehr lieb,
daß ich nun bereit bin; er meint, die Sachen stehen schlimm in Italien;
ein Ministerium Ratazzi: das sei der französische Einfluß. — Ich
erwidere, daß ich ein Ministerium Ratazzi fast für unmöglich halte,
und daß der Versuch es zu bilden dem König Victor Emanuel möglicher Weise sehr theuer zu stehen kommen kann.

General Moltke sehr erfreut, daß ich nun bald nach Italien gehe;
es sei wieder sehr nothwendig geworden; — meint, es sei jedenfalls
besser den unvermeidlichen Krieg mit Frankreich gleich jetzt zu haben,
anstatt im künftigen Jahr; wir seien zwar noch „nicht fertig", aber
die Franzosen auch nicht, und dieses Jahr hätten wir es jedenfalls
mit Frankreich allein zu thun, während künftiges Jahr möglicher
Weise auch Oesterreich an dem Kriege theilnehmen könnte.

11. April. Graf Csaky ist auf ein paar Tage aus Paris hier
eingetroffen, wohnt auf einem Korridor mit mir — und besucht mich.
Vielerlei besprochen. — Was er aus Paris berichtet, läßt wenig Aussicht auf Erhaltung des Friedens. Ja er sagt geradezu: „wenn Sie
nicht aus Luxemburg hinausgehen, haben Sie den Krieg!" — Die
Klerikalen, die Republikaner und die Orleanisten treiben dahin; —
die Masse der Franzosen ist zwar dem Krieg abgeneigt, aber sie
will doch auch nicht eine insulte faite à la France ruhig hin-
nehmen.

Napoleon III. ist einer sehr allgemeinen Verachtung
verfallen, die jede Vorstellung übersteigt; man spricht
öffentlich an öffentlichen Orten mit der äußersten Geringschätzung von
ihm, als einem Mann, qui met dans sa poche les insultes de
Mr. de Bismarck. — Er habe deren zwei eingesteckt — werde auch
wohl die dritte einstecken u. s. w.

Im Frieden kann sich Napoleon nicht mehr lange behaupten —
durch den Krieg kann er sich neu befestigen, wenn er ihn in Napo-
leonischer Weise glänzend und mit glänzendem Erfolge führt; aber

geht der Krieg unglücklich, ja geht er auch nur schleppend und zweifelhaft, so ist Napoleon verloren!

Uebrigens werden in Frankreich sehr ernsthafte Rüstungen betrieben seit einigen Wochen. Die Batterien, die nur 2 bespannte Geschütze eine jede hatten, haben jetzt deren 8. — In den Arsenalen, wo bisher nur einige Hundert Menschen mit der Anfertigung von Patronen beschäftigt waren, arbeiten jetzt eben so viele Tausende daran. Ebenso wird die Ausrüstung der Armee mit Chassepot-Gewehren auf das Eifrigste betrieben. Das Chassepot-Gewehr sei ein vortreffliches und dem Zündnabelgewehr weit überlegen (sic!).

Esatz meint, Frankreich könne nicht viel über 200000 Mann auf das Schlachtfeld bringen, gegen Preußen. (NB. Los meldet, wie ich im Ministerium höre, höchstens 280000 Mann.)

Wie ich ausgehe, Gustav Freytag im Hausflur; sehr besorgt wegen der „Schlußberathung" und Annahme der Verfassung. Er meint, gerade die preußischen Abgeordneten — z. B. Forckenbeck — würden mit jedem Tag unvernünftiger. Die Annahme der Verfassung sei zweifelhaft — (NB. glaube ich nicht) — und, wenn sie auch mit einer knappen Majorität angenommen werde: was könne das helfen in Bezug auf die Schwierigkeiten, die man im preußischen Landtag zu besiegen haben werde. — Und wenn der preußische Landtag die Verfassung verwirft, kann man ihn freilich auflösen und neue Wahlen ausschreiben; aber wie wird sich das dem übrigen Deutschland gegenüber ausnehmen.

Ich suchte natürlich zu beruhigen; mein Haupt-Argument ist immer: die Verfassung wird angenommen, denn außer den Polen, den Ultramontanen, einigen Republikanern und einigen ganz verstockten Partikularisten, die den Schiffbruch ausdrücklich und unter jeder Bedingung wollen, nimmt Niemand die Verantwortung auf sich die Sache zum Scheitern zu bringen.

14. April. S. Hirzel bei mir. Erzählt mancherlei aus Sachsen, wo der Partikularismus in seltsamer Weise wuchert. Eben deshalb bedauert S. Hirzel, daß Sachsen nicht anectirt worden ist. Denn sobald die preußischen Truppen aus dem Lande zurückgezogen wären, würde Sachsen wieder ganz in das alte Wesen zurück verfallen.

Wohlgesinnte sächsische Offiziere versichern, daß in einem Kriege gegen Frankreich auf die sächsische Armee gar nicht zu rechnen sei; wenn sie in den Bereich der französischen kommt, erwachen die Rheinbund-Erinnerungen und -Sympathien.

Ein quidam in Dresden will ein neues Hotel anlegen unter dem Namen „Hôtel des Norddeutschen Bundes". — Die Väter der Stadt, der Magistrat, weisen sein Concessions-Gesuch zurück: „Das sei eine unpatriotische Benennung."

15. April. Aus den Zeitungen sehe ich, daß es mit der Schluß-berathung im Reichstag ganz gut geht. Kayserlingk bestätigt mir das.

16. April. Francke unter den Linden begegnet. Der sagt mir, daß die Bundesverfassung mit allen gegen 53 Stimmen im Reichstag angenommen ist. Drei Schleswig-Holsteiner haben dagegen gestimmt, darunter Schleiden und Pastor Schrader.

Francke selbst hat für die Verfassung gestimmt, um nicht unnütze Illusionen in den Elbherzogthümern hervorzurufen, deren Schicksal nun doch einmal entschieden ist. Unrecht sei dem Lande allerdings geschehen.

Ich: Der Herzog von Augustenburg selbst kann eigentlich eine Aenderung und seine Erhebung auf den Thron nicht mehr wünschen, denn sie könnte jetzt doch nur durch den gänzlichen Ruin Preußens und Deutschlands erwirkt werden.

Francke: Selbst das Aeußerste, was geschehen könnte, nämlich eine gänzliche Zertrümmerung Preußens, könnte dem Herzog nicht mehr helfen. Denn wenn sie auch erfolgte, in einem Krieg gegen Frankreich, an dem gewiß Dänemark theilnehmen würde — dann bekäme Dänemark die Herzogthümer wieder, der Herzog käme doch nicht daran.

Keudell im Ministerium aufgesucht; sage, daß ich auf einige Tage auf das Land gehe. — Anfang künftiger Woche werde ich wiederkommen.

Keudell: ich werde dann meine Expedition nach Italien bereits fertig vorfinden. — Der König hat davon gesprochen mir zum Behuf dieser Mission einen militärischen Rang zu verleihen.

Abends Abreise nach Cunnersdorf.

Drohende Haltung Frankreichs. Verlauf der Luxemburger Angelegenheit. Bernhardi's zweite Sendung nach Italien.

23. April. Cunnersdorf. Ministerium Ratazzi in Italien! — Natürlich durch französischen Einfluß eingesetzt. Ich halte nicht für möglich, daß es sich hält; aber was wird geschehen, um es zu stürzen? — Soweit die Zeichen bis jetzt reichen, glaube ich, die Actions-Partei wird Garibaldi gegen Rom in Bewegung setzen.

26. April. Die Geister sind gewaltig in Bewegung. In Paris soll eine Revolution ausgebrochen sein.

27. April. Brief aus Paris. „Vous me mandez qu'en Prusse tout se prépare à la guerre. Ici tout est préparé." Es handelt sich nach der allgemeinen Ansicht darum, „de rappeler à la Prusse sa place, que ses succès de l'année dernière paraissent lui avoir fait oublier." Die Demokraten, wie alle Parteien in Frankreich, freuen sich des Krieges.

Der Sieg versteht sich für sie von selbst und sie versprechen sich Deutschland zu revolutioniren und Republiken da einzurichten, „et la face du monde sera changée."

30. April. Abreise nach Dresden.

Ich kann nicht leugnen, daß ich in schweren Sorgen bin. Es ist ein gar gewaltiger Krieg, der uns droht; er wird ganz andere Anstrengungen und Opfer erfordern, als der gegen Oesterreich — ganz abgesehen davon, daß selbst im günstigsten Fall eine ganze Reihe von Kriegen mit Frankreich bevorsteht, da Frankreich gewiß seine Ansprüche auf Prä-Eminenz in Europa nicht sofort nach einem verunglückten Versuch sie zu behaupten aufgeben wird.

2. Mai. Dresden wimmelt von Soldaten, wie das früher bei Weitem nicht in dem Grade der Fall war; denn erstens ist jetzt hier außer der sächsischen Garnison auch noch eine preußische (Regiment Elisabeth, Leibregiment, und Brandenburgische Dragoner) — und dann sind die sächsischen Bataillone infolge der Militär-Convention mit Preußen viel stärker an präsenter Mannschaft als ehemals. — Um diese vermehrten Cadres herzustellen, haben die Sachsen diesmal eine sehr starke Aushebung machen müssen, und es ist zum Erstaunen, wie viel ihre Armee schon durch diese Eine, erste Aushebung nach unserem System — allgemeine Wehrpflicht ohne Stellvertretung — gewonnen hat. Sie ist wie verwandelt! — Keine kleinen Jammergestalten mehr, wie man sie ehemals hier sah; — die kleinen blassen Spitzenklöppler aus dem Erzgebirge, aus denen die Infanterie ehemals wesentlich bestand, sind verschwunden; die Regimenter haben jetzt ganz präsentable, tüchtige Leute.

Der Geist aber, der hier herrscht, ist durchaus ein verwerflicher; leidenschaftlicher Partikularismus, dessen Hauptelement natürlich giftiger Preußenhaß ist, steht nach wie vor in schönster Blüthe, und es ist nicht schwer zu sehen, daß dieser Geist, der überhaupt und an sich schon ein Kunstprodukt ist, in allen Erziehungsanstalten bis zu den Dorfschulen herab mit kluger Berechnung erweckt und genährt — daß dieser Geist auch jetzt absichtlich genährt und in Thätigkeit gehalten wird. — Die Schaufenster aller Bilder- und Buchläden sind mit Kupferstichen und Holzschnitten tapezirt, die angebliche Siege der Sachsen in Böhmen darstellen. Die kleinen satyrischen, angeblich humoristischen Journale, die hier erscheinen, enthalten Nichts als Schmähungen Preußens und Carricaturen, ziemlich plumpe Versuche Preußen und seine Krieger lächerlich zu machen, wobei dann immer Oesterreich in einer Art von Verherrlichung erscheint. — Nun hat Beust, wenn auch sonst Nichts, doch das Eine gut zu machen gewußt: die Presse ist in Sachsen so ziemlich ohne Einschränkung in den Händen der Regierung. — Alle die genannten Erscheinungen in der Presse können nur zu Tage kommen, insofern sie die Regierung ausdrücklich haben will. — Fahrt nach Berlin.

Im Coupé ein Amerikaner mit seinen Kindern. Als wir in ein Gespräch kamen, erzählte er mir, daß er aus den united states sei und zwar aus den jetzt siegreichen Nordstaaten. Er schilderte die unsinnige Tyrannei, die der Norden jetzt in dem besiegten Süden übt, mit sehr grellen Farben, und das Unglück, dem die ganze weiße Bevölkerung der Südstaaten verfallen ist, nicht minder. Familien, die vor wenigen Jahren über Millionen geboten, müßten jetzt hungern im buchstäblichen Sinne des Wortes und betteln. In manchen

Theilen der Südstaaten war eine Hungersnoth entstanden, weil die emanzipirten Neger unter keiner Bedingung arbeiten wollten: der Congreß zu Washington gewährte den Negern eine Unterstützung und verweigerte sie in ausdrücklichen Worten den Weißen! — Ueberhaupt werde die im Norden und somit in der ganzen Union herrschende Partei in allem ihrem Thun und Lassen lediglich durch ein rohes, unersättliches Verlangen nach Rache bestimmt. — Er meinte, daß dieses thörichte Treiben schließlich zu einer neuen Erhebung des Südens führen müsse, die erfolgen werde, sobald die Südstaaten neue Kräfte gesammelt haben. Das werde freilich sobald nicht der Fall sein: „we will not live to see it" — und dann zu der Tochter gewendet: „you'll perhaps live to see it!" — Der Mann sieht aber auch eine näher liegende Gefahr, und die ist es eigentlich, die ihm Sorge macht.

Auch der Norden ist in zwei Parteien getheilt, von denen die eine die Politik des Präsidenten, die andere die Politik des Congresses unterstützt; beide sind leidenschaftlich erregt, die „animosity" ist sehr groß — es ist sehr möglich, daß es zu thatsächlichen Händeln kömmt — zu einem Bürgerkriege anderer Art als der frühere war.

3. Mai. Berlin, zu Keudell; meine Anstellung in Florenz ist nun offiziell festgestellt.

Die augenblickliche Lage im Allgemeinen besprochen. Keudell sieht den Frieden als so ziemlich gesichert an, wie mir scheint, ohne gerade sehr erbaut davon zu sein. Auf meine Verwunderung wiederholte er ausdrücklich: ja! nach den neuesten Nachrichten sei die Sache so gut wie abgemacht. Wir verlassen Luxemburg, das Land wird gleich der Schweiz neutral erklärt, und wir verlangen, daß seine Neutralität von sämmtlichen Großmächten Europas garantirt werde. Es kommt nun darauf an, ob auch England die Garantie übernimmt; dann ist der Vertrag fertig. Bismarck glaubt aber nicht recht, daß England sich dazu verstehen werde. —

Auch Belgien und Italien sind zur Conferenz eingeladen, und das ist um so schlimmer für uns; wir werden beider Stimmen gegen uns haben, da Belgien natürlich den Frieden will, gleichviel was er uns kostet, und Italien unter dem Ministerium Ratazzi sich Frankreich anschließen wird.

Ich: Die Lage in Italien scheint mir sehr bedenklich; ein politischer Grund, warum das Ministerium Ricasoli beseitigt worden ist, liegt nicht vor — ein parlamentarischer auch nicht. Es ist offenbar durch eine bloße Hof-Intrigue verdrängt worden, ich bin überzeugt, daß die Rosina dabei wieder eine Rolle gespielt hat.

Keudell: Und das Geld?

Ich: Der Friede wäre eigentlich sehr leicht zu erhalten; er würde ohne Zweifel erhalten werden, wenn England Frankreich gegenüber eine feste Stellung einnehmen und Napoleon in ernsten Worten bedeuten würde, daß er keine unbegründeten Ansprüche erheben darf. Aber das geschieht ganz gewiß nicht, da England unglücklicherweise seit Jahren in die allertiefste Erbärmlichkeit versunken ist. Im Gegentheil, alle Mächte werden bemüht sein, Druck auf uns zu üben; — wir sollen nachgeben.

Die Umtriebe der piemontesischen Coterie in Italien sind um so bedenklicher, da diese Partei im Lande selbst sehr schwach ist und ihre Stütze nothwendiger Weise auswärts, in Frankreich, sucht. Französischer Einfluß ist das Mittel, durch das sie einzig und allein zum Besitze der Macht gelangen kann, und vollständige Abhängigkeit von Frankreich ist die Bedingung ihres Daseins als Regierung. Ratazzi vollends ist nun noch durch seine Frau mit dem Hause Buonaparte verwandt.

Uebrigens scheint mir von Seiten Victor Emanuel's das Experiment mit dem Ministerium Ratazzi ein sehr gewagtes; es sollte mich gar nicht wundern, wenn die ganze Boutique darüber in die Luft flöge, denn Ratazzi ist der verrufenste Mensch in ganz Italien. — Ich glaube ungefähr zu sehen, was die Actions-Partei thun wird, um dieses Ministerium zu stürzen. Die Dinge im Orient, um die wir wissen, sind offenbar ins Stocken gerathen — und das hängt offenbar mit der Minister-Krisis und dem Minister-Wechsel in Italien zusammen (Keudell macht eine zustimmende Bewegung). Die Leute wollen offenbar erst sehen, wie sich die Dinge in Italien gestalten, und gewiß sein, daß sie den Rücken frei haben, ehe sie sich weiter einlassen;

ja sie wollen ohne Zweifel die Hände frei behalten, um bei günstiger
Gelegenheit in Italien selbst nachzuhelfen. Daß Garibaldi's Sohn
mit einer Anzahl seiner Leute aus Griechenland nach Italien zurückgekehrt ist, ist ein sehr deutliches Zeichen und läßt darüber kaum
einen Zweifel. Ich bin überzeugt, sobald Napoleon mit uns engagirt
ist und dort nicht eingreifen kann, läßt die Actions-Partei Garibaldi
auf Rom los; die päpstliche Regierung zu stürzen wird keine große
Schwierigkeiten haben, sobald sie auf ihre eigenen Kräfte angewiesen
ist — und dann geräth Ratazzi in ein Dilemma, das für ihn unlösbar
ist; er kann nach allen seinen Antecedentien eine durch Garibaldi
proclamirte Vereinigung Italiens und den Sturz des Papstthums
nicht annehmen — und den Papst wieder einsetzen, das könnte er so
wenig versuchen als ein Anderer.

Reubell: Nach einer Nachricht, die wir haben, hat Napoleon
den Italienern Rom angeboten, als Preis eines Bündnisses mit Frankreich. (NB. Das wäre ein Beweis, daß er
das Papstthum unter allen Bedingungen verloren achtet.)

Besuch bei Rheinbaben.

Einzelheiten des letzten Krieges besprochen. Der Rückzug der
Sachsen bei Königgrätz hätte durch einen Flanken-Angriff der Reiterei
in eine Flucht verwandelt werden können; die Garde-Reiterei hätte
dazu verwendet werden können — aber sie ist den ganzen Tag über
nicht in das Gefecht gekommen und zu Nichts gebraucht worden;
die beiden Brigade-Kommandeure, Alvensleben und Rheinbaben
selbst, haben den ganzen Tag über nicht einen einzigen Befehl
erhalten.

4. Mai. Csaky ist wieder auf einige Tage hier aus Paris,
wo er jetzt lebt; er wohnt in meinem Hotel und kam im Laufe des
Vormittags zu mir.

Er glaubt nicht mehr an den Krieg — aber freilich wünscht er
den Frieden, und das kann Einfluß auf sein Urtheil üben.

Csaky sagt: die Stimmung in Paris ist durchaus für den
Frieden; der Krieg ist geradezu unpopulär. — Freilich ist Napoleon
in Paris und in ganz Frankreich einer Mißachtung verfallen, von
der man sich kaum einen Begriff machen kann. Es ist unglaublich,

mit welcher Verachtung man ganz öffentlich — auf der Straße und in den Cafés — von ihm ſpricht und zwar ſo allgemein, daß die Polizei gar nicht mehr einſchreiten kann. Das Publikum ſucht ſogar gefliſſentlich die Gelegenheit ihm ſeine Geringſchätzung zu bezeugen. Bei der Eröffnung der Induſtrie-Ausſtellung z. B. erſchienen zuerſt die beiden Prinzeſſinnen Clotilde und Mathilde — da machte das Publikum einen gewaltigen Lärmen und rief ohne Unterlaß „vivent les princesses!" — Als darauf Napoleon angefahren kam, in offener Kaleſche, herrſchte überall Todtenſtille; er wurde ignorirt.

Oeſterreichs wegen könne man für jetzt ruhig ſein; es könne nicht Antheil nehmen an einem Krieg gegen Preußen, denn Beuſt habe das Reich und ſeine Politik von den Ungarn abhängig gemacht, und die Ungarn wollen keinen Krieg, der geführt würde, um Oeſterreichs Suprematie in Deutſchland wieder herzuſtellen — denn ſie wiſſen, daß ſie ſelbſt wieder der alten Unterthänigkeit verfallen, wenn Oeſterreich ſeine alte Macht in Deutſchland wieder gewinnt.

Die Beſeitigung Ricaſoli's, Ratazzi's Erhöhung iſt ohne Zweifel durch Geld bewirkt worden.

Abend bei Max Duncker. Dem iſt auch der Gang der Dinge nicht recht, ja er iſt ſehr unzufrieden damit, daß der Krieg nicht bereits begonnen und in vollem Gange iſt. Denn unvermeidlich iſt der Krieg dennoch — im erſten Augenblick hätten wir die Franzoſen geradezu überrannt — mit verhältnismäßig geringer Mühe — mit jedem Tage, den wir unbenutzt hingehen laſſen, „werden die militäriſchen Chancen ſchlechter", denn die Franzoſen rüſten und ſetzen ſich in beſſere Verfaſſung.

Noch dazu meldet Uſedom, daß Italien, wenn Napoleon den gehörigen Druck übt, nicht umhin können wird die verlangten Hülfstruppen zu ſtellen; er meint, ſelbſt Ricaſoli, wenn er Miniſter wäre, würde ſich dieſer Nothwendigkeit nicht entziehen können. (NB. Es fragt ſich, ob dem wirklich ſo iſt, ja ob Uſedom auch nur wirklich und im Ernſt glaubt, daß dem ſo ſei? — oder ob er es nur ſchreibt, um unſere Regierung Frankreich gegenüber zur Nachgiebigkeit zu ſtimmen? — Das Letztere iſt gar nicht unmöglich, denn er ſucht allerdings Einfluß auf den Gang der großen Politik zu gewinnen, und von alten Zeiten her iſt ſein Lieblings-Gedanke, daß man ſich mit Frankreich vermöge einiger Abtretungen auf dem linken Rheinufer gut ſtellen müſſe.)

Und in jeder Beziehung können die Chancen nur ſchlechter werden; — Beuſt will „den ſiebenjährigen Krieg zu Stande bringen“ (d. h. die damaligen Combinationen der Politik gegen Preußen wieder zuſammenbringen) — „Rußland hat er noch nicht“; aber er arbeitet an dieſen Combinationen, deren Realiſirung er zur Aufgabe ſeines Lebens gemacht hat. — Wir aber laſſen uns die günſtigen Chancen entgehen — wir rüſten nicht — wir laſſen uns auf eine Conferenz ein, wo unſere Stellung nothwendigerweiſe eine ſehr ungünſtige ſein muß. — Das Alles, ſoviel man ſehen kann, einzig und allein, damit Preußen nicht als der beſtändige Störenfried in Europa baſteht und als ſolcher verſchrieen und angefeindet wird! — (NB. C'est bien de cela, qu'il s'agit! — Darauf würde ich an Bismarck's Stelle keinen Werth legen, und deshalb würde ich kein Opfer bringen. Es kommt darauf an, daß man die reale Macht in Händen hat, die den Leuten imponirt, und daß man ſie ohne Uebermuth und ohne Schwäche braucht; dann ſchweigt ſolches Geſchrei über den angeblichen Störenfried, oder es wird unſchädlich. Das Letztere würde in unſerem Fall geſchehen; denn Bismarck täuſcht ſich, wenn er glaubt, daß er das Schreien und Schimpfen über Preußen durch Friedfertigkeit und Zahmthun beſchwichtigen kann; die Leute in Oeſterreich und England wollen nun einmal in Preußen den Urſprung alles Uebels ſehen und werden nur noch ärger ſchreien und ſchimpfen, wenn ſie der Erfahrung zu entnehmen glauben, daß Preußen den Lärmen fürchtet, den ſie machen, und daß man möglicherweiſe etwas erſchimpfen und erſchreien könne.)

Max Duncker ſchließt: „indeſſen, Bismarck hat immer gut geſpielt; man muß glauben, daß er auch diesmal gut ſpielen wird.“

England nimmt, wie das zu erwarten ſtand, in der Luxemburger Frage eine Preußen feindliche Stellung ein. Lord Auguſtus Loftus iſt ſehr laut und ſehr geräuſchvoll; er erklärt, Preußen müſſe heraus aus Luxemburg — ohne viel Federleſens heraus aus dem elenden

Nest, um das der europäische Friede nicht gestört werden dürfte. Er hat in diesem Sinne auch gegen den Fürsten Hohenzollern gelärmt und opponirt, und da der Fürst einwendete: „Bedenken Sie doch nur! Wenn wir jetzt in Beziehung auf Luxemburg nachgeben, wird Frankreich künftiges Jahr verlangen, daß wir auch Mainz verlassen sollen." — Da antwortete Lord Augustus so großartig wie möglich: „Dagegen wird Euch England vertheidigen!"

Auch mit dem Schluß des Reichstages ist Max Duncker nicht zufrieden; er ist gleich mir überzeugt, daß das Stolberg'sche Amendement durchzusetzen war, wenn die Regierung Ernst machte, und die Zweideutigkeit des Artikels, wie ihn der Herzog von Ujest gefaßt hat, will ihm so wenig wie mir behagen.

Roon ist es, der sich zuerst damit zufrieden erklärte, und dann zu Bismarck's nicht geringer Verwunderung berichtete, auch der König sei damit einverstanden. — Roon selbst hatte sich durch den bekannten ultra-conservativen Justiz-Rath Wagener bestimmen lassen. — Diesem hat Max Duncker darüber Vorwürfe gemacht — und da gesteht Wagener ganz naiv, er habe zu der Annahme des Amendements Ujest gerathen, weil er hoffe, daß aus der Zweideutigkeit dieses Amendements ein neuer Conflict zwischen Regierung und Reichstag hervorgehen werde, der schließlich der ultra-reactionären Partei zur Herrschaft verhelfen muß.

Die Dehnbarkeit des Amendements, das nun Gesetz geworden ist, muß vorzugsweise deshalb Bedenken erregen, weil die Frage ist, ob man 1871, wenn die Armee-Reorganisation neu votirt werden muß, nicht eine Opposition von Seiten der Bundes-Regierungen zu befürchten hat; sie würde es dann unmöglich machen, den Reichstag in Ordnung zu halten. — Alles wird davon abhängen, wie stark oder wie schwach die Regierung 1871 dasteht.

Am Theetisch der Frau Duncker Treitschke und seine Frau (geb. von Bobmann), die er sich jetzt aus dem Breisgau geholt hat, auf der Durchreise nach Kiel.

Er bestätigt meine Wahrnehmungen in Sachsen; bezeugt, daß der Geist in der sächsischen Armee ein sehr schlechter ist; die jüngeren Offiziere namentlich behaupten, die Reorganisation nach preußischem

Muster habe die sächsische Armee um fünfzehn Jahre zurückgebracht; sie seien weit voraus gewesen.

Ich gehe in schweren und trüben Gedanken heim. Viele Prüfungen stehen uns bevor.

Gestern äußerte ich gegen Keudell, daß der Neid der Franzosen, das Bewußtsein, daß sie ihrer bisherigen Rolle in Europa entsagen müssen, wenn sie Preußens Aufschwung nicht hemmen, den Krieg herbeiführen wird, und citirte die Worte: „il s'agit de rappeler à la Prusse sa place, que ses succès de l'année dernière paraissent lui avoir fait oublier." — „Das ist des Pudels Kern!" rief Keudell aus.

6. Mai. Besuch bei Moltke und ein langes eingehendes Gespräch mit ihm. Er ist seit dem vergangenen Jahre nicht unwesentlich verändert. Bisher wußte er nicht, was er von sich selbst erwarten, wie weit er sich selbst vertrauen dürfe: seit dem Feldzug des letzten Jahres aber tritt er mit einem aplomb auf, der ihm früher fremd war; er hat ein zuversichtliches Selbstvertrauen gewonnen, das ihm wohl ansteht — und umsomehr, da er dadurch keineswegs unzugänglich für fremde Meinungen geworden ist. Im Gegentheil, er theilt mir ganz wie früher seine Ansichten mit, veranlaßt mich, meine Meinung zu sagen, legt Werth darauf und discutirt Ideen und Pläne gern und eingehend mit mir.

Er wünscht den Krieg ganz entschieden und erwartet ihn auch mit Bestimmtheit; er meint, die Conferenz werde zu Nichts führen — ist überzeugt, daß trotz aller Conferenzen der Befehl die Armee mobil zu machen, in den nächsten vierzehn Tagen erlassen sein werde, denn in Frankreich wolle man offenbar den Krieg; die Rüstungen werden dort trotz aller Conferenzen auf das Eifrigste und Eiligste fortgesetzt.

Nachrichten zufolge, die eingelaufen sind, hat Napoleon große Anstrengungen gemacht, die Schweiz zu einem Bündnis zu bewegen. Da das mißlungen ist und, wie zu erwarten stand, die Schweiz auf ihrer Neutralität besteht, verlangt Napoleon nun, sie soll ihm die Jura-Linie zur Benutzung überlassen — das heißt die Eisenbahnlinie von Genf über Neuchâtel nach Basel.

Ich: An den Schweizer Miliz-Bataillonen kann den Franzoſen Nichts gelegen ſein; das Alles kann alſo gar keinen andern Zweck haben, als das italieniſche Hilfs-Corps, das Napoleon zu erzwingen hofft, auf dem kürzeſten Wege an die Grenzen des ſüdlichen Deutſchlands zu bringen.

Moltke ſieht die Sache eben ſo an; aber dergleichen thue man nicht, wenn man nicht den Krieg beabſichtige. — Nun macht Napoleon große Vorbereitungen bei Belfort; namentlich wird dort ein großes Brückenmaterial vereinigt. Dennoch ſei nicht wohl anzunehmen, daß Napoleon wirklich über den Oberrhein in das ſüdliche Deutſchland vorzubringen gedenke. Dieſe Anſtalten ſollen wahrſcheinlich nur die ſüddeutſchen Staaten verleiten, ihre Truppen bei Raſtatt und in den Höhen des Schwarzwaldes zur unmittelbaren Deckung ihrer Länder aufzuſtellen. Aber man müſſe ſich eben dazu nicht verleiten laſſen; unſere Stellung jenſeit des Rheines ſei ſo ſtark, daß Napoleon nicht daran denken dürfe über den Oberrhein zu gehen, ſo lange wir dort ſtehen.

Ich ſtimme lebhaft bei; unſere Stellung zwiſchen Luxemburg und Germersheim iſt jenſeits des Rheines durch die Verhältniſſe ſehr beſtimmt vorgezeichnet; ſie iſt ſo feſt und als Flankenſtellung ſo drohend, daß es von Seiten der Franzoſen ein aberwitzig gewagtes Abenteuer wäre, wenn ſie bei Straßburg oder noch höher hinauf über den Rhein gehen wollten, während wir dort ſtehen und von dort aus ſowohl auf Paris als rheinaufwärts operiren können.

Daran iſt nicht zu denken; mag Napoleon bei Belfort demonſtriren, ſo viel er will: ſobald es Ernſt wird, wird er ſich genöthigt ſehen ſeine Hauptmacht an der Maas, um Metz u. ſ. w. zu ſammeln, und die erſten Kämpfe werden wohl zwiſchen Metz und Trier ſtattfinden.

Im Jahre 1859 war Moltke geneigt ſich mit der Belagerung von Metz zu befaſſen anſtatt auf Paris zu gehen; ich wollte ſehen, wie er jetzt darüber denkt — und fügte deshalb hinzu: Siegen wir zwiſchen Trier und Metz, ſo müſſen wir ſehr raſch auf Paris vorgehen.

Moltke iſt damit einverſtanden; erſcheinen wir vor Paris, ſo bricht Napoleon's Thron zuſammen.

Ich: Siegen wir zwischen Saar und Maas, so müssen wir in der Verfolgung beständig suchen, dem Feinde die linke Flanke abzugewinnen — (Moltke stimmt zu) — wir müssen Metz maskiren — auf Châlons-sur-Marne gehen — dann mit der Hauptmacht auf dem rechten Ufer der Marne nach Paris, und von dort bei Melun und Fontainebleau über die Seine, um Paris von der Südseite auf dem linken Ufer der Seine zu fassen.

Dadurch versetzen wir Napoleon in die Nothwendigkeit, entweder Paris aufzugeben — was er nicht ohne Gefahr kann — oder die unmittelbare Verbindung mit der Hauptmasse des Landes und deren Hülfsquellen.

Moltke meinte, das gehe zu weit; so in das Einzelne ließen sich die Dinge nicht so weit voraus berechnen. — Im Ganzen aber hatte ich doch die Befriedigung, daß er diesmal meine Ideen vollständig und ohne Einschränkung annahm. —

Diner mit Csaky in seinem Zimmer.

Er erzählte viel von Plonplon, mit dem er mehrfach verkehrt hat und davon, wie bei dem das Parvenu-Bewußtsein überall zum Vorschein kommt. Plonplon erzählte z. B. von seiner Sendung nach Verona als Einleitung zu dem Frieden von Villafranca und berichtete als etwas Verwunderliches, daß der Kaiser von Oesterreich ihn sehr höflich aufgenommen und wirklich und wahrhaftig als einen Prinzen behandelt habe — „il a été charmant pour moi; il m'a appelé Monseigneur." — Er wiederholte das öfter in verschiedenen Wendungen und in solcher Weise, als setze er voraus, man werde es nicht recht glauben.

Von Napoleon selbst sagt Csaky, die ungünstigen Berichte über dessen Gesundheit seien übertrieben — falsch sogar. Wohl um sie zu widerlegen, zeigt sich Napoleon III. so viel als möglich öffentlich; „er ist frischer denn je", geht stundenlang in der Industrie-Ausstellung umher ohne Beschwerde, hält auch häufig Revuen der Truppen — d. h. Wachtparaden — im Hofe der Tuilerien. Das Reiten freilich „thut ihm weh", doch steigt er jedesmal zu Pferde, um zu zeigen, daß er ohne Hülfe zu Pferde steigen kann, und reitet durch die Glieder. Dann aber steigt er bald wieder ab. — Kommt es zum Krieg, so geht er ganz bestimmt zur Armee.

7. Mai. Zu Majestät. Im Vorzimmer Stiehle, der den Dienst hat.

Der König empfing mich, wie ich in das Kabinet trat, mit den Worten: „Nun? Sie wollen wieder Soldat spielen?"

„Es ist Ew. Majestät Befehl, daß ich Soldat spielen soll!"

König: „Nun! Ich habe Sie wenigstens von der Militär-Uniform dispensirt!"

Es folgte nun ein Gespräch, welches wohl über eine Stunde dauerte.

Der König scheint nicht an die Erhaltung des Friedens zu glauben, sagte, er schwebe zwischen Krieg und Frieden, und zeigte sich entrüstet über England; als etwas befremdliches, als erwarte er, daß auch ich darüber entrüstet sein müsse, theilte er mir mit: in dem Vertrags-Project, das Frankreich auf der Londoner Conferenz vorgelegt hat, stehe, daß die Neutralität Luxemburgs durch die sämmtlichen Mächte garantirt werden soll — in dem von Seiten Englands vorgelegten Project fehle diese Clausel. (NB. Sie ist in Wahrheit sehr wenig werth; aber welcher preußische Staatsmann könnte wohl darein willigen, daß wir Luxemburg verlassen, ohne wenigstens eine solche Bürgschaft erhalten zu haben?)

Natürlich wurden die Zustände in Italien besprochen, und ich bemerkte, daß dem Ministerium Ratazzi und überhaupt der piemontesischen Coterie gar nicht zu trauen sei. Die Piemontesen sind gewöhnt ihr Vaterland abhängig von Frankreich zu denken — jetzt vollends suchen sie bei ihrer Schwäche im Lande auswärts, in Frankreich die Stütze, deren sie bedürfen, um sich im Besitz der Macht zu behaupten — und so ist denn auch dieses gegenwärtige Ministerium ohne Frage durch Frankreichs Einfluß und für Frankreichs Zwecke an die Spitze der Regierung gestellt worden.

Der König hörte aufmerksam zu und schien das Alles begründet zu finden. Ich nahm die Gelegenheit wahr ihm von dem Eindruck zu sprechen, den mir die Dinge in Dresden gemacht haben.

Der König bemerkte: Der Kronprinz von Sachsen sei eben hier

gewesen, um sich als preußischer General zu melden; er habe sich über dessen Betragen hier durchaus nicht zu beklagen; hier habe sich der Kronprinz durchaus als preußischer Offizier benommen.

Zum Abschied sagt mir der König, er erwarte interessante Berichte von mir, nicht bloß militärische, sondern auch politische. — Und dann, als ich schon in der Thüre war: „Wann wollen Sie reisen?" — „Majestät, ich muß vorher noch den Grafen Bismarck und Grafen v. Roon sehen; wenn es mir gelingt, beide Herren morgen im Laufe des Tages zu treffen, werde ich übermorgen reisen." — Entlassen.

Lowther in der Straße über meine Sendung nach Italien gesprochen. Er ist ein entschiedener Feind Preußens, so daß er leicht zittert vor Aufregung, wenn er von der Politik Preußens spricht, die er immer hinterlistig und treulos voraussetzt. Aber auch im Allgemeinen sind die Engländer wüthend — nicht etwa über Napoleon, der ganz ungerechtfertigte Ansprüche erhebt — sondern über uns, weil wir ihm nicht sofort und ohne alle Umstände den Willen thun. Nicht der Wegelagerer ist der Störenfried, sondern der Reisende, der Wanderer, der nicht ohne Weiteres Uhr und Börse herausgiebt. — Ich sagte, daß ich nicht an den Frieden glaube, weil Napoleon offenbar Krieg haben will, und für den Fall, daß die Luxemburger Frage den Bruch nicht herbeiführen sollte, schon andere Vorwände zu Händeln vorbereitet; hat doch schon der Abend-Moniteur die Bemerkung gemacht, daß der Artikel des Prager Friedens ausgeführt werden müsse, der die Volksabstimmung in Nord-Schleswig betrifft.

„That must be settled too!" bemerkte Lowther. — „At any rate it is no business of his", erwiderte ich: „he is no party in the treaty of Prague and has nothing to do with it". — (NB. Auch den Engländern muß man begreiflich machen, daß die Sache sie Nichts angeht.)

8. Mai. Um 11 Uhr zu Roon, langes Gespräch mit ihm. Er glaubt nicht an den Krieg, erwartet eine friedliche Ausgleichung — will aber doch zu Rüstungen schreiten, da es ihm nicht gerathen scheint den mit größter Wucht betriebenen Rüstungen Frankreichs gegenüber im Rückstand zu bleiben. Er hätte gern den Befehl zur Mobil-

machung bereits erlassen, muß sich aber im Minister-Rath einen Tag nach dem andern abhandeln lassen. Jetzt hat er wieder in einen letzten Aufschub von drei Tagen willigen müssen; wenn bis dahin Nichts entschieden sei, werde der Befehl ausgefertigt werden.

Ich theilte ihm mit, was ich in Dresden beobachtet habe; er wollte wenig Gewicht darauf legen und meinte, wenn die Sachsen sich einmal vereint mit uns geschlagen hätten, werde sich das Alles geben.

Ich erklärte mich unzufrieden mit der Art und Weise, wie die Armee-Frage im Reichstage gelöst worden ist; das Amendement Uſest sei in seiner Dehnbarkeit ungenügend, und man hätte um so weniger darauf eingehen sollen, da die Fassung, die Graf Stolberg vorgeschlagen hat, sehr gut durchzusetzen war, ohne sonderliche Mühe sogar, wenn die Regierung ernsthaft wollte und das entschieden ausfprach.

Roon fühlte den Vorwurf, war etwas verlegen und suchte sich zu rechtfertigen, indem er Alles auf die Taktlosigkeit des Herzogs von Uſest schob. — Bennigsen habe ihn, Roon, zu einer Conferenz eingeladen — dann, allerdings mit seiner Einwilligung, den Herzog dazu gezogen, diesen zu bereden gewußt und es dahin gebracht, daß beide, Bennigsen und Uſest, sich namens der beiderseitigen Fractionen, über die Fassung des Artikels einigten, die darauf dem Reichstag vorgelegt worden ist. Er selbst, Roon, habe den Herzog gewarnt und aufzuhalten gesucht, so weit er in Bennigsen's Gegenwart konnte, aber vergebens. Später sei dann Nichts mehr zu machen gewesen.

Roon kam dann darauf, daß er unmöglich viel länger mehr in seiner gegenwärtigen Stellung aushalten könne, sein Nerven-System sei durchaus zerrüttet, ein Commando könne er führen, Kriegsminister aber unmöglich bleiben. Da habe er denn gedacht, daß es zweckmäßig sein könnte, selbst noch „einen Anderen in den Sattel zu heben".

Ich: Ich hatte gehofft, Sie würden jedenfalls noch das Schiff über die Klippen von 1871 steuern helfen.

Roon: das sei ganz unmöglich; er habe sich den General Podbielski zum Nachfolger erwählt.

Ich: Der ist für einen tüchtigen Soldaten bekannt, aber er ist keine politische Persönlichkeit. — Roon erwiderte, ein Kriegsminister müsse gar keine politische Persönlichkeit sein; ich aber mußte im Stillen daran denken, daß Roon selbst als politische Persönlichkeit Bismarck's beste Stütze gewesen ist. — Und wie soll denn der Kriegsminister die Maaßregeln der Regierung im Parlament vertreten, wenn er keine politische Persönlichkeit ist und kein politisches Ansehen hat.

10. Mai. Um 11 Uhr zu Bismarck; mußte etwas warten; Benedetti war bei ihm; dann ein sehr langes Gespräch mit ihm, das mich nicht ganz befriedigt.

Bismarck spricht sich zunächst sehr unzufrieden mit Italien aus — mit dem Sturze Ricasoli's — dem willigen Ohr, das man den Intriguen Napoleon's leiht, der Hinneigung zu Frankreich, die sich unter dem jetzigen Ministerium kund giebt.

Ich sage ihm darüber dasselbe, was ich dem König gesagt habe, daß das Experiment mit diesem Ministerium ein verwegenes ist und leicht eine Katastrophe herbeiführen könnte.

Bismarck: Diese Gefahr liegt so nahe, daß darüber die Hoffnungen der Bourbons von Neapel neu erwacht sind; sie haben schon „daraufhin Versuche gemacht sich uns zu nähern"; aber wir weisen diese Eröffnungen zurück — (NB. abwehrende Bewegung der Hände) — wir wollen davon nicht wissen — der Zerfall Italiens wäre für uns „eine Calamität".

Was die allgemeinen Angelegenheiten anbetrifft, erklärte Bismarck einfach und entschieden: „ich will den Frieden erhalten;" sein Hauptgrund, der eigentliche, richtige, ist — wie ich sehr deutlich sehe — damit Preußen nicht als der beständige Störenfried in Europa angeklagt und verschrieen wird. (NB. was würde das eigentlich schaden?) — Was er sonst anführt, hat eine nur supplirende Bedeutung.

Bismarck: Man sage zwar, wenn der Frieden auch jetzt erhalten bleibe, sei der Krieg doch nur verschoben, im nächsten Jahre müßten wir den Krieg doch haben. Gesetzt, dem wäre so, dann wäre doch immer Nichts versäumt und Nichts verloren dadurch, daß der Krieg für jetzt vermieden wird. Mögen die Franzosen dann weiter vorgeschritten sein in ihren Rüstungen als jetzt — so sind jedenfalls auch wir dann weiter als gegenwärtig — die neuen Armee-Corps haben

mehr Solidität gewonnen — alle Verhältnisse sind fester geworden
— „und die Chancen liegen nicht ungünstiger, als jetzt!" — (NB. wer
weiß, ob nicht gerade der Krieg das beste Mittel wäre, den neuen
Verhältnissen in Deutschland schnell die gehörige Festigkeit zu geben.)

Man sagt, Frankreich wolle erst dann Krieg mit uns führen,
wenn es 300,000 Mann gegen uns in das Feld führen kann:
wir können ihnen jedenfalls mehr entgegen stellen. Mit Frankreich
allein werden wir fertig, und einen Verbündeten findet Frankreich
nicht in einem Krieg gegen Preußen, denn der Sturz Preußens wäre
für Alle eine Calamität — für England, das nicht zugeben kann,
daß die Küsten der Nordsee französischer Herrschaft verfallen; für
Rußland, dem es nicht erwünscht sein könnte, daß sich die Franzosen
„in Posen einnisten", und selbst für Oesterreich, das — wenn Preußen
am Boden läge — ganz isolirt zwischen den beiden großen Mächten
Frankreich und Rußland eingeklemmt bliebe. (NB. Alles ganz wahr,
und die Folgerung wäre richtig, wenn die Menschen in ihrem Thun
und Treiben durch Vernunftgründe bestimmt würden und nicht durch
ihre Leidenschaften.) Das Alles muß man sich in Frankreich doch
auch sagen; es ist also wohl nicht so ganz ausgemacht, daß wir
jedenfalls im nächsten Jahr einen Krieg mit Frankreich haben werden
— und überhaupt: wer kann das so bestimmt voraus sagen? —
Auch abgesehen davon, im Laufe eines Jahres kann auch sonst noch
vielerlei geschehen, was den Krieg beseitigt; Napoleon kann sterben,
in Frankreich kann ein Bürgerkrieg ausbrechen.

Ich: Gewiß! Das Alles ist möglich. Ich halte aber dennoch
den Krieg mit Frankreich für unvermeidlich — ja, wenn ich meine
Ueberzeugung ganz aussprechen soll: Ich glaube nicht e i n e n Krieg
mit Frankreich vorherzusehen, sondern eine Reihe von Kriegen. Was
auch die jedesmalige besondere Veranlassung sein mag: das Wesentliche ist, die Franzosen werden — wenn auch ihre National-Eitelkeit
und die Art ihrer Bildung ihnen nicht gestattet, den Gedanken zu
präciser Klarheit zu entwickeln — ganz entschieden von dem Bewußtsein
gequält, daß sie im Sinken sind und wir im Steigen, daß sie in
Folge des Aufschwunges, den Preußen genommen hat, der Rolle
entsagen müssen, die sie seit dem Cardinal Richelieu in Europa gespielt

haben, und das werden ſie nicht wohlfeilen Kaufes thun. Darein werden ſie ſich nicht ergeben, ohne wiederholt darum gekämpft zu haben.

Bismarck: Das mag ſein; das iſt aber doch kein Grund den Krieg zu provociren.

Ich: Daß wir den Krieg provociren ſollen, verlangt auch Niemand. Es handelt ſich nur darum, was wir gewinnen, wenn wir Opfer bringen, um ihn zu vermeiden.

Bismarck: Napoleon's Intriguen in Italien ſind widerſinnig, denn ſie drängen gerade darauf hin, was er am meiſten fürchtet: — auf ein erneutes Bündnis der drei Oſtmächte.

Ich zeige mich verwundert.

Bismarck: „Ja! wir ſtehen jetzt ſo mit Oeſterreich, daß eine Verſtändigung nicht unmöglich iſt." — (NB. nach Allem, was ich noch geſtern aus Streffleur's Zeitſchrift von der in Oeſterreich herrſchenden Stimmung erfahren habe, iſt das kaum glaublich.) — „Oeſterreich will ſich allerdings ſo theuer als möglich verkaufen, aber nur an uns, nicht an Frankreich."— Auch üben die ſüddeutſchen Staaten „Druck auf uns" in dieſem Sinne (d. h. ſie bringen auf eine Verſtändigung mit Oeſterreich). — Italien wäre unſer natürlicher Verbündeter; aber jemehr Italien ſich zu Frankreich neigt, deſto entſchiedener drängt die Macht der Umſtände auf ein Bündnis der drei Oſtmächte.

Bismarck kommt nun auf die Verhältniſſe in Italien zurück, daß die Zuſtände dort ſehr gefährliche geworden ſeien. — Uſedom ſchreibe nicht Berichte, ſondern Leitartikel — weitläufige Betrachtungen über das, was erfolgen könne, wenn dies und das geſchehe — oder über das, was ſich ergeben würde, wenn das Eine und Andere anders gemacht worden wäre; er habe nicht Zeit, dergleichen zu leſen, und damit ſei Nichts anzufangen. — Wenn er Uſedom und Braſſier (in Conſtantinopel) wollte die Stellen wechſeln laſſen, ſo wäre auch Nichts gewonnen. — Ich ſoll alſo hingehen, mein „praktiſcher Sinn" werde gewiß das Richtige treffen. Ich ſoll daher nicht nur militäriſche Berichte einſenden, ſondern auch politiſche. Die erſteren in Form von officiellen Berichten an Moltke, unter fliegendem Geſandtſchafts-Siegel (NB. ohne Zweifel damit er ſelbſt ſie leſen kann, ehe er ſie Moltke zuſendet) — die letzteren in Form von Privatbriefen an Reubell; „vor Reubell habe ich keine Geheimniſſe."

Ich: „Und wie ſoll ich mich zu La Marmora ſtellen?"

Bismarck (nimmt das ſehr leicht) — ich ſoll einfach alles Ver- drießliche ignoriren, namentlich La Marmora's heftige Rede in Prieſſa; — und wenn etwa von ſeinen, Bismarck's, Aeußerungen die Rede wäre, ſoll ich leicht darüber hingehen — ungefähr ſagen, das ſeien Dinge, die einem wohl einmal in einem moment d'humeur durch den Sinn gehen können; — ernſthaft ſei das nicht gemeint, und es habe weiter keine Bedeutung.

Zu meiner Ueberraſchung theilte mir nun Bismarck mit, daß er damit umgehe, ſobald wir bei einer etwas ruhigeren Periode ange- langt ſeien, das Miniſterium der auswärtigen Angelegen- heiten abzugeben und das Portefeuille des Innern zu übernehmen, um die Verwaltung zu reformiren, wo viel unnütze Weitläufigkeit herrſche — „um dieſen Augias-Stall zu reinigen."

Ich: „Aber wo wollen Sie denn Jemand finden, der Sie in den auswärtigen Angelegenheiten erſetzen könnte?"

Bismarck: „O! der iſt leicht zu finden; die hohe Hand behalte ich ja doch in den auswärtigen Angelegenheiten, als Miniſter-Präſi- dent." Alle „großen Fragen" werde er ſich vorbehalten, und nur die laufenden, gewöhnlichen Geſchäfte abgeben — da könnte Savigny oder Werther Miniſter ſein.

Bei alle dem macht mir Bismarck den Eindruck, als ob er doch nicht recht an den Frieden glaube.

––––––––––

Am 11. Mai verließ Bernhardi Berlin, um ſich nach Florenz zu begeben und dort ſeine neue Stellung anzutreten.

Druck von J. B. Hirſchfeld in Leipzig.